Silke Fokken

KRISEN
KINDER

Silke Fokken

KRISEN KINDER

Wie die Pandemie Kinder und Jugendliche verändert hat und was sie jetzt brauchen

Deutsche Verlags-Anstalt

Sollte diese Publikation Links auf Webseiten Dritter enthalten,
so übernehmen wir für deren Inhalte keine Haftung,
da wir uns diese nicht zu eigen machen, sondern lediglich
auf deren Stand zum Zeitpunkt der Erstveröffentlichung verweisen.

Penguin Random House Verlagsgruppe FSC® N001967

1. Auflage
Copyright © 2022 by Deutsche Verlags-Anstalt, München
in der Penguin Random House Verlagsgruppe GmbH,
Neumarkter Straße 28, 81673 München,
und SPIEGEL-Verlag Rudolf Augstein GmbH & Co. KG,
Ericusspitze 1, 20457 Hamburg
Grafiken: Peter Palm, Berlin
Umschlaggestaltung: Favoritbüro, München
Umschlagmotiv: DEEPOL by plainpicture/Markus Mielek (vorne);
DEEPOL by plainpicture (hinten)
Satz: GGP Media GmbH, Pößneck
Druck und Bindung: CPI books GmbH
Printed in Germany
ISBN 978-3-421-04895-0
www.dva.de

Inhalt

2 Wie die Pandemie die Psyche belastet

3 Welche Folgen die Krise fürs Lernen hat

4 Wo die Politik umsteuern muss

Die Corona-Krise in Kürze

30. Januar 2020 Die Weltgesundheitsorganisation (WHO) ruft angesichts der Coronavirus-Pandemie eine gesundheitliche Notlage von internationaler Tragweite aus.

16. März 2020 Kitas, Schulen, Hochschulen, aber auch fast alle anderen Bereiche des öffentlichen Lebens wie Kinos, Theater, Sportstätten, Schwimmbäder und Spielplätze werden geschlossen. Offen bleiben etwa Supermärkte, Drogerien, Tankstellen, Banken, Friseure. Für Krankenhäuser und Pflegeheime werden strikte Besuchsbeschränkungen verhängt.

22. März 2020 Der »erste Lockdown« greift: Kontakte außerhalb des eigenen Hausstandes sind auf ein »absolut notwendiges Minimum« zu reduzieren. Gastronomiebetriebe, Friseure, Kosmetikstudios müssen schließen. Ziel ist, eine Überlastung des Gesundheitssystems zu verhindern.

4. Mai 2020 Deutschland öffnet schrittweise und unter Auflagen Geschäfte, Gastronomie, Sport- und Kultureinrichtungen. Auch die meisten Schulen machen nach und nach wieder auf. Priorität sollen Abschlussklassen beschult werden. Schülerinnen und Schüler werden in der Folge meist im Wechselmodell unterrichtet: abwechselnd in Kleingruppen. Ab dem 11. Mai soll die Notbetreuung in Kitas erweitert werden. Bis zu den

Sommerferien soll jedes Kind am Übergang zur Schule noch einmal die Kita besuchen können.

August/September 2020 »Neue Normalität«: Schülerinnen und Schüler werden nach den Sommerferien in der Regel im Präsenzunterricht in voller Klassenstärke nach voller Stundentafel unterrichtet. Es gibt »feste Kohorten«. In vielen Schulen gilt eine Maskenpflicht.

28. Oktober 2020 Die Ministerpräsidentenkonferenz (MPK) beschließt einen »leichten Lockdown« als »Wellenbrecher« angesichts steigender Infektionszahlen. Erneut müssen etwa Gastronomie, Freizeitstätten, Kosmetikstudios schließen.

13. Dezember 2020 »Zweiter Lockdown«: Unter anderem müssen Einzelhandel und Friseure zumachen. Private Treffen werden auf den eigenen und einen weiteren Haushalt, jedoch auf maximal fünf Personen, beschränkt. Ausnahme: Kinder bis 14 Jahre. Die Weihnachtsferien werden vorgezogen. Kitas und Schulen sollen ab dem 16. Dezember 2020 bundesweit geschlossen bleiben, zunächst bis zum 10. Januar.

5. Januar 2021 Die MPK tagt in der Folge alle zwei, drei oder vier Wochen und verlängert die Maßnahmen. Kitas und Schulen sollen weiter geschlossen bleiben. In mehreren Bundesländern dürfen etwa die Abschlussklassen vorrangig zurück in die Schulen.

10. Februar 2021 Bundeskanzlerin Angela Merkel zieht sich aus der Schulfrage raus. So entscheidet jedes Land für sich. Einige Länder öffnen ihre Schulen schrittweise früher als andere. Die mittleren Jahrgänge sind mancherorts bis April oder Mai im Distanzunterricht. Friseure dürfen am 1. März wieder öffnen.

23. April 2021 »Bundesnotbremse«: Bei einer lokalen 100er-Sieben-Tage-Inzidenz werden etwa soziale Zusammenkünfte (wieder) auf einen Haushalt und eine weitere Person beschränkt, unter 14-Jährige nicht mitgerechnet. In Schulen wird ab einer 165er-Inzidenz Distanzunterricht erteilt. Mögliche Ausnahmen: Abschlussklassen und Förderschulen.

August/September 2021 Die meisten Schülerinnen und Schüler gehen nach den Sommerferien weitgehend regulär zur Schule. Vielerorts gilt eine Test- und Maskenpflicht.

18. November 2021 Nach der Bundestagswahl beschließt die designierte Regierung von SPD, FDP und Grünen ein neues Infektionsschutzgesetz und lässt die »pandemische Lage von nationaler Tragweite« Ende November auslaufen. Ausgeschlossen werden Ausgangssperren oder die pauschale, flächendeckende Schließung von Geschäften, Gastronomie oder Schulen. Punktuell soll diese aber möglich sein. In Sachsen etwa sind wegen hoher Infektionszahlen etliche Schulen ganz oder teilweise geschlossen.

30. November 2021 Das Bundesverfassungsgericht weist Beschwerden gegen das vollständige oder teilweise Verbot von Präsenzunterricht zum Infektionsschutz nach der bis zum 30. Juni 2021 geltenden »Bundesnotbremse« zurück. Gleichzeitig erkennt es »ein Recht der Kinder und Jugendlichen gegenüber dem Staat auf schulische Bildung an«.

Vorwort

»Die Pandemie wird einen Einschlag hinterlassen! Was das bedeutet, was jetzt passiert, können wir noch gar nicht überblicken«, warnte im ersten Corona-Herbst Wolfgang Kölfen, Chefarzt und Vizepräsident des Berufsverbands der Kinder- und Jugendärzte.[1] Da hatte Deutschland die ersten wochenlangen Kita- und Schulschließungen hinter sich und weitere vor sich, ein normaler Alltag war in weiter Ferne, das ganze Leben im Ausnahmezustand. Nichts war mehr verlässlich, nichts mehr planbar.

Als Bildungsredakteurin beim SPIEGEL habe ich seit Beginn der Pandemie sehr nah miterlebt, wie unglaublich belastend dieser Zustand für viele Kinder und Jugendliche sowie deren Eltern war. Mütter und Väter erzählten mir, wie sie an dem Spagat zwischen Beruf und Betreuung verzweifelten,»am Ende ihrer Kräfte« waren. Wie sie immer wütender auf die Politik wurden, weil sie ihnen so viel zumutete. Wie sie mit ihren Kindern mitfühlten, die unter Einsamkeit litten, die aggressiver oder trauriger wurden.

Lehrkräfte berichteten von ihrem Dauereinsatz, als die Politik den Schulbetrieb in einen stets anderen Modus schaltete: Distanz-, Wechsel- oder Präsenzunterricht. Modelle, die es bis dahin gar nicht gegeben hatte. Die Lehrkräfte hatten Sorge, Kinder könnten ohne den täglichen Besuch der Kita oder Schule abgehängt werden. Ein Hamburger Schulleiter stellte eine »Late Night Show« bei YouTube auf die Beine und trat als Host auf, damit sich seine Schülerinnen und Schüler weiter als Teil einer Gemeinschaft auf dem »digitalen Pausenhof« fühlen konnten.

Viele andere Pädagoginnen und Pädagogen[*] richteten Whats-App-Gruppen ein, luden zu Videokonferenzen ein, suchten per Telefon das Gespräch mit den Kindern, gaben notfalls an der Haustür Aufgaben ab. Wohlahnend, dass manche Kinder trotzdem den Anschluss verlieren würden, und enttäuscht von manchem Kollegen, der abgetaucht war. Sie mühten sich um Schadensbegrenzung. Denn, so viel war klar, der Ausnahmezustand würde Schaden anrichten, den »Einschlag« hinterlassen.

Fast zwei Jahre nach Beginn der Pandemie zeichnet sich ab, wie dieser Einschlag aussieht. Wie es Kindern und Jugendlichen nach dem Ausnahmezustand geht, was sie von uns als Eltern, als Erzieher, als Lehrerinnen oder anderen Menschen, die mit ihnen zu tun haben, brauchen. Was sie von uns als Gesellschaft, von der Politik, benötigen und vor allem welche Lehren wir alle der Krise ziehen müssen.

All diesen Punkten nachzugehen, war der Antrieb für dieses Buch. Bestärkt wurde er – bei allem Verständnis für die politischen Bestrebungen, die Pandemie einzudämmen – von einer im Laufe der Monate immer größer werdenden Fassungslosigkeit, was den Jüngeren, dieser vulnerablen Gruppe, in der nicht enden wollenden Krise zugemutet wurde. Die Bedürfnisse von Kindern und Jugendlichen hatten – anders als stets behauptet – offenkundig *nicht* die »oberste Priorität«, unge-

---

[*] *Ich bemühe mich um eine geschlechtergerechte Sprache, aber nicht immer ganz konsequent.*

achtet der gravierenden, sich immer deutlicher abzeichnenden Folgen. Die Leistungsschere riss beim Lernen immer weiter auf, die psychische Belastung war immens, Fälle von Missbrauch und Gewalt häuften sich. In Praxen und Kliniken für Kinder- und Jugendpsychotherapie herrscht starker Andrang wegen Zwangsstörungen, Ängsten, suizidalen Gedanken. Kinder und Jugendliche sind quer durch alle sozialen Milieus betroffen, wenn auch nicht gleichermaßen. Die Pandemie und der damit verbundene massive politische Eingriff der Kita- und Schulschließungen sowie sonstigen Kontaktbeschränkungen sind auf extrem unterschiedliche Menschen und Lebenswelten gestoßen, mit den erwartbaren Auswirkungen.

Diejenigen, die ohnehin in benachteiligten Verhältnissen leben, die beengt wohnen, deren Eltern unter Existenzsorgen leiden, psychisch vorbelastet sind, überfordert, vielleicht sogar gewalttätig, haben es besonders schwer. Diejenigen, die privilegierter aufwachsen, stecken die Belastungen oft leichter weg. Manche genossen sogar die neuen Freiräume ohne das tägliche schulische Korsett.

Einmal mehr springen uns in der Krise die Missstände entgegen, die in Deutschland lange vor Corona existierten und die sich nun umso gravierender auswirken: soziale Ungleichheit, umfassende Kinderarmut, starke Bildungsungerechtigkeit, ein dringend reformbedürftiges Schulsystem und eine politische Ignoranz gegenüber Kindern und Jugendlichen, insbesondere aus sozioökonomisch benachteiligten Familien, die sich seit Jahren in Deutschland eingerichtet hat. All dies muss sofort ein Ende haben. Das ist das Mindeste, was wir der Jugend nach der ganzen Misere schuldig sind.

Knapp zwei Jahre nach Beginn der Pandemie will dieses

Buch Bilanz ziehen und zeigen, wie sich die Krise auf ganz unterschiedlichen Ebenen auswirkt: als starker Eingriff in die Entwicklung von Kindern und Jugendlichen, als große psychische Belastung, als Bremse beim Lernen – und als das berühmte »Brennglas«, unter dem politische und gesellschaftliche Missstände grell sichtbar werden, verbunden mit dem dringenden Auftrag, diese zu beseitigen.

Das Buch erhebt keinen Anspruch auf Vollständigkeit. Die Auswirkungen etwa, die die Pandemie für junge Erwachsene, Auszubildende und Studierende hat, verdienen ein eigenes Buch. Auch gesundheitliche Folgen wie Long-Covid werden nicht berücksichtigt, weil die Dynamik an neuen medizinischen Erkenntnissen noch rasanter verläuft als in anderen Bereichen und Langzeitfolgen noch nicht erforscht sind.[2]

Manche andere Entwicklung ist bei Redaktionsschluss Mitte November 2021 ebenfalls kaum absehbar. Die »vierte Welle« ist da, die neue Virusvariante Omikron sorgt für Verunsicherung. Der Virologe Christian Drosten spricht von einer »Notfallsituation«. Er erwarte einen sehr anstrengenden Winter »mit neuen, sagen wir ruhig: Shutdown-Maßnahmen«.[3] Die Ampel-Koalition beteuert, bundesweite Schulschließungen solle es nicht geben, aber in Regionen mit sehr hohen Fallzahlen wie in Sachsen sind bereits etliche Schulen geschlossen. Winter is coming, und es zeichnet sich ab: Kinder könnten die Zeche dafür zahlen, dass sich nicht mehr Erwachsene haben impfen lassen und die Politik das Krisenmanagement hat schleifen lassen. Die Pandemie ist längst nicht vorbei. Diese Bilanz ist eine Zwischenbilanz.

Besonders wichtig war mir, Kinder und Jugendliche, die sich so oft nicht gehört fühlten, zu Wort kommen zu lassen. Manche sagten erst zu, dann doch wieder ab. Sie steckten zu tief in ihren Problemen, etwa in Depressionen, als dass sie schon darüber sprechen konnten. Anderen fiel es leichter. Zwischen August und November 2021 habe ich gut zwei Dutzend Menschen im Alter zwischen fünf und 18 Jahren in verschiedenen Teilen Deutschlands besucht. Es waren berührende Begegnungen mit klugen, empathischen Menschen, die viel zu sagen haben.

Manche Antwort ist allerdings mit Vorsicht zu genießen, etwa auf die Frage, wie es geht. »Gut«, sagen die meisten, oder »nee, läuft«. Das kann stimmen, ist häufig aber offensichtlich von dem Wunsch getrieben, nicht allzu verletzlich dazustehen oder anderen keine Sorgen zu bereiten, etwa den eigenen Eltern. Weil die Kinder und Jugendlichen sehr persönliche Einblicke gewähren, sind die meisten Namen auf ihren Wunsch oder den ihrer Mütter und Väter geändert.

Neben diesen Interviews knüpft das Buch an Gespräche mit Kindern, Jugendlichen und ihren Eltern sowie Pädagogen, Psychologinnen und Bildungsforschern in der SPIEGEL-Berichterstattung, auch von Kollegen und Kolleginnen, seit Krisenbeginn an, berücksichtigt einschlägige Studien, Umfragen, Presseberichte und Interviews in verschiedenen Medien, um die öffentliche Diskussion mit abzubilden, die sich Tag für Tag weiterdreht, neue Zahlen, neue Erkenntnisse liefert.

Dieses Buch will alarmistisch im besten Sinne sein. Es geht keineswegs darum, eine vermeintlich »verlorene Corona-Generation« zu beklagen. Ein großer Teil der Kinder und Jugendlichen wird vermutlich halbwegs unbeschadet durch die Zeit kommen. Ein Aufschrei ist dennoch angebracht. Einem Teil der Kinder und Jugendlichen geht es wirklich schlecht, er benötigt dringend Hilfe. Die Krise muss uns alle außerdem aufrütteln.

Der Umgang mit Kindern und Jugendlichen in der Pandemie steht symptomatisch für eine Missachtung ihrer Rechte und Bedürfnisse hierzulande, die nicht länger zu ertragen ist. So geht es nicht weiter. Immerhin hat die Krise gezeigt, was sich konkret ändern muss.

Dieses Buch enthält zahlreiche Empfehlungen von Expertinnen und Experten, wie Eltern, Erzieher und Lehrerinnen helfen können, Belastungen der Pandemie abzufedern, wo wir unsere Haltung zu Kindern grundsätzlich überdenken sollten – und wo die Politik dringend umsteuern muss. »Auf Sicht fahren« funktioniert jedenfalls schon lange nicht mehr. Der neue Kurs muss klar auf die Bedürfnisse von Kindern und Jugendlichen zielen. Im Großen wie im Kleinen. Best-Practice-Beispiele zeigen, was alles an Veränderung möglich ist, wenn Menschen einfach mal anfangen.

1
Was von dem Leben im Kokon bleibt

»Unglaublich, wie groß das Meer ist. Die ersten Menschen gingen nicht allein an den Strand, sondern sie fragten andere, ob sie auch mitkämen. Dann fassten sie sich an den Händen und gingen zusammen zum Meeresufer. Zu zehnt müssten wir mindestens sein, sagten sie, damit wir das Meer sehen können, einer allein schafft es nicht.«

Franz Hohler[4]

Die Krise als Risiko für die kindliche Entwicklung

Menschen sind nicht dafür geschaffen, allein zu sein, Kinder schon gar nicht. Hätte es eines Experiments bedurft, um diese These zu beweisen, hätte sich die Wissenschaft kaum ein überzeugenderes Setting ausdenken können als monatelange Kita- und Schulschließungen, zusätzlich massive Kontaktbeschränkungen. Tanten, Onkel, Cousins und Cousinen, Großeltern, Freunde, Nachbarn, die Erzieherin, den Lehrer, die Fußballtrainerin oder den Physiotherapeuten, bitte alle nicht treffen. Die Kleinfamilie möge unter sich bleiben.

Von Cocooning – auf Deutsch: verpuppen, sich einspinnen – ist in der Biologie die Rede, wenn Raupen einen Kokon um sich herum bilden, um dann später, vollständig verwandelt, als Schmetterling in die Welt zu fliegen. Den Begriff »Cocooning« prägten aber auch Trendforscher[5] und meinten damit, dass sich Menschen vermehrt in die eigenen vier Wände zurückziehen, die unter Umständen als bedrohlich wahrgenommene Umwelt aussperren, ihr gar Gleichgültigkeit entgegenbringen, es sich drinnen gemütlich machen.

Schon vor Corona war in Teilen der Bevölkerung immer mal wieder eine Tendenz zum Cocooning zu beobachten. Während der Pandemie jedoch zogen sich Millionen Menschen zurück. Der Rückzug wurde von der Politik über weite Strecken verordnet, mindestens angemahnt. #zuhausebleiben galt für die gesamte Bevölkerung zwecks Eindämmung der Infektionsgefahr als Leben rettende Maßnahme.

Zu den unfreiwilligen Heldinnen und Helden gehörten in diesem Szenario Kinder und Jugendliche sowie deren Eltern, die mit der Isolation, mit dem Verzicht auf ihr normales Leben, einen wesentlichen Beitrag leisten sollten, damit sich das Coronavirus nicht weiter in der Bundesrepublik ausbreitete. Von Anfang an war jedoch absehbar, Kinder und Jugendliche würden von dem »Kampf gegen die Pandemie«, wie es im Politikerjargon hieß, Verletzungen davontragen.

»Eine gesunde Entwicklung ist im Idealfall eben nicht reduziert auf den Mikrokosmos Kleinfamilie, sondern eingebettet in mehrere Systeme, die gut aufeinander abgestimmt sind«, sagt Claudia Friedrich, Professorin für Entwicklungspsychologie an der Universität Tübingen. Eltern, Familie, Kita, Schule, Freunde – alle bilden das berühmte »Dorf«, das es laut einem afrikanischen Sprichwort braucht, um ein Kind großzuziehen. Fällt dieses Dorf weg, steigt das Risiko für eine ungesunde Entwicklung erheblich. Der Münchner Kindermediziner Johannes Hübner warnte: »Die Kollateralschäden für Kinder durch die Schulschließungen sind enorm.« So entstünden Defizite durch verpassten Schulstoff, es gebe negative Auswirkungen auf die Entwicklung. Man beobachte zudem eine »erschreckende Zunahme von Kindesmisshandlung und -missbrauch«[6].

Wie schwer die Verletzungen der Pandemie bei einzelnen Kindern und Jugendlichen sind, fällt in der Bilanz sehr verschieden aus und hängt stark von den Menschen und ihren Lebensumständen ab. Meine Gespräche mit Kindern und Jugendlichen zeigen ebenso wie Studien, dass einige von ihnen die Belastungen besser abfedern konnten, manche sogar gestärkt aus der Krise hervorgehen, während andere unter den Folgen leiden, teils massiv.

Bisher lässt sich nur ahnen, welchen Abdruck Corona in ihrem späteren Leben hinterlässt und was die Krise gesamtgesellschaftlich verändert hat. Fest steht schon jetzt, dass die Pandemie soziale Unterschiede und Ungerechtigkeiten offenbart und verschärft hat und dass sie – unabhängig davon – stark in die altersgerechte Entwicklung aller Kinder und Jugendlichen eingegriffen hat.

Exkurs: Die Entdeckung der Kindheit

Mit Blick auf die Menschheitsgeschichte ist die Erkenntnis, die frühen Jahren seien besondere im Leben eines Menschen, noch neu. Über Jahrtausende wurden Kinder als kleine Erwachsene gesehen und als Arbeitskräfte eingesetzt. Im Mittelalter ging man davon aus, dass die frühen Jahre eine »Übergangszeit waren, die schnell verging und die man schnell vergaß«, wie Philippe Ariès in *Geschichte der Kindheit*[7] schrieb. Erst ab dem 15./16. Jahrhundert bildete sich demnach langsam die »Familie«, wie wir sie heute kennen, als Lebensgemeinschaft von Eltern und Kindern mit engen Beziehungen aus.

Eine moderne Vorstellung von Kindheit, wonach Kinder besonderen Schutz benötigen und Raum, um sich frei zu entwickeln, entstand etwa ab dem 17. Jahrhundert. Der französische Philosoph Jean-Jacques Rousseau schuf dazu mit *Émile oder Über die Erziehung* ein Werk, auf dem viele spätere Gedanken aufbauten. Er betonte darin, dass Kindheit eben »kein bloßes Durchgangsstadium zum Erwachsensein ist«[8].

Rousseau rief dazu auf, der kindlichen Entwicklung möglichst ungestörten Lauf zu lassen, frei von den Zwängen der Erwachsenen. Bei der Erziehung sei »an den kindlichen Zustand zu denken«, aus dem der Mensch sich erst allmählich entwickele.[9] Danach schufteten zwar zahlreiche Kinder weiter in Bergwerken und Fabriken, aber der Gedanke an die Besonderheit des »kindlichen Zustandes« war gepflanzt.

Im 18. und 19. Jahrhundert rückten Kinder und die Kindheit verstärkt in den Fokus. In der Folge setzten sich zahlreiche Reformpädagoginnen und -pädagogen wie die Italienerin Maria Montessori (1870–1952) mit der kindlichen Entwicklung auseinander. Die Medizinerin ging etwa von einer von der Tierwelt auf den Menschen übertragenen Theorie »sensitiver Perioden« aus, wonach in Kindern eine Art innerer Konstruktionsplan angelegt ist: Ihr Interesse richte sich auf Gegenstände, die sie jeweils gerade für ihr geistiges Wachstum brauchen. Erwachsene sollten die nötigen Impulse liefern.[10]

Der Schweizer Jean Piaget (1896–1980) stellte später ebenfalls Thesen auf, wonach kindliches Lernen in Stadien verläuft. Die Entwicklung vollzieht sich demnach im Austausch des Kindes mit seiner Umwelt. Die jeweils höhere Stufe setzt die vorangehende voraus, kann also nicht übersprungen werden.[11] Piaget gilt als Pionier der Entwicklungspsychologie, die bis heute grundsätzlich an solchen Modellen festhält.

Man muss sich dies in Erinnerung rufen, weil zu Beginn der Corona-Pandemie von vielen Menschen nicht verstanden wurde, warum Kinder angesichts der massiven Kontaktbeschränkungen eine »vulnerable Gruppe« sein und warum sie Schaden davon tragen könnten, nur weil sie für längere Zeit auf das Leben mit ihren Eltern zurückgeworfen waren. In manchem Leserbrief an den SPIEGEL klang völliges Unverständnis durch, mitunter sogar der Vorwurf, den Eltern sei einfach die Betreuung zu anstrengend. Man ignorierte, dass Kinder in einer besonderen Lebensphase getroffen wurden.

Der Kontakt zu Gleichaltrigen etwa ist »nicht nur für das Wohlbefinden von Kindern zentral«, sagt die Entwicklungspsychologin Friedrich, »sondern auch für ihre altersgerechte Entwicklung.«

Schmerzlich vermisst: Freundinnen und Freunde

Eine Doppelhaushälfte in Frankfurt am Main: Ludwig, 9, erzählt, dass sein allererster und bester Freund aus der Kindergartenzeit sich während der Pandemie fast nur noch mit einem anderen Jungen getroffen habe. »Wegen Corona.« Man merkt, wie schwer Ludwig das gefallen ist. Er sitzt neben seiner Schwester Felicitas, 7, auf dem Sofa, wenige Wochen nachdem das neue Schuljahr in Hessen wieder angefangen hat, und lässt mit ihr die Corona-Zeit Revue passieren.

Felicitas sagt, sie habe ihre beiden besten Freunde nur noch »sehr, sehr selten« gesehen, obwohl die in der Nähe wohnen. Sie hätte gerne zu dritt gespielt, so wie sonst, »zum Beispiel dass wir draußen sind, und der Boden ist aus Wasser, und überall sind Haie«. Im Distanzunterricht habe sie zwar oft Pause machen können, »aber ohne Freunde. Da war ja keiner.« Felicitas guckt weg, als sie das sagt. Sie habe ihre Freunde schon sehr vermisst. Das ist für sie im Rückblick auf die bisherige Corona-Zeit der wundeste Punkt.

Sich vor Haien in Sicherheit bringen macht allein keinen Spaß, wie so vieles andere. Was besser geht, ist Barbie spielen. Puppen miteinander sprechen, streiten und lachen lassen. Das war Felicitas liebstes Spiel während der Corona-Zeit und ist es immer noch, wie sie sagt. In einem extra Spielzimmer steht ihr Barbie-Haus, fast genauso groß wie sie selbst. Zwei große Barbies und eine kleine sollen hier wohnen. Mutter, große Schwester und kleine Schwester. »Ich habe zwar auch Ken, aber der spielt nicht mit«, erklärt Felicitas, zeigt den Barbie-Mann kurz her, wirft ihn dann wieder in die Spielkiste. Sie hat neben Ludwig noch zwei Brüder, Maximilian, 5, und Leopold, 10. Der Kleine sitzt zwei Meter von seiner Schwester entfernt vor einer Playmobilburg. Die beiden Großen lesen oben in ihrem Kinderzimmer Comics. Ob sie sich gut mit ihren Brüdern versteht? »Ja, und so stören sie ja nicht.« Dass sie Geschwister hat, findet Felicitas gut. Sie spiele schon manchmal mit ihnen. Sie selbst wolle später mal acht Kinder haben. Nur, Brüder sind eben Brüder. Freundinnen und Freunde können sie nicht ersetzen.

In allen Gesprächen mit den Kindern und Jugendlichen ist die Trennung von den Freunden, die Sorge um Freundschaften die schmerzlichste Erinnerung im Rückblick auf die Corona-Maßnahmen. Das gleiche Bild zeigt sich in Umfragen: Dass sie ihre Freundinnen und Freunde vermissten, war für die übergroße Mehrheit der Kinder und Jugendlichen, 85 Prozent, in den ersten Monaten der Pandemie das größte Problem[12]. Die Ungewissheit, wie lange dieser Zustand noch anhalte, beklagten 60 Prozent.

Im Sommer und Herbst 2020 kehrte die Gesellschaft zwar zu einer »neuen Normalität« zurück, aber schon im darauffolgenden Winter wurden Kitas und Schulen erneut für mehrere Wochen geschlossen, soziale Kontakte stark beschränkt. »Wie viele Haushalte wären wir dann?« wurde die neue Leitfrage, bevor es überhaupt zu privaten Treffen kam. Die damalige Kanzlerin Angela Merkel schlug im Herbst 2020 gar die »Ein-Freund-Regel« vor.[13] Menschen, auch Kinder, sollten sich wegen steigender Corona-Infektionszahlen nur mit einem bestimmten Freund oder einer Freundin treffen dürfen. Die Idee wurde zwar schnell verworfen, von manch vorsichtigen Eltern aber trotzdem umgesetzt, so dass sich manches Kind ausgeschlossen fühlte.

Fast alle Aktivitäten, die kindliches Miteinander prägen, fielen aus: Laternelaufen, Halloween, Geburtstage, Vereinssport. Kein Wunder, dass in der COPSY-Studie (Corona und Psyche) vier von fünf Kindern und Jugendlichen angaben, ihre sozialen Kontakte seien deutlich zurückgegangen. Zwei von fünf sagten, die Beziehung zu Freunden habe sich verschlechtert.[14]

Eine gewisse Traurigkeit darüber ist auch Monate später noch zu spüren, nicht zuletzt, weil manche Freundschaft offenbar unwiederbringlich in die Brüche gegangen ist. Weil noch unsicher ist, wie es mit anderen Freundschaften angesichts andauernder Corona-Maßnahmen weitergeht. Und weil manche Kinder nicht vergessen haben, wie einsam sie sich ohne ihre Freunde gefühlt haben, als sie sie besonders dringend gebraucht hätten.

Die siebenjährige Pia,[15] lebt im Osten von Berlin. Kurz vor den ersten Schulschließungen trennten sich ihre Eltern, ihre Mutter zog aus. »Ich habe mich sehr doll allein gefühlt und meine Freunde sehr, sehr vermisst«, sagt Pia, als sie fast anderthalb Jahre später auf der Bettkante sitzt und mehrere Sorgen rund um die Pandemie, vor allem aber um diese Trennung loswerden möchte, die sie weder Mama noch Papa sagen will. »Aber bitte als Geheimnis behalten«, sagt Pia, »weil sonst vielleicht Mama auf Papa wütend wird oder umgekehrt.«

27

Pia hätte diese Sorgen vielleicht gerne ihrem Freund Jannes anvertraut, dessen Eltern auch getrennt sind. Oder sie hätten zusammen gespielt und ihre Sorgen für eine Weile vergessen. Aber das ging wegen Corona eben sehr lange nicht. Pia war zurückgeworfen auf das Leben mit ihrem Vater, den Geschwistern und ihrer Mutter, die sie alle zwei Wochen besucht; alle sind stark von der Trennung belastet. Mit Jannes ist die Freundschaft nun auch nicht mehr so, wie sie mal war, findet Pia, obwohl sie sich längst wieder treffen dürfen. »Er ärgert mich jetzt öfter«, sagt sie, »aber ich mag ihn trotzdem noch.«

Alte Freundschaften halten und neue knüpfen ist unter Pandemiebedingungen unter Umständen gar nicht so einfach. Beatrix Hellwig, die Mutter von Leopold, Ludwig, Maximilian und Felicitas in Frankfurt fragt sich, wie gut ihren Kindern dies gelingt. »Das läuft bei Felicitas bisher etwas schleppend«, findet sie. Felicitas ist erst wenige Monate vor den zweiten Schulschließungen eingeschult worden, ohne andere Kinder zu kennen. Inzwischen ist sie in der zweiten Klasse, hatte aber noch keinen Tag »normal« Schule.

Es herrscht Maskenpflicht, die Jahrgänge müssen auf dem Schulhof unter sich bleiben, nach Kohorten getrennt. Felicitas kann deshalb nicht mit ihren Freundinnen aus der ersten Klasse spielen. Freundschaften mit Kindern aus ihrer eigenen Klasse sind zarte Pflänzchen, auch weil die Zweitklässler meist Masken tragen, während sie versuchen, sich besser kennenzulernen. Wenn Felicitas sich etwas wünschen kann, dann ist es vor allem dies: dass der Schulhof nicht mehr unterteilt ist und sich alle Kinder mischen dürfen. Leopold hingegen sagt zwar, er habe im Lockdown vor allem vermisst, dass er sich nicht täglich mit seinem besten Freund treffen konnte, draußen sein, im Park auf Bäume klettern. »Aber jetzt«, sagt Leopold, »ist alles wieder wie vorher.« An seiner neuen Schule habe er auch schon Freunde gefunden: »Mir fällt das leicht.«

Zeitfenster für soziales Lernen verpasst?

Wie gut Kinder den gesellschaftlichen Ausnahmezustand nach ein paar Monaten abhaken können, hängt der Wissenschaft zufolge stark vom Alter der Kinder, ihrer Persönlichkeit und ihren Lebensumständen ab. Grundsätzlich gilt: Kinderfreundschaften etwa sind nicht nur wichtig, um sich nicht allein zu fühlen, um Gleichgesinnte zu haben, mit denen sich über Witze lachen lässt, die kein Erwachsener lustig findet. Sie sind auch wichtig für soziales Lernen.

Werden Gefühle bei Babys und Kleinkindern noch ausschließlich über die Bezugspersonen reguliert, entwickeln ältere Kinder im Miteinander mit anderen nach und nach eigene Strategien. Kinder beobachten, wie sich andere verhalten, wie sie mit Frust und Freude umgehen. Daraus ziehen sie Schlüsse. Das Miteinander ist unter anderem wichtig, um die eigenen Gefühle irgendwann gut im Griff zu haben, nicht bei Kleinigkeiten auszurasten. Stichwort Emotionsregulation.

Im sozialen Austausch mit anderen, etwa im Rollenspiel, lernen Kinder, dass andere eine Perspektive haben können, die sich von ihrer unterscheidet. Sie üben, Regeln aufzustellen und einzuhalten. Im Streit trainieren sie, starke Gefühle auszuhalten, Grenzen anderer zu erkennen. »Das kann ein Kind natürlich auch im Umgang mit Erwachsenen lernen«, sagt die Neurobiologin Nicole Strüber[16], »aber aufgrund des Autoritätsgefälles ist es für Kinder dann schwerer, die Sichtweisen der anderen zu begreifen. Das ist nicht das Gleiche.« Kinder messen und vergleichen sich, üben, sich in eine Gruppe einzufügen, knüpfen Freundschaften, in denen sie Halt und Akzeptanz finden. Das Spiel, das unbeschwerte und selbstbestimmte Miteinander von Gleichaltrigen, beschreibt Strüber in *Coronakids* als »Grundbedürfnis von Grundschulkindern«. Dieses Bedürfnis müsse befriedigt werden, das Gehirn brauche diese Erfahrungen als Grundlage, um weitere soziale und emotionale Fähigkeiten auszubilden.

Das Kind lerne dadurch immer besser, seine Gefühle der Situation anzupassen, auch seine Bedürfnisse aufzuschieben; »es lernt, sich in andere hineinzuversetzen, geduldig zu sein, Kompromisse zu schließen«, erklärt die Neurobiologin. Bleiben Kindern diese Spielerfahrungen coronabedingt über weite Strecken verwehrt, haben sich entsprechende »Soft Skills«, die wiederum maßgeblich für schulischen Erfolg sind, vermutlich weniger gut ausgebildet.[17]

Dazu kommt, dass die Lebensumstände in Familien, aber auch Kitas und Krippen während der Krise besonders waren. Beispiel Maskenpflicht: Tragen Erwachsene zeitweise eine Maske, ist das kein Problem. Für Babys und Kleinkinder aber, die fast den ganzen Tag in einer Krippe verbringen und dabei von Menschen mit halb verdeckten Gesichtern umgeben sind, »kann dies erhebliche Auswirkungen auf die Entwicklung haben«, sagt Strüber. Kinder müssten die Mimik sehen, um Gefühle zu erkennen und zu verstehen, die eigenen und die der anderen. Es geht ums »Spiegeln«.

Wie gut sich solche Entwicklungsprozesse nachholen lassen, ist bisher wenig erforscht. Man weiß, dass es sogenannte Plastizitätsfenster gibt: Hirnregionen reifen Schritt für Schritt.

Deshalb können Menschen in bestimmten Zeitfenstern bestimmte Fähigkeiten besonders gut lernen. Bestes Beispiel: Spracherwerb. In jungen Jahren lernen Kinder eine zweite Sprache noch wie ein Native Speaker. Später können Menschen eine Sprache noch sehr gut lernen, aber nicht unbedingt so, dass sie akzentfrei sprechen, und es fällt ihnen schwerer.

Wird das Zeitfenster für den Spracherwerb nicht genutzt, weil Kitas über Wochen und Monate geschlossen sind und Kinder mit Eltern nichtdeutscher Herkunft nur in deren Muttersprache kommunizieren,»ist dies verlorene Zeit in Hinblick auf den Erwerb der Bildungssprache«, sagt die Tübinger Forscherin Friedrich.»Insofern waren die Corona-Beschränkungen für die Integration von Kindern mit Migrationshintergrund verheerend.«

Medienkonsum könne die Lücke nicht schließen. Die Zeit vorm Bildschirm fehle für soziale Interaktion, mit der Kinder Sprache am besten lernen. Studien zeigten, dass Kinder, die etwa mit chinesischen Serien berieselt werden, keinen Nutzen haben, sagt Friedrich.»Die Kinder verstehen kein Wort.«

Ob es wie bei der Sprache auch Zeitfenster zum Erwerb von sozialer Kompetenz und Gefühlsregulation gibt, will Silvia Schneider, Leiterin der Klinischen Kinder- und Jugendpsychologie an der Ruhr-Universität Bochum, nicht zuletzt ausgelöst durch Corona, künftig genauer erforschen.»Grundsätzlich ist das durchaus zu erwarten«, sagt sie.

Schneider hat in der Pandemie an Studien zu Kindern im Alter bis zu sieben Jahren und deren Eltern mitgewirkt. Dabei stellte sie fest, dass die kindliche Psyche schon während der ersten Kita- und Schulschließungen merklich belastet war.

Selbst kleine Kinder zeigten vermehrt Auffälligkeiten wie Einschlafprobleme, Trennungsängste, Traurigkeit, Hyperaktivität, auch Probleme beim Miteinander mit Gleichaltrigen. All das, sagt Schneider, seien Symptome von Angst und Stress. »Wenn Menschen mit einer neuen Situation überfordert sind, können Ängste und damit verbundene Anpassungsstörungen, auftreten«, erklärt sie. »Das sind erst mal normale, verständliche Reaktionen.« Bei den meisten Kindern werde es wohl bei so einer Anpassungsreaktion bleiben, die im Laufe der Monate jedoch vorübergehen könne. Gerade bei vorbelasteten Kindern könne jedoch eine psychische Störung entstehen. »Wie sich die Krise langfristig auf die seelische Gesundheit auswirkt, wissen wir noch nicht. Das hängt auch von der Dauer der Belastung ab.«

Kinderärztin: »Kinder werden wütender und trauriger«

Mittelfristig halten die psychischen Auffälligkeiten offenbar an. Die Kinderärztin Andrea Wünsch leitet das Team Sozialpädiatrie und Jugendmedizin der Region Hannover, das für Schuleingangsuntersuchungen in der Stadt und im Umland zuständig ist. Sie hat in den vergangenen Monaten nicht nur Kinder im Vorschulalter darauf untersucht, ob sie fit für die Schule sind, sondern befragte auch zu verschiedenen Zeitpunkten deren Eltern zum Befinden der Kinder.[18]
Statt sich langsam zu verflüchtigen, schlugen die Folgen der Krise im zweiten Pandemiejahr demnach zunächst immer mehr durch.

- Rund ein Zehntel der Eltern berichtete, ihr Kind leide unter psychosomatischen Beschwerden wie Kopf- oder Bauchschmerzen, Übelkeit oder Appetitlosigkeit.
- Der Anteil von Kindern, die häufiger traurig sind, stieg im Verlauf der Pandemie von 27 auf 36 Prozent.
- Der Anteil der Kinder, die häufiger Wutanfälle hatten, kletterte von 21,3 auf 25,8 Prozent.
- Der Anteil von Kindern mit Ein- und Durchschlafproblemen pendelte sich auf knapp 14 Prozent ein.
- Knapp 14 Prozent der Eltern berichteten, ihr Kind verhalte sich in der Corona-Krise ruhiger und zurückgezogener.
- Ein Viertel gab vermehrt Ängste und Sorgen an. Diese Zahlen waren im zweiten Lockdown leicht rückläufig gewesen, dann aber wieder angestiegen. Auch der Stress- und Streitpegel in den Familien nahm offenbar nicht ab.
- Knapp 27 Prozent der Eltern berichteten, dass es während der Pandemie öfter Konflikte in der Familie gebe. Bei der ersten Befragung waren dies nur 20,6 Prozent gewesen.

»Je länger der Lockdown dauerte, desto trauriger und wütender wurden die Kinder«, resümiert Wünsch im November 2021. Kinder aus sozial benachteiligten Familien waren der Studie zufolge überdurchschnittlich von all diesen Problemen betroffen, aber natürlich nicht nur sie.

Um die Auffälligkeiten wieder in den Griff zu bekommen, rät Wünsch den Eltern, sie sollten sensibel darauf achten, wie es ihren Kindern geht, und »möglichst viel Zeit mit ihnen verbringen«. Wer an Grenzen stößt, sich überfordert fühlt, soll sich Hilfe und Beratung suchen.

»Das ist überhaupt keine Stigmatisierung«, betont die Kinderärztin, »sondern ein Zeichen von Verantwortung und

Selbstfürsorge.« Man müsse im Blick behalten, wie sich die mittelfristigen Auffälligkeiten entwickeln, »und ob da noch etwas nachkommt«.

»Ich habe meine Kinder nicht wiedererkannt«

Ein großes Einfamilienhaus in der Nähe von Lüneburg, Niedersachsen: Linus und Ben,[19] sechs Jahre alte Zwillinge, toben hier auf dem Trampolin. In dem großen Garten stehen außerdem zwei Fußballtore, weiter hinten in einer Ecke ist ein großes Klettergerüst mit Schaukel, Rutsche und Seilen. Linus und Ben wohnen auf einem Spielplatz. Aber den wochenlangen Verzicht auf ihre Kita und ihren normalen Alltag konnte das nicht kompensieren.

Linus habe sie getreten, gebissen, Wutanfälle gehabt, sagt seine Mutter Jana bei einem Treffen im September 2021. Die beiden Jungs hätten sich außerdem ständig miteinander gestritten und seien aggressiv geworden. »Ich habe meine Kinder nicht wiedererkannt.« Noch immer gebe es sehr schnell Streit. »Da können Sie die Uhr nach stellen.« Gerade hüpfen die beiden ganz friedlich und kicken einen Ball gegen das Netz. »Vorführeffekt«, meint Jana. Zwei Minuten später weint Ben. Er hat sich den Fuß verknackst. »Selber schuld«, findet Linus.

Dass sich Geschwister öfter streiten, ist an sich nicht ungewöhnlich. Ihre Mutter erklärt sich die vielen Reibereien aber auch damit, dass sie ihre Kinder in der Krise ständig vertrösten und all ihre normalen kindlichen Wünsche ablehnen, immer wieder Nein sagen musste. Nein, ihr geht nicht zur Kita, nicht zu den Freunden in der Nachbarschaft, nicht zu Oma und Opa, obwohl die nur wenige Straße weiter wohnen. Nein zum Kindergeburtstag, weil dort mit mehr als zehn Kindern die Kontaktbeschränkungen nicht eingehalten werden. Nein zum Kinderturnen. Nein, Mama und Papa können jetzt nicht mitspielen, sie müssen arbeiten.

Ihre Kinder könnten sich jetzt viel besser selbst beschäftigen, findet Jana. Aber sie seien auch anhänglicher. Plötzlich seien sie fast jede Nacht wieder zu den Eltern ins Bett gekommen, hätten teilweise eingenässt. Linus sei manchmal weinend aufgewacht, habe leicht abwesend gewirkt. »Als sie in die Kita in die Notbetreuung durften, ging es ihnen besser«, sagt Jana. Immer mal wieder kommen die Jungs jedoch auch Monate später nachts rüber. Ben habe Mühe, sich auf Fremde einzulassen. Bei ihm sei eine Aufmerksamkeitsdefizitstörung (ADS) diagnostiziert worden. Er kann sich schlecht Dinge im Kurzzeitgedächtnis merken. Beide Jungs hätten zudem andauernd das Gefühl, an irgendetwas Schuld zu haben.

Ob all das durch Corona beeinflusst ist, weiß die Mutter letztlich nicht. Sie vermutet es. Die Wutanfälle sind immerhin seltener geworden. In der Schule kommen die Zwillinge, die nun seit einigen Wochen in die erste Klasse gehen, besser klar als befürchtet. »Wir sind auf einem guten Weg«, sagt Jana. »Aber ausgestanden ist die Krise nicht.«

Je jünger Kinder sind, desto größer ist der zeitliche Anteil, den die Pandemie in ihrem Leben eingenommen hat. Bei Ben und Linus ist es fast ein Drittel ihres Lebens. »Corona hat das Zeug, Kindern ihr natürliches Zutrauen in die Welt zu nehmen. Und die Gewissheit, dass am Ende schon alles irgendwie gut wird«, glaubt die Kinder- und Jugendpsychotherapeutin Sigrid Müller-Hoogen,[20] die für einen SPIEGEL-Artikel von den Beobachtungen in ihrer Praxis erzählte. Umso wichtiger ist, dass Eltern Ängste ernst nehmen, Kindern Zuversicht und Sicherheit vermitteln. Aber das ist schwer, wenn Mütter und Väter selbst unter Stress stehen. Studien zeigen, dass sich viele Eltern in den Monaten der Pandemie stark belastet fühlten. Das hat Folgen für die Kinder. Zwar können auch Kinder von gelassenen Eltern Auffälligkeiten entwickeln, aber die Wahrscheinlichkeit dafür steigt, wenn es Müttern und Vätern selbst nicht gut geht, wenn sie chronisch gestresst oder verunsichert sind. Schneider hat in ihren Studien einen klaren Zusammenhang festgestellt. Überrascht war sie davon nicht.

Frühere Studien mit Babys im Alter von acht Monaten zeigten bereits, wie eng das Verhalten von Kindern mit dem ihrer Eltern verknüpft ist. Schneider spricht vom »Visuellen Klippenparadigma«. Bei diesem Experiment befindet sich eine Plexiglasplatte in der Mitte eines Tisches, eine »Klippe«. Sind Eltern entspannt, krabbeln die Kinder darüber. Sind die Eltern in einer ängstlich, besorgten Stimmung, tun sie es eher nicht. In der Corona-Krise war die elterliche Stimmung noch ausschlaggebender für das Handeln der Kinder, weil sie kaum andere Kontakte hatten.

Wenn chronischer Stress dazu führt, dass Mütter und Väter nicht gut auf die Bedürfnisse ihrer Babys und Kleinkinder eingehen können, hat das gleich doppelt Auswirkungen. Es schränkt das Urvertrauen der Kinder ein. Und es setzt Kinder selbst unter Stress, was sich wiederum auf die Entwicklung ihres Gehirns auswirken kann. So beschreibt es die Neurobiologin Nicole Strüber.

»Im Gehirn wirken Stresshormone, die einerseits Leistungsbereitschaft fördern, andererseits in zu großer Menge schädlich sind. Das Stresssystem im Gehirn entwickelt sich nicht gut. Es kann schlechter rauf- und runterfahren«, sagt Strüber. »Kinder können in der Folge schlechter Stress abfedern, schlechter Gefühle regulieren, sind unter Umständen weniger leistungsbereit und anfälliger für Depressionen.«

Nach der Krise wieder ins Lot kommen

Das kindliche Stresssystem ist nicht zwingend für immer auf »Krise« gepolt, sondern kann wieder ins Lot kommen. Ausgleichend wirkt, wenn Kinder, auch ältere Kinder, Nähe und Vertrautheit erleben. Dann wird Oxytocin im Gehirn freigesetzt, eine Art Kuschelhormon, quasi als »physiologisches Korrelat zum Stresshormon«, wie Strüber erklärt. Deshalb fühlten sich Kinder etwa mit ihren Eltern, aber auch mit anderen Bezugspersonen und Freunden wohl. Auch Sport und Bewegung tun sehr gut, unter anderem weil hier andere Stoffe im Gehirn aktiviert werden.

Strüber ist überzeugt, dass sich nach der Krise nicht nur das Stresssystem wieder regulieren lässt, sondern Kinder auch soziales Lernen und die entsprechenden Entwicklungsschritte nachholen können, unter der Bedingung, dass die Erwachsenen Verständnis dafür haben. »Manchmal scheitert das Nachholen von Entwicklung an falschen Erwartungen.«

Eltern mögen nach den Kita- oder Schulschließungen denken, es sei alles wieder normal, also müssten sich auch ihre Kinder wieder normal verhalten, nicht laut, nicht trotzig, nicht reizbar sein. Aber wenn Kinder emotionale Erfahrungen nachholen, verhalten sie sich nicht unbedingt so, wie das ihrem Alter angemessen erscheint. Ein Schulkind neigt vielleicht zum Trotzanfall. »Wichtig ist«, sagt Strüber, »extreme kindliche Verhaltensmuster als das zu erkennen, was sie sind: als Folgen der Pandemie.«

Weder zu Hause noch in der Schule darf es deshalb Druck geben, nun endlich den versäumten Stoff nachzuholen und wieder Leistung zu bringen. Statt auf das Erledigen von Hausaufgaben zu pochen, kann es viel wichtiger sein, Kinder mit anderen spielen zu lassen. Zumal Kinder, die noch unter Stress und unter dem Eindruck der Krise stehen, den Kopf gar nicht frei haben zum Lernen.

Zeigen Erwachsene kein Verständnis, reagieren sie genervt auf das Verhalten des Kindes, bremsen sie die Entwicklung nur weiter aus. Strüber mahnt, selbst wenn die Pandemie längst vorbei sei, könne es dann weiter zu Stress und Streit kommen. Ein Teufelskreis.

Den Teufelskreis durchbrechen, den Stress abschütteln, sich Zeit für Kinder nehmen, Verständnis haben: Bei allen besuchten Müttern und Vätern ist zu spüren, wie sehr ihnen daran zum Wohle ihrer Kinder gelegen ist. Deutlich wird aber auch, dass Menschen abhängig von ihrer Lebenssituation vor ganz unterschiedlichen Herausforderungen stehen. Diejenigen, denen es leichter fiel, die Pandemie zu bewältigen, tun sich auch leichter, beim Aufholen zu helfen. Für andere, die es in der Krise schon schwerer hatten, bleibt die Unterstützung ihrer Kinder ein Kraftakt, teils begleitet von dem bitteren Gefühl, von Politik und Gesellschaft alleingelassen zu werden.

Beatrix Hellwig, die Mutter von Felicitas, Maximilian, Ludwig und Leopold, hat in der Pandemie immer mal wieder Beschwerdemails an Kultusminister und andere Politiker geschrieben, weil sie es »ungerecht und ein Unding« fand, dass sie als berufstätige Frau plötzlich noch Ersatzlehrerin spielen sollte. Und weil Familien über Gebühr belastet worden seien.

»Ich durfte als Erwachsene längst wieder ins Fitnessstudio gehen, da saßen meine Kinder immer noch nicht täglich im Unterricht.«

Beatrix Hellwig geht es ums Prinzip. Dass ihre Kinder, die sonst sorgenfrei aufwachsen, in der Krise Schaden genommen haben, glaubt sie nicht. Trotz der plötzlichen Herausforderung, zu Hause zu arbeiten und gleichzeitig die Kinder zu betreuen, habe sie der Pandemiezeit anfangs durchaus Positives abgewinnen können. Der Kalender war leer. Keine Verabredungen, keine Termine, das ganze Leben entschleunigt. »Ich habe das zum Teil auch genossen, und von diesem Gefühl ist etwas zurückgeblieben. Ich nehme mir bewusst mehr Zeit für die Kinder. Ein Beispiel: Meine Söhne lieben Computerspiele, ich hasse sie. Jetzt höre ich zu, wenn sie davon erzählen.«

Cocooning ist ihre Sache trotzdem nicht. »Sobald es ging, waren wir im Restaurant, im Kino, im Schwimmbad, auch im Urlaub.« Sonne tanken auf Gran Canaria, wandern in Österreich, Ski fahren in der Schweiz. Zu Hause ist der Kalender wieder voll. Die Kleinen wie die Großen sind oft verabredet, haben Spaß an ihren Hobbys: Klettern, Karate, Tennis, Trampolin.

Homeoffice: Zwischen Backlash und Freiraum

Ein altes Fachwerkhaus, direkt am Marktplatz in Homberg (Efze), Hessen: Anna Groos und Tobias Reitz machen sich mit ihren Söhnen, Carlo, 5, und Joscha, 2, einen gemütlichen Sonntag. Ein ferngesteuertes Polizeiauto saust über die Dielen, ein Hörspiel läuft, und Abschiedsstimmung liegt in der Luft. Sechs Monate hat die Familie während der Pandemie in diesem »Ritterhaus« gewohnt, wie die Kinder es nennen. Es hat viele Balken. Mitte Oktober 2021 geht es in wenigen Tagen zurück in die Vier-Zimmer-Wohnung nach Darmstadt.

»In ein paar Jahren werden sich die Kinder vermutlich kaum noch bewusst an die Zeit hier erinnern«, glaubt Tobias, »aber vielleicht haben sie unbewusst mitgenommen, dass sie coole Dinge erlebt haben, dass in jeder Krise das Potenzial für Veränderung und Kraft liegt.« Nach Erschöpfung und Pandemiemüdigkeit, die von vielen anderen Familien beklagt wird, klingt das nicht. Dessen ist sich Tobias bewusst. Er spreche aus einer »megaprivilegierten Position«.

Die hat damit zu tun, dass sich für ihn und Anna aus dem Ausnahmezustand in der Pandemie eine Chance ergeben hat: Sie konnten, zeitlich befristet, aus ihrem alten Leben aussteigen und ein neues ausprobieren. Die Familie nahm an dem Projekt »Summers of Pioneers« teil. Zusammen mit 16 anderen Menschen, darunter viele Selbstständige und Kreative, zogen sie von Mai bis Oktober 2021 nach Homberg.[21]

Von der Stadt in die Provinz. Von der Wohnung mit Balkon in ein Häuschen. Vom Alltag als Kleinfamilie in das Miteinander einer größeren Community. Es war ein Wohnexperiment, verbunden mit der Frage: Wie und wo wollen wir in Zukunft leben und arbeiten? »Als Eltern«, sagt Anna, »hat uns auch diese Idee umgetrieben: Müssen Kinder auf dem Land groß werden? Müssen sie barfuß über den Feldweg rennen und Kühe beim Namen nennen können?«

Gegründet hat das Projekt schon vor Corona der ehemalige Journalist Frederik Fischer. »Das Interesse hat während der Pandemie stark zugenommen«, sagt er. Das Homeoffice schuf für einen Teil der Bevölkerung Freiräume. Wer umziehen wollte, brauchte keinen neuen Job, sondern nahm seinen alten mit. Einzige Bedingung: stabiles Internet.

»Unser Leben war in der Corona-Krise wie bei so vielen anderen Menschen ohnehin auf den Kopf gestellt«, sagt Anna. »Wir hatten fast anderthalb Jahre zu 100 Prozent am Schreibtisch im Schlafzimmer gearbeitet.« Oft saßen sie um 6.30 Uhr im ersten Videocall, als die Kinder noch schliefen, und arbeiteten erneut bis Mitternacht, als sie wieder schliefen. »Das war eine Grenzerfahrung«, sagt Anna. »Gleichzeitig«, sagt Tobias, »war das ein guter Moment, um darüber nachzudenken, wie wir leben wollen.«

Sechs Monate später fällt die Bilanz gemischt aus. Joscha war in der Krippe mit der etwas altbackenen Pädagogik nicht so glücklich. Carlo hatte den besten Sommer seines Lebens. Er durfte in den Waldkindergarten im Ort gehen, fast den ganzen Tag draußen sein. »Das hat Carlo unglaublich gutgetan. Der ist auf jeden Baum geklettert«, sagt Anna. Unterm Strich wollen sie trotzdem erst mal zurück nach Darmstadt, zurück zu Freunden und Großeltern; um eine Erfahrung reicher.

Solche Chancen wie Anna und Tobias hat das Homeoffice längst nicht allen Eltern beschert. Trotzdem freuen sich viele, wenn dieses Corona-Relikt bleibt. Mussten Menschen jahrelang darum ringen, die Erlaubnis zur Heimarbeit zu bekommen, um Familie und Beruf besser vereinbaren zu können und mehr Zeit für ihre Kinder zu haben, wurden in der Pandemie Millionen Erwerbstätige von einem Tag auf den anderen an den heimischen Schreibtisch geschickt. Ein Dammbruch. Vorgesetzte erkannten: Es geht.

Tobias Reitz sagt, früher sei er frühmorgens um 4 Uhr in Darmstadt aufgestanden, um einen dreistündigen Workshop in Hamburg abzuhalten, und erst spätabends zurückgekommen: »Jetzt wäre das ein Videocall, fertig.« So hat die Pandemie neben der horrenden Belastung unterm Strich auch Freiräume geschaffen.

Nur, die Vorteile haben erst mal nur diejenigen, die ihre Arbeit von zu Hause erledigen können. Laut einer ifo-Studie[22] könnte mehr als die Hälfte der Erwerbsarbeit im Homeoffice erfolgen. Tatsächlich nutzte dies während des zweiten Lockdowns im Februar 2021 nur knapp ein Drittel der Beschäftigten, trotz »Homeoffice-Pflicht«.

Am 1. Juli 2021 wurde diese Pflicht der Arbeitgeber, zwecks Infektionsschutz Bürotätigkeiten zu Hause zu ermöglichen, wieder aufgehoben, im Herbst dann wieder eingeführt. Dazwischen beorderten viele Firmen ihre Angestellten zurück. Insgesamt sind die Arbeitgeber skeptisch.

Wie aus einer Umfrage des Nürnberger Instituts für Arbeitsmarkt- und Berufsforschung (IAB) hervorgeht,[23] will nur jedes fünfte Unternehmen die Möglichkeiten für mobiles

Arbeiten längerfristig ausbauen. Ein Rechtsanspruch auf Homeoffice besteht nicht.

Unabhängig davon gibt es Zweifel, ob großzügige Homeoffice-Regeln am Ende dazu führen, dass die Mehrheit der Kinder künftig mehr Zeit sowohl mit Mama als auch mit Papa verbringt und eine moderne Rollenverteilung kennenlernt – oder weiterhin damit groß wird, dass der Vater mehr arbeitet, mehr Geld verdient und die Mutter mehr Wäsche macht, mehr Kindergeburtstage plant.

Rolle rückwärts in alte Muster?

Bisher stecken Deutschlands Mütter nach der Geburt eines Kindes beruflich deutlich mehr zurück als Väter. Die Quote der erwerbstätigen Mütter ist zwar in den vergangenen zehn Jahren von 66,7 auf 74,7 Prozent gestiegen, aber zwei Drittel dieser Mütter arbeiten Teilzeit. Bei den Vätern sind es nur 6,4 Prozent. Deutschland gehört damit zu den EU-Ländern mit den höchsten Teilzeitquoten von Müttern. Der Schnitt liegt bei 34,9 Prozent. Auf Platz 1 sind die Niederlande, aber hier hat auch fast jeder fünfte Vater eine Teilzeitstelle.[24]

Die Rollenverteilung hat unter anderem mit dem Gender Pay Gap zu tun. In Deutschland bekommen Frauen im Schnitt pro Stunde rund ein Fünftel weniger Lohn. Seit Jahren. Es tut sich auch wenig daran, dass sie deutlich mehr Zeit für Kinderbetreuung aufwenden als Väter. Laut einer Studie des Deutschen Instituts für Wirtschaftsforschung (DIW)[25] betreute bei 59 Prozent der befragten Paare *überwiegend* die Frau die Kinder. 31 Prozent teilten sich *in etwa gleich* auf. Bei 8 Prozent betreute die Kinder *(fast) vollständig* die Frau, bei weniger als

3 Prozent war dies der Mann. Auf diese Situation traf die Pandemie.

Wenig überraschend: Als die staatliche Kinderbetreuung in Kitas und Schulen wegfiel, die überhaupt beiden Eltern eine Erwerbstätigkeit ermöglicht hatte, griffen traditionelle Muster. Mütter kümmerten sich im Schnitt noch mehr als sonst um Haushalt und Kinderbetreuung. In einigen Familien blieb die Rollenverteilung gleich, oder Väter halfen deutlich mehr mit, in anderen jedoch weniger.

Zudem ergaben Studien, dass der Mental Load, die Belastung durch das Organisieren von Alltagsaufgaben, bei vielen Müttern höher ist, und damit auch der Stresspegel. Nicht nur aufgrund der Doppelbelastung, sondern auch aufgrund der politischen Erwartung, Frauen würden die immense zusätzliche Care-Arbeit inklusive Heimunterricht neben ihrem Beruf selbstverständlich gratis miterledigen.

Unter dem Hashtag #CoronaElternrechnenab kalkulierten Frauen die Lohnkosten und schickten ihre Rechnung an die Regierung: als symbolischen Protest. Ein Shitstorm war die Folge. Im Netz wurden Stimmen laut, die Mütter sollten sich nicht beschweren. Bezeichnend.

Rund anderthalb Jahre nach Pandemiebeginn kommt eine Studie der Hans-Böckler-Stiftung zu dem Ergebnis, dass sich die Rollenverteilung zwischen Paaren im Sommer 2021 im Großen und Ganzen wieder auf Vorkrisenniveau eingespielt hat, also weitgehend stabil geblieben ist. Weil Frauen während der Kita- und Schulschließungen jedoch den größeren Anteil an Kinderbetreuung und Hausarbeit übernommen hatten, vergrößerte sich in einer Gesamtbilanz der Gender Care Gap. Nur für einen geringen Teil der Paare habe die Krise die Chance zu einer gleichberechtigteren Rollenverteilung eröffnet, schreibt die Studienautorin Bettina Kohlrausch, oft in der Konstellation: Vater im Homeoffice, mit einer geringen Stundenzahl im Job.[26]

Während die meisten Eltern im ersten Lockdown noch komplett auf sich gestellt waren und hoffen mussten, als systemrelevant zu gelten oder aus anderen Gründen unter die Notbetreuungsregeln in ihrem Bundesland zu fallen, hatte die Politik im zweiten Lockdown immerhin dazugelernt.

Als Mitte Dezember 2020 erneut Kitas und Schulen bundesweit geschlossen wurden, galten in mehreren Bundesländern deutlich weichere Regeln für die Notbetreuung. Außerdem kündigte die Regierung an, die Kinderkrankentage auszuweiten, damit Eltern zu Hause bei ihren Kindern bleiben konnten und nicht gleichzeitig arbeiten mussten. Für das Jahr 2021 wurden die Kinderkrankentage verdoppelt. Paare konnten pro Elternteil zunächst insgesamt 20 statt 10 Tage Kinderkrankengeld beantragen, Alleinerziehende 40 Tage pro Kind. Die Höhe des Kinderkrankengeldes beträgt laut Bundesfamilienministerium in der Regel 90 Prozent des Nettoeinkommens.

Entlastung durch Kinderkrankentage?

Die damalige Familienministerin Franziska Giffey sagte, man habe erlebt, die Betreuung kleiner Kinder und Arbeit – »das geht nicht zusammen«. Deshalb gebe es nun diese »passgenaue Entlastung«[27]. Diese Information erfolgte allerdings erst am 21. Januar 2021. Zu diesem Zeitpunkt waren Kitas und Schulen schon über einen Monat zu. Die Bestimmung war zwar zuvor angekündigt worden und trat rückwirkend zum 5. Januar in Kraft. Aber in den Wochen dazwischen gab es viel Verunsicherung.

Später erhöhte die Regierung die Zahl der Kinderkrankentage weiter auf 60 pro Kind, aber viele Eltern empfanden die Regelung trotzdem alles andere als passgenau. Laut einer Befragung der Hans-Böckler-Stiftung[28] hatten die Kinderkrankentage bis zum Juni 2021 nur 20 Prozent der Eltern genutzt. Weil sie an ihrem Arbeitsplatz nicht fehlen konnten, nicht auf ihr volles Gehalt verzichten konnten oder wollten oder Sorge um ihren Job hatten.

Männer nahmen die Kinderkrankentage etwas öfter als Frauen. Kohlrausch erklärt dies damit, dass Personen, die befristet oder in Teilzeit beschäftigt waren, beides Merkmale, die häufiger auf Frauen zutreffen, seltener von den Kinderkrankentagen Gebrauch machten. In der Gesamtschau zeige sich, »dass sich die bereits vor der Krise existierenden Ungleichheitsstrukturen in der Krise verschärfen und damit auch langfristig zu einer wachsenden Ungleichheit zwischen den Geschlechtern führen könnten, wenn nicht rechtzeitig gegengesteuert wird.«

Das Konservative in den Köpfen

Dass die Krise in den Köpfen vieler Väter offenbar konservatives Denken befördert hat, zeigt eine Studie des DIW (Deutsches Institut für Wirtschaftsforschung)[29] und der Freien Universität Berlin. Ein Team hatte die Einstellungen zur Erwerbstätigkeit von Müttern anhand der Zustimmung zu folgenden Aussagen auf einer vierstufigen Skala erfasst und daraus die Haltung abgeleitet:

- »Eine berufstätige Mutter kann ein genauso herzliches und vertrauensvolles Verhältnis zu ihren Kindern finden wie eine Mutter, die nicht berufstätig ist.«
- »Es ist für ein Kind sogar gut, wenn seine Mutter berufstätig ist und sich nicht nur auf den Haushalt konzentriert.«
- »Ein Kleinkind wird sicherlich darunter leiden, wenn seine Mutter berufstätig ist.«

Nachdem im Jahr 2016 noch rund 60 Prozent der Väter mit Kindern unter zwölf Jahren sehr egalitäre Einstellungen vertraten, waren es ein Jahr nach Ausbruch der Corona-Pandemie nur noch rund 54 Prozent. Zumindest für Väter in Westdeutschland sei dieser Rückgang direkt und im statistisch signifikanten Sinne auf die Kita- und Schulschließungen zurückführen, so das DIW. Hier sank der Anteil der Väter mit egalitären Ansichten von 56 Prozent auf 49 Prozent.

Gerade die Gruppe westdeutscher Väter hatte vor Corona ihre Einstellung am stärksten hin zu einem gleichberechtigteren Rollenverständnis verändert. Der Rückgang ist demnach umso beachtlicher. Für ostdeutsche Väter und für Mütter insgesamt lassen sich solche Effekte nicht nachweisen.

Wie die Sache ausgeht, wird Kinder und Jugendliche stark beeinflussen. Die vorherrschenden Rollenbilder sind laut Shell-Studie[30] offenbar prägend für ihre eigene Lebensplanung: Fragt man heute Jugendliche, wie sie sich Arbeit und Betreuung teilen wollen, wenn sie 30 Jahre alt sind und ein zweijähriges Kind haben, sind sie sich unabhängig vom Geschlecht weitgehend einig: Die Frau sollte vorrangig beruflich kürzer treten.

Zwei Drittel der Frauen würden demnach gerne maximal halbtags arbeiten; etwa genauso viele junge Männer wünschen sich dies von ihrer Partnerin. Allerdings will auch mehr als die Hälfte selbst Teilzeit arbeiten und »aktiver Vater« sein. Deutlich mehr als die Hälfte der Befragten findet ein »männliches Versorgermodell« am besten, bei dem die Frau maximal einen Teilzeitjob hat. Im Westen denken Jugendliche traditioneller als im Osten, analog zur gelebten Praxis.

Bleibt es bei der klassischen Rollenverteilung, müssen die heutigen Mädchen in ihrem späteren Leben statistisch betrachtet mit erheblichen Gehaltseinbußen rechnen, jedenfalls wenn sie Kinder bekommen. In Westdeutschland erzielt ein Mann rund 1,5 Millionen Euro Lebenserwerbseinkommen, eine Frau mit Kindern im Schnitt nur 580 000 Euro brutto, wie eine Analyse der Bertelsmann Stiftung zeigt.[31] Als ausschlaggebend gilt, dass Frauen wegen der Kinder oft Teilzeit arbeiten, Männer eher nicht. Im Westen sind die Effekte auch hier größer als im Osten.

Wie Paare die Rollenverteilung eines Tages aushandeln, hängt stark von politischen Weichenstellungen und gesellschaftlichem Umdenken ab. Die Krise hat gezeigt: Die Regierung ist mit drei Ausrufezeichen gefordert, mehr Geschlechtergerechtigkeit zu fördern, und zwar nicht nur mit Blick auf Paar-Familien.

Allein(erziehend):
Stresstest mit Folgen

Eine Drei-Zimmer-Wohnung im vierten Stock, kein Fahrstuhl, in Osnabrück, Niedersachsen: Nina, 8, und Lara, 6, wohnen hier allein mit ihrer Mutter Maike[32]. Durch ihr Kinderzimmerfenster gucken sie auf einen Hof: eine größere Rasenfläche mit Wäscheleinen und Mülleimern. »Da haben Lara und ich öfter gespielt. Meine Freundinnen durfte ich wegen Corona nicht treffen. Das war schon sehr blöd«, sagt Nina. Selten habe sie mit Nachbarskindern gespielt, »obwohl wir nicht durften. Das fand ich gut, aber auch doof, weil es gegen die Regeln war und man wegen der Polizei schnell nach Hause musste.«

Die strikten Kontaktbeschränkungen sind schon Monate her, aber als Ninas Freundin am Telefon ist und fragt, ob sie sich verabreden wollen, hüpft Nina vom Sofa hoch, möchte am liebsten sofort losstürmen, die Freundin sehen. Manchmal spielten sie mit anderen Kindern »Corona«. »Dann ist einer das Virus. Der muss einen anderen fangen, dann ist der das Virus.« Aus Sicht von Nina und Lara hat sich durch die Pandemie sonst nicht viel verändert. Ihre Mutter sieht das anders.

Als Alleinerziehende musste sie sich monatelang meist alleine um ihre Mädchen kümmern, jedes zweite Wochenende gehen sie zu ihrem Vater. So waren sie während der Lockdowns fast andauernd zu dritt, auf 58 Quadratmetern. »Abends habe ich oft mit Freunden telefoniert. Ich hatte das

Gefühl: Ich muss mit einem Erwachsenen reden. Ich werde komisch im Kopf, wenn ich nur mit Kindern rede.« Maike litt vor einigen Jahren unter Depressionen. Sie hatte Sorge, dass sie da wieder reinrutscht.

Für Ein-Eltern-Familien waren die Herausforderungen in der Krise besonders groß. Viele fühlten sich vom Staat noch mehr als andere alleingelassen und leiden bis heute unter den Folgen; in der großen Mehrheit Frauen mit Kindern. Neun von zehn Alleinerziehenden sind Mütter. Sie waren schon vor der Krise strukturell stark benachteiligt und gefordert.

Maike hatte sich zum Organisationstalent entwickelt: Job und Kinderbetreuung gewuppt, sich ihr weniges Geld bestens eingeteilt, bürokratische Hürden für staatliche Hilfen genommen, Schwimmunterricht für die Große organisiert, Frühförderung für die Kleine. Alles im Alleingang. In der Krise kam sie an Grenzen. Die Kleine habe, wie schon vor Corona, öfter Wutanfälle gehabt, geschrien, gehauen, gebissen. Laras Frühförderung in der Kita fiel pandemiebedingt oft aus.

Maike versuchte, das auszugleichen, gleichzeitig das Homeschooling zu bewerkstelligen. »Aber die Große hat mich nur schwer als ›Ersatzlehrerin‹ akzeptiert. Es gab sehr viel Streit.« Sobald es Zwist gab, habe sie Papa angerufen oder erklärt, sie ziehe zu Papa. »Der war zum Glück auf meiner Seite und hat gesagt, sie müsse bei ihm auch die Aufgaben machen«, sagt Maike.

Während der Corona-Zeit hat sie sich von ihrem Ex-Mann gut unterstützt gefühlt, der die Kinder wenn möglich auch an den Montagen nach den Papa-Wochenenden bei sich behielt. Sie weiß von Alleinerziehenden, bei denen es anders war. Maike findet, die Krise habe deutliche Spuren hinterlassen. Die Kleine sei introvertierter, die Große aggressiver geworden. Sie selbst habe sich auch verändert. »Ich wurde früher als sehr geduldiger Mensch beschrieben. Jetzt gehe ich schnell an die Decke. Ich werde laut. Anfangs haben sich die Kinder erschrocken, jetzt scheint es ihnen egal zu sein.« Vor Corona habe sie ihren Töchtern jeden Abend vor dem Einschlafen Geschichten vorgelesen. Nun stelle sie ein Hörspiel an und gehe aus dem Zimmer. Aufs Sofa.

»Ich habe einfach keine Energie mehr«, sagt Maike, »und wenn die Kinder besonders anstrengend sind, ist da schnell der Griff in die Schokoladenkiste.« Während der Pandemie habe sie zwölf Kilo zugenommen. »Das Schlimme ist, dass es der Großen genauso geht. Sie ist noch nicht zu dick, hat aber sechs Kilo zugelegt. Ich habe Sorge, dass es ihr eines Tages geht wie mir, und das wünsche ich ihr nicht.«

Die zusätzlichen Pfunde seien in der Pandemie auch dazugekommen, weil sie sich oft zu erschöpft gefühlt habe, um zu kochen und einzukaufen. »Ich habe viel Fastfood bestellt, Burger, Pommes, Pizza.« Dazu kam, dass die Kinder mehr Zeit vor dem Tablet verbracht hätten. Im Ausnahmezustand schienen Ausnahmen vertretbar.

Kinderärzte alarmiert: Viele Kinder haben Übergewicht

Studien zufolge haben viele Menschen in Deutschland, auch viele Kinder und Jugendliche, während der Krise vermehrt ungesund gegessen, viel Zeit vor dem Bildschirm verbracht, sich wenig bewegt. Das betraf keineswegs nur Ein-Eltern-Familien. Dabei hält Bewegung nicht nur den Körper fit, sondern auch Geist und Seele.

Schon vor Corona hatte die Bewegung zusehends abgenommen. Die Empfehlung der Weltgesundheitsorganisation, sich täglich mindestens eine Stunde mit moderater bis hoher Intensität körperlich aktiv zu betätigen, erreichen seit Beginn einer Karlsruher Studie vor knapp 20 Jahren immer weniger Kinder und Jugendliche im Alter von 4 bis 17 Jahren. War es anfangs noch rund jeder Vierte, kam zuletzt nur noch jeder Fünfte auf diesen Wert.[33]

Als das Wetter im ersten Lockdown schön war, bewegten sich Kinder zwar deutlich mehr als sonst, aber im zweiten Lockdown wurde es viel weniger. Inklusive Rad fahren, zu Fuß gehen, spielen im Freien kamen sie durchschnittlich auf 62 Minuten pro Tag. Vor Corona: 109 Minuten. Die Karlsruher Forscher gehen nicht davon aus, dass sich Kinder nun so leicht wieder in Bewegung setzen lassen. Sie sind anderes gewöhnt, etwa mehr Medienkonsum. Kein Wunder, dass sich viele Kinder weniger fit fühlen und zugenommen haben.

Die Deutsche Adipositas Gesellschaft (DAG) warnt:[34] »Wir dokumentieren in unseren Spezialsprechstunden Gewichtszunahmen von bis zu 30 Kilo in sechs Monaten – Einzelfälle, aber ›Rekorde‹ dieser Art mehren sich«, teilt die Medizinerin Susann Weihrauch-Blüher mit. »Es gibt bei Kindern einen derart klaren Anstieg an Adipositas während der coronabedingten Lockdowns, dass wir hier von einer zweiten, einer ›stillen Pandemie‹ sprechen.« Dies sei auch deshalb bedenklich, weil stark adipöse Kinder ein erhöhtes Risiko für einen schweren Verlauf einer Covid-19-Erkrankung hätten.

Der Trend passt zu den Ergebnissen der Schuleingangsuntersuchungen in Hannover. Bei allen Vorschulkindern, die hier untersucht wurden, stieg der Anteil übergewichtiger oder adipöser Kinder im Laufe der Krise an und lag zuletzt bei mehr als 14 Prozent. »Dieser Wert hat uns alarmiert«, sagt die Kinderärztin Andrea Wünsch. Vorher habe der Anteil recht stabil bei rund 10 Prozent gelegen. »Die Entwicklung ist besorgniserregend, denn der Trend zum Übergewicht aus den ersten Pandemiemonaten hat sich offenbar verstetigt, statt wieder nachzulassen.«

Wenn Kinder schon im Grundschulalter oder in der Pubertät deutlich zu viel wiegen, ist die Wahrscheinlichkeit sehr hoch, dass sie die Kilos auch als Erwachsene noch mit sich herumschleppen und unter entsprechenden gesundheitlichen Belastungen leiden wie etwa Diabetes, Bluthochdruck und Gefäßverengungen. »Es ist deshalb wichtig, frühzeitig auf eine gesunde Ernährung und Bewegung bei Kindern zu achten«, sagt Wünsch. Umso nötiger sei Aufklärung über Familienhebammen sowie Kitas und Schulen. »Eltern gehen selten mit ihrem Kind zum Kinderarzt, weil es übergewichtig ist, oder erst dann, wenn es schon sehr spät ist und das Abnehmen zum Kraftakt wird.«

Umso bedenklicher ist aus Sicht der Kinderärztin der Rückgang von Kindern, die in einem Sportverein angemeldet waren. Bei dem letzten Einschulungsjahrgang, den sie untersucht hatte, machten noch 47,5 Prozent der Kinder Sport im Verein. In dem Jahrgang davor waren es noch rund 55 Prozent der Kinder gewesen. Eine deutliche Veränderung gab es auch bei den Schwimmfähigkeiten.

Weniger Kinder im Sportverein und mit Seepferdchen

Vor der Krise hatte nur rund ein Drittel der angehenden Erstklässler noch nicht schwimmen gelernt. Beim Corona-Jahrgang galt dies für mehr als die Hälfte der Kinder. Das Schwimmabzeichen »Seepferdchen« hatte vor Corona rund ein Fünftel, zuletzt nur noch ein Zehntel. Hier sieht Wünsch dringenden Nachholbedarf. »Schwimmen gehen und Sport im Verein fördert Bewegung, Wohlbefinden und Fein- und Grobmotorik«, sagt die Kinderärztin. »Das ist kein Luxusangebot.«

Abnehmen, gesund essen, sich bewegen und den Medienkonsum zurückfahren: Maike und ihre Freundin Sonja,[35] alleinerziehend mit einem Sohn, 8, wollen dies nun mit ihren Kindern angehen. Anfänge sind gemacht. Maike kocht schon lange wieder selbst. Ihre Tochter Nina hat sie beim Judo-Verein angemeldet. Sonja freut sich jedes Mal, wenn ihr Sohn verschwitzt vom Basketball-Training kommt. Sie unternimmt auch gerne etwas mit ihm. »Ich versuche wieder Spaß daran zu finden, schöne Sachen mit ihm zu machen. Aber ich merke, dass mir oft noch Energie fehlt. Das ist bitter.«

Nach dem ersten Lockdown habe die Lehrerin angerufen, weil ihr Sohn beim Rechnen hinterherhinkte. »Das war nett gemeint«, sagt Sonja, »hat mich aber stark gestresst, weil ich gemerkt habe: Es liegt an mir, wenn er nun nicht flüssig lernt.« Sie sollte ihrem Kind, wenige Monate zuvor eingeschult, Rechnen, Lesen und Schreiben beibringen, außerdem Geld verdienen, im Job funktionieren. »Ich mag diese Opferrolle nicht: ›Ich bin alleinerziehend, ich schaffe das alles nicht‹«, sagt Sonja. »Aber Homeschooling und arbeiten zugleich war anstrengend.«

Vielen Ein-Eltern-Familien geht es ähnlich, oder die Probleme sind noch gravierender. »Wir sind besorgt, dass viele Alleinerziehende wegen der Belastungen der Corona-Krise kurz vor einem Burnout stehen«, mahnte der Bundesverband der alleinerziehenden Mütter und Väter (VAMV) im Zuge des zweiten Lockdowns. Noch Monate später haben sich längst nicht alle erholt. »Viele sind ausgebrannt und erschöpft«, sagt die Vorsitzende Daniela Jaspers. »Denn die Belastung hält an. Immer wieder werden einzelne Kinder oder Klassen wegen Verdachtsfällen in Quarantäne geschickt. Dann sind die Kinder wieder zu Hause, es fehlt wieder eine Betreuung. Jede Verlässlichkeit ist weg.« So habe auch das Vertrauen in den Staat bei der Kinderbetreuung stark gelitten. Nach der immensen Belastung und Isolation kämpfen etliche Alleinerziehende zudem mit Geldsorgen, weil Jobs wegfielen oder sie in Kurzarbeit mussten.

Arm – allen Anstrengungen zum Trotz

Alleinerziehend zu sein, stellte in Deutschland schon vor der Pandemie das größte Armutsrisiko dar. Mehr als zwei Millionen Kinder und Jugendliche leben hierzulande in einer Ein-Eltern-Familie. Annähernd die Hälfte dieser Familien gilt als einkommensarm. Allen Anstrengungen zum Trotz. Fast drei Viertel der alleinerziehenden Mütter sind erwerbstätig, mehr als 40 Prozent in Vollzeit.[36] »Statt Anerkennung für das zu erhalten, was sie täglich leisten, fallen Alleinerziehende bei politischen Entscheidungen und Maßnahmen zu oft durchs Raster«, heißt es in einer Studie der Bertelsmann Stiftung.[37]

Zwar hätten Reformen des Unterhaltsvorschusses und des Kinderzuschlags in den letzten Jahren dazu geführt, dass Alleinerziehende heute etwas seltener SGB-II-Leistungen, also Harz IV, beziehen müssen als noch vor fünf Jahren. Die Einkommensarmut unter den Ein-Eltern-Familien sei jedoch nicht zurückgegangen. Auch der zuletzt im Zuge der Corona-Pandemie erhöhte steuerliche Entlastungsbetrag bringe den allermeisten Alleinerziehenden nur wenige Euro mehr im Monat auf dem Gehaltszettel. Bei Geringverdienern liege die Wirkung im Monat im unteren zweistelligen Eurobereich.

Dazu kommt demnach, dass durch die steuerliche Entlastung manches Bruttoeinkommen ganz aus der Steuerpflicht gefallen ist, wodurch wiederum Ansprüche auf bestimmte staatliche Hilfen wie Leistungen für Bildung und Teilhabe oder die Befreiung von Kitagebühren wegfallen. »Minimalen Steuereinsparungen standen so erhebliche Verluste gegenüber«, schreibt die Studienautorin Anne Lenze.

Zudem erhält nach wie vor nur die Hälfte der Kinder Unterhaltszahlungen vom getrennt lebenden Elternteil. Nur ein Viertel bekommt den Mindestunterhalt oder mehr. Bei einem europäischen Vergleich der Armutsgefährdungsquoten von alleinerziehenden Familien und Paarfamilien schneidet Deutschland eher schlecht ab. Das Armutsrisiko alleinerziehender Familien sei viermal so hoch wie das von Paarfamilien. Nur wenige europäische Nachbarn wiesen noch höhere Werte auf.[38]

Maike musste ihr Studium aus persönlichen Gründen abbrechen und lebt mit ihren Kindern nun von Hartz IV. Ihre Chancen auf einen Ausbildungsplatz sind in der Krise nicht gerade gestiegen, weil auf die staatliche Kinderbetreuung plötzlich kein Verlass mehr war. Ein Risiko für Arbeitgeber.

Ein Coaching des Jobcenters fiel deshalb weg. »Da dachte ich: Danke fürs Fallenlassen«, sagt Maike. Zehn Stunden pro Woche arbeitet sie als Reinigungskraft, um dazuzuverdienen. Inklusive Unterhalt und Kindergeld muss sie pro Monat mit 1800 Euro auskommen.

Maike würde ihren Töchtern gerne viel mehr beim »Aufholen« nach der Krise helfen, aber öfter Schwimmen gehen beispielsweise, damit die Kleine fürs Seepferdchen üben kann, ist zu teuer. Der Eintritt ins öffentliche Hallenbad kostet zu dritt rund 13 Euro, fürs Spaßbad sogar 39 Euro. Sonja findet, als Akademikerin verdiene sie gut. Aber von ihrem Gehalt muss sie unter anderem Bafög-Schulden zurückzahlen und das Leben mit Kind fast allein finanzieren. »Ich weiß nicht, wie oft ich meinem Kind sagen muss: ›Nein, dafür haben wir kein Geld.‹ Urlaub beispielsweise ist nicht drin.«

Die Frauen treffen sich oft beim Verband alleinerziehender Mütter und Väter (VAMV) in Osnabrück. Eine Wohnung über zwei Etagen mit Küche, Spielzimmer, Besprechungsraum, Bad und Garten. In einer Kiste werden gebrauchte Kinderkleider und Schuhe gesammelt. Weil Ninas Schuhe zu klein werden, darf sie sich hier »neue« aussuchen. Man hilft sich gegenseitig. Der Verband verschafft außerdem den Bedürfnissen von Alleinerziehenden und ihren Kindern politisch Gehör. Seine zentralen Kritikpunkte:

- Dass viele Bundesländer erst spät die Notbetreuungsregeln in Kitas und Schulen zugunsten von Alleinerziehenden aufweichen.
- Dass viele alleinerziehende Eltern (hauptsachlich Mütter) Ende 2020 nur die Hälfte vom Corona-Kinderbonus über 300 Euro pro Kind bekamen, weil das unterhaltspflichtige

Elternteil, das sich vielleicht kaum um seine Kinder kümmerte, die andere Hälfte in Form einer reduzierten Unterhaltszahlung einbehalten durfte. Auch den Corona-Bonus über 150 Euro im Mai 2021 mussten Alleinerziehende mit dem getrennt lebenden Elternteil teilen.

- Dass Familien insgesamt, insbesondere aber Alleinerziehende und Einkommensarme, nicht umfangreicher und schneller unterstützt wurden.
- Dass es zur Bekämpfung von Kinderarmut noch immer keine wirksamen Instrumente gibt, etwa eine Kindergrundsicherung.
- Dass Alleinerziehende im Vergleich zu verheirateten Paaren mit Kindern steuerlich benachteiligt werden. Dass viele unter erschwerten Bedingungen erwerbstätig sind, wird kaum berücksichtigt.

»Da fühlt man sich vergessen«, sagt die VAMV-Bundesvorsitzende Daniela Jaspers.

In der Krise ging zudem die Regel zu den Kinderkrankentagen völlig am Bedarf der Alleinerziehenden vorbei, unter anderem weil Kinder ab 13 Jahren nicht darunterfielen. »Ich kann doch nicht als Vollzeiterwerbstätige ein Kind in diesem Alter für zehn bis zwölf Stunden jeden Tag alleine lassen«, kritisiert Jaspers. »Wer denkt sich so etwas aus?«

»Soforthilfe« – ein Jahr später

»Ich habe mein Vertrauen in die Politik fast komplett verloren«, sagt Maike. »Ich bin mit meinem Leben überhaupt nicht unglücklich, und ich brauche kein Mitleid, ich hätte nur gerne, dass auch im Sinne der Kinder mehr gesehen und finanziell berücksichtigt wird, was viele Alleinerziehende leisten.« Maike konnte das Geld für Ninas Tablet für den Distanzunterricht im Februar 2021 beim Jobcenter beantragen und bekam es. Aber da waren die Schulen das zweite Mal seit Wochen zu. Dass sie Kostenvorschläge einholen und am Ende die Rechnung präsentieren musste, kann Maike verstehen, findet sie aber auch bitter.

In Deutschland schwingt bei vielen staatlichen Hilfen die Unterstellung mit, Eltern würden das Geld nicht für ihre Kinder nutzen. Der bürokratische Aufwand, um an Gelder zu kommen, ist oft enorm. Die politischen Gründe dafür liegen teils weit zurück. In der Krise offenbaren sich alte Denkmuster einmal mehr.

Das Bundesverfassungsgericht monierte schon vor gut zehn Jahren, die staatlichen Regelsätze für Kinder seien zu gering bemessen. Es verpflichtete die Politik nachzubessern. Die schwarz-gelbe Bundesregierung scheute sich damals jedoch, höhere Sätze festzulegen. Dahinter steckte auch die Sorge, Mütter und Väter würden das zusätzliche Geld nicht im Sinne ihrer Kinder investieren. Der Kompromiss: Ende 2010 schnürte die Koalition das Bildungs- und Teilhabepaket (BuT), mit dem Kindern aus finanzschwachen Familien der Zugang zu Bildung, Sport und Kultur erleichtert werden sollte.

Die Maßnahme sorgte für zahllose Kontroversen, unter anderem weil die Zuschüsse für viel zu niedrig und die Wege, um an die Förderung zu kommen, als stigmatisierend empfunden wurden. So besserte man immer wieder nach, etwa 2019. Mittagessen in Kitas und Schulen sowie die Fahrkarte für Bus und Bahn sind seitdem grundsätzlich kostenlos, die Pauschale für

Schulranzen, Hefte oder Lernsoftware wurde von rund 100 auf rund 150 Euro pro Schuljahr aufgestockt.

Die Kritik blieb jedoch: Nur jedes siebte Kind im Alter zwischen sechs und 15 Jahren profitiert nach Angaben des Paritätischen Wohlfahrtsverbandes vom BuT-Paket, und zwar stark abhängig davon, ob es vor Ort überhaupt passende Angebote gibt. »Das Bildungs- und Teilhabepaket ist und bleibt Murks und geht komplett an der Lebensrealität Heranwachsender vorbei«, teilte der Hauptgeschäftsführer des Verbandes, Ulrich Schneider, 2019 mit.[39] Die Corona-Krise verschärfte das Problem. Durch Kurzarbeit, wegfallende Jobs und zusätzliche Kosten wurde das Geld in vielen Familien noch knapper, als es ohnehin schon war. Während der Kita- und Schulschließungen fiel das kostenlose Mittagessen für die Kinder erst mal weg. Für das Lernen zu Hause war eine digitale Ausstattung mit Laptop, Internet und Drucker nötig. Mit der Pauschale von 150 Euro für Lehrmittel ließ sich das nicht ansatzweise abdecken.

Statt nun einkommensarmen Familien schon im Frühjahr 2020 fix eine Corona-Pauschale zu überweisen, damit Kinder im Distanzunterricht überhaupt ihrer Schulpflicht nachkommen und Eltern etwa zusätzlich anfallende Kosten fürs Essen stemmen konnten, wurde es erst mal kompliziert. Die Politik schlug unter anderem vor, Schul-Caterer sollten das Essen weiter liefern, am besten direkt in die Familien. Eine Idee, die vielerorts gar nicht umsetzbar war.

Der Deutsche Caritasverband e.V. forderte eine einmalige Zahlung in Höhe von 150 Euro pro Kind. »Sachleistungen schränken die Gestaltungsfreiheit unnötig ein«, hieß es in einer Stellungnahme. »Es gibt keine Anhaltspunkte dafür, dass Eltern diese Mittel zweckwidrig verwenden. Studien belegen im Gegenteil, dass Eltern zuletzt bei ihren Kindern sparen.«

Trotzdem scheute die Politik lange vor direkten Zahlungen an bedürftige Familien zurück.

150 Euro sollten Schüler und Schülerinnen aus einkommensarmen Familien als Zuschuss für einen Laptop erhalten, so lautete eine erste Idee der Bildungsminister. Mitte Mai 2020 verkündeten sie jedoch: Die Soforthilfen in Höhe von insgesamt 500 Millionen Euro, als Ergänzung zum Digitalpakt Schule, sollten Kommunen und Schulen erhalten, die Technik kaufen und an Schülerinnen und Schüler verleihen: mehr als eine Million Geräte.[40]

Was nach viel klang, war viel zu wenig. In Deutschland gibt es seit Jahren einen traurigen, stabilen Wert: Rund ein Fünftel der Kinder und Jugendlichen lebt in Armut. Zuletzt waren das 2,8 Millionen Menschen. Das »Soforthilfeprogramm« verdiente außerdem seinen Namen nicht. Es wurde zwei Monate nach Beginn der ersten Schulschließungen vereinbart, rund drei Wochen später unterzeichnet, ab dann konnten Mittel beantragt werden.

Mehr als ein Jahr später waren noch immer nicht alle Gelder abgerufen. Anfang 2021 hatte schließlich Arbeitsminister Hubertus Heil (SPD) die Jobcenter angewiesen, Kindern aus Hartz-IV-Haushalten unter bestimmten Bedingungen Gelder für Laptops zu gewähren.[41] So wurde die Geschichte mit den Schüler-Laptops zum peinlichen Beispiel dafür, wie schnelle Hilfe seitens der Politik scheiterte.

»Die besonderen Anliegen von Kindern und Jugendlichen und insbesondere von Kindern und Jugendlichen in einkommensschwachen Haushalten sind im politischen Prozess zunächst komplett ignoriert worden«, so die Kritik in einem Bericht des Paritätischen Wohlfahrtsverbandes[42], der im Juli 2021 erschien. Erst allmählich sei ein – wenn auch unverändert unzureichendes – Verständnis für die besondere Belastung von Familien und den Kindern gewachsen. So habe es nicht zuletzt in Reaktion auf erheblichen politischen Protest einige finanzielle Maßnahmen für Familien gegeben, etwa den Ende 2020 allen Familien, unabhängig vom Einkommen, gewährten Corona-Kinderbonus über 300 Euro. Zudem erhielten im Sommer 2021 alle Familien erneut einen Corona-Kinderbonus über 150 Euro pro Kind. Ebenfalls einmalig.[43] Es ist eine Summe, die bei manchen Familien kaum ins Gewicht fällt, bei anderen hingegen nicht annähernd die auch krisenbedingt entstandenen Lücken stopft, von einer Würdigung der Leistung ganz zu schweigen.

Ab Mai 2021 konnten Familien im Hartz-IV-Bezug einmalig einen Corona-Zuschlag in Höhe von 150 Euro bekommen. Im Folgemonat Juni wurde ein Kinderfreizeitbonus für bedürftige Familien über 100 Euro pro Kind vereinbart.[44] Der Frust war bei manchen angesichts der monatelangen Belastung und geringen Beachtung durch die Politik zu diesem Zeitpunkt schon so groß, dass sie von »Schweigegeld« sprachen.

Vergessen?
Kinder mit Behinderung

Eine Doppelhaushälfte in Gütersloh, Nordrhein-Westfalen: Mia, 14, hört im Wohnzimmer Musik, ist in ihrer eigenen Welt versunken. Sie ist autistisch, stark sehbehindert und hat eine geistige und körperliche Behinderung. Als sie den Besuch an einem Tag im September 2021 begrüßt, macht sie »High five«. Mia verständigt sich mit Gesten, ohne Worte, und geht dann wieder.

Ihre Zwillingsschwester Carlotta dagegen setzt sich gleich zu den Erwachsenen an den Esstisch. Sie ist kognitiv eingeschränkt, stark sehbehindert, kann auf einem Auge gar nicht und auf dem anderen fast nicht sehen, aber das hält sie nicht davon ab, zum Beispiel auf ihrem dreirädrigen Fahrrad durch die Nachbarschaft zu fahren, »immer bis sie knapp vor der Laterne klebt«, wie ihr Vater Steffen Uschmann sagt. »Aber die Nerven habe ich. Ich freue mich, dass sie selbstständig ist.«

Was Carlotta in der Pandemie am meisten gestört hat? »Dass ich meine Freunde nicht sehen konnte«, sagt sie auf diese Frage, wie fast alle Kinder, nur dass sie für die Antwort ein bisschen mehr Zeit braucht. Ob ihre ehrliche Meinung zu den Schulschließungen gefragt sei, will sie wissen. »Fand ich nicht gut«, sagt Carlotta. »Da sind wir im Lernen nicht weitergekommen.« Im Distanzunterricht hat sie zwar mit ihrer Mutter Arbeitsblätter bearbeitet, aber »es hätten ruhig mehr sein können«, findet sie. »Ich mache das gerne. Ich hätte auch Spaß daran gehabt, das den ganzen Tag zu machen.«

Mia konnte im Distanzunterricht kaum gefördert werden. In der Schule übt sie etwa motorische Fähigkeiten, macht Steckspiele, trainiert die körperliche Wahrnehmung. Aber die entsprechenden Materialien und Räumlichkeiten hat die Familie nicht alle zu Hause. Dadurch war das Lernen bei Mia in der Krise über weite Strecken extrem eingeschränkt.

Rund 550 000 Kindern und Jugendlichen in Deutschland wurde sonderpädagogischer Förderbedarf attestiert. Grund dafür kann eine geistige oder körperliche Behinderung sein oder auch Förderbedarf in der sozialen und emotionalen Entwicklung. Diese Kinder haben es in der Gesellschaft, auch im deutschen Schulsystem, ohnehin oft schwer. In der Corona-Krise galt dies umso mehr.

Als Carlotta in ihr Zimmer geht, Musik hören, schnappt sich Steffen Uschmann einen der dicken Ordner auf dem Tisch. Darin hat er »die Dummheit und den Bürokratismus« der vergangenen »albtraumhaften« Monate dokumentiert, wie er sagt. Noch mehr als sonst hätten sie als Eltern um die Rechte ihrer Kinder auf Bildung, Betreuung und Teilhabe kämpfen müssen. Immer und immer wieder. Bis heute.

»Kinder mit Behinderung wurden ständig erst mal von der Politik vergessen.« So empfindet es Steffen Uschmann, seine Frau sieht das genauso: »Die Pandemie hat doppelt und dreifach gezeigt, dass Kinder mit Behinderung und deren Bildung in unserer Gesellschaft für unwichtig gehalten werden.« Die Eltern sind nach der Krise wirklich wütend.

In einem Brief an Uschmanns weist das nordrhein-westfälische Schulministerium solche Vorwürfe »ausdrücklich« zurück. Tatsächlich hat es Kinder mit sonderpädagogischem Förderbedarf in mehreren Informationsschreiben an die Schulen im Verlauf der Pandemie ausführlich berücksichtigt. Aber die Eltern finden, dass die Bedürfnisse ihrer Kinder in der Praxis trotzdem oft nicht ausreichend oder zu spät beachtet wurden. Beispiel Schulschließungen: Uschmanns haben noch einen Sohn, Paul, 10. Der habe nach dem ersten Lockdown im Frühjahr 2020 schon wieder in seine Grundschule gehen dürfen, während die Förderschule, die Mia und Carlotta besuchten, weiter geschlossen war. Mit dem Argument, viele Kinder mit Behinderung könnten sich nicht an die Hygiene- und Abstandsregeln halten, fiel der Präsenzunterricht an Förderschulen mit dem Schwerpunkt geistige sowie körperliche und motorische Entwicklung (nicht nur unbedingt) in Nordrhein-Westfalen zumindest im Frühjahr 2020 länger aus als an vielen Regelschulen.[45] Fassungslos macht den Vater das.

Er hat gemerkt, wie sehr vor allem Carlotta darunter gelitten hat, dass sie zu Hause bleiben musste. »Die ist hier wie ein Tier im Käfig herumgelaufen«, sagt er. »Sie ist so glücklich, wenn sie in die Schule gehen kann. Dort sind ihre einzigen sozialen Kontakte.« Vielen Kindern mit Behinderung gehe es so, dass sie selten zu Geburtstagen oder zum Spielen eingeladen würden. »Carlotta schaukelt vielleicht mal mit den Nachbarskindern, aber so richtig passt es nicht.«

»Die Leidtragenden sind oft Kinder mit Behinderungen«

Knapp 3000 Förderschulen gibt es laut Statistischem Bundesamt in Deutschland, fast genauso viele wie Gymnasien. Die Mehrheit der Kinder mit Handicap, 330 000, wird hier beschult. Aber während die Politik zu Beginn der Pandemie für angehende Abiturienten und Abiturientinnen genau festgelegt hatte, wann sie wieder zum Unterricht gehen oder Klausuren schreiben durften, waren Kinder mit Behinderung anfangs vielerorts fast kein Thema.

Die Niederlande machten vor, wie es anders geht. Als die Regierung mitteilte, dass die Schulen ab dem 11. Mai 2020 wieder geöffnet werden sollten, wurde an zentraler Stelle erklärt: Der Betrieb starte an allen Schulen in reduziertem Umfang, nur an den Sonderschulen gehe es normal los, wegen der besonderen Bedürfnisse der Familien.[46]

In Deutschland hingegen fehlte es, auch als das neue Schuljahr 2020/21 begann, »noch zu oft an verbindlichen, politischen Vorgaben, damit Kinder mit Handicap im Zweifel nicht doch ausgeschlossen werden«, wie Angela Ehlers, Bundesvorsitzende des Verbands für Sonderpädagogik, damals kritisierte. Es gebe zu wenige Sonderpädagogen, die Schulen litten unter Personalnot. Deshalb sei es besonders schwer, Lösungen zu finden, die den Kindern gerecht würden und den Infektionsschutz berücksichtigten.

Ehlers sagte, sie wünsche sich mehr Bereitschaft zu individuellen, flexiblen Ideen, die es an einigen Schulen durchaus gebe. Manche Schulleitungen hätten größere Angst vor Ansteckungen als andere, sagte sie. »Auch wenn kein Vorsatz dahintersteckt, sind die Leidtragenden oft die Kinder mit Behinderungen.«

Wie gut diese Kinder an Schulen gefördert werden, hing schon vor Corona stark vom Bundesland ab, oft sogar von der einzelnen Schule. Er sorge sich, sagte Jürgen Dusel, Behindertenbeauftragter der Bundesregierung, im SPIEGEL, dass die Pandemie zum Anlass genommen werde, in den Bemühun-

gen nachzulassen. Mancherorts werde nicht verstanden, »dass Teilhabe ein gesetzlich verankertes Recht ist«. Nach langem Zögern hatte Deutschland im Jahr 2009 die UN-Behindertenrechtskonvention ratifiziert, Artikel 24:
»Die Vertragsstaaten anerkennen das Recht von Menschen mit Behinderungen auf Bildung. Um dieses Recht ohne Diskriminierung und auf der Grundlage der Chancengleichheit zu verwirklichen, gewährleisten die Vertragsstaaten ein integratives Bildungssystem auf allen Ebenen.«
Die Politik verband dies mit der Maßgabe, künftig sollten alle Kinder mit und ohne sonderpädagogischen Förderbedarf das Recht bekommen, eine »normale« Schule zu besuchen. Kein Kind sollte gezwungen sein, in oft weit entfernte Förderschulen zu gehen. Stichwort Inklusion. Während der Pandemie bekam dieser Begriff eine neue Bedeutung. Mancherorts setzten sich die Politik und Schulakteure im Laufe der Krise teils ausdrücklich für die Berücksichtigung von Kindern mit Behinderung ein, andernorts fehlte es genau daran. Viele Eltern kämpften immer wieder darum, dass ihre Kinder überhaupt Unterricht in der Schule hatten, auch in der Förderschule. Sie leiden bis heute unter den Auswirkungen, ebenso wie ihre Kinder.

»Als das Schultaxi nicht kam, hat Carlotta geweint«

Im zweiten Corona-Herbst gehen Mia und Carlotta längst wieder täglich in die Schule. Abgehakt ist die Krise aber keineswegs. Ob die Pandemie Spuren bei seinen Kindern hinterlassen hat? Bei dieser Frage kämpft der Vater mit den Tränen. Carlotta sei eigentlich ein sehr fröhlicher Mensch, sehr offen, sagt er. Aber nach den mehrfachen Schulschließungen erlebe er sie deutlich in sich gekehrter, auch verletzlicher:»Als das Schultaxi neulich morgens nicht kam, weil der Fahrer krank war, hat Carlotta geweint. Wenn sie nicht in die Schule gehen darf, wird sie krank, seelisch.« Der Schmerz, für so lange Zeit ausgeschlossen gewesen zu sein, sitzt offenbar tief. Die Angst, dass es wieder so kommen könnte, ist groß, zumal Uschmanns ebenso wie andere Familien in der Krise öfter darum ringen mussten, dass ihre Kinder in die Schule gehen durften.

Beispiel Notbetreuung: Als die Weihnachtsferien im Dezember 2020 wegen hoher Infektionszahlen vorgezogen wurden, sollten Nordrhein-Westfalens Schulen laut Ministerium für zwei Tage eine Notbetreuung einrichten. Allerdings vorrangig für Kinder bis Klasse 6.[47] Die Politik ging davon aus, dass Teenager alleine klarkämen.»Da hat wieder niemand an die Förderschüler gedacht«, sagt Steffen Uschmann. Er habe interveniert und dann auch recht bekommen, seine Töchter durften in die Notbetreuung.»Aber man muss immer erst mal aktiv werden.« In späteren Rundschreiben an die Schulen stellte das Ministerium den besonderen Bedarf von Kindern mit Behinderung bei der Notbetreuung klar.[48]

Oder die Sache mit den Lolli-Tests: Von der Schule ihrer Töchter habe es kurz vor Einführung der Tests, im Mai 2021, ein Schreiben an die Eltern gegeben, sagt Astrid Uschmann, wonach Kinder,»die sich nicht testen lassen oder nicht getestet werden sollen, nicht mehr in die Schule kommen dürfen«. Der Brief liegt vor. Sie habe die Schule vorab gewarnt, dass diese Form des Tests bei Mia schwierig werden könne, sei aber nicht ernst genommen worden, so erzählt es die Mutter. Als es dann so weit war, kam der Anruf: Die Eltern müssten Mia abholen. Sie lasse sich das Stäbchen nicht in den Mund schieben.

Mia sei vom Unterricht ausgeschlossen, habe kein Recht auf Notbetreuung, die versäumten Stunden gälten als unentschuldigt, hieß es von der Schule, wie per Brief angekündigt. So erzählt es Astrid Uschmann. »In der Nacht habe ich vor lauter Wut nicht geschlafen«, sagt sie. »Klar, die Regel zielte vermutlich auf Verweigerer, aber da hat wieder niemand an Kinder mit Behinderung gedacht.« Drei Tage und einige böse E-Mails später habe Mia den Test zu Hause machen und doch in die Schule gehen dürfen. Laut Vorgaben des Ministeriums ist die Testung bei Förderschülerinnen und -schülern nun durch die Eltern erlaubt.

Im Herbst 2021 gelten in den Schulen jedoch nach Ansicht der Eltern teilweise immer noch »absurde Regeln«. Seit mehr als anderthalb Jahren seien Mia und Carlotta nicht mehr im schuleigenen Schwimmbad gewesen. Infektionsgefahr. Astrid Uschmann schüttelt den Kopf. »Die Kinder sind doppelt geimpft, werden zwei- bis dreimal pro Woche getestet und dürfen als Klasse von zehn Kindern trotzdem nicht zusammen ins Wasser«, sagt sie, »aber im Fußball-Stadion treffen sich Tausende Menschen. Das bekomme ich nicht mehr in den Kopf.«

Weil ihre Töchter das Wasser lieben, fahren die Eltern regelmäßig mit ihnen ins Hallenbad. »Carlotta hat jetzt ihr Seepferdchen gemacht. Da waren wir alle megastolz.« Steffen Uschmann bringt seine Töchter auch zur Reittherapie. Nur was, fragt er sich, ist mit den Kindern, deren Eltern diese Förderung nicht privat organisiert und finanziert bekommen? Die nicht für die Rechte ihrer Kinder kämpfen (können)?

Inklusion: »hartnäckig ignoriert«

Denn das Ringen hört nicht auf, unabhängig von Corona. Inklusion ist in vielen Bereichen immer noch mehr eine gute Idee als gelebte Realität. Marco Hörmeyer, Vater einer schwerbehinderten Tochter, Amelie, wohnt in der Nähe von Hannover in Niedersachsen. Nach wochenlanger Rund-um-die-Uhr-Pflege kritisierte er zu Beginn der Pandemie, die Politik habe sein Kind offenbar vergessen. Seine Frau sei »am Ende ihrer Kräfte«, und ihm setze zu, dass er wegen seines Jobs nicht noch mehr helfen könne.[49]

Fast anderthalb Jahre später, kurz vor der Bundestagswahl, ärgert er sich, dass die Politik offenbar wenig aus der Krise gelernt hat. Das »gesellschaftlich so immens wichtige Thema Inklusion wird von den Parteien und den Medien hartnäckig ignoriert«, schreibt er in einem Essay.[50] »Inklusion wird ja gerade vor Ort, in den Städten und Gemeinden erlebbar – findet aber in den Programmen und in den Debatten de facto kaum statt. Keine Worte, keine Ideen, keine Impulse, keine Konzepte. Nichts. Ein Armutszeugnis.« Dass Inklusion eher eine Willensfrage anstatt einer Geldfrage und gelingende Inklusion ein Gewinn für eine funktionierende Stadtgesellschaft sei, so Hörmeyer, »dieser Aha-Effekt muss erst noch ausgelöst werden«.

Das Deutsche Institut für Menschenrechte mahnte wenige Tage nach der Bundestagswahl eine »ambitionierte behindertenpolitische Agenda der nächsten Bundesregierung« an. »Die Auswirkungen politischer Entscheidungen auf die Menschen mit Behinderungen werden oft nur unzureichend mitgedacht«, kritisierte Britta Schlegel, Leiterin der Monitoring-Stelle UN-Behindertenrechtskonvention des Instituts. Das habe die Corona-Pandemie deutlich gezeigt.[51]

Deutschland hat hier offenbar noch viel zu lernen; einstweilen ist der Alltag vieler Familien weiter davon geprägt, immense Belastungen zu stemmen – und für die Rechte der Kinder mit Handicap zu kämpfen. Oft sind es kleine bürokratische Hürden, verbunden mit einer gewissen Ignoranz, die das Leben schwer machen.

Linda Halbach hat zwei Söhne, Nick, 10, und Michel, 7. Beide leiden unter anderem unter Epilepsie. Der Große sei lernbehindert, verhaltensauffällig, sein Intelligenzquotient beim letzten Test von 98 auf 73 gefallen. Er habe Abwesenheitszustände und Zuckungen, sagt Halbach. Der Kleine leidet täglich mehrfach unter Krampfanfällen, stürzt öfter, ist mitunter ohne Bewusstsein, verweigert manchmal das Essen.

Weil das fordernd ist, hat Halbach, gelernte Krankenschwester, schon kurz vor Pandemiebeginn ihren Beruf aufgegeben. »Zum Glück«, sagt sie, »sonst hätte ich die Zeit der Schulschließungen gar nicht bewältigen können.« Die Söhne waren monatelang zu Hause, auch aus Sorge, vor allem der Kleine könne sich mit Covid-19 anstecken.

24/7 ist Linda Halbach auf Abruf. Das Telefonat am Abend für diesen Text verschiebt sie zuerst, unterbricht dann, weil sie nach dem Kleinen sehen muss: »Ich kann nicht einschlafen«, ist zu hören. Die Mutter beruhigt. Da ist es 21 Uhr. In der letzten Nacht hatte Michel öfter schwere Krampfanfälle, um 2.45 Uhr, um 5.20 Uhr. Um 7 Uhr war er wieder wach und schlief nicht mehr ein. Linda Halbach sagt: »Ich hätte heulen können. Ich habe seit sieben Jahren ein Schlafdefizit.«

Die Mutter ist sehr erschöpft und leidet unter einem akuten Bandscheibenvorfall. Irgendwie macht sie trotzdem immer weiter, ist für ihre Söhne da, die sie sehr liebt. Was sie nicht so leicht wegsteckt, ist das Gefühl, mit ihren Kindern ziemlich isoliert zu sein, von der Gesellschaft kaum gesehen zu werden, geschweige denn die nötige Unterstützung zu bekommen. Eine Rückkehr in den Job hat Halbach aufgrund der extremen Dauerbelastung auf unbestimmte Zeit verschoben. Statt einem Gehalt bekommt sie, inzwischen räumlich von ihrem Mann getrennt, Pflegegeld: 1400 Euro pro Monat. Die Kosten für den zweiten Autositz fürs Schultaxi, der aufgrund von Michels Behinderung ein Spezialsitz sein muss, kann sie davon nicht stemmen. »Um die Übernahme solcher Kosten muss ich immer feilschen«, sagt sie, »das ist kräftezehrend.«

»Immer wieder bekommen wir eins auf die Mütze«

Oder Natascha Nitschke aus Neuss am Niederrhein: »Ich habe vor Corona nie damit gehadert, dass mein Kind eine Behinderung hat, und mich für recht stressresistent gehalten, aber inzwischen komme ich an Grenzen«, sagte sie im ersten Corona-Herbst. »Ich fühle mich schnell dicht an einer Depression, wenn ein neues Problem mit der Schule auftaucht.«[52]
Ihr Sohn Justus, inzwischen 11, ist Autist. In den Monaten ohne geregelten Schultag habe ihm der Halt gefehlt, er habe oft geschrien und um sich geschlagen. An vielen Tagen sei sie stundenlang mit ihm gewandert. Nur mit Mühe konnte sie durchsetzen, dass er im Sommer 2020 in die Notbetreuung gehen durfte, sagte sie damals. Als sich der Schulbetrieb nach den Ferien normalisierte, habe sich ihr Sohn »zwei Tage lang durchgefreut«. Bis das Busunternehmen sich geweigert habe, Justus ohne Mund-Nasen-Schutz zur Schule zu bringen – obwohl er von der Maskenpflicht befreit ist.

»Ich habe gedacht, das darf nicht wahr sein«, so Nitschke. »Immer wieder bekommen wir eins auf die Mütze.« Die Mutter setzte dann doch noch einen Transport für Justus durch. Ein gutes Jahr später, im zweiten Corona-Herbst, geht ihr Sohn täglich regulär zur Schule und fühlt sich dort sehr wohl. Belastungen der Pandemie habe er gut weggesteckt, erzählt Natascha Nitschke am Telefon, »jedenfalls soweit ich das sehe. Er spricht nicht.« Dafür gibt es neue Probleme.

Nitschke möchte gerne mit ihrer Familie zu ihren über 80 Jahre alten Eltern ziehen, die rund anderthalb Stunden entfernt wohnen. »Für Justus wäre es toll, in einem Haus mit Garten zu wohnen statt in unserer Stadtwohnung«, sagt die Mutter, »er liebt Oma und Opa, und die brauchen absehbar Hilfe.« Eine Win-win-Situation. Aber die Umsetzung droht an der Bürokratie zu scheitern. Für Justus wäre nach einem Umzug formal eine Förderschule zuständig, die rund 30 Kilometer von dem neuen Wohnort entfernt liegt.

»Da hätte er pro Strecke im Berufsverkehr eine Fahrtzeit von fast einer Stunde, zumal weitere Schüler eingesammelt werden«, sagt seine Mutter. »Das will ich ihm nicht zumuten.« Sie selbst könne ihn kaum bringen, weil das mit ihrer Arbeitszeit nicht vereinbar wäre. Eine andere Förderschule hingegen sei nur rund 20 Minuten mit dem Auto entfernt – aber eben formal nicht zuständig.

Von der Behörde habe sie deshalb eine Absage bekommen, Justus müsse zu der anderen Schule. Natascha Nitschke würde eher auf den Umzug verzichten. Das Schulamt gehe davon aus, »dass Justus sich an das für ihn vorgesehene System anpasst. Man ist nicht bereit, das System für ihn so zu gestalten, dass es für ihn passt. Das ist weder lösungsorientiert noch Inklusion.« Sie will noch nicht aufgeben.

Astrid und Steffen Uschmann kämpfen andere Kämpfe. In Deutschland herrscht Lehrermangel, und so fehlen auch dringend Sonderpädagoginnen und Sonderpädagogen. Die Förderschule von Mia und Carlotta habe aufgrund der Personalnot deshalb dienstags den Nachmittagsunterricht gekürzt. Freitags ist ohnehin ein kurzer Tag, bleiben drei lange Tage. »Abgesehen davon, dass Eltern mal durchatmen oder arbeiten müssen«, sagt Steffen Uschmann, »brauchen die Kinder ihre Zeit in der Schule.«

Steffen Uschmann ist Vorsitzender im Förderverein, er und seine Frau sind in der Schulpflegschaft aktiv. Sie haben zu vielen Eltern von Kindern mit Behinderung Kontakt. Es gebe die, sagt Steffen Uschmann, die nach den monatelangen Kämpfen und Belastungen in der Corona-Krise resigniert hätten. »Die sind so müde und kaputt. Die können nicht mehr.« Und es gebe die, die immer weiterkämpfen. Die für ein anderes Miteinander streiten. Man könnte auch sagen, es geht ihnen darum, wie wir in Zukunft miteinander leben wollen.

Pubertät als Spaziergang – mit den Eltern

Tagsüber wird der Jenischpark im Hamburger Westen von augenscheinlich gut situierten Menschen bevölkert, die gerne an alten Eichen vorbeiflanieren, am Kioskcafé Latte Macchiato trinken, ihre Hunde ausführen oder Fitness treiben. Spätabends wechselt das Publikum. Dann rücken die pubertierenden Jugendlichen, oft Töchter und Söhne der Spaziergänger, mit heimlich gekauftem Alkohol an: Party machen, mit Freundinnen und Freunden abhängen. Im Dunkeln sind sie kaum zu sehen, aber mit ihrer Musik und lautem Gekicher gut zu hören.

Der Park wird zu einem der vielen Plätze in der Stadt, überhaupt in Deutschland, wo das stattfindet, was Eltern Heranwachsender oft argwöhnisch betrachten: altersgerechte Entwicklung. Jugendliche treffen sich mit »Peers«, lösen sich vom Elternhaus, testen Grenzen aus. So war es zumindest vor Corona. Fast zwei Jahre nach Pandemie-Beginn gilt im Jenischpark ein Alkoholverbot. Bäume und Wiesen liegen meist still im Dunkeln: Ein Ort als Sinnbild für pandemiebedingte Veränderung, für die Abwesenheit von ausschweifendem Miteinander, für eine Jugend in der Krise.

Rund 5,5 Millionen Menschen im Alter von 12 bis 18 Jahren leben in Deutschland. Die Pandemie hat sie in einer besonderen Phase ihres Lebens getroffen, hat Pläne durchkreuzt, all das erschwert oder unmöglich gemacht, was sonst zur Jugend dazugehört – auch die Partys im Park. Menschen durften sich zeitweise nur zu zweit draußen treffen, oder Kontakte waren auf zwei Haushalte begrenzt. Einer Freundesclique nützte das gar nicht. Lose in Gruppen abhängen ging erst recht nicht, jedenfalls nicht legal. Ein Teil der Jugendlichen setzte sich über die Verbote hinweg.

Am 22. Februar 2021 wurde ein Video im Jenischpark aufgenommen, das später im Internet kursierte. Darauf ist zu sehen, wie ein Junge vor einem Streifenwagen wegrennt und bis ins Unterholz verfolgt wird. Er habe gegen Corona-Auflagen verstoßen, hieß es später von der Polizei. Der Junge soll die Beamten provoziert haben, indem er »ganz bewusst Leute umarmt und abgeklatscht hat«. In dem Park träfen sich seit Wochen Jugendliche zu »partymäßigen Veranstaltungen«. Sie konsumierten viel Alkohol und hielten sich kaum an Schutzmaßnahmen. »Da werden Parkbänke herausgerissen, Scheiben eingeworfen, Mülleimer umgeworfen.«

Der Videoausschnitt ist kurz. Er zeigt nicht, wie es zu der Verfolgung des Jugendlichen kam, illustriert aber, wie aufgeladen die Stimmung mitunter war. Der Schnipsel schaffte es sogar in die SPIEGEL-Berichterstattung[53], wo er auf eine stark polarisierte Leserschaft stieß. Aufnahmen wie diese bestätigten einerseits das Klischee einer jungen Partygeneration, die rücksichtslos Spaß suchte und »so hart wie möglich bestraft werden sollte«, wie es in einem Kommentar hieß. Andererseits echauffierten sich Menschen, die Aktion sei »irre«. Ob die Polizei nichts Besseres zu tun habe, als Jagd auf durch Corona ohnehin gestrafte Kinder und Jugendliche zu machen.

Was macht ihr da?
Wir: Nix.

Einer, der nichts mit der Verfolgungsjagd zu tun hatte, sich aber öfter mit Freunden im Jenischpark traf, ist Finn⁵⁴, 18. Wenn man ihm zuhört, wird das Bild differenzierter: »Selbst wenn wir nur zu dritt zusammensaßen, standen oft sofort mehrere Polizisten um uns herum, und es hieß: ›Was macht ihr da?‹ Wir: ›Nix.‹ Aber wir sollten trotzdem gehen. Irgendwann war es an der Tagesordnung, dass wir vor der Polizei weggelaufen sind. Wir wurden gejagt, als hätten wir einen Laden überfallen. Das fand ich nicht mehr verhältnismäßig.«

Er habe eingesehen, dass man sich nicht drinnen treffen soll, weil die Infektionsgefahr da größer ist. »Hab ich auch nicht gemacht«, sagt er. »Der Vater meiner Freundin ist Risikopatient. Ich hatte große Angst, dass ich ihn anstecken könnte, und habe mich sehr an die Regeln gehalten. Aber man kann sich nicht ewig allein einschließen.« Wenn die Infektionszahlen niedriger waren, habe er seine Freunde zumindest draußen sehen wollen.

Öfter seien sie einfach zu zweit spazieren gegangen. Vor einem Besuch bei den Großeltern, die Finn zwecks Infektionsschutz monatelang nicht gesehen hatte, begab er sich sogar zwei Wochen lang freiwillig in Quarantäne. »Da war ich nur mit meinen Eltern spazieren.«

Wenn es um die Belange der Millionen Jugendlichen in Deutschland geht, ist in der öffentlichen Debatte oft von der »Corona-Generation« die Rede, der dann häufig fragwürdige Attribute zugeordnet werden. Ganz und gar nicht handelt es sich jedoch um eine Generation rücksichtsloser Egoisten und Partymacher, wie manche Medienschlagzeile suggerierte.

Millionen junge Menschen sind auch nicht »verloren«, wie es so oft heißt, und möchten nicht als bemitleidenswerte Opfer gesehen werden. Gleichzeitig können sie kaum dem Erwartungsdruck gerecht werden, allesamt mit Krisensiegel versehen und bestens vorbereitet auf Videokonferenzen, in die digitale Arbeitswelt zu starten.

Einige Jugendforscher haben den Begriff »Generation Reset« vorgeschlagen,[55] weil die Jugendlichen nach der Pandemie alle einen »Neustart« ihres Lebens bewerkstelligen müssten. Vielleicht ist das der kleinste gemeinsame Nenner. Die Jungen müssen alle irgendwie weitermachen, nachdem eine Pandemie in ihre Pubertät oder Jugend geplatzt ist.

Der Ältere, also der Erwachsene, sei widerstandsfähig, sagte die junge Autorin Diana Kinnert in einem *taz*-Interview[56]. Er handle nach dem rheinischen Grundgesetz: »Et kütt wie et kütt. Es ist bisher noch immer gut gegangen. Diese Haltung basiert auf Erfahrungen. Die Alten sind krisenerprobt, die Jungen wie aus dem Paradies vertrieben, einmal durchgeschüttelt.« Dieses Durchschütteln traf auf völlig unterschiedliche Persönlichkeiten und Lebensumstände, auf stabile und fragile. Die Corona-Folgen für die Altersgruppe der 12- bis 18-Jährigen sind deshalb vor allem durch eins gekennzeichnet: eine starke Heterogenität mit wenigen gemeinsamen Linien.

Das Verbindende, im Zeitraffer, zuerst: Die strikten Kontaktbeschränkungen haben alle Jugendlichen in einer besonderen Phase ihrer Entwicklung getroffen. Der Ich-Erzähler in Thomas Brussigs Roman *Wasserfarben* beginnt seine Geschichte über sein letztes Jahr an der Schule, über die Monate bis zum Abitur, über das »Erwachsenwerden«, so:

»Halb vier – das ist eine undurchsichtige Tageszeit. Ich kann nicht mal sagen, ob das jetzt noch der alte oder schon der neue

Tag ist. Solange ich noch nicht geschlafen habe, denke ich, es ist noch der alte Tag. Aber draußen ist es nicht mehr richtig dunkel, der Morgen graut, und man kann sogar schon ahnen, was für ein Tag es wird. Man weiß, wie das Wetter wird und so. Aber es ist eben noch nicht so weit. Vielleicht, weil die Sonne noch gar nicht scheint.

Genau. Erst muss die Sonne scheinen.«[57]

Es ist eine schöne metaphorische Beschreibung über einen Zeitpunkt im Leben eines Menschen, der eben ein besonderer ist: die Jugend.

Menschen sind in dieser Zeit verletzlicher als sonst. Das Gehirn ist im Umbau, der Körper auch. Jugendlichen ist vieles unklar, vor allem die Frage: Wer bin ich? Menschen entdecken ihre Identität, denken über sich und ihr Leben nach, reflektieren über ihre Umwelt, gehen intime Beziehungen ein, nabeln sich von den Eltern ab. Zugleich wird der Kontakt zu Gleichaltrigen immens wichtig, ebenso das Sammeln von Erfahrungen, auch von Grenzerfahrungen, um im Sinne der Identitätsfindung möglichst viel über sich selbst herauszufinden.

»Man sollte diese Phase weder romantisieren, noch muss man in Panik verfallen«, sagt der Kinder- und Jugendpsychotherapeut Christian Fleischhaker. »Sie ist Fluch und Segen gleichzeitig. Da wird das Gehirn noch einmal umgestöpselt. Sich dann auszuprobieren, bringt junge Menschen vorwärts. Solange ihre Erfahrungen nicht in Katastrophen enden und die generelle Richtung stimmt, ist diese Phase eine ganz große Chance, sich neu zu erfinden.«

Die Veränderungen im Gehirn führen unter anderem dazu, dass Jugendliche vermehrt Dinge tun, die ihnen Anerkennung und Belohnung verschaffen, manche auch zu einem immer risikoreicheren Verhalten verleiten. Vernunft kommt später.

Es ist kein Zufall, dass gerade Jugendliche sportliche Höchstleistungen vollbringen und wagemutige Skateboarderinnen werden. Oder virtuos Schlagzeug spielen. Oder eine Massendemonstration für Klimaschutz organisieren. Oder ins Freibad einbrechen.

»Rebellisches Verhalten gehört zur Jugend«, sagt der Jugendforscher Klaus Hurrelmann, 77, der diese Lebensphase seit rund 50 Jahren erforscht. Sie befördere die Ich-Findung und die Ablösung von den Eltern. Lösen sich Jugendliche von den Eltern, brauchen sie allerdings umso mehr Halt woanders: bei anderen Jugendlichen. Man vergleicht sich, probiert sich aus, grenzt sich gemeinsam von der Welt der Erwachsenen ab, zieht sich öfter zurück, um herauszufinden: Wer bin ich, wo stehe ich, wie könnte meine Zukunft aussehen?

All diesen Bedürfnissen standen die Corona-Beschränkungen diametral entgegen: All das, was Jugendliche tun müssten, um ihre »Entwicklungsaufgabe« zu erfüllen, wie es im Fachjargon heißt, war in den vergangenen zwei Jahren kaum möglich. Aus Sicht von Hurrelmann sind deshalb Jugendliche »die Gruppe, die von den Folgen der Corona-Pandemie am stärksten betroffen ist, während die Wahrscheinlichkeit einer schweren Covid-Erkrankung für sie vergleichsweise gering war«.

Keine »Peers«, kein Sport, keine feste Tagesstruktur

Ohne Präsenzunterricht fehlte nicht nur der Umgang mit Gleichaltrigen, sondern auch eine feste Tagesstruktur. Wenn die ganze Familie fast rund um die Uhr zu Hause war, fiel der Rückzug schwer, noch dazu ohne eigenes Zimmer. Wenn strikte Kontaktsperren galten, konnte man keine Freunde treffen, aber auch fast alle Freizeitaktivitäten waren gestrichen.

In den Medien standen oft die geschlossenen Schulen im Vordergrund, wenn es um die pandemiebedingten Einbußen für Jugendliche ging. Die Studie »Jugend und Corona II« zeigt[58], wie sehr auch die Freizeit junger Menschen beeinträchtigt war, und zwar nicht nur während der Schulschließungen. Vor der Krise nutzte fast ein Drittel Sportangebote, im November 2020 war es nicht einmal mehr ein Zehntel. Bei Kultur- und Musikangeboten, im Tier- und Naturschutz, der offenen Jugendarbeit schrumpfte die Beteiligung ebenfalls deutlich.

Nur wenige Jugendliche erklärten, sie hätten keine Lust mehr auf die Angebote gehabt. Meist waren sie weggefallen oder coronabedingt verboten. Schwimmbäder, Jugendzentren, Clubs, Cafés – sie alle blieben ebenfalls monatelang dicht. Jugendlichen fehlten schlicht Räume. In der öffentlichen Debatte ging lange Zeit ziemlich unter, was das für ein Eingriff in ihre Entwicklung war. Und dass die Jugendphase doch ein Wert an sich ist.

In den Medien fanden Partys wie im Jenischpark Beachtung, mehr noch die viel wilderen Eskapaden, die es zeitweilig in mehreren deutschen Städten gab. Mancherorts eskalierten sie, endeten in Gewalt und Zerstörung. Aber solche Vorfälle blieben insgesamt Ausnahmen. Die meisten Jugendlichen hielten sich an die Schutzmaßnahmen. Die große Mehrheit lehnte auch Aktivitäten von Querdenkern und Corona-Leugnern ab. Die Jugend hielt Abstand, blieb daheim. Der Verzicht, den sie leistete, wurde wenig gewürdigt. Im Gegenteil.

In einem Werbespot der Bundesregierung, der junge Menschen unter dem Hashtag #besonderehelden zur Einhaltung der Kontaktbeschränkungen auffordern sollte, ist ein älterer

Mann zu sehen, der rückblickend in Manier eines Kriegsveteranen berichtet, wie er als Student und seine Generation im Winter 2020 das Land gerettet hätten. »Wir taten«, Kunstpause, »nichts, absolut gar nichts«, sagt er. Cut. Dann sind zwei junge Menschen zu sehen, die auf dem Sofa vor dem Fernseher gammeln, Chips essen. »Tage und Nächte lang blieben wir auf unserem Arsch zu Hause und kämpften gegen die Ausbreitung des Coronavirus«, sagt der Mann. »Unsere Couch war die Front, unsere Geduld war unsere Waffe.«

Die Botschaft: Stellt euch nicht an, ist doch kein Ding. Im Vergleich.

Wie unverschämt, die Nöte der einen Jugend gegen die einer anderen auszuspielen, ganze Jahrgänge damit quasi mundtot zu machen! Wie ignorant, der Jugend Nichtstun zu unterstellen, während Millionen Schülerinnen, Schüler und Studierende im Homeschooling oder Online-Studium unter immensem Leistungsdruck standen!

Immerhin gab es Menschen, darunter viele Eltern, die sehr wohl zu würdigen wussten, wie bemerkenswert solidarisch ihre pubertierenden Jugendlichen zu Hause blieben, »festgetackert in ihren Zimmern. Zusammengepfercht mit den peinlichen Idioten, von denen sie sich in ihrem Alter doch eigentlich lösen sollten: uns, ihren Eltern«, wie SPIEGEL-Kollegin Katja Iken, Mutter von zwei »Eremiten in Jogginghosen«, 13 und 15, in einer Kolumne[59] leicht besorgt feststellte. »Als Virenschleudern gefürchtet und Party-Egos geschmäht, gehört ihr zu meinen ganz persönlichen Helden dieser Pandemie. Und jetzt raus mit euch! Auf dass ihr möglichst bald alles nachholen könnt.«

Wie gut dieses Nachholen nun klappt und wie sich die Krise längerfristig auf diese Altersgruppe auswirkt, kommt sehr auf die Einzelnen an. Auf das Setting, in dem sie schon vor Corona lebten. Auf die Erwachsenen, von denen sie umgeben sind. Auf das Alter, in dem sie von der Pandemie ausgebremst wurden. Auf ihre Psyche. Fast zwei Jahre nach Beginn des gesellschaftlichen Ausnahmezustandes geben die Jugendlichen in Deutschland kein Bild in Schwarzweiß ab, sondern entfalten eine Palette verschiedenster Grautöne.

»Kann man nicht ändern«

Finn hat manches verpasst, was er nicht nachholen kann: die Profilreise in der Oberstufe, die Party zu seinem 18. Geburtstag, die Abifeier, den Abiball, die regelmäßigen Treffen mit Freunden. Die Freundschaften haben sich dadurch verändert, manche sind kaputtgegangen, andere haben es überlebt. »Nach dem Abi hat die Clique eine Reise zusammen gemacht, und da gab es sehr viel Streit«, sagt Finn, »man hat gemerkt, dass wir lange nicht zusammen gefeiert haben.«

Nun sind viele Freunde in andere Städte gezogen. Er selbst muss morgens um 5 Uhr aufstehen, damit er pünktlich im Betrieb bei seiner Ausbildung sein kann. »Die Zeit ist irgendwie vorbei«, sagt Finn. Er sieht das pragmatisch: »Kann man nicht ändern.« Wie er in einigen Jahren beurteilen wird, was er verpasst hat und wie die Krise seine Entwicklung verändert hat, kann er noch nicht wissen.

Südlich der Elbe im niedersächsischen Buxtehude wohnt Marret, 18. Es sind nicht die großen Partys oder feierlichen Rituale ins Erwachsenenleben, die ihr im Rückblick fehlen. »Ich habe die kleinen, gemütlichen Treffen mit Freundinnen und Freunden vermisst, hier und da mal zusammen Kaffee trin-

ken«, sagt Marret, und sie fragt sich, ob sie ihr Abitur ohne
Corona vielleicht doch mit guten Noten geschafft hätte.
Marret war in der Mittelstufe schon mal vom Gymnasium
auf die Realschule gewechselt, nach dem Abschluss für ein
Jahr nach Neuseeland gegangen und hatte dann an einem anderen Gymnasium mit der Oberstufe angefangen. »Ich war
schon immer so ein Freigeist«, sagt sie. Doch wenige Monate
später, kurz vor Weihnachten, wurden alle Schulen geschlossen. »Ich hatte nicht wirklich Gelegenheit, Leute kennenzulernen«, sagt Marret.

So saß sie ziemlich isoliert im Distanzunterricht und konnte
auch bei den Noten nicht so aufholen, wie sie wollte. Gleichzeitig war Hilfe im Betrieb der Eltern nötig. Marret packte mit
an. »Schule hat mir keinen Spaß mehr gemacht. Ich wollte alleine wohnen, neue Leute kennenlernen.« Kurz vor den Sommerferien entschied sie, doch nicht Abitur zu machen, sondern
eine Ausbildung zur Bestatterin in Bremen. »Das war eine
sehr schwierige Entscheidung. Aber nun arbeite ich seit einigen Monaten in dem Betrieb und bin glücklich.« Die Arbeit,
die Kolleginnen und Kollegen, Bremen – alles cool.

Ein großer Teil der Jugendlichen in Deutschland wird sich
trotz Corona zu stabilen, psychisch gesunden Erwachsenen
entwickeln, darin sind sich mehrere Pädagogen, Psychologinnen und Jugendforscher einig. Die Krise habe ihre pragmati-
sche, eher optimistische Grundhaltung erst mal nicht grundsätzlich erschüttert. Sie haben sich (notgedrungen) angepasst.
Aber ein anderer Teil der Jugendlichen leidet schon jetzt akut
unter den Pandemiefolgen.

Aggressivität, Einsamkeit, Drogenkonsum

Sich vom Elternhaus zu lösen, ist für viele Heranwachsende kompliziert, mit oder ohne Corona. Statt sich jedoch mit »Peers« zu treffen, fanden sich die Jugendlichen plötzlich rund um die Uhr in der Kleinfamilie wieder. »Für die Ablösung war dies natürlich hinderlich«, sagt die Jugendforscherin Anne Berngruber. Werde dieser Prozess mal für ein paar Monate ausgebremst, lasse er sich vermutlich gut nachholen, zumal wenn sich Entwicklungsschritte in den Phasen zwischen den Lockdowns wettmachen lassen. »Aber wie sich die Krise langfristig auswirkt«, sagt die Forscherin, »wissen wir letztlich noch nicht. Schon jetzt ist klar, dass die Familie für viele erst mal ein Schutzfaktor war, dass sie ein Sicherheitsnetz bot.«

Die Pandemie traf in dieser Hinsicht auf günstige Bedingungen. Seit Jahren zeigen Studien, dass sich die Mehrheit der Kinder und Eltern gut versteht, kein Vergleich zu den Konflikten der 68er-Jahre. Aber natürlich gibt es auch die Familien, in denen es schon vor Corona kriselte, in denen es schon vorher Risse gab. Müssen Jugendliche dann auf Schule, Freunde, den Sportverein, vielleicht eine andere Familie zum Austausch verzichten, wird es schwierig, noch dazu wenn der Ausnahmezustand wie in der Krise über anderthalb bis zwei Jahre anhält.

Aber selbst in einem stabilen Umfeld kann diese Situation schwer zu ertragen sein. »Wenn Jugendliche sich beim Erfüllen ihrer Entwicklungsaufgabe zu stark blockiert fühlen, können sie die Ohnmacht irgendwann nicht mehr aushalten«, sagt Klaus Hurrelmann. »Irgendwo müssen die Probleme hin.«

Er war während der Krise an mehreren Jugendstudien beteiligt. Demnach sind drei typische Reaktionen zu beobachten:

• Ein deutlich gesteigertes Aggressionspotenzial, Angriffe gegen Geschwister, gegen andere, diffuse Verärgerung; bei Jungen häufiger als bei Mädchen.
• Eine Flucht in Drogen, den Missbrauch von anderen Substanzen oder exzessiven Medienkonsum; bei Jungen nur leicht stärker ausgeprägt als bei Mädchen.
• Ein Rückzug nach innen. Die Belastung wird auf sich selbst bezogen; bei Mädchen häufiger als bei Jungen. »Die Stille der jungen Menschen ist oft schwer zu deuten«, sagt Hurrelmann. »Die Nöte dahinter übersehen Erwachsene oft.«

Mitunter wird ein solcher Rückzug durch Medienkonsum befördert. Wenn sich Jugendliche nicht mit Freunden treffen, nicht rauskönnen, suchen sie sich »Peers« im Internet, bei YouTube, Instagram oder Tiktok. Das Risiko: Der Abgleich mit anderen, etwa der körperliche Vergleich, fällt angesichts der geschönten, inszenierten Darstellungen im Netz unter Umständen ganz anders aus als in der realen Welt, wo kleinere »Makel« der Gleichaltrigen viel sichtbarer sind.

»Ich kriege die ganze Zeit Menschen mit Filtern auf Snapchat gespiegelt. Das wirkt, als wären alle schöner, fitter und glücklicher als ich«, so erklärte es die junge Autorin Diana Kinnert[60], die das Buch *Die neue Einsamkeit: Und wie wir sie als Gesellschaft überwinden können* geschrieben hat, in der *taz*. »Wenn ich als junger Mensch allein vor dem Bildschirm sitze mit meinen Fehlern und Makeln, merke ich, dass ich da eigentlich nicht mithalten kann. Die Folge: Ich kehre mich nach innen, ziehe mich emotional zurück.«

Einsamkeit, Introvertiertheit, Aggressivität, Drogenkonsum: All diese Phänomene waren bei Jugendlichen schon vor Corona zu finden, aber mit der Krise haben sie laut Studien deutlich zugenommen. Dazu kommen psychische Auffälligkeiten, die sich oft gar nicht so leicht einordnen lassen.

In der Krise im Schneckenhaus stecken geblieben

Dass sie sich während der Pandemie verändert habe, sei schon rein äußerlich zu erkennen, sagt ein Mädchen aus Berlin, 14, das hier Mike heißen möchte. Vor Corona, als sie noch zwölf war, hatte sie längere, braune Haare, trug selten Schmuck. Heute sieht sie so aus: rot gefärbte Strähnen, die bis zum Kinn reichen und ihr ins Gesicht fallen, ganz in Schwarz gekleidet, Oversize-Lederjacke, um den Hals zwei lange silberne Ketten, an fast jedem Finger steckt ein dicker Ring. Zwei Jahre sind eine lange Zeit, wenn man in der Pubertät ist. Da ist es nicht ungewöhnlich, sich zu verändern. Aber, sagt Mike, bei ihr habe sich etwas in ihr drin verändert, etwas, was sie nicht für einen Teil ihrer normalen Entwicklung hält. Da seien soziale Ängste, die sie vor Corona nicht kannte.

»Ich habe mich früher oft mit Freunden verabredet, aber das mache ich jetzt nur noch selten, obwohl ich es längst wieder tun dürfte«, sagt Mike. »Ich bin meist für mich, gehe selten raus, unternehme wenig. Ich habe so ein merkwürdiges Angstgefühl, wenn ich andere Menschen treffe. Ich merke, dass ich mich schlechter mit Leuten unterhalten, schlechter kommunizieren und Gesprächsthemen finden kann. Als ich mit einer Freundin verabredet war, hatte ich am Abend davor wirklich Angst und konnte kaum einschlafen. Das hatte ich vorher nie.«

Sie habe sie dann trotzdem getroffen, sei zwar nervös gewesen, aber »es war dann gar nicht so schlimm. Wir haben uns unterhalten und Ringe gebastelt.« In die Schule zu gehen, sagt Mike, falle ihr leichter. »Ich finde es einfacher, mich mit anderen in der Gruppe zu unterhalten als mit einem einzelnen Menschen.«

Mike tastet sich vorsichtig an die wiedergewonnene Freiheit heran: Freunde sehen. Eigentlich das Normalste von der Welt, aber nach monatelangen Kontaktsperren und Isolation zu Hause fühlt sich das für sie fremd an, sogar beängstigend. Im November 2020 hatten ihre Eltern, ihre kleine Schwester und sie selbst sich mit dem Corona-Virus infiziert. Die Krankheit verlief mild, aber die Familie musste sich wochenlang abschotten. Lebensmittel wurden an die Haustür geliefert.

»Das war schon belastend, dass man so gar nicht rausgehen und niemanden treffen durfte«, sagt Mike, »nicht einmal meine Oma, die bei uns unten im Haus wohnt.« Anfang Dezember endete die Quarantäne. Mike durfte wieder in die Schule. Aber nur wenige Tage später war ihr Sozialleben wieder vorbei. Am 16. Dezember 2020 wurden Deutschlands Schulen zum zweiten Mal geschlossen. Also zurück in die Wohnung. Kontakte meiden. Wann Schülerinnen und Schüler zurück in die Klassenräume durften, hing stark von den Infektionszahlen vor Ort, von der Schulpolitik des jeweiligen Bundeslandes und vom Alter ab. Bei Mike war es erst am 19. April 2021 so weit. Nach mehr als vier Monaten zu Hause.

Aus so einer Isolation herauszufinden, kann schwierig sein. Fachleute sprechen vom Cave-Syndrom. Nach der Pandemie gebe es mehrere Menschen, »die in ihrem Schneckenhaus stecken bleiben«, wird der Frankfurter Psychologe Ulrich Stangier bei *dpa* zitiert.[61] Er spricht von einer »sozialen Anhedonie«, dem Unvermögen, Freude an Begegnungen zu empfinden.

»Insbesondere in der Pubertät sind Jugendliche besonders vulnerabel für die Entwicklung von sozialen Ängsten«, sagt Stagnier. »Da kann das Abgeschnittensein von der Peergroup die Entwicklung sozialer und emotionaler Kompetenzen empfindlich stören.« Der Psychologe geht jedoch davon aus, dass die »Anpassungsreaktion« bei den allermeisten nach wenigen Monaten wieder verschwindet.

Ungewissheit, Leistungsdruck, Schulstress

Wenn Mike Ende August 2021 zurückblickt, findet sie, dass ihre Ängste schon kleiner geworden sind. Die Schulschließungen hat sie trotzdem noch nicht ganz verwunden. »Den zweiten Lockdown fand ich belastender als den ersten«, sagt sie, »weil er so lange dauerte und wir nicht wussten, wann er wieder vorbei sein würde. Diese Ungewissheit fand ich schlimm.« Ein weiterer Stressfaktor: die Schule, zu der Mike nicht gehen durfte und die doch Tag und Nacht in ihrem Leben präsent war. Sie war in Mikes Zimmer eingezogen, saß in Form von Videounterricht auf ihrem Schreibtisch, steckte als Lernplattform in ihrem Handy, war mit ständig neuen Aufgaben und jeder Menge Leistungsdruck dauernd in ihrem Kopf, und sie schien riesig.

»In Fächern wie Politik, Erdkunde und Geschichte ist im Präsenzunterricht eigentlich die Diskussion, das Gespräch, wichtig«, sagt Mike. »Im Distanzunterricht haben uns die Lehrer Aufgaben gegeben, die auf eine ähnliche Auseinandersetzung zielen. Aber wenn ich die nicht mündlich vortragen kann, sondern alles aufschreiben und zusätzlich eigenständig Informationen recherchieren muss, bin ich nicht nach den üblichen 45 Minuten fertig, sondern oft erst nach drei Stunden. Das war in mehreren Fächern so. Dadurch saß ich fast dauernd an irgendwelchen Aufgaben, oft bis 2 Uhr nachts.«

Kaum war der eine Berg an Aufgaben abgearbeitet, türmte sich ein neuer auf. Ganze Gebirge mussten bewältigt werden. Und nur selten gab es Lob für das Erklimmen eines Gipfels. Feedback? »Fiel öfter ganz aus«, sagt Mike, »oder nicht gerade ermutigend.« Einige Lehrer hätten bei Fehlern etwa solche Kommentare an den Rand geschrieben: »Das ist doch dumm.« Seitenweise habe sie Texte geschrieben, sagt Mike, und von mehreren Lehrern am Ende lediglich eine Note bekommen: eine Vier, ohne weiteren Kommentar. »Ich wusste nicht, was ich falsch gemacht hatte und was ich hätte besser machen sollen«, sagt sie. Trotz aller Mühe habe sich ihr Notenschnitt im Zeugnis am Ende verschlechtert: von 1,7 auf 2,3.

Und der Druck ist aus Mikes Sicht im laufenden Schuljahr nicht weniger geworden. Weder beim Umfang der Klassenarbeiten, der Referate noch bei den Lehrplänen sei spürbar abgespeckt worden. »Weniger Hausaufgaben, weniger Tests, weniger hohe Erwartungen«, sagt sie, »damit wäre mir geholfen. Aber bisher sieht es nicht danach aus.«

Heldinnen und Helden, die niemand beklatschte

In mehreren Umfragen zur Pandemie beklagen Kinder und Jugendliche immer wieder eins: dass sie von Politik und Gesellschaft fast nur noch als Schülerin oder Schüler wahrgenommen worden seien, nicht mehr als Mensch an sich. Als Jugendliche, als Freund oder Freundin, Sohn oder Tochter, Bruder, Schwester oder Enkelkind.

Das war nicht nur unfair, weil die Bedürfnisse junger Menschen dadurch umso weniger gesehen wurden. Es führte auch dazu, dass kaum bemerkt, geschweige anerkannt wurde, was Jugendliche für andere leisteten. »Es ist wichtig, dass Jugendliche mit Blick auf die Corona-Krise nicht immer nur defizitär betrachtet werden«, findet die Jugendforscherin Anne Berngruber, »nicht nur als Menschen, die Unterstützung benötigen, sondern auch als diejenigen, die stark zur Bewältigung der Pandemie beigetragen haben, zumindest in ihrem sozialen Umfeld. Das wird oft vernachlässigt.«

Das Deutsche Jugendinstitut (DJI) stellte zum Beispiel fest, dass Kinder und Jugendliche im ersten Lockdown sehr häufig die Betreuung der Geschwister übernommen haben. Im Schnitt passten 12 Prozent in der Gruppe der 7- bis 14-Jährigen auf die Kleinen auf; es war die zweithäufigste Betreuungsform nach den Großeltern. War das jüngste Geschwisterkind im Grundschulalter oder besuchte eine weiterführende Schule, lag der Anteil sogar bei bis zu 25 Prozent.[62]

Mike merkte im Lockdown, wie sehr ihre Mutter als Lehrerin und im Homeschooling mit ihrer kleinen Schwester, 9, belastet war. Die Schwester habe oft bei Aufgaben im Homeschooling geweint. »Es tat mir leid, dass sie die ganze Zeit ihre Freunde nicht treffen konnte«, sagt Mike. »Deshalb habe ich öfter mit ihr *Die drei ???* gehört oder etwas gespielt. Eine große Schwester ist zwar kein Ersatz für Freunde, aber besser als niemand. Ich konnte sie etwas ablenken.«

So wie Mike gab es etliche Jugendliche, die anderen Menschen in der Krise ziemlich selbstlos jede Menge von ihrer Zeit schenkten. Einige stellten ihre eigenen, oft riesigen Sorgen hintenan und leisteten einen großen Beitrag, damit die Familie allen Belastungen zum Trotz irgendwie weiter funktioniert. Zum Beispiel die 17-jährige Michelle aus Berlin.[63]. Während der verkorksten Corona-Schuljahre lernte sie nicht nur selbst viel für die Schule, um ihren mittleren Schulabschluss zu machen und danach aufs Gymnasium zu wechseln. Sie betreute im Distanzunterricht auch täglich ihre vier jüngeren Geschwister im Homeschooling, schuf eine Tagesstruktur, versuchte, die Eltern, die sich gerade getrennt hatten, zu entlasten und Sorgen der Geschwister aufzufangen. Als der kleine Bruder sich den Fuß gebrochen hatte und operiert werden musste, meldete sich Michelle in der Schule krank. Sie fühlt sich sehr verantwortlich, findet aber auch Halt in der Familie. »Wir sind in der Krise noch enger zusammengerückt.«

Außerdem hat sich Michelle allen Widrigkeiten zum Trotz während der Pandemie verliebt. Seit über einem Jahr ist sie mit ihrem Freund zusammen. Sie überlegt, ob sie nach dem Abitur Erzieherin werden soll. »Da hatte ich vorher nie dran gedacht«, sagt sie, »aber mir hat das Lernen mit den Kleinen viel Spaß gemacht.«

Einige Jugendliche seien in der Krise über sich selbst hinausgewachsen, betonen Jugendforscher. Ein Schlüsselbegriff ist für sie »Selbstwirksamkeit«. Damit ist im Wortsinn gemeint, sich selbst als wirksam zu erleben, Einfluss auf das eigene Leben und auf widrige Umstände nehmen zu können. Einem Teil der Jugendlichen sei dies gelungen, sagt Hurrelmann, indem sie trotz der schwierigen Situation Bereiche für sich bewahrt oder neu erschlossen hätten, in denen sie das Gefühl haben konnten: Ich habe etwas erreicht.

Es sind solche Erfahrungen, solche Schlüsselerlebnisse, glaubt er, die nun auch den Jugendlichen helfen können, die schon vor der Krise seelisch belastet waren und in der Pandemie »eingebrochen« sind. »In der Krise gab es eine starke Fremdbestimmung. Wenn ich dadurch das Gefühl habe, mir entgleitet die Selbstkontrolle, ist das in diesem Lebensabschnitt schlimmer als in jedem anderen. Es ist wichtig, dass Jugendliche nun wieder erleben, selbstwirksam und Teil einer Gemeinschaft zu sein, in der sie etwas zu sagen haben.«

Ob Michelle das, was sie während der Krise gestemmt hat, in einigen Jahren einholen und belasten wird oder ob sie gestärkt aus der Krise hervorgeht, weil sie, vorher schon stark, irgendwie die Oberhand über alle Widrigkeiten behalten hat, lässt sich schwer abschätzen. Aber diese Jugendlichen, die einen immensen Beitrag geleistet haben, um anderen durch die Krise zu helfen, von denen gibt es einige. Heldinnen und Helden, die fast niemand gesehen, niemand beklatscht hat.

Hinter verschlossenen Türen:
Mehr Gewalt und Missbrauch

Eine Straßenbahn ist außer Kontrolle geraten und rast die Gleise hinunter. Weiter unten sind fünf Gleisarbeiter, die durch die herannahende Bahn getötet werden, es sei denn, jemand stellt die Weiche so um, dass sie auf ein anderes Gleis umgeleitet wird. Dort befindet sich aber ebenfalls ein Arbeiter. Was tun? Die Philosophin Philippa Foot, geboren 1920 in England, stellte dieses Gedankenexperiment vor vielen Jahren an. Es ist seitdem oft zitiert worden, um ein »moralisch-ethisches Dilemma« zu beschreiben. Eine Situation, in der es unmöglich ist zu handeln, ohne dass jemand zu Schaden kommt. Aber wer?

Die Folgen des eigenen Handelns sind in Foots Gedankenexperiment eindeutig absehbar, die Handlungsoptionen sehr klar begrenzt. Das war in der Corona-Pandemie anders, und doch steckten auch Politikerinnen und Politiker in einem gewissen Dilemma. Wollten sie mit den teils radikalen Kontaktsperren die Infektionsgefahr eindämmen und so das Leben etwa vieler älterer Menschen retten, mussten sie gleichzeitig damit rechnen, dass andere Menschen, etwa Kinder und Jugendliche, dadurch in erhebliche Gefahr geraten.

Soziale Kontakte sind für Kinder in problematischen Familienverhältnissen nicht einfach nur für ihre Entwicklung wichtig, sondern auch eine Art Versicherungspolice gegen Gewalt und Missbrauch. Je mehr Zeit sie allein zu Hause mit den Eltern verbringen, ohne dass die Familie von außen Hilfe und Entlastung erfährt und ohne dass die Kinder vertraute Ansprechpartnerinnen oder -partner haben, die eine Art Wächter- und Anwaltfunktion einnehmen können, steigt das Risiko für Misshandlung.

Dass dieses moralisch-ethische Dilemma zu wenig als solches benannt und die Not von Kindern entweder missachtet oder gar billigend in Kauf genommen wurde, ist nicht zu rechtfertigen. »Wir haben frühzeitig gewarnt, aber die Risiken für Gewalt, auch für psychische Gewalt, gegen Kinder ist von der Politik viel zu wenig gesehen worden«, kritisiert Heinz Hilgers, Präsident des Kinderschutzbundes.

Verlässliche Zahlen zu einer erhöhten Gefährdung lagen zunächst nicht vor. Im Gegenteil. Die Jugendämter stellten in den ersten Monaten der Pandemie fest, dass sich bei ihnen weniger Menschen mit Sorgen um bestimmte Kinder in ihrem Umfeld meldeten. Fachleute hielten jedoch gerade dies für ein trügerisches Zeichen. Es könne erhöhte Dunkelziffern geben, weil wichtige Meldesysteme über Kitas, Schulen und Sportvereine ausfielen.

»Wir haben unsere Schüler während der Schulschließungen jeden Tag per Video oder an der Haustür gesehen oder am Telefon gesprochen«, sagt Björn Lengwenus, Schulleiter in Hamburg-Dulsberg. Hier sind überdurchschnittlich viele Menschen auf staatliche Unterstützung angewiesen und leben in beengten Verhältnissen. »Unser Beratungsteam war wirklich krass«, sagt Lengwenus. »Die Kollegen sind an die Fenster gegangen und haben sich die Schüler zeigen lassen, aber wir haben in anderthalb Jahren keine Kindeswohlgefährdung gemeldet, weil wir die Lage auf die Distanz letztlich nicht einschätzen konnten.« Üblicherweise, sagt der Schulleiter, melde die Schule alle ein bis zwei Monate einen Fall möglicher Gefährdung. »Man kann sich nicht vorstellen, dass in dieser Zeit, wo alle eng aufeinanderhocken, die Gewalt am Kind weniger geworden ist.«

Ende Juli 2021 veröffentlichte das Statistische Bundesamt[64] Zahlen zur Kindeswohlgefährdung, die viele Befürchtungen bestätigten: In der Pandemie lebten Kinder und Jugendliche quer durch alle sozialen Milieus in ihrem Zuhause unter einem erhöhten Risiko, Opfer von Vernachlässigung und Misshandlung zu werden. Deutschlands Jugendämter registrierten im ersten Corona-Jahr rund 60 600 Fälle von Kindeswohlgefährdung, 9 Prozent oder 5000 Fälle mehr als im Vorjahr, der höchste Stand seit Einführung der Statistik 2012.

Die Fachleute gehen davon aus, dass der Anstieg der Fälle auch mit den besonderen Belastungen von Familien im Lockdown zu erklären ist. Gleichzeitig sei nicht auszuschließen, dass ein Teil der Fälle, etwa aufgrund von vorübergehenden Schulschließungen, unentdeckt geblieben ist. Die Dunkelziffer könnte also höher sein als sonst. In den beiden Vorjahren war die Zahl der Kindeswohlgefährdungen um jeweils 10 Prozent gestiegen. Diese liegt laut Definition vor, »wenn eine erhebliche Schädigung des körperlichen, geistigen oder seelischen Wohls eines Kindes droht oder bereits eingetreten ist«. Im ersten Corona-Jahr war jedes zweite betroffene Kind jünger als acht Jahre, jedes dritte jünger als fünf Jahre.

Knapp zwei Drittel der Kinder mit einer Kindeswohlgefährdung wiesen Anzeichen von Vernachlässigung auf. Bei rund einem Drittel wurden Hinweise auf psychische Misshandlungen, etwa in Form von Demütigungen, Einschüchterungen, Isolierung, emotionaler Kälte, gefunden. Bei rund einem Viertel gab es Indizien für körperliche Misshandlungen, bei 5 Prozent Anzeichen für sexuelle Gewalt.[65]

Zahlen zu Missbrauch deutlich gestiegen

Schon im Mai 2021 hatte das Bundeskriminalamt[66] Zahlen veröffentlicht, die einen deutlichen Anstieg von Gewalt gegen Kinder verschiedenster Art zeigen. Der Pandemieeffekt ist naheliegend, aber nicht eindeutig belegbar. Im ersten Corona-Jahr kamen 152 Kinder gewaltsam zu Tode, 115 von ihnen waren jünger als sechs Jahre. In 134 Fällen erfolgte laut Polizeilicher Kriminalstatistik ein Tötungsversuch. Im Jahr zuvor waren 112 Kinder getötet worden, im Jahr davor 136.

Die Polizei registrierte zudem fast 5000 Fälle von Misshandlungen Schutzbefohlener, eine Zunahme um 10 Prozent im Vergleich zum Vorjahr, und 14 500 Fälle von Kindesmissbrauch, ein Anstieg von fast 7 Prozent. Auf fast 19 000 Fälle hat sich die Zahl der Missbrauchsabbildungen, sogenannte Kinderpornografie, erhöht; das entspricht lag laut BKA einem Anstieg von mehr als 50 Prozent.

Für »besorgniserregend« hält die Polizei die starke Zunahme bei der Verbreitung von Missbrauchsabbildungen durch Minderjährige: Die Zahl der Kinder und Jugendlichen, die entsprechende Fotos oder Videos posteten, bekamen oder herstellten, habe sich in Deutschland seit 2018 mehr als verfünffacht: auf fast 7700 angezeigte Fälle. Laut Bundeskriminalamt deuten auch internationale Zahlen für das erste Corona-Jahr darauf hin, dass die sexuelle Ausbeutung von Kindern im Internet in der Pandemie zugenommen hat.

Europol meldet, der Konsum von Missbrauchsabbildungen sei im ersten Corona-Lockdown in Europa um rund 30 Prozent gestiegen. Auch das Livestreaming von sexualisierter Gewalt via Webcam aus den häuslichen Kinderzimmern wird demnach immer mehr nachgefragt. Die britische Internet Watch Foundation (IWF) berichtet, rund ein Drittel der kinderpornografischen Websites zeigten Vergewaltigungen oder sexualisierte Folter. Mehr als die Hälfte der abgebildeten Kinder sind unter zehn Jahre alt.

Kein Rapport aus den Randbereichen der Gesellschaft

Johannes-Wilhelm Rörig, Unabhängiger Beauftragter der Bundesregierung für Fragen des sexuellen Kindesmissbrauchs (UBSKM), warnte im Rahmen des BKA-Pressetermins davor, die Zahlen zu Missbrauch und Misshandlung als Rapport aus den Randbereichen der Gesellschaft zu verstehen: »Sexuelle Gewalt gibt es überall, sie ist trauriger Alltag und findet meistens dort statt, wo sie niemand vermuten möchte: ganz nah dran, in Familien, in der Nachbarschaft, im Sportverein und im Netz.«

Rörig forderte Kompetenzbündelungen bei den Staatsanwaltschaften, um Ermittlungen gezielter zu koordinieren und Verfahren zu beschleunigen: »Vor allem brauchen wir eine massive Personalaufstockung bei Polizei und Justiz.« Ermittlungen dürften nicht daran scheitern, dass Durchsuchungsbeschlüsse nicht vollstreckt und Datenträger nicht ausgewertet werden oder Tausende Akten bundesweit auf Halde liegen, weil es keine Kapazitäten für ihre Bearbeitung gibt. »Hier ist ein Kipppunkt erreicht«, so Rörig, »wir müssen verhindern, dass das System kollabiert!«

Anfang November richtete der Bundesbeauftragte einen eindringlichen Appell an die neue Bundesregierung, die sich abzeichnende Ampel-Koalition, den Kampf gegen den Missbrauch von Kindern konsequent zu verstärken. Hinter den Zahlen stehe zehntausendfaches Leid. »Denn die polizeilich erfassten Fälle bilden nur einen kleinen Ausschnitt des Alltags betroffener Kinder und Jugendlicher ab«, heißt es in der Stellungnahme. Die meisten Taten blieben unentdeckt, noch weniger würden überhaupt angezeigt, das Dunkelfeld sei enorm.

»Sexuelle Gewalt gegen Kinder und Jugendliche hat ein Ausmaß, das es statistisch sehr wahrscheinlich macht, dass wir alle jemanden kennen, die oder der dieser Gewalt ausgesetzt ist oder war«, so Rörig. Er geht davon aus, dass in jeder Schulklasse ein bis zwei Kinder von sexueller Gewalt aktuell betroffen sind oder waren (nicht mitgerechnet sexuelle Übergriffe unter Gleichaltrigen und/oder mittels digitaler Medien). Rörig stellt einen umfangreichen Forderungskatalog auf. Das Themenfeld »Kinderschutz« müsste etwa bundesweit in der grundständigen Ausbildung von pädagogischen Fachkräften stärker verankert werden. Ende November kündigte Rörig an, mit Unterstützung der Kultusbehörden sollten rund eine Million Lehrkräfte mithilfe eines digitalen Angebotes fortgebildet werden: www.was-ist-los-mit-jaron.de.

Ratschläge für besorgte Erwachsene

Viele Erwachsene sind in Sorge um Kinder, möchten helfen, wissen aber nicht, wie. Auf dem Internet-Portal »Jetzt kein Kind alleine lassen – Gemeinsam gegen Missbrauch« hat das Team des Missbrauchsbeauftragten der Bundesregierung umfangreiche Informationen zusammengestellt, wo betroffene Kinder und Jugendliche Hilfe finden, aber auch wie sich Erwachsene bei Verdachtsfällen verhalten können.[67] Hier sind die Ratschläge in Auszügen wiedergegeben:

Bleiben Sie ruhig: Denken Sie zuallererst an das Kind, und machen Sie Ihrem Ärger nicht ungebremst Luft. Sprechen Sie die Person, von der Sie denken, dass sie einem Kind (sexuelle) Gewalt antut, nicht auf den Verdacht an. Das kann zu einer Eskalation zulasten des Kindes führen. Das Kind muss geschützt sein, bevor eine verdächtigte Person davon erfährt. Sonst besteht das hohe Risiko, dass er oder sie das Kind unter Druck setzt und damit verhindert, dass es mit jemandem spricht.

Versuchen Sie Streit zu unterbrechen: Wenn Sie als Nachbar*in einen Streit nebenan mitbekommen oder Lärm hören, der nach Gewalt klingt, könnten Sie versuchen, den Streit zu unterbrechen. Aber gefährden Sie sich nicht selbst, indem Sie zu schlichten versuchen. Klingeln Sie an der Tür und bitten

Sie beispielsweise um etwas Salz oder Milch. Häufig reicht das schon. So wird klar, dass jemand die Situation bemerkt, dass noch soziale Kontrolle da ist.

Lassen Sie sich beraten: Wenn Sie sich unsicher sind, rufen Sie eine Beratungsstelle an. Rufen Sie die Polizei, wenn Sie glauben, dass Leib und Leben eines Kindes in Gefahr sind. Nehmen Sie Kontakt zum örtlichen Jugendamt auf, wenn Sie befürchten, dass ein Kind akut Opfer von (sexueller) Gewalt wird.

Mögliche Anzeichen: Signale, die zweifelsfrei auf (sexuelle) Gewalt hindeuten, gibt es nicht. Es gibt betroffene Kinder, die kaum mehr zugänglich sind. Dann gibt es Kinder, die teilen aus, tun anderen weh, um ihre Ohnmachtserfahrung auszugleichen. Manche lassen in ihren Leistungen nach, andere steigern sie auffällig, weil sie wenigstens einen Lebensbereich ohne Probleme haben wollen.

Wenn Kinder sich plötzlich oder über einen gewissen Zeitraum hinweg völlig anders verhalten als sonst, sollten Sie darüber nicht hinwegsehen. Wenn Kinder etwa stark vermehrt über psychosomatische Beschwerden klagen oder über ein altersuntypisches Wissen über Sexualpraktiken verfügen oder Sie beobachten, dass sie sich sexuell übergriffig gegenüber Gleichaltrigen verhalten, ist es wichtig, dass Sie das Kind darauf ansprechen. Alle Anzeichen können selbstverständlich auch andere Ursachen haben. Wichtig ist, dass (sexuelle) Gewalt überhaupt in Betracht gezogen wird.

Das Gespräch suchen: Vermitteln Sie dem Kind das Gefühl, dass es wichtig und wertvoll ist. Bauen Sie Brücken: »Ich mach mir ein bisschen Sorgen. Magst du mir mal erzählen, ob du Kummer hast?« Bleiben Sie behutsam, geben Sie nicht auf, sprechen Sie das Kind mehrmals an. Zeigen Sie, dass Sie belastbar sind, dass Sie sich mit schwierigen Themen auskennen – und dass das Kind Ihnen vertrauen kann. Seien Sie sicher, dass Sie auch wirklich hören möchten, was das Kind erzählt. Wenn Sie sich vor dem fürchten, was rauskommen könnte, führen Sie das Gespräch nicht. Suchen Sie professionelle Hilfe. Beispielsweise bei einer Fachberatungsstelle.

»Manche Fälle kommen erst nach Jahren ans Licht«

Interview mit der Psychotherapeutin Inez Freund-Braier

Inez Freund-Braier ist Psychotherapeutin in Iserlohn, Nordrhein-Westfalen. Sie behandelt unter anderem Kinder und Jugendliche, die Missbrauch, häusliche Gewalt oder Vernachlässigung erfahren haben.

Frau Freund-Braier, was erleben Sie in Ihrer Praxis?

Bei mir waren schon vor der Pandemie Kinder längerfristig in Behandlung, um die sich zu Hause nicht richtig gekümmert wurde und die teils hässliche Sachen erlebt haben. In einem Fall habe ich mitbekommen, dass eine Mutter ihre Kinder im Alter von 7, 13 und 14 Jahren im Lockdown für eine Woche allein gelassen hat. Die 14-Jährige sollte sich um die Geschwister kümmern.

Wie haben Sie reagiert?

In dem Fall habe ich das Jugendamt eingeschaltet. Es hat die Mutter ermahnt. Sie hat versprochen, sie werde das nicht wieder tun. Aber sie hatte kein richtiges Unrechtsbewusstsein, sondern fand, sie habe mal Urlaub verdient. Sie war komplett überfordert. Das Beispiel zeigt: Die Kinder hatten bei uns kein soziales Netz, um aufgefangen zu werden.

War das ein Einzelfall?

Dass Kinder in der Pandemie oft sehr lange alleine waren, auch über Nacht, habe ich öfter mitbekommen. Teilweise mussten Eltern arbeiten, teilweise waren sie mit der Situation überfordert. Es sind von einem Tag auf den anderen alle Hilfen weggebrochen. Wenn es in Familien schwierig wird, sind Kinder sonst oft wenig zu Hause, sondern in der Schule, im Hort, im Verein. Das war plötzlich alles weg.

Es kam vermehrt zu häuslicher Gewalt, aber anfangs fehlten Belege.

An wen sollen sich Kinder wenden, wenn die Schule und der Kindergarten zu sind? Wenn Eltern gewalttätig sind, ducken sich die Kinder meist weg. Dann tun sie alles, um nicht aufzufallen und in das Visier des schlagenden Elternteils zu geraten. Das Leben eines Kindes besteht etwa bis zum Alter von 14 Jahren darin, sich an die Bezugsperson anzupassen, damit es versorgt wird. Erst ab diesem Alter kann es überhaupt sagen: »Moment mal, hier stimmt etwas nicht.«

Und bis dahin?

Die Kinder haben in der Pandemie teils über Monate erlebt, dass sie niemanden haben, an den sie sich wenden können. In dieser Situation erkennt ein Kind: Ich muss eine Strategie fahren, wie ich einigermaßen durchkomme, wie ich überlebe. Die Kinder ziehen sich hauptsächlich zurück, stehen gar nicht mehr auf, sind viel im Bett. Sie nutzen intensiv Medien, oft auch nachts, und versuchen, sich etwa mit Spielen von der Situation zu Hause abzulenken. Das ist eine Flucht in eine andere Welt. Wenn es zu ganz heftiger Gewalt oder sexualisierter Gewalt kommt, gibt es noch die Form der Dissoziation.

Was ist damit gemeint?

Die Kinder beamen sich innerlich weg, träumen sich in eine Fantasiewelt oder schalten ganz ab. Wenn so ein Kind gefragt wird, wie es ihm geht, wird es sagen: »Gut.« Das Kind weiß selbst nicht recht, was zu Hause passiert, weil es das Erlebte abspaltet, also dissoziiert. Das ist dann radikal, zack, weg.

Wie können solche Übergriffe erkannt werden?

Erstmal ist so ein dissoziiertes Kind nicht eins, das der Lehrkraft sagt: »Mir ist zu Hause etwas Schlimmes passiert.« Das zeigt sich eher indirekt. Das Kind hat vielleicht Kopfschmerzen, Konzentrationsprobleme, schläft schlecht, sackt in den Leistungen ab. Es hat vielleicht auch weniger Interesse, auf andere Kinder zuzugehen. Kinder hingegen, die vernachlässigt worden sind, verhalten sich vielleicht aggressiv, laut, fordernd, oder aber auch sie ziehen sich sehr zurück. Viele halten sich für minderwertig, haben kaum Selbstbewusstsein.

Wie können Lehrkräfte damit umgehen?

Für Lehrkräfte sind diese Symptome sehr schwer zu erkennen und auch das, was dahinterstecken könnte. Alle Kinder, die im neuen Schuljahr wieder in die Schule gehen, haben sich in der Pandemie verändert. Einige haben sich positiv entwickelt, andere weniger. Die Lehrkräfte müssen all dies neu sortieren. Es wird seine Zeit dauern, bis sie bemerken, dass ein Kind unter massiven Auffälligkeiten leidet und woran das liegen könnte. Irgendwann erkennt man tiefgreifende Probleme. Manchmal kommen Fälle aber erst nach Jahren ans Licht.

Wie kann so etwa konkret aussehen?

Ich konstruiere mal einen Fall: Ein Kind aus der ersten Klasse hat schon vor der Pandemie Missbrauch erlebt, aber im Lockdown wurde der massiver. Beide Eltern haben das Kind missbraucht, davon Videoaufnahmen gemacht und im Internet verkauft. Wenn ein Kind so etwas über längere Zeit hinweg erlebt, hat es erst mal den Eindruck, der Missbrauch sei »normal«, auch wenn es ihm damit natürlich nicht gut geht. Es hat kein Regulativ, geht nicht in die Schule, hat niemanden, der ihm sagen könnte, dass das etwas Falsches ist.

Das neue Schuljahr hat mit normalem Unterricht angefangen.

Das Kind geht in die Schule, stellt fest, dass der Missbrauch nicht »normal« ist, denkt aber: Corona sei nun vorbei, das Leben zu Hause gehe ohne Missbrauch weiter. Erst wenn es 12 oder 13 Jahre alt ist, wenn die Pubertät einsetzt, wird es verhaltensauffällig.

Warum so viel später?

Das Gehirn verändert sich mit Beginn der Pubertät. Dadurch kommen frühkindliche Erfahrungen wieder hoch, ohne dass die Betroffenen dies bewusst wahrnehmen. Das Kind kann sich nicht mehr konzentrieren, entwickelt Essstörungen, fängt vielleicht an, sich selbst zu verletzen. Bei der Selbstverletzung gibt es einen Hormonkick im Gehirn, der andere Gefühle auslöscht, wie bei einer Droge. Hat das Kind einen Flashback, kommt also ein Gefühl »von damals« hoch, kann es dies mit einem schmerzhaften Schnitt in die Haut beenden. Das kann zu einer Sucht werden. Der Zusammenhang zwischen diesem Verhalten und dem Missbrauch lässt sich oft nicht mehr unmittelbar herstellen.

Laut Bundeskriminalamt ist sexueller Missbrauch von Kindern in der Pandemie gestiegen.

Genau, nicht nur wir haben uns alle öfter in Livechats getroffen, sondern auch Menschen mit Lust an der Vergewaltigung von Kindern. Da gibt es beispielsweise Chats, wo Menschen per Videokamera bestimmen können, was passieren soll. Das hat in der Pandemie zugenommen. Die Kinder standen den Tätern vermehrt zur Verfügung, weil sie öfter zu Hause waren. Die Täter wiederum mussten weniger Angst haben, dass der Missbrauch entdeckt wird. Wir haben noch keine Ahnung, wie viele Kinder in welchem Ausmaß betroffen sind. Das sehen wir vielleicht erst in einigen Jahren.

Was fordern Sie?

Es muss klar sein, dass Schulen nie wieder pandemiebedingt geschlossen werden. Das liegt mir unglaublich am Herzen. Kinder brauchen diese Sicherheit. Zwischen ihnen und den Lehrkräften muss nun über eine gewisse Zeit wieder ein Vertrauensverhältnis entstehen, bis ein Kind sich traut und sagt: »Hör mal, mir ist zu Hause etwas Schlimmes passiert.« Für Lehrkräfte muss es jetzt vermehrt Schulungen geben, damit sie die Symptome von Vernachlässigung, Misshandlung oder Missbrauch besser erkennen können und wissen, wo und wie sie für die Kinder Hilfe organisieren.

2
Wie die Pandemie die Psyche belastet

»Sophiechen machte ihre Augen zu und lag ganz still da. Sie gab sich wirklich große Mühe, endlich einzuschlafen. Aber es ging nicht. […] Vielleicht, dachte sie, ist das jetzt die Geisterstunde, von der ich schon mal gehört habe. Die Geisterstunde, hatte ihr jemand ins Ohr geflüstert, das ist eine bestimmte Zeit um Mitternacht, wenn alle Kinder und alle Erwachsenen schlafen. Dann kommen all die unheimlichen Wesen aus ihren Schlupfwinkeln hervor und bevölkern die Welt, als gehöre sie ihnen allein. Der Mondstrahl war inzwischen noch heller geworden auf Sophiechens Kopfkissen. Sie wollte aufstehen und den Spalt zwischen den Vorhängen zuziehen. […] Plötzlich bekam sie einen eisigen Schreck. Da kam etwas auf der Straße, drüben auf der anderen Seite, näher und näher. Ein Mensch war das nicht. Das war unmöglich ein Mensch. Es war nämlich viermal so groß wie der allergrößte Mensch, den es gibt.«

Roald Dahl[68]

Ängste, Störungen, Depressionen

Wie in dem Klassiker von Roald Dahl, *Sophiechen und der Riese*, handeln in der Kinderliteratur unzählige Geschichten von der Angst vor unheimlichen Wesen, vor Menschen oder Monstern, die nachts in Häuser eindringen und Böses im Sinn haben, ja vielleicht sogar Kinder mitnehmen könnten. Das Thema ist nicht zufällig so beliebt. Es bedient Urängste, häufig Verlustängste, die Sorge, von den Eltern getrennt zu werden. Bei Nina,[69] 8, und ihrer kleinen Schwester, Lara, 6, hatte dieses unheimliche Wesen, vor dem sie sich fürchteten, während der Pandemie einen Namen: Corona.

»Die Kinder haben lange Zeit geglaubt, dass Corona ein Mensch oder ein Lebewesen ist, dass Corona zu uns ins Haus kommen und mich holen könnte«, sagt Maike, die alleinerziehende Mutter der beiden, bei einem Besuch im August 2021. »Ich habe versucht, ihnen zu erklären, was es mit der Gefahr in Wahrheit auf sich hat. Aber als die Pandemie begann, waren die beiden noch kleiner und haben es nicht richtig verstanden. Wir haben deshalb monatelang einen Teppichklopfer hinter der Haustür stehen gehabt. Die Kleine stand öfter am Fenster, hat geguckt, und wenn Corona kommt, sollte ich schnell mit dem Teppichklopfer runtergehen und es töten. Eigentlich dürfe man ja nicht töten, aber dies sei eine Ausnahme.«

Maike lächelt. Die Vorstellung, Corona mit dem Teppichklopfer in die Flucht zu schlagen, gefällt ihr immer noch.

Dann wird sie wieder ernst. Die Angst ihrer beiden Kinder, dass sie ihre Mutter verlieren könnten und dann allein zurückbleiben würden, sei eine ganze Weile sehr groß gewesen. Sie habe kaum allein rausgehen dürfen.

»Ich hatte ziemlich Angst, dass Mama stirbt«, sagt Nina. Sie sitzt neben ihrer Mutter auf dem Sofa, Lara räkelt sich auf der Lehne. Maike kann verstehen, dass ihre Kinder Verlustängste haben. Vor vier Jahren zog ihr Mann aus der gemeinsamen Wohnung in Osnabrück aus, »und das war keine friedliche Trennung«. Während der Corona-Pandemie erkrankte ein Freund, selbst Vater einer siebenjährigen Tochter, an Covid-19. Der Verlauf war so schwer, dass er nicht überlebte.

Kurz darauf mussten Nina und Lara den Verlust ihres Urgroßvaters hinnehmen – die Todesursache: Altersschwäche. »Die Kinder hatten ein enges Verhältnis zu ihm. Aber als er starb, hatten sie ihn monatelang nicht gesehen und ihn sehr vermisst, weil wir wegen der Corona-Beschränkungen Abstand gehalten hatten.« Umso schwerer war sein Tod zu verarbeiten. »Ich war zu traurig, um zur Beerdigung zu gehen«, sagt Nina. Etwas später ging noch der Hamster der Mädchen ein. Dazu erlebten Nina und Lara all die Corona-Beschränkungen mit, die geschlossenen Kitas und Schulen, die Abstands- und Hygieneregeln, die Maskenpflicht. Nachrichten zu Todes- und Infektionszahlen waberten durch ihren Alltag. Eine potenzielle Bedrohung lag buchstäblich in der Luft.

Der Teppichklopfer steht inzwischen wieder im Schrank. Nina und Lara wissen längst, dass Corona kein Mensch ist. Sondern ein winziges Virus, das mit bloßem Auge nicht zu erkennen ist, das überall sein kann, das oft unbemerkt von einem Menschen an einen anderen Menschen weitergegeben wird, das viele Menschen gar nicht oder nicht schlimm krank macht, andere dagegen in Lebensgefahr bringt, sogar umbringt, und zwar weltweit. Aber lebt es sich damit besser?

Richtig beruhigend ist die Wahrheit nicht, zumal das Virus keine Angst vor Teppichklopfern hat. »Aber mit Händewaschen, Tests und Impfungen können wir es bekämpfen«, so hat Maike ihren Kindern die Gefahr erklärt und immer wieder betont: Dass sie selbst schwer an Covid-19 erkranke, gar sterbe, sei extrem unwahrscheinlich, zumal jetzt. Sie ist doppelt geimpft. Nina und Lara verstehen das, irgendwie. Nina, sagt, sie bekomme ja die aktuellen Infektionszahlen mit, und obwohl sie von Statistik keine Ahnung hat, ist sie beruhigt, wenn von niedrigen Zahlen die Rede ist. Und wenn sich alle an die Regeln halten.

Außerdem gut für die Psyche: der neue Hamster, der in einem Käfig im Wohnzimmer lebt. Er ist hier zu Ninas Geburtstag eingezogen, nachdem der alte Hamster gestorben war. Tagsüber schläft er fast immer. Aber er ist da. Das reicht. Manchmal können Verluste kompensiert werden, wenn sie flauschig und kaum größer als eine Kartoffel sind.

Ängste, teils diffuse, hat Nina trotz allem noch. An manchen Tagen lässt Maike ihre Kinder allein in der Wohnung, sie geht dann einkaufen. Nina findet, ihre Mama sei richtig lange weg. Ihre Mutter schüttelt den Kopf. Höchstens eine Stunde. Die Familie wohnt in einem Mehrfamilienhaus. Die Nachbarin direkt nebenan, eine Tür weiter, weiß Bescheid und ist im Notfall sofort zur Stelle. Nina sagt, sie habe trotzdem oft ein ungutes Gefühl. Sie springt vom Sofa auf, läuft los und holt eine kleine Kerze, die die Form eines Pilzes hat und genau in ihre kleine Hand passt. »Die halte ich fest in der Hand, wenn ich Angst habe«, sagt sie. »Dann geht es besser.«

Schon vor der Pandemie hatten Kinder Ängste. Normalerweise ist das kein Grund zur Sorge. Ängste gehören zur Entwicklung von Menschen dazu, solange sie nicht übermächtig werden. Angst haben, aushalten, bewältigen ist Teil eines Überlebenstrainings. Für jede kindliche Lebensphase sind dabei andere Ängste typisch. Im Kita-Alter glauben Kinder buchstäblich an Märchen; alles scheint möglich, auch dass ein Monster unterm Bett sitzt. Grundschulkinder fürchten vielleicht, von anderen nicht anerkannt oder abgelehnt zu werden. Werden Kinder gut aufgefangen, verschwinden die bedrohlichen Gefühle in der Regel wieder. In der Krise jedoch haben sich Ängste mehreren Studien zufolge verstärkt. »Kein Wunder«, sagt Kinder- und Jugendpsychiater Martin Holtmann vom LWL-Universitätsklinikum Hamm. »Angst passt ja auch zu Corona. Das ist ein bisschen teuflisch: Wenn ich ohnehin ein ängstliches Kind bin, bestärken mich die ganzen Corona-Maßnahmen noch, so dass ich denke, ich hätte wirklich Grund, Angst zu haben. Wenn ich schon vorher eine Neigung hatte, Schlimmes zu befürchten, ist so eine Pandemie eine Steilvorlage: Alle rennen mit Masken herum, und dauernd heißt es: Hände waschen.«

Kinder als Gefahr für andere – ein schwieriges Narrativ

Ausdrücklich wurden Kinder und Jugendliche immer wieder ermahnt, Abstand zu anderen Menschen zu wahren und die Hygieneregeln einzuhalten. Sonst, so die Botschaft, könnten sie selbst zu einer tödlichen Gefahr werden, etwa für die eigenen Großeltern. Ein schwieriges Narrativ. Eins, das Kindern, je nachdem wie es verpackt wird, eine riesige Verantwortung aufbürdet, für die sie viel zu klein sind. Eins, das die Verantwortung umkehrt, wonach das Wohl der Erwachsenen von den Jüngeren abhängt und nicht umgekehrt. Eins, das leicht Schuldgefühle auslösen kann: Muss der ganze Kindergarten in Quarantäne, weil ich mir nicht oft genug die Hände gewaschen habe?

Vor Corona war normal, dass Kinder ins Bad zum Händewaschen geschickt werden, den Wasserhahn aufdrehen, laufen lassen, *nicht* die Hände drunterhalten und sich danach mit Unschuldsmiene zum Essen setzen. Inzwischen denkt manches Kind bei dem Lied »Happy Birthday« nicht mehr zuerst an Geburtstage, sondern an Hygiene. Zweimal das Lied zu singen, das war in vielen Kitas und Grundschulen die Faustregel dafür, wie lange man die Finger abseifen sollte.

Mehrere Kinderbücher, darunter ein Titel mit der omnipräsenten »Conni mit der Schleife im Haar«, klärten über Hygiene- und Abstandsregeln auf: »So viel, wie ein Elefant lang ist.«[70] Zusätzlich erlebten Kinder, wie an jedem Eingang, egal ob in der Kita, im Supermarkt oder im Spielzeugladen, ein Desinfektionsfläschchen auf sie wartete. So gerieten manche in einen regelrechten Sauberkeitswahn.

Christian Fleischhaker ist Ärztlicher Direktor an der Freiburger Klinik für Psychiatrie, Psychotherapie und Psychosomatik im Kindes- und Jugendalter. Er beobachtet vermehrt Kinder, vor allem jüngere etwa ab fünf Jahren, die während der Pandemie einen Waschzwang entwickelt haben. Die Kinder waschen sich nicht fünfmal am Tag die Hände, sondern 50-mal. »Das wird zu einer exzessiven Zwangsstörung. Irgendwann nimmt die Haut das übel, wird immer rissiger und tut weh«, sagt der Arzt. Eincremen helfe nur oberflächlich.

Hinter dem zwanghaften Händewaschen steckten in der Regel andere Ängste.

Bei vielen Kindern werde sich das Problem wohl mit der Zeit von selbst auflösen, sagt Fleischhaker, bei anderen seien die Ängste hartnäckiger. Dann sei ein Waschzwang mit einer Verhaltenstherapie in den Griff zu bekommen, »und zwar, indem sich die Kinder ihren Ängsten stellen, sich bewusst nicht andauernd die Hände waschen und feststellen: ›Ich werde gar nicht krank.‹«

Mindestens so lange wie in der deutschen Gesellschaft Corona-Maßnahmen omnipräsent sind und keine Normalität eingekehrt ist, sind Ängste weiter ein Thema. Ein Patentrezept, wie Eltern, Erzieher und Lehrerinnen damit umgehen, gibt es nicht. Was in jedem Fall hilft: reden. Kindern immer wieder zu erklären, dass die Situation für alle Menschen gleich sei und keineswegs nur sie Virenüberträger sein können, hält der Therapeut Holtmann für immens wichtig, um psychischen Belastungen vorzubeugen. Noch wichtiger: »Immer wieder klarmachen, du bist nicht schuld. Im Gegenteil: ›Weil du und viele andere Kinder so lange nicht in der Kita und Schule waren, konnten vermutlich viele Menschen gerettet werden.‹« Held oder Heldin sein, das kann über Ängste hinweghelfen.

Ängste und Zwangsstörungen bei den Kleinen, bei Kita- und Grundschulkindern, sind jedoch nur das eine. Studien zeigen, dass es während der Pandemie insgesamt einen starken Anstieg von psychischen Auffälligkeiten bei Kindern und Jugendlichen gab. Überraschend kam das nicht: »Wer sozial isoliert wird, keine Kontakte mehr hat, Freunde nicht mehr treffen kann und ständig Abstand halten muss, hat schwierige Voraussetzungen, um sich gesund entwickeln zu können«, schreibt Klaus Zierer, Professor für Schulpädagogik an der Universität Augsburg,[71] nachdem er Untersuchungen aus mehreren Ländern zu psychosozialen Folgen der Pandemie für Kinder und Jugendliche im Rahmen einer Meta-Studie ausgewertet hat.

Sein Befund: Ängste, Depressionen, Einsamkeit, Gereiztheit, Einschlafprobleme, Kopfschmerzen, Niedergeschlagenheit und Bauchschmerzen haben im Vergleich zu früheren Jahren in allen Altersgruppen deutlich zugenommen. Prophezeiungen, dass es genau so kommen würde, gab es immer wieder. Gegen Ende des zweiten Lockdowns, inmitten monatelanger Schulschließungen, schrieben Psychologen, Psychotherapeuten und Psychiater für Kinder und Jugendliche einen Brandbrief.[72] Eindringlich machten sie darauf aufmerksam, dass die Befragung des Bundesverbands der Vertragspsychotherapeuten von geschätzt mehr als 10 000 Kindern und Jugendlichen ein »alarmierendes Bild« ergebe: Bundeslandübergreifend zeigten sich vermehrt Angststörungen, Depressionen, Schlafstörungen, Essstörungen und Substanzmissbrauch.

Zudem sei die Zahl der Patienten gestiegen, die aufgrund von akuter Suizidalität/Krisen oder nach häuslicher Eskalation kinder- und jugendpsychiatrisch versorgt werden müssten. Dass gesundheitsrelevante Ressourcen wie Sozialkontakte zu Gleichaltrigen, Musik oder Sport im Verein, aber auch Angebote der Jugendhilfe weggefallen seien, führe »zu massiven psychosozialen Beeinträchtigungen bis hin zu psychischen Störungen«. Die Probleme seien über alle Altersgruppen hinweg zu beobachten.

Als »besonders gefährdet« beschreiben die Psychologen die Gruppe der jüngeren Jugendlichen, die oftmals den ganzen Tag sich selbst überlassen waren, etwa wenn Eltern nicht im

Homeoffice arbeiten konnten. In den meisten Bundesländern wurde eine Notbetreuung nur für Kinder bis zum Alter von zwölf Jahren angeboten. Ältere mussten alleine klarkommen: alleine ihren Tag strukturieren, alleine für ihr Essen sorgen, alleine Hausaufgaben machen, alleine zumindest digital soziale Kontakte aufrechterhalten, alleine sein, ohne zu vereinsamen. Die Politik ging davon aus, dass Kinder, gerade zum Teenager geworden, wie Erwachsene behandelt werden könnten. Eine fatale Fehleinschätzung. Etliche Jugendliche waren heillos überfordert.

In der Folge, so beschreiben es die Psychotherapeutinnen und -therapeuten in ihrem Brandbrief, flüchteten sich Jugendliche vermehrt in Medienwelten, neigten stärker zu Essstörungen und nahmen öfter Medikamente oder Drogen. Die Fachleute kritisieren: Die negativen Auswirkungen der Pandemie seien absolut vorhersehbar gewesen. »Umso schwerer wiegt es, dass in den politischen Entscheidungen die Bedürfnisse und Rechte von Kindern und Jugendlichen kaum berücksichtigt wurden.«

Tatsächlich waren bei Beratungen von Kanzlerin Angela Merkel und den Ministerpräsidenten der Länder zur Frage der Kita- und Schulschließungen die Kollateralschäden bei den Jüngeren selten Thema. Oder sie wurden beklagt und hingenommen, verbunden mit einer gewissen Ignoranz gegenüber besonders vulnerablen Gruppen.

Schon vor Corona waren Kinder und Jugendliche aus Familien mit sozioökonomisch niedrigem Status überdurchschnittlich von psychischen Auffälligkeiten und Erkrankungen betroffen. Dass die Pandemie sie härter treffen würde als andere, sei von Anfang an klar gewesen, sagt Claudia Friedrich, Professorin für Entwicklungspsychologie an der Universität Tübingen. »Der Stress wurde wie mit einer Gießkanne über alle Familien gekippt, aber in der Fachwelt stand außer Frage: Bei Kindern und Jugendlichen aus ohnehin ›abgehängten Elternhäusern‹ hat er im Schnitt besonders gravierende Folgen.«

Solche Einwände seien in der Debatte um Kita- und Schulschließungen jedoch immer wieder vom Tisch gewischt worden. »Bei allem Verständnis für die Maßnahmen zur Pandemieeindämmung hätte man das Problem nicht nur mit Blick auf den Infektionsschutz sehen dürfen«, sagt Friedrich, »sondern auch andere Nöte mehr im Blick haben müssen.«

Fast jedes dritte Kind psychisch auffällig

Was in den ersten Monaten der Pandemie fehlte, waren wissenschaftliche Belege für diese Nöte, Daten, die das Ausmaß der seelischen Schäden beschreiben konnten. Eine der ersten und einschlägigsten Studien, die diese Zahlen lieferten, kam von Ulrike Ravens-Sieberer, Forschungsdirektorin der Klinik für Kinder- und Jugendpsychiatrie am Universitätsklinikum Hamburg-Eppendorf. Sie leitet die Forschungssektion Child Public Health. Die von ihr verantwortete COPSY-Studie (Corona und Psyche)[73] ist keine Momentaufnahme, sondern eine Art mehrteilige Doku-Serie.

Ravens-Sieberer und ihr Team befragen mehr als 1000 Kinder, Jugendliche und Eltern jeweils im Abstand von mehreren Monaten. So wollen sie herausfinden, wie sich die seelische Verfassung im Laufe der Krise verändert. Schon die ersten Ergebnisse, nach dem ersten Lockdown, zeigten am 10. Juli 2020, »wie sehr Kinder die Pandemie seelisch mittragen«, sagt

Ravens-Sieberer. »Das hat uns in dieser Deutlichkeit und in diesem Ausmaß selbst überrascht.«

• Im ersten Corona-Frühsommer fühlten sich fast drei Viertel der Kinder und Jugendlichen durch die Krise belastet.
• Knapp zwei Drittel fanden Schule und Lernen anstrengender als vor Corona und hatten Mühe, die Anforderungen zu bewältigen.
• Knapp 40 Prozent berichteten, ihr Verhältnis zu Freunden habe sich verschlechtert.
• Fast genauso viele Eltern gaben an, dass Streit zwischen ihnen und ihren Kindern öfter eskaliere.
• Mehr als die Hälfte der Kinder und Jugendlichen hatte zumindest an einzelnen Tagen weniger Interesse oder Freude an Tätigkeiten.
• Mehr als ein Viertel litt unter Niedergeschlagenheit, Schwermut und Hoffnungslosigkeit.

Depressive Symptome hatten vor allem auch bei älteren Jugendlichen von 16 bis 19 Jahren deutlich zugenommen, wie eine Auswertung des Bundesinstituts für Bevölkerungsforschung (BIB) zeigt.[74] Rund ein Viertel der Jugendlichen war davon im ersten Corona-Frühjahr betroffen. Vor der Krise war es nur ein Zehntel gewesen. Bei den Jungen verdoppelte sich der Depressivitätswert auf 15 Prozent, bei den Mädchen verdreifachte er sich sogar auf 35 Prozent. Mehrere Monate später war die Gemütslage noch weiter abgerutscht. Die zweite COPSY-Befragung über den ersten Jahreswechsel in der Pandemie, 2020/21, und nach den erneuten, bundesweiten Schulschließungen, habe eine Verschlechterung des psychischen Wohlbefindens zutage gefördert.[75] »Die seelische Belastung war weiterhin hoch und hatte teilweise sogar zugenommen«, sagt Ravens-Sieberer. »Es gab vermehrt Ängste und nun auch depressive Symptome, die wir in der ersten Welle so noch nicht gesehen hatten.«

Fast jedes dritte Kind zeigte psychische Auffälligkeiten. Vor der Krise war es nur jedes fünfte. Kinder und Jugendliche litten der Umfrage zufolge während des zweiten Lockdowns deutlich häufiger unter Energielosigkeit, Schwermut, Interesselosigkeit, Hoffnungslosigkeit, weniger Freude als nach dem ersten Lockdown. »Wir hatten angenommen, dass sich die Kinder und Jugendlichen im Laufe der Zeit an den neuen Zustand gewöhnen können«, sagt Ravens-Sieberer. »Aber wir sehen: Dies ist nicht der Fall. In einem Zustand der Ungewissheit und Perspektivlosigkeit kann man sich schlecht an eine Situation anpassen.«

Auch bei Eltern hatte eine depressive Symptomatik zugenommen und sich verstetigt, was wiederum belastend auf Kinder wirkt. Außerdem gab es bei Kindern einen deutlichen Anstieg bei psychosomatischen Beschwerden wie Bauschmerzen, Niedergeschlagenheit, Kopfschmerzen, Gereiztheit, Verhaltensauffälligkeiten und emotionalen Problemen.

80 Prozent der Kinder und Jugendliche fühlten sich belastet, das waren mehr als noch im Frühsommer. Auch die Lebensqualität hatte sich weiter verschlechtert. 70 Prozent der Befragten berichteten, dass sie sich weniger fit und wohl fühlten, energieloser seien und sich schlechter konzentrieren könnten. Vor der Pandemie hatten dies nur 35 Prozent angegeben.

Die Forscherinnen und Forscher sehen dies als »Ausdruck einer Erschöpfung durch die lange Belastung«. Bei rund einem Drittel der 11- bis 17-Jährigen seien Anzeichen einer generellen Ängstlichkeit zu beobachten, mehr als nach dem ersten

Lockdown. Vor der Pandemie waren es nur halb so viele. Zudem machten sich Kinder und Jugendliche vermehrt Sorgen um ihre Zukunft, etwa darum, wie sich ihre Bildungschancen verändert haben.

Schule, Kita, Freunde, Sportverein:»Den Kindern sind während der Lockdowns all ihre Lebensräume weggebrochen«, sagt Ravens-Sieberer,»die sie eigentlich für ihre altersgerechte Entwicklung benötigen. Sie waren zurückgeworfen auf die Familie und das Homeschooling. Gleichzeitig gab es keine Perspektive, auch keine zeitliche, wann sich dieser Zustand wieder ändert.« In der Folge sei das Risiko für psychische Belastungen stark gestiegen.

»Aber: ›Psychisch auffällig‹ heißt nicht ›psychisch krank‹«, sagt Ravens-Sieberer, die die teils überspitzte Berichterstattung über die COPSY-Studie in manchen Medien für irreführend hält. Aus den Belastungen entwickle sich nicht automatisch eine Störung.»Die Botschaft ist: Wir müssen die Ergebnisse ernst nehmen, ohne sie zu dramatisieren.« Insgesamt seien viele Kinder und Jugendliche, viele Familien gut durch die Krise gekommen, betont die Medizinerin. Ein Großteil sei erschöpft, ein kleiner Teil behandlungsdürftig.»Wie sich die psychische Belastung langfristig auswirken wird, wissen wir noch nicht.«

Die Ergebnisse der zweiten Befragungsrunde, die im März 2021 veröffentlicht wurden, bezogen sich auf Daten, die einige Wochen zuvor erhoben worden waren. Mitten im Winter, als besonders strenge Corona-Regeln galten und Schulen bundesweit weitgehend geschlossen waren, als Behörden hohe Infektions- und Todeszahlen meldeten, als es draußen kalt und dunkel war. Lauter gute Gründe für eine düstere Stimmung, von der man annehmen könnte, sie habe sich danach wieder aufgehellt.[76] Ein Seelenbarometer lässt sich aufgrund der aufwendigen Erhebung und Auswertung immer nur zeitverzögert ablesen.

Eine neue COPSY-Befragung hat im September 2021 begonnen. Im Herbst, als die Sommerferien gerade vorbei waren, bundesweit alle Jahrgänge wieder in die Schulen durften, Kinder ihre Freunde treffen konnten, Schwimmbäder, Kinos und Eisdielen offen hatten, das Leben wieder etwas normaler erschien. Ergebnisse sollen im Februar 2022 vorliegen. Auch sie können nur eine Momentaufnahme sein. Der Winter und Maßnahmen gegen eine »vierte Welle« stehen zu diesem Zeitpunkt noch bevor.

Bei einzelnen Jugendlichen ist derweil zu beobachten, wie die Pandemie nicht zwingend zu psychischen Erkrankungen führt, wohl aber offenbar zu einer Antriebslosigkeit und einem Stimmungstief, das sich nicht so leicht wieder auflöst. Als das erste Treffen mit Dalia, damals 12, in Hamburg stattfindet, im Februar 2021, war sie seit Wochen im Distanzunterricht und fühlte sich nicht gut, ähnlich wie Mike (siehe S. 87).

»Mein Alltag besteht nur noch aus Schule, Essen, Trinken und Schlafen. Früher war ich sehr oft draußen, habe mich mit Freunden getroffen. Aber jetzt habe ich meistens gar keine Lust mehr rauszugehen. Meine ganze Stimmung hat sich sehr verändert. Ich telefoniere auch kaum noch mit Freunden. Ich glaube, Kinder fühlen einfach gar nichts mehr.«

Rund ein halbes Jahr später, im Oktober 2021, geht Dalia, inzwischen 13, zwar längst wieder täglich zur Schule, aber von Mitte Dezember 2020 bis Mitte Mai 2021 war sie erneut im Distanzunterricht, kurz danach noch mal zwei Wochen in Quarantäne. Die Lebensfreude, die sie früher hatte, ist im Herbst noch nicht zurück.

»Ich bin vor Corona total gerne und oft Inliner gefahren. Mache ich nicht mehr«, erzählt sie am Telefon. »Eigentlich bin ich nach der Schule meistens in meinem Zimmer, gucke irgendwas am Handy oder schreibe mit Freundinnen.« Sie könnten sich doch richtig sehen? »Machen wir irgendwie nicht. Ich habe keine Motivation mehr, irgendwohin zu gehen und die anderen meistens auch nicht.«

Enormer Andrang bei Therapeuten

Dalias Beispiel zeigt, wie sich viele Jugendliche in der Pandemie belastet fühlten, wie sie ihre Lebensqualität eingeschränkt sahen und energieloser geworden sind. Noch lässt sich schwer abschätzen, was aus Dalias Stimmung wird, mit den gravierenden Problemen anderer junger Menschen ist ihre Lage nicht zu vergleichen. Einigen geht es so schlecht, dass sie dringend Hilfe suchen.

Deutlich mehr Kinder und Jugendliche als vor der Pandemie wenden sich an Kinder- und Jugendpsychotherapeuten, die eigene Praxen haben oder in Kliniken arbeiten. Die Probleme sind vielfältig: Ängste, Essstörungen, Depressionen, Suizidgedanken.

Schon vor Corona gab es einen deutlichen Anstieg bei Essstörungen, die Betroffenen waren zunehmend jünger und litten schon ab etwa zwölf Jahren beispielsweise unter Magersucht, aber »die Pandemie hat diesen Trend wie ein Katalysator beschleunigt«, sagt der Jugendpsychiater Christian Fleischhaker. Er habe »selten so viele schwerste Essstörungen gesehen, wie sie jetzt bei uns aufschlagen«.

Wenn die Welt nicht mehr im Lot ist, nicht mehr kontrollierbar erscheint, so wie es in der Corona-Krise der Fall war, kann dies bei Kindern und Jugendlichen eine Neigung zu Zwangshandlungen vorantreiben, darunter ausgeprägte, schwere Essstörungen. »Wenn alles andere nicht mehr kontrollierbar erscheint«, sagt Fleischhaker, »dann immerhin noch das eigene Essverhalten. Das kann ich kontrollieren: Ich kann bestimmen, was und wie viel ich esse und ob überhaupt.«

Eine weitere mögliche Erklärung für den Anstieg von Essstörungen: Viele Familien waren in den Lockdown-Phasen körperlich weniger aktiv gewesen, legten an Gewicht zu und dann, als wieder mehr Sport möglich war, Fitnessstudios geöffnet hatten, machten sie gemeinsam eine Diät. Fielen dann tatsächlich auch bei den Kindern die Pfunde, wurde das anfangs von den Eltern oft noch goutiert. »Nachdem die Schule wieder angefangen hat, ist ja auch das Beäugen und die soziale Kontrolle unter den Peers wieder größer«, sagt der Therapeut. »Dann entgleitet das Abnehmen mitunter, und es entwickelt sich eine Negativspirale, die sich nur schwer stoppen lässt und in einer Magersucht enden kann. Wenn ein Kind, das 1,60 Meter groß ist, nur 40 Kilogramm wiegt, wird es riskant.«

Noch eine mögliche Erklärung: Vielen Jugendlichen, die zu einer Essstörung neigen, sind Anerkennung und Selbstbewusstsein sehr wichtig. In normalen Zeiten schöpfen sie beides daraus, dass sie etwa in der Schule, im Sportverein oder bei anderen Hobbys glänzen. In der Pandemie fiel jedoch all dies über weite Strecken weg. Dazu kommt das, was alle Jugendlichen irgendwann trifft, auch ohne Corona: die Pubertät. Sie wollen sich von ihren Eltern lösen, einerseits, trauen sich dies aber nicht recht zu, andererseits.

Dass der Körper plötzlich weiblicher wird, Kurven und Rundungen bekommt, auch damit tun sich viele Mädchen schwer. Verzichten sie aufs Essen, bleibt der Körper kindlicher, wird in der Entwicklung zum Erwachsenwerden ausgebremst. Einige hungern sich auch einem gesellschaftlichen Schönheitsideal entgegen. Der Preis: teils lebensgefährliche Mangelerscheinungen, eine kranke Psyche, Gedanken, die nur ums Essen kreisen. So ein Problem wird man nicht so schnell wieder los. Eine Essstörung schleppen manche Menschen ein Leben lang mit sich herum.

Die seelische Balance

Ob die Seele am Ende im Gleichgewicht bleibt oder nicht, hängt unter anderem davon ab, ob sich sogenannte Risiko- und Coping-Faktoren die Waage halten. Isolation, Lernstress und Leistungsdruck etwa erhöhen das Risiko, psychisch zu erkranken. So erklärt es der Kinder- und Jugendpsychiater Martin Holtmann.

Coping-Faktoren wie ein stabiles familiäres Umfeld, ausreichend Schlaf, Bewegung oder auch Unterricht, der Spaß macht und für soziale Kontakte sorgt, können dazu beitragen, dass Risikofaktoren weniger ins Gewicht fallen. Überwiegen sie jedoch, kann der Drahtseilakt ein ungutes Ende nehmen. Die Wahrscheinlichkeit, psychisch zu erkranken, steigt. Das gilt vor, während und nach der Pandemie.

»Wenn sich Kinder in der Familie geliebt, gesehen und unterstützt fühlen, können viele Belastungen und Sorgen ausgeglichen werden«, sagt Ravens-Sieberer, was nicht bedeutet, dass sie keine psychischen Auffälligkeiten entwickeln. Aber Kinder, die weitgehend auf sich gestellt blieben, hatten ein besonders hohes Risiko für psychische Belastungen. »Das sind die Kinder«, sagt die Ärztin, »die man schon vor der Krise besonders hätte im Blick haben müssen.«

Geärgert hat sie sich deshalb, dass es vom Engagement der Lehrkräfte abhing, ob engmaschig Kontakt zu Kindern gehalten wurde oder nicht. »Da muss es künftig verbindliche, etablierte Strukturen geben«, sagt sie. »Es kann nicht sein, dass Kinder wegrutschen, weil sich niemand zuständig fühlt.« Der Kontakt zur Schule dürfe nicht noch einmal abreißen. Präsenzunterricht sei nicht der alleinige Punkt, sondern der persönliche Kontakt. Die Politik müsse Kinder und Familien mehr im Blick haben und etwa für niedrigschwellige Hilfsangebote in Kitas und Schulen sorgen.

Von psychischen Auffälligkeiten sind Kinder und Jugendliche aus allen sozialen Milieus betroffen, überdurchschnittlich jedoch solche aus schwierigen Verhältnissen. Enge in der Wohnung, Geldsorgen, Existenzängste, Eltern mit niedrigem Bildungsgrad – all dies reduziert, den Fachleuten zufolge, die Coping-Faktoren. Kinder und Jugendliche, die mit solchen Problemen groß werden, sind im Schnitt öfter seelisch belastet als andere. Das bestätigt die COPSY-Studie. Auch Kinder aus Familien mit Migrationshintergrund und Ein-Eltern-Familien, die wiederum mehr als andere von Armut betroffen sind, wiesen der Untersuchung zufolge überdurchschnittlich oft psychische Belastungen auf. Soziale Ungleichheit schlägt demnach auf die psychische Gesundheit durch.

Kinder wieder in die Bahn bringen – eine Herkulesaufgabe

»Die Kinder, die entgleist sind, nun wieder in die Bahn zu bringen, ist eine Herkulesaufgabe«, sagt Fleischhaker. »Manches wird sich von selbst wieder geraderücken, weil Kinder widerstandsfähig sind, aber wir wissen letztlich nicht, was noch an Problemen auf uns zukommt. Massiver personeller Input, auch rein präventiv, wäre sinnvoll. Ob die Politik das reguliert bekommt, wird man sehen.«

Aus der Forschung gibt es klare Forderungen, was zu tun wäre: Die Nationale Akademie der Wissenschaften Leopoldina hat konkrete Handlungsempfehlungen veröffentlicht, um »den potentiellen Auswirkungen der Pandemie auf die psychische Gesundheit von Kindern und Jugendlichen zu begegnen und bereits vor der Pandemie bestehende Defizite im frühzeitigen Erkennen und der Behandlung psychischer Probleme in Angriff zu nehmen«[77]:

- Pädagogische Fachkräfte in Kitas und Lehrkräfte in Schulen sollten im Sinne eines Frühwarnsystems so fortgebildet werden, dass sie für auftretende psychische Probleme sensibilisiert sind. Ergänzt werden sollte dies durch den Ausbau der bestehenden Infrastruktur im Bereich der Schulsozialarbeit.
- In Kitas und Schulen solle ein gesunder Lebensstil gefördert werden: regelmäßige Sportaktivitäten (bis zu drei Mal pro Woche), Psychoedukation zu Schlafhygiene und zu einer gesunden Ernährung.
- Zudem solle ein weiterer Ausbau von Maßnahmen in der Kinder- und Jugendhilfe sowie in der Therapie psychischer

Störungen des Kindes- und Jugendalters angestrebt werden. Die Wartefrist auf einen Therapieplatz solle verkürzt werden.

Bisher ist das Netz an Hilfen hoffnungslos überlastet. »Es gibt deutlich mehr behandlungsbedürftig Erkrankte als vor der Corona-Krise«, sagt Fleischhaker, »und dafür hat das schon vorher stark belastete System nicht ausreichend Ressourcen. Es läuft über.«

Schon vor der Krise war etwa die Zahl der Kinder und Jugendlichen, die wegen einer Depression in einer Klinik behandelt wurden, stark gestiegen. Nach Daten des Statistischen Bundesamtes[78] erhöhte sich die Zahl der stationär therapierten jungen Patientinnen und Patienten von 2015 bis 2019 um 24 Prozent auf 18 000. Während der Corona-Pandemie ist der Bedarf an Hilfe offenbar noch größer geworden.

Eine Blitzumfrage zu Beginn des Jahres 2021 unter knapp 5000 ambulanten Praxen ergab,[79] dass sich die Anfragen bei Kinder- und Jugendpsychotherapeuten im Vergleich zum Vorjahreszeitraum im Bundesdurchschnitt um 60 Prozent erhöht hatten. Nur jedes dritte Kind bekam schnell einen Termin für ein Erstgespräch.

Gebhardt Hentschel, Vorsitzender der Deutschen Psychotherapeuten Vereinigung, findet diesen Zustand »unhaltbar«. Er sagt, es müssten zumindest vorübergehend mehr Zulassungen für therapeutische Praxen erteilt werden, und sei es befristet. Die bestehenden Praxen wiederum sollten die Möglichkeit erhalten, Stellen über ihren bisher erlaubten Level hinaus aufzustocken, um mehr Patienten behandeln zu können. »Bisher dürfen Sie zwar einen Kollegen beispielsweise in Teilzeit einstellen, aber nur wenn der Praxisinhaber dafür seine Arbeitszeit reduziert. Das hilft nicht.« Einzelne Bundesländer, immerhin, hätten sich bewegt und neue Freiräume eröffnet, aber längst nicht alle.

So liegen die Wartezeiten für einen stationären Platz bundesweit im Schnitt bei mehreren Monaten bis zu einem Jahr. Die ambulanten Therapeutinnen und Therapeuten empfehlen, so Hentschel, bei einer Wartezeit weiter aktiv zu suchen, und unterstützen bei der Suche nach einem Therapieplatz. Der psychotherapeutische Versorgungsbedarf von Kindern und Jugendlichen aufgrund der Pandemie sei erheblich.»Die Gesellschaft muss das bei allen Entscheidungen viel stärker in den Blick nehmen.«

Mike hat in ihrem Umfeld erlebt, wie sehr manche Jugendliche seelisch belastet waren. Eine Freundin hatte Essstörungen, die Nöte von anderen reichten offenbar weit darüber hinaus. Die Gründe dafür bleiben unklar, die Folgen unendlich traurig.

Auf dem Pausenhof von Mikes Schule ist eine Kapsel mit Abschiedsbriefen vergraben, die weit über die Corona-Pandemie hinaus an zwei Schüler erinnern wird: eine Abiturientin, die im Frühsommer 2021 starb. Die genaue Todesursache wurde nicht bekannt gegeben. Und ein Junge, der nach allem, was Mike und die Lehrer wissen, Suizid begangen hat.

Was den 17-Jährigen zu der Tat gebracht hat, weiß letztlich niemand. Aber Mike und andere gehen davon aus, dass die Beschränkungen und Belastungen der Corona-Pandemie zumindest ihren Anteil hatten.»Als wir von dem Tod erfahren haben, war das schlimm«, sagt Mike.»Wir haben als Klasse eine kleine Video-Gedenkveranstaltung gemacht. Die Lehrerin hat eine Kerze angezündet. Das war gut. Es war ein Trost, mit den anderen zusammen zu sein, zumindest online.«

Medienkonsum:
Gefangen im Netz

Mit ihren Freundinnen zu chatten, das sei, schreibt die norwegische Erfolgsautorin Maja Lunde,[80] während der Pandemie so gewesen, als hätten sie sich per Handy an den Händen gehalten. So gelang es, das scheinbare Paradox aufzulösen, sich miteinander zu treffen, sich weniger allein zu fühlen, ohne dass auch nur eine oder einer die jeweils eigene Wohnung verlassen hätte. In der Disziplin »Distanzen überwinden in Zeiten von Social Distancing« hatten die meisten Erwachsenen allerdings keine Chance gegen die »Corona-Generation«. Die Jugend war ihnen weit voraus. Ohnehin schon im Internet zu Hause, baute sie gekonnt neue virtuelle Räume für sich aus. Was ist davon geblieben?

»Unsere Klassengemeinschaft ist jetzt noch stärker, als sie vor Corona war«, findet Raphael, 15. Er erzählt das in einer Ecke des Schulhofs der Katholischen Schule Liebfrauen in Berlin-Charlottenburg, umringt von den anderen Schülerinnen und Schülern aus der 10d. »Wir haben uns eine Weile fast jeden Abend getroffen, also im Netz, und Gesellschaftsspiele gespielt.« Aus der Runde grölt es. Sie hat die Abende während der Schulschließungen in bester Erinnerung. »So geil!« Betont verlegenes Grinsen, als seien das wilde Treffen gewesen, über die man lieber nicht mehr erzählen will. Ernsthaft? Sich für Gesellschaftsspiele zu begeistern, war unter Jugendlichen vor

Corona nicht gerade ein Coolnessfaktor, und dann noch jeder allein bei sich im Kinderzimmer. Klingt eher nach Verlegenheitslösung.

Aber mit einem gesitteten »Mau-Mau« oder »Mensch ärgere dich nicht« hatten die Spiele nur am Rande zu tun. Gezockt wurde online über eine App, parallel per Zoom oder Whats-App miteinander gechattet, gelacht, gefeixt, mitunter getrunken. Von anderen Jugendlichen gibt es Videomitschnitte. Besonders beliebt: das Spiel »Among Us«, Unter uns. Der Name ist in doppelter Hinsicht bezeichnend, weil Jugendliche hier als Gamer tatsächlich unter sich sein und sich mit der Klasse oder Clique in virtuellen Räumen treffen können. Gleichzeitig bedeutet »unter uns«, dass mindestens einer aus der Runde sein Unwesen als Mörder, als »Impostor«, treibt.

Alle Spielerinnen und Spieler bewegen sich durch verschiedene Gänge und Zimmer, müssen Aufgaben erfüllen wie »Müll rausbringen« oder »Licht ausschalten«. Plötzlich blinkt »Dead body reported« auf. Du hast eine Leiche entdeckt. Versammlung im Emergency Room. Die Spieler tauschen sich darüber aus, wer ihnen zuletzt über den Weg gelaufen ist und der Killer sein könnte. Ein klassisches Agatha-Christie-Setting, ganz im Stil von *Mord im Orientexpress,* nur dass »Among Us« in einem Raumschiff spielt.

Die Elterngeneration fühlt sich erinnert an »Mord im Dunkeln«, den Klassiker ihrer Kindergeburtstage, als Rollen noch über Zettelchen mit »Gast«, »Detektiv«, »Mörder« verteilt wurden und Musik aus dem Kassettenrecorder lief. Die digitale Version ist kommunikativer, der passende Trost nach stundenlangem Homeschooling. »Hat auf jeden Fall geholfen«, so fasst es Bruno, 14, zusammen. »Ich habe mich dadurch nie einsam gefühlt.«

Kontakt halten, Freundschaften pflegen. Viele Jugendliche hatten dabei ihre ganz eigenen digitalen Strategien. Avesta, 14, erzählt: »Ich habe während der Schulschließungen oft 13 Stunden am Tag mit meinen beiden Freundinnen gleichzeitig telefoniert. Wenn wir für die Schule lernen mussten, haben wir die Aufgaben öfter aufgeteilt. Jede hat eine gemacht, die anderen haben die Ergebnisse übernommen. So haben wir zusammen gelernt. Man war schneller fertig und fühlte sich nicht so allein. Zwischendrin haben wir vielleicht mal für eine Stunde auf stumm geschaltet, nur die Kamera war an. Meine Eltern waren richtig genervt, weil ich dauernd am Telefon hing.«

Auch Finn, 18, hat die Möglichkeiten der digitalen Medien während der Corona-Pandemie genutzt, findet aber, dass sie an ihre Grenzen kamen: »Ich habe mit meinen Freunden anfangs sehr, sehr viel Online-Spiele gespielt, meistens stundenlang »Call of Duty«. Das gemeinsame Zocken hat schon ganz gut geholfen, durch die Zeit zu kommen, aber irgendwann war es so viel, dass es keinen Spaß mehr gemacht hat. Einmal haben wir alle gefacetimt und dabei was getrunken. Das war ganz witzig, hat aber auch nur so semi funktioniert. Es ist halt nicht das Gleiche wie ein richtiges Treffen.«

Dass der Medienkonsum von Kindern und Jugendlichen während der Corona-Pandemie stark gestiegen ist, belegen mehrere Studien. Das ahnten aber auch alle, die Kinder zu Hause hatten – und nahmen es oft hin. Selbst in der bildungsbürgerlichsten Familie dürfte der Satz »Leg doch mal das Ding weg« seltener gefallen sein als vor Corona, weil klar war: Das Handy ist gerade der einzige Draht zu Freundinnen und Freunden, das einzige »Fenster zur Welt«, zwar nur wenige Quadratzentimeter groß, aber besser als nichts.

Viele Eltern nutzten während der Kita- und Schulschließungen zudem notgedrungen Handy, Tablet, Fernseher oder Spielkonsole als »Babysitter«, wenn sie arbeiten mussten und die Kinder sich nicht noch länger allein beschäftigen konnten. Die Gefahr: Das Dauerdaddeln wird zu einer Gewohnheit, die sich nicht mehr so leicht abstellen lässt.

Finn sagt, bei ihm sei das kein Problem gewesen: »Mit dem Zocken wieder aufzuhören, war überhaupt nicht schwer, habe ich jetzt seit Monaten überhaupt nicht mehr gemacht.« Avesta hängt auch nicht mehr stundenlang am Telefon, sondern trifft sich nun mit ihren Freundinnen so oft wie möglich zum Shoppen, Abhängen, Reden. Die 10d macht lieber »richtig« Party, statt abends am Bildschirm zu zocken. Aber wie geht es anderen?

Zwischen Rettung und Risiko

Rainer Thomasius ist Ärztlicher Leiter des Suchtbereichs und Facharzt für Kinder- und Jugendpsychiatrie und -psychotherapie am Universitätsklinikum Hamburg-Eppendorf. Er hat die Mediennutzung von Kindern und Jugendlichen untersucht – während des ersten Lockdowns und bis weit in das zweite Pandemiejahr hinein. Der Mediziner wollte wissen, ob sich die teils »exzessive Nutzung« nach dem Ausnahmezustand wieder reduziert hat. Für die Studie, an der die Krankenkasse DAK beteiligt ist, wurden zu verschiedenen Zeitpunkten mehr als 1000 Kinder und Jugendliche von 10 bis 17 Jahren sowie deren Eltern befragt.

Fazit: Als nach den ersten Schulschließungen im Frühjahr 2020 langsam wieder so etwas wie Normalität einkehrte, gingen erwartungsgemäß auch das exzessive Gaming und die übermäßige Nutzung von Social Media wieder leicht zurück. Aber auf das Maß wie vor der Krise hat sich der Konsum längst nicht reduziert.

Unterm Strich, sagt Thomasius, habe die große Mehrheit der Kinder und Jugendlichen, rund 70 bis 80 Prozent, während der Corona-Krise einen Gewinn aus der Nutzung digitaler Medien gezogen: Langweile bekämpfen, Stress abbauen, soziale Kontakte pflegen. Allerdings stieg der Medienkonsum deutlich an. Im ersten Lockdown, im Frühjahr 2020, erhöhte sich die Zeit für Gaming werktags von im Schnitt knapp 80 Minuten auf fast zweieinhalb Stunden. Mit Social Media verbrachten Kinder und Jugendliche im Alltag mehr als drei Stunden. Die Zeit am Computer fürs Homeschooling war da noch nicht eingerechnet. Thomasius sagt: »Das sind beachtliche Kontingente.«

Mehr als ein Jahr später, im Mai 2021, hatte sich der Alltag langsam etwas normalisiert. Die Kontaktbeschränkungen waren in der Regel nicht mehr ganz so strikt, ein großer Teil der Kinder und Jugendlichen hatte zumindest wieder Wechselunterricht. Im Vergleich zum ersten Lockdown ging die Mediennutzung nun zwar zurück, blieb aber höher als vor der Pandemie. Werktags verbrachten Kinder und Jugendliche nach wie vor fast zwei Stunden mit Computerspielen, mit der Kommunikation über Social Media mehr als zwei Stunden.

Was Thomasius und andere Mediziner sehr besorgt, ist der deutliche Anstieg eines krankhaften Medienkonsums während der Corona-Pandemie. Fachleute sprechen von einem pathologischen Userverhalten. »Die Konsequenzen sind weitreichend«, sagt Thomasius. »Die Betroffenen können alterstypische Entwicklungsaufgaben nicht mehr angemessen lösen. Ein Stillstand in der psychosozialen Reifung ist die Folge.«

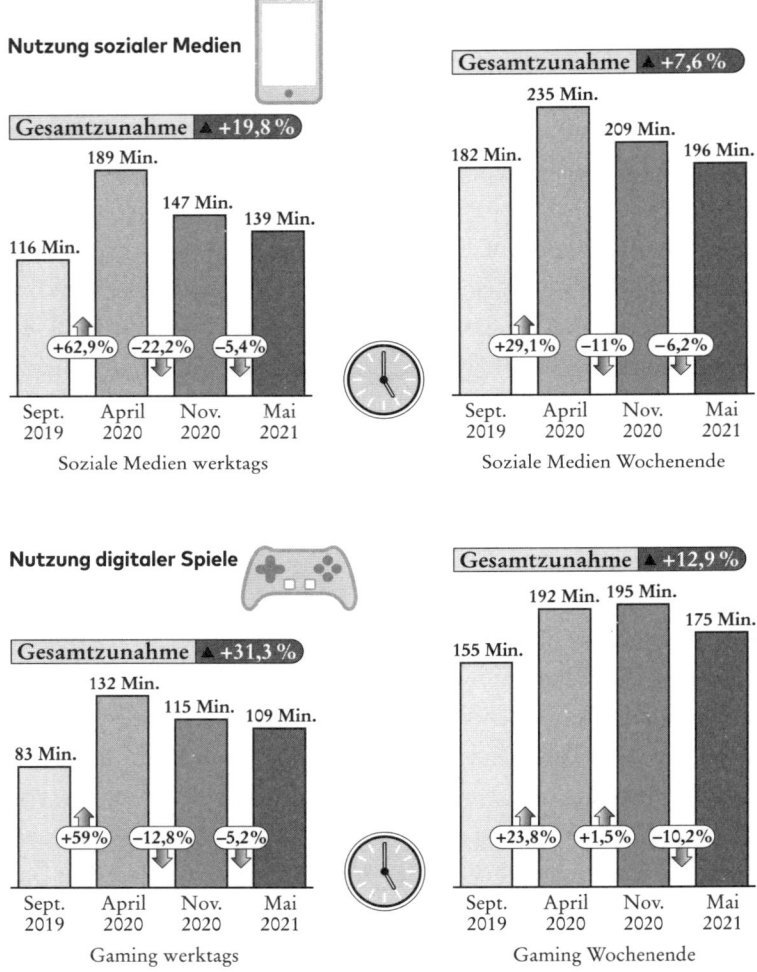

Nutzung sozialer Medien

Gesamtzunahme ▲ +19,8 %

Soziale Medien werktags

Gesamtzunahme ▲ +7,6 %

Soziale Medien Wochenende

Nutzung digitaler Spiele

Gesamtzunahme ▲ +31,3 %

Gaming werktags

Gesamtzunahme ▲ +12,9 %

Gaming Wochenende

Pathologisches Nutzungsverhalten liegt vor, wenn

- die Betroffenen keine Kontrolle mehr über den Beginn, die Beendigung und die Intensität des Spielens haben.
- der Medienkonsum im Vergleich zu anderen Lebensinhalten und alltäglichen Beschäftigungen zunehmend wichtiger

und schließlich zur obersten Priorität wird, obwohl dies für die Betroffenen mit negativen Konsequenzen verbunden ist. Der Schulbesuch und/oder das Familienleben sind etwa deutlich gestört.
• die Probleme kontinuierlich über einen Zeitraum von zwölf Monaten vorliegen.

»Das sind schon harte Kriterien«, sagt Thomasius. Etwas weicher fallen sie aus, wenn von einer »riskanten Nutzung« die Rede ist, etwa wenn negative Konsequenzen des Zockens wie ein Leistungsabfall in der Schule billigend in Kauf genommen werden. Knapp 10 Prozent der Jugendlichen waren vor Corona davon betroffen, das sind ähnlich viele wie die, die ein riskantes Nutzungsverhalten bei Alkohol zeigen.

Die Gruppe der Letztgenannten ist im Verlauf der Pandemie zwar etwas kleiner geworden, dafür ist die Gruppe derjenigen, die einen krankhaften Medienkonsum an den Tag legen, deutlich größer geworden. »Gerade für Kinder und Jugendliche mit bereits davor riskanter Mediennutzung waren die Lockdowns ein erheblicher gesundheitlicher Gefährdungsfaktor, der den Übergang in eine pathologische Mediennutzung quasi katalysiert hat«, sagte Thomas Fischbach, Präsident des Berufsverbands der Kinder- und Jugendärzte, bei der Vorstellung der Studie. »Es ist zu befürchten, dass sich diese Fehlentwicklung auch nach Ende der Pandemie nicht einfach wird vollständig rückabwickeln lassen, zumal Eltern ihren Einfluss über klare Medienregeln der Situation nicht angepasst haben.«

Der Anteil von Kindern und Jugendlichen mit einer sogenannten Gaming Disorder, einer krankhaften Computerspielsucht, liegt nach den Pandemieerfahrungen nun bei 4,1 Prozent, das ist im Vergleich zur Vor-Corona-Zeit ein Anstieg um

50 Prozent. Betroffen sind hochgerechnet rund 220 000 Kinder und Jugendliche, Jungen deutlich öfter als Mädchen, Kinder im Alter von 10 bis 14 Jahren öfter als ältere Jugendliche. Der Anteil von Kindern und Jugendlichen, die ein pathologisches Nutzungsverhalten bei sozialen Medien zeigen, ist in der Krise um mehr als 40 Prozent gestiegen. Hochgerechnet kommen damit rund 250 000 junge Menschen nicht mehr vom Handy oder Laptop los. Jungen sind doppelt so häufig abhängig wie Mädchen.

Für den Suchtexperten Rainer Thomasius sind die Daten keine Überraschung. Er sieht, was in seiner Klinik los ist. Die Wartelisten mit Kindern und Jugendlichen, die Hilfe suchen, weil sie nicht vom Handy oder der Spielkonsole wegkommen, sind während der Pandemie immer länger geworden.

Auf dem Campus des Universitätsklinikums Hamburg-Eppendorf liegt das Deutsche Zentrum für Suchtfragen des Kindes- und Jugendalters. Ein lang gestreckter Backsteinbau, roter Klinker, weiße Fenster, hinten raus ein grüner Garten, der mit einem meterhohen Zaum abgeriegelt ist. Symbol dafür, dass die Patientinnen und Patienten hier drinnen mit der Welt draußen nicht mehr klarkommen und sie für eine Weile aussperren müssen.

12 bis 15 Stunden vor dem Bildschirm

In dem Hamburger Krankenhaus landen die schweren Fälle: Kinder und Jugendliche, deren Leben sich schleichend in eine Spielhölle verwandelt hat, die exzessive Spielzeiten von 12 bis 15 Stunden pro Tag haben, nachts am Rechner sitzen und tags-

Nutzungsmuster digitaler Spiele und sozialer Medien vor und unter der Pandemie

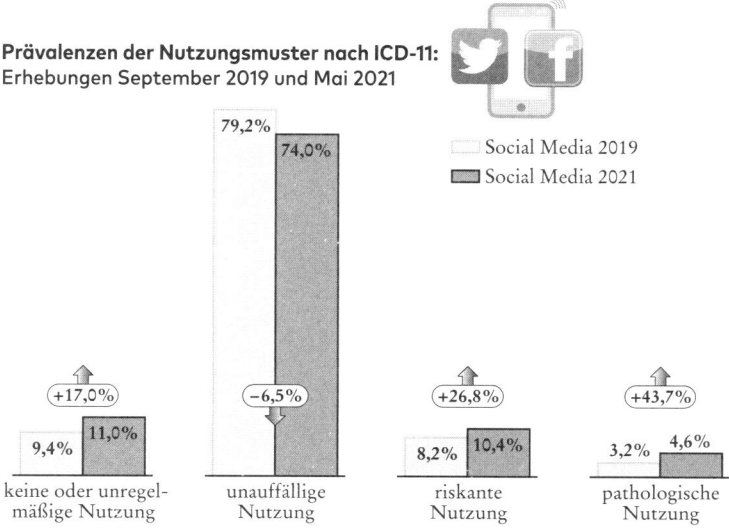

Prävalenzen der Nutzungsmuster nach ICD-11:
Erhebungen September 2019 und Mai 2021

Gaming 2019
Gaming 2021

71,5%
66,4%

15,8%   20,3%
+28,5%

−7,1%

−8,0%
10,0%   9,2%

+51,8%
2,7%   4,1%

keine oder unregel-
mäßige Nutzung

unauffällige
Nutzung

riskante
Nutzung

pathologische
Nutzung

Prävalenzen der Nutzungsmuster nach ICD-11:
Erhebungen September 2019 und Mai 2021

Social Media 2019
Social Media 2021

79,2%
74,0%

+17,0%
9,4%   11,0%

−6,5%

+26,8%
8,2%   10,4%

+43,7%
3,2%   4,6%

keine oder unregel-
mäßige Nutzung

unauffällige
Nutzung

riskante
Nutzung

pathologische
Nutzung

139

über schlafen, stark sozial isoliert sind, sämtliche sonstige Interessen aufgegeben haben. »Es konzentriert sich wirklich alles nur noch aufs Spielen, aufs Gaming oder auf soziale Foren«, sagt Thomasius. »Es treten Entzugssymptome auf, wenn Eltern versuchen, die digitalen Zugänge zu limitieren: innere Unruhe, Gereiztheit, Schlafstörungen.« Da wieder rauszukommen, ist ein Kraftakt, der allein fast unmöglich ist. So wie bei Tom, 18. »Ich war drauf und dran, mein ganzes Leben gegen die Wand zu fahren«, sagt er. »Deshalb bin ich hier.«

Toms Geschichte beschreibt, wie die Krise gerade bei den Jugendlichen, die schon vorbelastet waren, das Risiko für eine krankhafte Computerspielsucht befördert hat. Und wie sehr gerade Jugendliche in Übergangssituationen, etwa beim Wechsel von der Schule in die Ausbildung, während der Pandemie psychisch gefährdet waren.

Toms Leben spielte sich zuletzt fast nur noch vor der Spielkonsole ab. Tag und Nacht. Drei Tage lang zockte er mitunter durch, schlief zwischendrin mal zwei bis drei Stunden, dann ging es weiter mit Ego-Shooter-Spielen wie »Apex Legends«. Tom driftete dabei in eine virtuelle Welt ab, in der er als starker Avatar, ausgestattet mit teils magischen Fähigkeiten, in kleinen Teams aus »Online-Freunden« gegen Gegner kämpfte, mit Pistolen, Sturmgewehren, Maschinenpistolen, Scharfschützengewehren, Schrotflinten oder auch Faustschlägen und Tritten. Das Ziel: andere ausschalten, um selbst zu überleben. Das Brutale: Liegt der Gegner hilflos am Boden, kann der Avatar zu einem »Finisher« ansetzen. Dem Gegner also den finalen Todesstoß versetzen, sei es mit gezielten Faustschlägen gegen den Kopf oder auch einer Spritze ins Auge.

Irgendwann, sagt Tom, sei er dann aber zu »Fortnite« gewechselt. Das Spielprinzip ist ähnlich, nur dass die Spieler als Einzelkämpfer unterwegs sind. »Am Schluss Erster zu werden, alle anderen besiegt zu haben, das ist schon cool gewesen.« Die Nebenwirkungen allerdings waren extrem. In der realen Welt wurde Tom zum Antihelden. Er schaffte es kaum noch, täglich zu seiner Ausbildung in der Firma zu erscheinen. Immer wieder meldete er sich krank.

War er doch vor Ort, hatte er öfter plötzlich starkes Nasenbluten, Zitteranfälle, musste sich übergeben. Er habe sich massiv unter Druck gefühlt, Angst gehabt, die Anforderungen nicht zu erfüllen, umso öfter sei er in seine Spielwelten geflüchtet, sagt Tom, und fast nur noch zu seinem Arbeitsplatz gefahren, um seine Krankmeldung abzugeben.

Der Kontakt mit echten Menschen fiel ihm schwer, machte ihm schließlich sogar Angst. Er habe sich komplett zurückgezogen, keine Freunde mehr getroffen und auch die anderen drei Jugendlichen, die mit ihm in einer betreuten Wohngemeinschaft leben, nicht mehr an sich herangelassen. »Wenn Online-Freunde Kommentare machen, merkt man nicht unbedingt, wie sie einen finden«, erklärt Tom, »aber in real life hatte ich immer Angst, von anderen abgelehnt zu werden.«

»Corona hatte schon einen ziemlichen Anteil«

Wie es so weit gekommen ist? »Corona hatte schon einen ziemlichen Anteil«, findet Tom, auch wenn seine Probleme früher angefangen haben. Mit 14 hatte er sich zusammen mit seinem jüngeren Bruder die erste Spielkonsole gekauft. Spielen durfte er dann unter der Woche eine Stunde pro Tag, am

Wochenende jeweils zwei Stunden. »Meine Mutter hatte eine Zeitsperre eingerichtet, so dass das Spiel automatisch endete«, sagt Tom, »aber diese Sperre habe ich irgendwann ausgetrickst und immer länger gespielt.« Und länger und länger.

Mit 15 schwänzte Tom öfter die Schule, weil er »Apex« aufregender fand als den Unterricht. »Dann kamen die Anrufe«, sagte er. Die Schule fragte nach, es gab Ärger mit seiner Mutter. Irgendwann verbarrikadierte er sich eine Woche in seinem Zimmer, um spielen zu können. »Da hat meine Mutter die Polizei gerufen, und das Jugendamt hat mich in Obhut genommen.« Einige Wochen später, im März 2020, zog Tom in die betreute WG. Kurz darauf kam der erste Lockdown.

»Die Schule war von einem Tag auf den anderen zu«, sagt Tom, der damals in die zehnte Klasse ging. Videounterricht? »Gab's nicht. Hin und wieder haben Lehrer mal ein paar Aufgaben per Mail geschickt, aber die hat keiner gemacht, und das war's dann.« Kapp drei Monate sei das so gegangen. Dann war Wechselunterricht, den Tom öfter schwänzte. Schließlich kam der letzte Schultag. Den Realschulabschluss habe er gerade noch so geschafft, sagt Tom, und danach auf den Beginn seiner Ausbildung im September gewartet. »Im Grunde hatte ich gut sechs Monate Pause und nichts zu tun. Da habe ich immer öfter gezockt.«

Einmal drin in dieser Spielhölle, fand Tom auch dann nicht wieder heraus, als mit der Ausbildung eigentlich wieder ein geregelter Alltag für ihn losgehen sollte. Im Gegenteil. Pünktlich um 5.30 Uhr morgens nach zehn Kilometern mit dem Fahrrad im Werk zu sein, gelang immer öfter nicht. Er bekam Ärger, fühlte sich unter Druck, flüchtete in seine Spielwelten, schlief kaum, kam wieder zu spät und so fort. Irgendwann war Tom klar: Wenn er so weitermacht, ist er seinen Ausbildungsplatz los. »Das wollte ich unbedingt verhindern. Ich bin bei der besten Firma, mir macht die Arbeit Spaß, und ich finde auch nicht so leicht eine neue.«

Drei Monate musste Tom auf einen Therapieplatz in der Hamburger Klinik warten, nun ist er seit fast zwölf Wochen hier. Im zweiten Stock haben die Jugendlichen, die stationär untergebracht sind, jeder ein eigenes Zimmer mit Bett, Sessel, Schrank und Schreibtisch. Am Ende des Flurs gibt es einen Fitnessraum. Schräg gegenüber liegt ein Wohn- und Esszimmer. Hier wird dreimal täglich gemeinsam gegessen. Der Alltag ist strikt getaktet und ziemlich vollgepackt: Gesprächs- und/oder Gruppentherapie, Ergotherapie, Sport, Klinikunterricht. Anfangs gelten strenge Ausgangssperren. Nur etwa dreimal täglich 15 Minuten dürfen die Patientinnen und Patienten raus. Nach und nach werden die Regeln gelockert, je besser die Therapie anschlägt.

Wieder ins reale Leben finden

Die Mediziner fördern etwa die soziale Kompetenz der Jugendlichen, unterstützen beim Aufbau stabiler Freundschaften, zeigen Freizeitmöglichkeiten auf. »Ich bin viel mit dem BMX-Rad gefahren«, erzählt Tom. »Hab ich früher schon mal gemacht, und das hat mir jetzt wieder total viel Spaß gemacht.« Als Hobby hat er Schlagzeugspielen entdeckt. Thomasius sagt, jeder Patient lerne in der Therapie ein Musikinstrument. Die Idee: Alternativen zum Medienkonsum schaffen. Spielkonsole, Computer oder Handy sind erst mal tabu. Erst nach und nach bekommen die Jugendlichen ihr Handy für begrenzte Zeiträume ausgehändigt.

»Wir können nicht mit dem Abstinenzparadigma arbeiten wie beim Alkohol«, erklärt Thomasius. »Sondern wir arbeiten mit den Jugendlichen an einer partiellen Abstinenz, das heißt, dass sie etwa bestimmte Spiele nicht mehr oder nur noch stark zeitlich begrenzt nutzen. Gleichzeitig führen wir sie an eine regulierte Nutzung des Internets heran.«

Tom hat riesige Fortschritte in der Therapie gemacht. Jetzt, gegen Ende, kann er 30 Minuten »Apex« spielen – und dann von sich aus wieder damit aufhören. Ohne Probleme. »Das ging gut. Da war ich schon stolz auf mich.« Er habe in den vergangenen Wochen insgesamt ziemlich viel gelernt, zum Beispiel, dass er eine Brausetablette kauen kann, wenn ihn Aggressionen überkommen. »Der Trick ist«, erklärt Tom, »das schäumt im Mund, ist nicht angenehm, und ich bin dann erst mal mit der Tablette beschäftigt statt mit meiner Wut.«

In wenigen Tagen wird der 18-Jährige entlassen, und einerseits freut er sich, ist voller Pläne, hat ein neues BMX-Rad bestellt, will auf ein Schlagzeug sparen, so schnell wie möglich wieder anfangen zu arbeiten, eine Tagesstruktur finden, die ihm Halt gibt. Andererseits weiß Tom auch, dass die stationäre Therapie nur der »erste Schritt« war. Die Bewährungsprobe kommt er erst noch, zum Beispiel wenn er mit seiner X-Box wieder allein in seinem Zimmer sitzt. »Erst mal behalte ich sie«, sagt er, »aber wenn es nicht klappt, kommt sie weg. Ich werde weiter ambulant behandelt und werde weiter an meinen Problemen arbeiten.« Die Zockerei ist dabei vermutlich mehr Symptom als Ursache.

Eine Mediensucht kann, Thomasius zufolge, viele Gründe haben: Ängste, depressive Störungen, ADHS, Probleme in der Familie. Tom hat in der Klinik viel über seine Kindheit gesprochen. Als er vier Jahre alt war, trennten sich seine Eltern – ungut. Tom sagt, er sei immer ein »Papa-Kind« gewesen. »Der war nie da, den will man dann haben.« Weder zu seiner Einschulung noch zu seiner Konfirmation sei der Vater gekommen, auch nicht zum Familiengespräch in der Klinik. Tom ist anzumerken, wie sehr ihn das trifft. Mit seiner Mutter verstehe er sich aber inzwischen richtig gut.

Die reale Welt kann kompliziert sein, die virtuelle umso verlockender. Psychotherapeut Thomasius erklärt, dass bei Spielen wie »Apex« oder »Fortnite« nicht zwingend der Sieg selbst Glücksgefühle verursache, sondern die ständige Aussicht darauf. »Die Spieler treten als Avatare auf, die mit Schönheit, Macht und Stärke ausgestattet sind, und erleben, dass sie auf dem Weg zum Sieg in diversen Zwischenschritten immer wieder Belohnungen erhalten. Dadurch wird ständig das limbische System im Gehirn aktiviert, das auf Belohnungen aus ist.«

Im Spiel seien keine Pausen vorgesehen, diese würden vielmehr öfter »bestraft«, und der nächste Sieg oder Zwischensieg scheine immer greifbar. »Dadurch entfalten diese Spiele ein starkes Suchtpotenzial. Furchtbar findet Thomasius das, wenn er bedenkt, was die Zockerei anrichten kann. »Die Hersteller ziehen sich aus der Verantwortung. Sie machen Kasse.«

Im Frühjahr 2020, als weltweit etliche Länder im Lockdown waren, meldeten die Hersteller von »Fortnite« 350 Millionen registrierte Internet-Krieger, bei »Apex Legends« waren es 100 Millionen, genauso viele bei »Call of Duty«,[81] ein weiterer Ego-Shooter. Es ist das Spiel, mit dem Finn, 18, sich während der Schulschließungen die Langeweile vertrieb – und dann einfach wieder aufhörte.

Warum geraten einige Kinder beim Gaming in einen gefährlichen Strudel und andere nicht? Thomasius spricht auch hier von Risikofaktoren. Kinder und Jugendliche, die sich wenig zutrauen, empfindlich auf Stress reagieren, in wenig behüteten Verhältnissen aufwachsen und wenig Anleitung oder Regeln zum Medienkonsum bekommen, sind demnach deutlich stärker gefährdet als andere. Ist die familiäre Situation insgesamt angespannt, steigt die Wahrscheinlichkeit für einen ungesunden Medienkonsum. Thomasius findet besorgniserregend, dass rund die Hälfte der Eltern keine Regeln und Zeiten für Handy oder Konsole vorgibt. Nur ein Drittel reglementiert, welche Inhalte ihre Kinder konsumieren.

Damit Mütter und Väter frühzeitig einschätzen können, ob ihr Kind einen ungesunden Medienkonsum entwickelt, hat der Berufsverband der Kinder- und Jugendärzte (BVKJ) zusammen mit der Krankenkasse DAK im ersten Pandemiejahr ein Pilotprojekt gestartet: Jugendliche zwischen 12 und 17 Jahren können in den fünf Bundesländern Bremen, Nordrhein-Westfalen, Sachsen, Sachsen-Anhalt und Thüringen zusätzlich zur Vorsorgeuntersuchung J1 und J2 an einer Früherkennung teilnehmen: ein Mediensuchtscreening. Es kann erste Hinweise liefern, ob ein Kind gefährdet ist und Gegenmaßnahmen nötig sind – oder nicht.

»Eltern haben keinen Anspruch auf ein glückliches Kind«

Interview mit dem Psychotherapeuten Oliver Dierssen

Der große Unterschied zwischen Kindern, Jugendlichen und Erwachsenen liegt in der Lebenszeit, der Zukunft, die noch vor ihnen liegt. Auffällig an den Umfragen während der Pandemie ist, dass der Gedanke an die Zukunft bei vielen Kindern und Jugendlichen mit Sorgen behaftet ist. Das gilt für die persönliche und die gesellschaftliche Zukunft: Wie sehen meine Ausbildungschancen aus? Wie sieht der Planet in 30 Jahren aus?

Oliver Dierssen ist niedergelassener Kinder- und Jugendpsychiater nahe Hannover und hat während der Krise bei Twitter mehrfach Alarm geschlagen, um auf die Nöte von Kindern und Jugendlichen aufmerksam zu machen.[82] Er bekommt mit, welche Nöte Zukunftsängste, mehr noch eine als verschleiert wahrgenommene Zukunft, nach sich ziehen können. Seit Herbst 2020 mehren sich in seiner Praxis die Notfälle.

Herr Dierssen, mit welchen Symptomen kommen Menschen zu Ihnen?
   Der Leidensdruck ist insgesamt gewaltig gestiegen. Die Kinder und Jugendlichen bei uns haben Ängste, Depressionen, suizidale Gedanken. Jugendliche mit suizidalen Krisen hatten

wir natürlich auch schon vor Corona, aber nun kommen Patienten mit einer viel höheren Regelmäßigkeit und auch ohne längere depressive Vorgeschichte. Die rutschen innerhalb weniger Wochen oder Monate in suizidale Krisen hinein und benötigen sofort Behandlung. Da ist kein Aufschub mehr möglich.

Wie gehen Sie damit um?
In den Kliniken ist es derzeit schwierig, schnell einen Platz zu bekommen. Wir versuchen, die Zeit, so gut es geht, ambulant zu überbrücken, eng mit den Jugendlichen in Kontakt zu stehen, mit ihnen in Beziehung zu gehen. Diesen Jugendlichen fehlt der Antrieb, die Fantasie, die Stimmung ist reduziert, die Gestik, die Mimik. Das ist alles heruntergefahren. Die sind matt und haben zugleich große Hemmungen, sich den Erwachsenen anzuvertrauen.

Woher kommt diese Hemmung?
Die Jugendlichen wissen, dass die Erwachsenen oft selbst belastet sind, und möchten nicht weitere Schuld auf sich laden. Der Normalfall bei Depressionen sind sowieso Schuldgrübeleien: »Ich mache den Leuten den Tag kaputt. Ich bringe sie nicht mehr zum Lachen. Ich mache, dass Mama traurig ist.« Die Jugendlichen ziehen sich zunehmend zurück und vertrauen ihre desolate Situation den Eltern immer weniger an.

Was ist die Folge?
Das führt dazu, dass die sogenannte emotionale Resonanz wegfällt. Das verstehende, spiegelnde Zuhören, das unerlässlich für uns ist, um unsere Gefühle wahrnehmen und bearbeiten zu können, fällt weg. Das kann dazu führen, dass ein

Mensch überhaupt nur noch wenig wahrnimmt, einen diffusen Strom an Unbehagen, an Lebensunlust, vielleicht Wut oder diffuse Traurigkeit, oft aber einfach gar nichts mehr. Es kommt zu einer inneren Erkaltung, einem emotionalen Absterben.

Wie können Sie helfen?

Das Gebot der Stunde ist, erst mal deutlich zu machen, dass bei uns eine emotionale Belastbarkeit vorliegt, dass wir ausgebildet sind, um diese Gefühle wieder zu erfragen oder in Worte zu fassen. Dieses Verbalisieren und Wahrnehmen der eigenen Gefühle ist der Weg, wie man wieder lebendig wird. Das ist der wichtigste Schritt. Dann versuchen wir, die Kommunikation etwa in der Familie wieder ins Rollen zu bringen.

Wie kommt es zu diesen Krisen bei den Kindern und Jugendlichen?

Sie leiden nicht nur darunter, dass sie lange nicht zur Schule gehen und ihre Freunde nicht treffen konnten, sondern der Aufbau ihrer jugendlichen Identität ist auf der Strecke geblieben. Das ist eine wesentliche Entwicklungsaufgabe in der Jugend: Ich muss in der Lage sein, mich selbst in der Zukunft zu sehen.

Wie sieht das konkret aus?

Kinder sagen: Ich werde Astronautin oder Feuerwehrmann. Etwa mit zwölf Jahren werden oft andere Themen wichtiger, aber mit 15, 16 Jahren braucht man den Blick in die Zukunft. Das muss nicht an eine konkrete Karriere geknüpft sein, aber ich brauche dieses Gefühl: Da ist eine Gemeinschaft, die mich aufnimmt, in der ich ein wertvoller Teil sein kann. Da ist ein Sinn, den ich meinem Leben geben kann.

Und dieser Blick ist während der Corona-Pandemie verstellt?

Normalerweise spiele ich mit meinen Patienten gerne Zukunftsszenarien durch: Lass uns mal den Diaprojektor anwerfen, mal sehen, was die Fantasie an die Wand wirft, welche Lebensentwürfe wir durchexerzieren können. Das macht Spaß, und es gibt den Gedanken, dies alles könne mit etwas Glück und Beharrlichkeit Wirklichkeit werden. Ob es so kommt, ist unwichtig. Aber dieser Blick in die Zukunft ist in der Krise völlig verschleiert, die Zukunft gar nicht mehr greifbar, und zwar als Doppelbelastung aus Klimakrise, die jungen Menschen den Nährboden nimmt, sich in eine Zukunft hineinzudenken, auf die es sich zu freuen lohnt, und einer scheinbar niemals enden wollenden Pandemie.

Welchen Anteil hat diese Krise?

Man weiß nie, was kommt, und das ist in bestimmten Phasen der Entwicklung fatal. In dem Maß, in dem die Pubertät einsetzt, im Zuge einer kritischen Auseinandersetzung mit den Eltern, wird die eigene Identität immer wichtiger: dass man sich selbst in der Zukunft sieht, dass man sich nicht nur als Kind seiner Eltern sieht, sondern dass man sagt: »Das ist nicht alles. Da kommt noch viel mehr für mich.« Aber aktuell können die Jugendlichen da nichts sehen. Da kommt nichts.

Zukunftsängste in Zahlen

Laut einer Umfrage im Auftrag der Bertelsmann Stiftung[83] unter 14- bis 20-Jährigen blickten im Frühjahr 2021 in ihre persönliche Zukunft:

- 59 Prozent eher positiv/optimistisch
- 33 Prozent eher zurückhaltend/skeptisch
- 7 Prozent eher negativ/pessimistisch

Jugendliche mit niedriger Schulbildung nehmen ihre persönliche Zukunft deutlich negativer wahr. Etwas mehr als die Hälfte blickt zurückhaltend und skeptisch oder gar negativ und pessimistisch nach vorne. Mehr als 70 Prozent glauben, dass sich die Chancen auf einen Ausbildungsplatz im Vergleich zu der Zeit vor Corona verschlechtert haben. Tatsächlich ging im ersten Pandemiejahr die Zahl der geschlossenen Ausbildungsverträge deutlich zurück.

Fast die Hälfte der Jugendlichen stimmte bei einer Umfrage[84] im November 2020 der Aussage »Ich habe Angst vor der Zukunft« voll oder eher zu. Fast ein Viertel gab »teils/teils« an.

Knapp zwei Drittel fühlten sich teilweise oder dauerhaft einsam. Ebenfalls knapp zwei Drittel stimmten voll oder teilweise zu, psychisch belastet zu sein. Fast zwei Drittel fanden im November 2020, ihre Sorgen würden nicht gehört oder eher nicht gehört. Wenige Monate zuvor, im Frühjahr, hatte dies nicht mal die Hälfte angegeben.

Und das ist so gravierend?

Dazu kommt diese Erfahrung des Ausgeliefert-Seins, des Isoliert-Werdens, des Nicht-berücksichtigt-Werdens. Die gibt es im Großen in der Klimakrise, und die gibt es im Kleinen noch mal fein säuberlich in einem Mikrokosmos wiederholt in der Corona-Krise. Das brennt sich ein. Das wird den sozialen Frieden gefährden und die Solidarität zwischen den Generationen erschüttern. Davon bin ich überzeugt, auch nach dem, was ich täglich in der Praxis erlebe.

Sie sagten, es kämen vermehrt Jugendliche mit suizidalen Krisen. Was genau ist darunter zu verstehen?

Wenn ein Kind zum Beispiel sagt: »Ich gehöre nicht mehr in diese Welt, ich gehöre ins Niemandsland«, ist das eine poetische Umschreibung einer suizidalen Fantasie. Das bedeutet nicht zwingend, dass das Kind tatsächlich nicht mehr leben möchte, aber der Gedanke kann in einer ihm ausweglos erscheinenden Situation erst mal entlastend wirken, im Sinne von: »Ich muss das nicht ewig aushalten.« Das kann auch ein Versuch sein, wieder Kontrolle über die eigene Situation zu bekommen.

Wie lässt sich herausfinden, ob ein Kind oder Jugendlicher wirklich nicht mehr leben möchte?

Mit vielen Jugendlichen bei uns in der Praxis können wir eine Art Pakt eingehen, dass sie sich im Falle einer krisenhaften Zuspitzung ihrer Lage Hilfe holen. Wenn sie dies nicht mehr zusichern können, wenn sie sich von den suizidalen Gedanken nicht mehr so weit abgrenzen können, müssen sie oft in eine Klinik, zu ihrem eigenen Schutz. Das betrifft aber nur eine sehr kleine Minderheit. Grundsätzlich führen suizidale

Gedanken nicht automatisch zum Suizid. Man muss sie trotzdem ernst nehmen.

Wie können Eltern solche Nöte von Kindern und Jugendlichen erkennen?
Suizidale Krisen können sich aus verschiedenen Krankheitsbildern ergeben. In der Regel sind es depressive Erkrankungen, es können aber auch schwere Zwangsstörungen sein, Essstörungen. Diese Erkrankungen haben jeweils ihre Vorzeichen. Depressive Jugendliche ziehen sich zurück, sind reglos, stellen nach und nach ihre Interessen ein, kapseln sich vom Freundeskreis ab, zeigen keine Freude mehr. Manche haben Leistungseinbrüche in der Schule, schlafen schlecht, sind vergesslich, zerstreut, manchmal auch hochaggressiv. Bei kindlichen Depressionen gibt es auch Verläufe, die sich in erster Linie durch störendes und aggressives Verhalten auszeichnen. Das sind alles Warnzeichen.

Einen Teil dieser Verhaltensweisen könnten Eltern für pubertär halten.
Das stimmt. Rückzug zum Beispiel ist nicht ungewöhnlich. Aber wenn es mehrere solcher Warnzeichen gibt und Kinder und Jugendliche nicht mehr über ihre Gefühle sprechen und sich zurückziehen, weil sie merken, dass der Leidensdruck so groß wird, dass sie andere nicht mehr damit belasten wollen, ist das ein Alarmzeichen. Das führt außerdem zu einer Abkehr des Helfer- oder des Familiensystems. Der Jugendliche hat damit zunächst das Gefühl, etwas Gutes für die anderen gemacht zu haben, überlastet sich damit aber selbst.

Was können Eltern dann tun?
Eltern müssen das Gespräch mit ihrem Kind suchen. Aber wie dieses Gespräch läuft, hängt sehr davon ab, was Eltern bereit sind zu hören. Es geht nicht darum, was Eltern für ihr Kind tun können, sondern was sie bereit sind wahrzunehmen und auszuhalten. Das klingt hart, aber Eltern haben keinen Anspruch auf ein glückliches Kind. Viele Eltern wünschen sich natürlich, dass ihre Kinder eine tolle, glückliche Kindheit haben. Da kommen schnell Schuldgefühle auf: Was haben wir falsch gemacht, was können wir besser machen?

Und?
Im Endeffekt kann man oft eben nichts machen. Diese Hilflosigkeit auszuhalten, ist das Wichtigste, sich vor Augen zu führen: Mein Kind hat ein Recht auf eine Krise. Mein Kind hat ein Recht auf solche Fantasien wie »Ich mag die Welt nicht mehr, oder ich fühle mich hier nicht zugehörig«.

So ein Gespräch ist schwierig. Wie sollten sich Eltern verhalten?
Wenn Eltern schon wissen, wenn mein Kind mir sagt: »Ich will nicht mehr leben«, dann bricht für mich eine Welt zusammen, dann werde ich aus einer Lawine aus Schuldgefühlen begraben, dann kann mein Kind mit mir den Boden aufwischen, dann wird dieses Gespräch nicht gut verlaufen. Die Jugendlichen spüren das, sie werden rechtzeitig auf die Bremse treten und sagen: »Na ja, so schlimm ist es nicht.« Es hilft auch nicht, wenn Eltern in Panik verfallen und sagen: »Wenn du nicht mehr leben willst, dann kannst du hier nicht mehr sein, sondern du musst sofort in die Klinik.« Damit ist niemandem geholfen. Wenn Eltern da nicht weiterwissen, sollten sie sich Beratung holen.

Den Eltern wird viel abverlangt.

Es geht darum, den Schmerz der Kinder und Jugendlichen zu erkennen und auch ein Stück zu ertragen. Das ist die höchste Kunst der Elternschaft: auszuhalten, wenn das Kind leidet, ohne zu sagen, so »jetzt schütte mal dein Herz aus«, und danach zu fragen: »Jetzt geht's doch bestimmt wieder besser?« Dann wird jeder anständige Jugendliche sagen: »Ja, ja, danke schön, es geht mir schon besser«, auch wenn das nicht stimmt. Wenn sich Eltern Sorgen machen, ist es das Beste, relativ schlicht und ehrlich das Gespräch zu suchen und zu fragen: »Ich weiß, dass es gerade vielen Menschen schlecht geht. Einige haben suizidale Gedanken. Wie ist es bei dir?« Die meisten Jugendlichen werden ehrlich antworten, wenn sie merken, dass ihre Eltern fest auf dem Boden stehen.

Wie können Eltern reagieren?

Sie können signalisieren, dass es ein Stück weit normal ist, dass Menschen Krisen haben, und man darüber sprechen sollte. Man kann dann sagen: »Das hört sich ernst an. Das Problem kann ich als Mama oder Papa gar nicht lösen, aber ich weiß, was wir machen: Wir melden dich in einer Praxis an, da kann man gut helfen.« Es gibt immer Notfalltermine.

Wie können Eltern ihre Kinder bewegen, Hilfe anzunehmen?

Wenn Jugendliche suizidale Gedanken haben, heißt das nicht: »Ich möchte mich morgen vor den Zug werfen«, sondern eher: »Ich habe solche Gedanken, aber ich will die gar nicht. Die quälen mich.« Hier muss man den Betroffenen sehr deutlich machen: Das ist eine ernste Krankheit, Menschen sterben daran. Wenn man sich ein Bein gebrochen hat, braucht man auch Hilfe.

Was brauchen Kinder und Jugendliche nun generell?

An vielen Stellen zeigt sich derzeit, dass die Bedürfnisse von Kindern nicht richtig berücksichtigt werden, sei es beim Klimaschutz oder beim Schulsystem, das auf Aussieben und Bewerten zielt. Das greift für mich alles ineinander. Zumindest die Eltern müssen sich jetzt schützend vor ihre Kinder stellen und beispielsweise beim Leistungsdruck in der Schule sagen: »Stopp, die Kinder können nicht so schnell lernen.«

Utopien als Antidepressivum
bei Schulabstinenz

Leistungsdruck, Lernstress, Überforderung: Während der Corona-Pandemie litten Kinder und Jugendliche laut COPSY-Studie vermehrt unter den Anforderungen, die die Schule an sie stellte. Einige konnten dem Druck schließlich nicht mehr standhalten: Sie gingen nicht mehr hin – oder klinkten sich kurzerhand nicht mehr in die Videokonferenzen im Distanzunterricht ein. Die Hürde, die Schule zu schwänzen, war selten so niedrig wie in der Krise. Die Hürde, danach trotz wochenlang verpasstem Schulstoff wieder ins Klassenzimmer zu gehen, selten so hoch.

So gingen dem Schulsystem während der Pandemie vermutlich mehr Kinder und Jugendliche als sonst verloren. Fachleute gehen davon aus, dass es vermehrt zu Schulabbruch, Schulverweigerung oder Schulabstinenz kam. Damit ist gemeint, dass Kinder und Jugendliche dem Unterricht nach und nach Tage, schließlich Wochen und gar Monate fernbleiben.

Das bedeutet, die Zahl der Schulabbrecherinnen und -abbrecher könnte pandemiebedingt deutlich gestiegen sein. Schon vorher lag der Anteil an Jugendlichen, die die Schule ohne Abschluss verließen, in Deutschland bei 6,6 Prozent. Im Durchschnitt brachen mehr als 50 000 Jugendliche die Schule vorzeitig ab. In Pandemiezeiten könnten es nun pro Schuljahr doppelt so viele sein. Davon geht die Bundesarbeitsgemeinschaft der Landesjugendämter aufgrund einer Hochrechnung in Zusammenarbeit mit dem Institut für Sozialpädagogische Forschung in Mainz (ISM) aus.[85] Diese Entwicklung werde sich durch viele soziale Schichten ziehen, warnte Lorenz Bahr, der Vorsitzende der Arbeitsgemeinschaft, bereits im zweiten Corona-Sommer. Bundesweite Daten lagen Ende 2021 noch nicht vor.

Jenni Kaiser hat mit betroffenen Jugendlichen zu tun. Sie leitet das sozialpädagogisch orientierte Projekt »Schule und Beruf e.V.« eines freien Trägers der Jugendhilfe im Berliner Stadtteil Wedding. Seit 16 Jahren ist sie hier Bildungsbegleiterin für Teilnehmende ab etwa 16 Jahren, die nicht mehr in die Regelschule gehen (können). Kaiser warnt vor »Schubladendenken«. »Die wenigsten Jugendlichen gehen nicht in die Schule, weil sie keinen Bock haben, aus Rebellion oder lieber mit ihren Freunden abhängen«, sagt sie. »Sehr oft stecken hinter Schulabstinenz große Nöte.«

Manchmal fangen die Probleme demnach schon am Übergang von der Grundschule in die weiterführende Schule an. Wenn bestimmte Lerntechniken nicht gut gelernt wurden, entstehen Lücken, die sich in den mittleren Klassen kaum noch schließen lassen. »Der Frust ist dann so groß, dass es schwer ist, die Jugendlichen noch ans Lernen zu bekommen«, sagt Jenni Kaiser. Die Schule werde nur noch mit negativen Erfahrungen verbunden, zumal wenn dort keine stabile, emotionale Beziehung zum Kind aufgebaut worden sei, wenn es dort keine »menschenliebe Haltung« gebe.

Manche Kinder hätten existenzielle Sorgen zu Hause, die sich schwer mit dem oft hohen Leistungsanspruch in der Schule vereinbaren ließen. Dazu kämen psychische Probleme. Wer mit Depressionen und Antriebslosigkeit kämpft, kommt morgens kaum aus dem Bett, sieht keinen Sinn darin, zur Schule zu gehen. Jugendliche mit Sozialphobie halten die vielen Menschen im Klassenraum nicht aus. Kinder psychisch kranker Eltern nehmen vielleicht selbst seelisch Schaden. Wer in der Schule gemobbt, gehänselt und traktiert wird, Gewalt erlebt, will neue Demütigungen vermeiden. Wer unter Leistungsdruck und Versagensängsten leidet, scheut zuerst Prüfungen, dann den Klassenraum. Auch ADHS, Dyskalkulie und Lese-Rechtschreib-Störungen könnten wegen ständiger Misserfolge Schulabstinenz auslösen, sagt Kaiser. Oft kämen mehrere Faktoren zusammen.

Haben die Jugendlichen erst mal längere Zeit gefehlt, hinken sie im Stoff hinterher, finden den Anschluss nicht wieder und bleiben der Schule auch deshalb schließlich ganz fern. Ein Teufelskreis. Corona hat die Faktoren für Schulabstinenz noch verstärkt. Im Distanzunterricht fehlten manchen die technischen Voraussetzungen, um an Videokonferenzen teilzunehmen. »Außerdem hing es stark vom Engagement einzelner Lehrkräfte ab, wie sehr sie Kontakt gehalten haben«, sagt Kaiser. »Manche Schüler haben sich überhaupt nicht mehr gesehen gefühlt. Das hat viele zurückgeworfen.« Einige hätten starken Leistungsdruck empfunden, psychische Belastungen seien insgesamt größer geworden.

»Ich gehe davon aus, dass wir in den kommenden Monaten noch starken Zulauf bekommen werden von Jugendlichen, die bisher kaum jemand als besonders gefährdet wahrgenommen hat«, sagt Kaiser. »Die müssen nun aber erst mal im System auffallen und verschiedene andere Hilfen durchlaufen, bis sie bei uns ankommen.«

Nico: »Habe mir viel Leistungsdruck gemacht«

Derzeit sind alle Plätze belegt, unter anderem von Nico, 17. Schon vor Corona ist er öfter nicht zur Schule gegangen. »Im Sportunterricht wurde ich öfter geärgert, weil ich T-Shirts anhatte und man gesehen hat, dass ich mich ritze«, sagt Nico. Zuerst habe er in der achten Klasse deshalb nur Sport geschwänzt, dann aber ganze Tage und Wochen gefehlt. Grund dafür waren auch massive psychische Probleme. Depressionen. »Ich habe mir selbst viel Leistungsdruck gemacht«, sagt Nico. Er sei lange ein Einserschüler gewesen, habe nur wenige Zweien, kaum Dreien gehabt. »Ich hatte immer Sorge, dass ich auch wegen meiner Psyche nicht das leisten kann, was ich könnte«, sagt er. In der neunten Klasse fehlte Nico an seiner Integrierten Sekundarschule geschätzt rund 75 Prozent der Zeit. »Ich lag fast nur noch im Bett und habe mit meinen Gedanken gekämpft. Ich war da schon ziemlich suizidal«, sagt Nico. Er hatte damals viel Stress zu Hause mit seiner Mutter und ihrem neuen Partner. »Es hat sich alles ganz schlimm angefühlt.«

Gut drei Jahre ist das her. Nico fand damals Hilfe bei einem Psychotherapeuten. Nach und nach schaffte er es, sich zu stabilisieren. »In der zehnten Klasse bin ich im ersten Halbjahr sehr viel regelmäßiger in die Schule gegangen, und es ging mir besser. Ich habe mich auch gut mit den anderen in meiner Klasse verstanden«, sagt er. »Aber dann kam Corona.«

Seine Schule war ab Mitte März 2020 fast bis zu den Sommerferien geschlossen. Nico sagt, er habe haufenweise Aufgaben per E-Mail bekommen, sonst aber keinen Kontakt zu Lehrkräften gehabt. »Ich war viel zu Hause, was für mich ein schlimmer Ort war, und ich war wieder sehr in meinem Kopf gefangen.« Nach einem Umzug mit seiner Mutter ging es besser. Aber da hatte Nico schon so viel Unterricht verpasst, dass seine Lehrkräfte sagten, sie könnten ihn kaum noch bewerten. Zehn Pflichtschuljahre waren erfüllt, aber nur mit einem Hauptschulabschluss ohne berufliche Perspektive für Nico. So kam er zu »Schule und Beruf e.V.«, einer Einrichtung, die formal keine Schule ist und auch nicht so aussieht.

Eine Schule, die keine ist

In einem Hinterhof befinden sich über mehrere kleine Gebäude verteilt: eine Mucki-Bude mit Fitnessgeräten, ein Werkraum, ein Kunstatelier, ein Computerraum, eine Art Wohnzimmer mit Buchausleihe. In einem gelben Backsteinbau auf der anderen Straßenseite sind über zwei Etagen verteilt untergebracht: eine Küche, ein Aufenthaltsraum mit Klavier, Schlagzeug sowie Tischtennisplatte, zwei Gruppenräume mit Smartboard an der Wand. Sie erinnern am ehesten an ein Klassenzimmer. Von der Decke hängen von den Jugendlichen selbst gebastelte große, runde Planeten. Die Wände haben sie blassrosa gestrichen.

In den Räumen können die Jugendlichen jeweils unterschiedliche Angebote wahrnehmen, von »Speedlearning« mit einem eigens angestellten Profi für Gedächtnistraining über Aerobic, Basketball, Schach, Kraftsport, Teddybär-Werkstatt, Waldprojekt, Prüfungsvorbereitung in Kleingruppen und Einzelcoaching zur Vorbereitung auf alle Schulabschlüsse bis hin zum Abitur. Statt von Unterricht ist von »Settings« die Rede.

Einmal pro Woche treffen sich die Jugendlichen mit ihrem »Bezugsbetreuer«, der in der Regel für vier bis fünf Schüler zuständig ist, zur Lernberatung. Gemeinsam wird ein höchst individueller Stundenplan erstellt. Nico hat sich an diesem Tag in einer Kleingruppe auf die Prüfungen für die eBBR, die erweiterte Berufsbildungsreife, vorbereitet. So heißt in Berlin der »kleine MSA«. Im Sommer 2022 will er so weit sein, dass er die MSA-Prüfungen ablegt, also seinen Realschulabschluss macht.

Dass Nico überhaupt einen Plan hat und es schafft, von morgens um 8 Uhr bis nachmittags 16 Uhr in der Projektschule zu bleiben, ist für ihn ein Riesenschritt nach vorne. »Wir versuchen, den Jugendlichen wieder Vertrauen in sich selbst und die Welt zu geben und sie psychisch so weit zu stabilisieren, dass sie überhaupt wieder lernen und eine Prüfungssituation durchstehen können«, erklärt Jenni Kaiser. »Kognitiv haben die allermeisten überhaupt kein Problem damit, den Schulstoff zu bewältigen.« Die Herausforderung bestehe vielmehr zum Beispiel darin, morgens pünktlich da zu sein.

Der Trick: Die Bildungsbegleiter legen mit den Jugendlichen fest, dass sie um 8 Uhr erst mal das machen, was ihnen Spaß macht, beispielsweise Krafttraining. An diesem Morgen hat das bestens geklappt. Einer, der sich mit dem Aufstehen sonst schwertut, war noch vor seinem Betreuer da. Nun liegt er im Innenhof auf einer Matte und macht Bauchmuskeltraining. Ein anderer hat eine Stunde Tischtennis gespielt.

»Es geht darum, die Anstrengungsbereitschaft zu trainieren und Jugendliche langsam wieder ans Lernen heranzuführen«, sagt Kaiser. »Es ist für jedes einzelne Kind ein Kampf, den Mut zu finden, sich dem wieder zu stellen.« In der Regelschule gingen manche einfach unter, auch weil Lehrkräften oft zu wenig Zeit für die Einzelnen bleibe.

Nico sagt, ihm helfe in der Projektschule vor allem, dass die Betreuerinnen und Betreuer so viel Verständnis hätten und der Umgang mit den Gleichaltrigen so unkompliziert sei, schon allein dass man sich gegenseitig Komplimente mache: »Ich glaube«, sagt er, »es ist einfach die Nettigkeit.« Trotzdem fühlt er sich nach seiner verkorksten Schulzeit irgendwie noch »aussortiert und abgeschoben«. »Wenn in der normalen Schule manches anders liefe, müsste es dieses Projekt hier vielleicht gar nicht geben.«

Was er vorhat, wenn er hier fertig ist? »Heilerziehungspfleger werden.« Sehr viel mehr möchte Nico nicht sagen, lieber das Thema wechseln. »Über meine persönliche Zukunft kann ich noch nicht so sprechen«, sagt er, »da ich es vermeide, zu sehr darüber nachzudenken.«

Wie Ideen von einer besseren Welt helfen können

Als Gegenmittel zu übergroßen Zukunftsängsten setzt Jenni Kaiser Utopien ein: als »Antidepressivum«. Sie hat in der Berliner Projektschule Zukunftsszenarien von einer besseren Welt zum Unterrichtsthema gemacht. »So kommen die Jugendlichen aus Gedankengängen raus, wonach ohnehin alles den Bach runtergehen wird. Stattdessen überlegen sie, wie eine bessere Welt aussehen könnte, wie sie selbst vielleicht dazu beitragen könnten, und im Idealfall schöpfen sie Zuversicht und können die Zukunft positiver angehen.« Sie selbst habe auch Spaß daran, sagt Kaiser, »immerhin habe ich Philosophie studiert«.

Nico, Mia und andere Jugendliche waren begeistert von dem Projekt. Mia, 18, entwickelte in einer Kleingruppe etwa die Idee von einer Welt, in der es keine Ländergrenzen gibt. Regional wählen die Menschen eine Regierung, aber keine Parteien. Stattdessen stellen sich jeweils Fachleute zur Wahl. So wird über Bildungsforscherinnen und Bildungsforscher abgestimmt, die dann über die Schulpolitik entscheiden.

Für Lebensmittel, eine Wohnung und andere Grundbedürfnisse müssen Menschen nichts bezahlen, nur für das, was sie sich darüber hinaus leisten wollen. Dörfer werden vertikal errichtet und stark begrünt, so dass sie wenig Fläche verbrauchen und das Ökosystem kaum belasten. Tiere haben gesetzlich verankerte Rechte. Jenny Kaiser war beeindruckt von den Ideen, auch von den intensiven Gesprächen im Unterricht: »Hier sitzen sehr tiefsinnige, kluge junge Menschen.«

Zur Inspiration hatte Kaiser den Jugendlichen von Rio Reiser »Wenn ich König von Deutschland wär / Der Traum ist aus« vorgespielt. Sie bot ihnen außerdem den Roman *Utopia* von Thomas Morus an, erstmals erschienen im Jahr 1516. Der Autor beschreibt darin das Leben auf der fiktiven Insel Utopia, wo niemand Besitz hat, wo alle Kinder zur Schule gehen, wo Erwachsene aus Spaß wissenschaftliche Vorlesungen besuchen und die Arbeitszeit auf sechs Stunden täglich begrenzt ist. Das ist teils bis heute visionär.

Der Untertitel des Buches lautet: *Libellus vere aureus, nec minus salutaris quam festivus.* Für Nicht-Lateiner übersetzt Wikipedia: »Ein wahrhaft goldenes Büchlein, nicht minder heilsam als unterhaltsam.« Das zielte offenbar schon damals darauf, dass es Menschen mit Utopien besser geht.

Resilienz –
Immunsystem der Seele

Wie kommen Kinder und Jugendliche durch eine Krise? Wer wird umgeworfen und warum? Und wer fängt sich schnell oder fällt erst gar nicht? Und wovon hängt das ab? Während der Corona-Pandemie trieben diese Fragen besonders viele Menschen um. Die Antworten führen schon seit einigen Jahrzehnten fast immer unweigerlich zu einer kleinen Insel, rund 12 000 Kilometer von Deutschland entfernt, im US-Bundesstaat Hawaii: Kauai.

Die amerikanische Entwicklungspsychologin Emmy Werner und ihre Kollegin Ruth S. Smith hatten hier eine groß angelegte Längsschnittstudie gestartet, um den Rätseln psychischer Robustheit auf die Spur zu kommen. Sie beobachteten dafür einen kompletten Jahrgang, insgesamt 698 Kinder, die 1955 auf der Insel Kauai auf die Welt gekommen waren.

Ihre Ergebnisse veröffentlichten sie 1992 in dem Buch *Overcoming the Odds,* was übersetzt so viel bedeutet wie »alle Widrigkeiten überwinden«. Es war ein entscheidender Beitrag für einen Perspektivwechsel in Pädagogik und Psychologe: Statt sich vorrangig auf die Ursachen psychischer Erkrankungen und Verhaltensstörungen zu fokussieren, lenkten Werner und Smith den Blick auf die Frage: Wo liegen die Wurzeln kindlicher Widerstandskraft? Warum gelingt es einigen Menschen, seelisch gesund zu bleiben, obwohl dies angesichts ihrer

Lebensbedingungen gegen jede Wahrscheinlichkeit spricht? Und anderen nicht?

Die beiden Forscherinnen nahmen dafür ihre Testgruppe im Geburtsalter, im Alter von 1, 2, 10, 18, 32 und 40 Jahren in den Blick und beleuchteten den Einfluss einer Vielzahl biologischer und psychosozialer Risikofaktoren, kritischer Lebensereignisse und schützender Faktoren, wie Werner schreibt.[86] Rund ein Drittel wuchs demnach unter widrigsten Bedingungen auf: Schon ihre Geburt verlief mit Komplikationen. Die Familien litten unter chronischer Armut, das Zusammenleben war von »dauerhafter Disharmonie« überschattet, Mutter oder Vater oft arbeitslos oder psychisch krank.

Nach diesem schwierigen Start geriet die Mehrheit dieser Kinder – geradezu erwartungsgemäß – tatsächlich ins Straucheln: Rund zwei Drittel der Kinder, die schon im Alter von zwei Jahren vier oder mehr Risikofaktoren ausgesetzt waren, hätten schwere Lern- und Verhaltensprobleme in der Schulzeit entwickelt, im Jugendalter psychische Probleme gehabt und seien straffällig geworden, so Werner. Gleichzeitig habe sich aber ein Drittel dieser Kinder trotz der erheblichen Risiken, denen sie ausgesetzt waren, zu leistungsfähigen, zuversichtlichen und fürsorglichen Erwachsenen entwickelt. Im Alter von 40 Jahren sei die Rate an Todesfällen, chronischen Krankheiten und Scheidungen im Vergleich zur übrigen Bevölkerung bei ihnen am niedrigsten gewesen. Ihre Ehen seien stabil, sie blickten hoffnungsvoll und positiv in die Zukunft und hätten viel Mitgefühl für Menschen in Not.

Was macht den Unterschied zwischen diesen beiden Gruppen aus?

Die Forschung hat dafür einen Begriff geprägt, der in den vergangenen Jahren zunehmend an Popularität gewonnen hat: Resilienz, abgeleitet von dem lateinischen Verb *resilire*: zurückspringen, abprallen. Ursprünglich stammt der Begriff »Resilienz« aus der Physik, der Werkstoffkunde, und beschreibt folgendes Phänomen: Auf einen Gegenstand, etwa eine Feder oder ein Gummiband, wirkt eine Kraft oder Gewalt, die den Gegenstand verformt. Aber er zerspringt nicht oder geht kaputt, sondern fällt in seinen Ausgangszustand zurück. Obwohl also ein heftiges Gewicht auf dem Gegenstand gelastet hat, ist er heil geblieben. Analog wird mit dem Begriff »Resilienz« eine gewisse psychische Robustheit beschrieben.

Resilienz meint Stressresistenz, eine Art »Immunsystem der Seele«, wie Martin Holtmann, Ärztlicher Direktor, Facharzt für Kinder- und Jugendpsychiatrie und -psychotherapie am LWL-Universitätsklinikum Hamm, erklärt. Dieses seelische Immunsystem ist demnach von Mensch zu Mensch unterschiedlich ausgeprägt. In der Forschung ist von »Löwenzahn- und Orchideenkindern« die Rede. »Es gibt Kinder und Jugendliche, die man als resilient beschreibt, weil sie psychisch gesund bleiben«, sagt Holtmann, »obwohl sie in ihrem Leben schreckliche Sachen erlebt haben und unter widrigsten Umständen« aufgewachsen sind, während es anderen nicht so geht.«

Risikofaktor Lockdown

Was mit widrigen Umständen gemeint ist, wird in der Resilienzforschung unter dem Begriff »Risikofaktoren« aufgelistet. In der Zusammenschau lesen sie sich wie die Beschreibung eines Lebens, bei dem Menschen ganz unten angekommen sind: Familien sind sozial isoliert, chronisch arm, leben auf der Straße, in der Nachbarschaft von Kriminellen oder sind selbst kriminell. Eltern sind getrennt, alkohol- oder drogensüchtig oder psychisch krank. Sie schlagen ihre Kinder, sind in der Erziehung inkonsequent oder gleichgültig, desinteressiert. Kinder werden von anderen ausgegrenzt, gemobbt.

Nicht jeder einzelne dieser Risikofaktoren gefährdet automatisch die Entwicklung eines Kindes, wie die Resilienzforscher Klaus Fröhlich-Gildhoff und Maike Rönnau-Böse[87] betonen. Aber wenn ein Teil dieser und weiterer Faktoren erfüllt ist, sprechen Fachleute von einer »Risikokindheit.« Nach neuerer Definition gehören dazu auch traumatische Erlebnisse wie etwa Missbrauchs-, Kriegs- und Fluchterfahrungen. Wie stark der Risikofaktor wiegt, ist unter anderem davon abhängig, wie lange die widrigen Umstände anhalten.

Laut Friedrich Lösel, dem deutschen Pionier auf dem Gebiet der Resilienzforschung, kann der gesellschaftliche Ausnahmezustand während der Corona-Pandemie durchaus als Risikofaktor gelten. »Für Kinder und Jugendliche ist damit jede Normalität weggefallen«, sagt er. Einige durften über Wochen und Monate nicht in die Schule oder Kita gehen, keine Freundinnen und Freunde treffen, waren sozial isoliert.

»Es ist davon auszugehen, dass sich das Risiko für psychische Belastungen durch all dies deutlich erhöht hat«, sagt Lösel. Für problematisch hält er unter anderem, dass Menschen, auch Kinder und Jugendliche, den Eindruck hatten, ihnen werde die Kontrolle über ihr Leben genommen. Umgekehrt gilt jedoch das Gefühl, ebendiese Kontrolle zu haben, als wichtiger Resilienzfaktor. »Ich fand deshalb die Absolutheit einiger Maßnahmen, die Kinder und Jugendliche betreffen, fragwürdig«, sagt er.

So wie die Einwohner von Kauai können einige Kinder und

Jugendliche jedoch den Risikofaktoren in ihrem Leben, inklusive Pandemieerfahrung, gut trotzen.

Als besonders beeindruckendes Beispiel für seelische Widerstandskraft gilt Anne Frank. Schon zwei Jahre war sie 1944 dauerhaft in einer winzigen Wohnung mit ihrer jüdischen Familie und anderen verfolgten Menschen eingesperrt, wohl wissend, dass sie alle in Lebensgefahr schwebten, ständig leise sein mussten, damit die Nazis ihr Versteck nicht finden konnten, da schrieb die damals 15-Jährige in ihr Tagebuch: »Ich war oft niedergeschlagen, aber nie verzweifelt. Ich bin jung und stark und erlebe bewusst dies große Abenteuer. Warum also den ganzen Tag klagen? Ich habe viel mitbekommen, eine glückliche Natur, Frohsinn und Kraft. Jeden Tag fühle ich, dass ich innerlich wachse.«[88]

Was macht einen Menschen so unglaublich stark?

Psychologen sprechen von sogenannten Schutzfaktoren, die Menschen in schwierigen Zeiten zugutekommen. Ob man ein solches Resilienzkonzept hat, hängt stark von den eigenen Voraussetzungen ab: Kann ich meine Emotionen gut regulieren? Bin ich begabt? Mädchen sind statistisch betrachtet resilienter als Jungen. Menschen hilft, wenn sie gute kognitive Fähigkeiten haben.

Emmy Werner und Ruth S. Smith stellten bei ihren Untersuchungen fest, dass einige schützende Faktoren in der Persönlichkeit von Kindern angelegt zu sein scheinen. Sie hätten bereits als Baby bei ihren Bezugspersonen positive Reaktionen ausgelöst, seien als »aktiv«, »gutmütig« und »liebevoll«

2 Wie die Pandemie die Psyche belastet

bezeichnet worden. Sie hätten schon als Kleinkinder ein hohes Antriebsniveau gehabt, seien gesellig und ausgeglichen gewesen.

Eine weitere Eigenschaft: Die Kinder waren der Überzeugung, dass sie ihr Schicksal und ihre Lebenswelt durch eigene Handlungen beeinflussen können:»Durch die Meisterung frustrierender Situationen entweder durch eigene Initiative oder mithilfe anderer Personen, entwickelten diese Menschen auch Vertrauen in sich selbst.«

Die Kauai-Studie liegt inzwischen Jahrzehnte zurück, ist aber immer noch grundlegend, und die Resilienzforschung ist im Laufe der Zeit vorangeschritten. Einige Begriffe werden derzeit immer wieder genannt, um zu beschreiben, was Kinder mit einem starken seelischen Immunsystem von anderen unterscheidet:[89]

- Selbstwahrnehmung: Kinder haben eine gute Einschätzung dazu, was sie können und was nicht.
- Selbstwirksamkeit: Kinder erleben, dass sie Einfluss auf ihr Leben oder den gemeinsamen Alltag mit anderen haben. Die Rede ist auch von Selbstkontrolle.
- Selbststeuerung: Kinder haben ihre Gefühle im Griff, können mit Wut oder Traurigkeit umgehen und finden wieder in ein emotionales Gleichgewicht.
- Soziale Kompetenz: Kinder können sich in andere einfühlen, haben Empathie und sind in der Lage, Konflikte zu lösen.
- Umgang mit Stress: Kinder verfügen über Strategien, Druck von außen abzufedern.
- Problemlösefähigkeiten: Kinder können etwa eine große Aufgabe in mehrere kleine unterteilen und sie so besser bewältigen.

Resilienz ist nicht nur Glückssache. Die genannten Fähigkeiten und Eigenschaften, betonen Forscher, sind keineswegs ausschließlich naturgegeben, wie beispielsweise ein Gesangstalent oder eine mathematische Begabung. Resilienz entsteht im Zusammenspiel verschiedener Schutzfaktoren, die zum Teil angeboren sind, sich zum Teil aber auch aus dem sozialen Umfeld ergeben. »Das ist die wohl wichtigste Erkenntnis aus jahrzehntelanger Forschung«, sagt Friedrich Lösel. »Resilienz ist kein Zustand, sondern ein Prozess. Sie wird im Laufe der Zeit erworben.«

Ein wichtiger Faktor ist auch hier wieder die Familie. Wenn etwa zwischen Kindern und Eltern eine warmherzige Atmosphäre herrscht, eine gute Kommunikation stattfindet, wenn Eltern psychisch gesund sind, wird das Immunsystem der Seele gestärkt. Schon in der Kauai-Studie wurde jedoch deutlich, was später viele weitere Untersuchungen bestätigen sollten: Fielen Eltern als verlässliche Bezugspersonen aus, hatten die widerstandsfähigen Kinder meist die Chance gehabt, eine Bindung mit zumindest einer anderen stabilen Person einzugehen: die Oma, der Onkel, ein großer Bruder. Die amerikanische Psychologieprofessorin Suniya Luthar fasst es so zusammen: »Die erste große Botschaft ist: Resilienz beruht, grundlegend, auf Beziehungen.«[90]

So hat der Resilienzforscher Friedrich Lösel in Studien mit Heimkindern herausgefunden, dass auch Erzieherinnen und Erzieher maßgeblich die Resilienz fördern können. »Wichtig dafür ist eine unbedingte Akzeptanz«, sagt er. Kinder müssten erleben, dass sie, so wie sie sind, geliebt und anerkannt werden, dass ihnen Wärme und Fürsorge entgegengebracht wird, dass ihre Bezugspersonen, seien es Erzieher, Eltern oder andere, sensibel auf sie eingehen, ihre Bedürfnisse und ihre Entwicklung genau im Blick haben. Man müsse wissen, was die Kinder bewegt und welche Freunde sie haben, natürlich ohne in Kontrollwahn zu verfallen.

Resilienz zu fördern bedeutet demnach nicht, jeglichen Frust von Kindern fernzuhalten und ihnen jede Schwierigkeit abzunehmen. Im Gegenteil. Positiv wirkt, wenn Erwachsene Kindern »dosierte Verantwortung« übertragen, also ihnen Aufgaben zuteilen, die sie von ihrer Entwicklung her gut bewältigen können, die ihnen aber auch etwas abverlangen. Das kann bedeuten, dass Kita-Kinder beim Kochen helfen, dass Grundschulkinder den Hamster füttern, dass ältere Kinder die kleineren Geschwister hüten.

»Wenn ich feststelle, dass ich eine Aufgabe gut gemeistert habe, stärkt mich das«, sagt Lösel. Hilfreich sei zudem ein »autoritativer Erziehungsstil«, nicht zu verwechseln mit autoritär. Eltern sollten Orientierung bieten, also auch Regeln vorgeben und darauf achten, dass diese eingehalten werden. Allen guten Ratschlägen zum Trotz, betont Lösel, gebe es kein Patentrezept dafür, wie ein Kind resilient wird. »Meine wichtigste Botschaft für Eltern: ›Sie können das Leben Ihres Kindes nicht planen.‹«

Denn Studien haben auch gezeigt: Die Familie ist zwar ein zentraler Faktor im Leben von Kindern, aber nicht der einzige. Wie sich ein Kind entwickelt, hängt maßgeblich von Freunden, der Nachbarschaft, dem gesamten sozialen Umfeld, nicht zuletzt der Schule ab. Auch sie vermag die Resilienz von Kindern zu stärken. Was einzelne Lehrerinnen und Lehrer, aber auch Schulen an sich leisten können, um Risikofaktoren zu kompensieren, wurde wohl nie deutlicher als in der Corona-Zeit: als diese Instanz plötzlich wegfiel.

Resilienz wird Kindern also nicht nur in die Wiege gelegt,

sie lässt sich innerhalb und außerhalb der Familie stärken. Ob es dazu kommt, darf eine Gesellschaft, gerade im Zuge der Corona-Pandemie und den psychischen Belastungen für Kinder und Jugendliche, nicht dem Zufall überlassen, fordert der Kinder- und Jugendpsychiater Holtmann. »Wenn wir über Resilienz sprechen, entsteht oft der Eindruck: Jeder Mensch ist seines eigenen Glückes Schmied«, kritisiert er. »Wir dürfen nicht in so eine Resilienzromantik verfallen, wonach es heißt: ›Wir müssen unsere Resilienz stärken, und dann kommen wir gut durchs Leben.‹« Das schiebt letztlich Eltern die Verantwortung dafür zu, ob sie oder ihr Kind krisenfest sind. So als wäre es die eigene Schuld, wenn man doch krank wird.

»Deshalb«, sagt Holtmann, »ist es die Aufgabe einer ganzen Gesellschaft, Resilienz zu fördern, inklusive Nachbarschaftshilfe und Sportverein.« Und noch ein Punkt ist für ihn zentral: Ist das Immunsystem der Seele einmal gestärkt, bedeutet dies nicht, dass die Menschen für den Rest ihres Lebens nichts mehr umwerfen kann.

Die widerstandsfähigen Kinder von Kauai seien, stellte Emmy Werner immer wieder klar, nicht unverwundbar. Umgekehrt ist nicht alles verloren, wenn Kinder in ihren frühen Jahren noch keine Resilienz erworben haben. Der Prozess lässt sich oft später nachholen. »Hilfreich ist, zu erkennen, wenn man eine sehr schwierige Situation gut bewältigt hat, wie etwa die Corona-Pandemie«, erklärt der Resilienzforscher Lösel. »Wenn wir dieser Krise etwas leicht Positives abgewinnen wollen, dann könnte es die Chance für Einzelne sein, gestärkt daraus hervorzugehen.«

3
Welche Folgen die Krise fürs Lernen hat

»Da lobe ich mir die Schulen in Argentinien«, sagte Pippi. »Dort solltet ihr hingehen. Da fangen die Osterferien drei Tage nach den Weihnachtsferien an, und wenn die Osterferien zu Ende sind, dauert es drei Tage, und dann fangen die Sommerferien an. Die Sommerferien hören am 1. November auf, und dann muss man sich natürlich ordentlich abrackern, bis am 11. November die Weihnachtsferien anfangen. Aber das muss man aushalten.«

Astrid Lindgren[91]

Von Anfang an ausgebremst:
»Schildkröten« in der Schule

Als Astrid Lindgren im Jahr 1945 die Geschichten von *Pippi Langstrumpf* veröffentlichte, skizzierte sie den Wunschtraum vieler Kinder. Ein Leben fast ohne Schule, und wenn sie schon stattfindet, soll sie bitte ganz anders sein, als wir sie kennen. In Argentinien, behauptet Pippi, gebe es niemals Schularbeiten. Im Unterricht werde weder gerechnet noch gelesen. Die Kinder äßen vielmehr den ganzen Tag Bonbons, die über ein langes Rohr aus einer Bonbonfabrik direkt ins Klassenzimmer kämen. Mehr noch, die Kinder gingen überhaupt nicht selbst in die Schule. »Die schicken ihren Bruder.«

In der Corona-Pandemie wurden zwar keine Bonbonfabriken mit Schulen vernetzt, aber es passierte etwas bis dahin ähnlich Unvorstellbares: Die meisten Bundesländer schlossen ihre Kitas und Schulen rund um den 16. März 2020. Fast 14 Millionen Kinder und Jugendliche mussten zu Hause bleiben. Der Unterricht sollte erst mal auf Distanz fortgeführt werden. Irgendwie. Eltern waren aufgefordert, ihre Kinder beim Lernen mindestens zu begleiten, besser noch »Ersatzlehrer« zu sein. »Homeschooling« war angesagt. Dabei hatte der Begriff bis dahin ein striktes Tabu beschrieben.

In Deutschland war es Eltern ausdrücklich verboten, ihre Kinder etwa aus religiösen oder weltanschaulichen Gründen von der Präsenzpflicht zu befreien und selbst zu unterrichten, anders als etwa in den USA, Großbritannien oder Frankreich. Eine christliche Familie, die sich nicht an das Verbot halten wollte, scheiterte mit ihrem Anliegen vor dem Menschengerichtshof in Straßburg. Die Kinder würden zu Hause beim Homeschooling in einer »Parallelwelt« aufwachsen. Mit der Schulverweigerung werde verhindert, dass die Kinder sich als Teil einer sozialen Gemeinschaft verstehen, urteilten die Richter.[92]

Nun jedoch ordnete der Staat den Heimunterricht zwecks Pandemieeindämmung selbst an, für alle. Erst nach Wochen durften Schülerinnen und Schüler wieder in Kleingruppen abwechselnd tage- oder wochenweise im Klassenraum sitzen, im sogenannten Wechselmodell. Mitte April hatten Kanzlerin Angela Merkel und die Ministerpräsidenten der Länder beschlossen, dass vorrangig die Abschlussklassen wieder beschult werden sollten, ab Anfang Mai dann auch die ältesten Kinder an den Grundschulen. Sukzessive durften schließlich laut den Beschlüssen der Kultusministerkonferenz (KMK) alle Klassenstufen wieder in die Schule, zumindest in stark abgespeckter Variante.[93]

Zwischenzeitlich hatte darauf kaum noch jemand zu hoffen gewagt. Ende Mai 2020 witzelte die *taz* in einer Schlagzeile: »Nichts scheint mehr unmöglich: Führt Deutschland die Schulpflicht ein?«[94] Viele Schüler hatten allerdings nur für wenige Tage Unterricht. Dann standen die Sommerferien vor der Tür, fast so wie in Pippis Lügengeschichte über Argentinien.

Das darauffolgende Schuljahr 2020/21 verlief kaum anders: ein fortwährender Wechsel zwischen Präsenz-, Wechsel- und Distanzunterricht. Diese drei Vokabeln prägten plötzlich den Alltag von Millionen Familien, bestimmten ihren Lebensmodus. Vor allem die Jahrgänge 7, 8 und 9 durften zur Eindämmung der Infektionsgefahr in mehreren Bundesländern monatelang nicht in die Schule gehen. Die Politik gab anderen Klassenstufen Vorrang.

Unabhängig vom Alter mussten Kinder und Jugendliche außerdem über Monate ständig damit rechnen, wegen des Verdachts einer möglichen Corona-Infektion in Quarantäne geschickt zu werden. Im Spätherbst 2021 waren die Infektionszahlen in einigen Regionen im Zuge der »vierten Welle« schließlich so hoch, dass etwa in Sachsen fast 400 Schulen ganz oder teilweise geschlossen waren. In diesen Fällen war oft wieder Homeschooling angesagt, das »Notstromaggregat aller Unterrichtsformen«[95].

Während viele Kinder dabei weitgehend auf sich allein gestellt waren und oft nicht einmal einen ruhigen Ort zum Lernen hatten, geschweige denn einen Drucker und eine stabile Internetverbindung, durften sich andere über Unterstützung engagierter Mütter und Väter freuen, die den Heimunterricht ihrerseits allerdings im Laufe der Zeit oft nur noch mit fatalistischem Humor ertrugen.

Innerhalb einer Woche, so schrieb SPIEGEL-Kollege Markus Deggerich, Vater von fünf Kindern, in einer Kolumne im ersten Pandemiewinter,[96] habe er auf der heimischen Schulbank (neben der Frage, ob die Schul-Cloud diesmal erreichbar sei) Folgendes gelernt: »Potenzen, Winkel benennen, Simple present und Ausnahmen bei der Konjugation, was unterscheidet den Archäologen vom Paläontologen, Abgrenzung zwischen Nesthocker und Nestflüchter, die vier Fälle wiederholt (nein, nicht die drei Fragezeichen) und den Steckbrief eines Erdferkels studiert.«

Selbstironisch schrieb Deggerich: »Ich interpretiere es aus unterränderten Augen und mit selbst frisiertem, kurz geschorenem Kopf, aber auch als Metapher auf fast ein Jahr Pandemie. Zu meinen deutlich sichtbarer werdenden Kennzeichen als Erdferkel gehört: Säugetier, nachtaktiv, Fleischfresser, grün-cremefarbene Haut, spärliche Behaarung, Einzelgänger.« Bevor Eltern endgültig zum Erdferkel mutierten, öffneten Deutschlands Schulen im Frühjahr 2021 nach und nach wieder. Der Erziehungswissenschaftler Heinz-Elmar Tenorth sprach im SPIEGEL-Interview[97] von einem »Novum« in der deutschen Geschichte. Selbst bei früheren Pandemien oder im Zuge der zwei Weltkriege habe es nicht solch umfassende Schulschließungen gegeben. Dieses Vorenthalten von Schule sei »ein Verbrechen am Kind«: »Corona hat die Bildungsverhältnisse der Vormoderne wiederhergestellt – die Pandemie wirft uns ins frühe 19. Jahrhundert zurück. Was hier passiert, muss man als gesellschaftliche Regression bezeichnen«, konstatierte Tenorth. Die Nachteile und Privilegien der sozialen Herkunft würden wieder in Kraft gesetzt, Eltern müssten als Büttel des Staates die Rolle erfüllen, die sich Lehrer in fünf Jahren Studium aneignen.

»Wir ignorieren, dass Schule ein eigener Lebensraum ist. Ein sozialer Kosmos, in dem Kinder vor häuslicher Gewalt geschützt sind und gleichzeitig mit ihrer Peer Group zusammentreffen, was lebensnotwendig für ihre Entwicklung ist.« Tenorth mahnte im Februar 2021, die Folgen des Distanzunterrichts und hybriden Lernens seien noch nicht vollständig absehbar, würden aber zweifelsohne gravierend sein.

Einige Monate später, das dritte Schuljahr unter Corona-Vorzeichen läuft bereits, deutet sich bei einem Blick in Deutschlands Kinder- und Klassenzimmer an, wie sehr Tenorth und andere mahnende Stimmen recht behalten haben, wie sehr die Corona-Politik das Lernen vieler Kinder und Jugendlicher verändert hat – und vor welchen Herausforderungen sie selbst sowie ihre Lehrkräfte, Erzieherinnen und Sozialarbeiter nun stehen, sei es in den mittleren und höheren Klassen oder direkt bei den Kleinen, den Schulanfängern.

Der Corona-Jahrgang wird eingeschult

Die »Schildkröten«,[98] so heißt eine erste Klasse in der Grundschule Herten-Mitte in Nordrhein-Westfalen, bewegen sich gut eine Woche nach ihrer Einschulung im August 2021 unsicher auf ihrem neuen Terrain, dem Klassenraum. Um 8 Uhr morgens sind die Kinder gerade angekommen. Marc Wilhelms, der Lehrer, hat sie unten am Schultor abgeholt, damit sie den Weg durch die langen Flure finden. Eltern dürfen ihre Kinder nicht begleiten. Corona.

Nun sitzen die Kleinen, die Gesichter alle halb verdeckt wegen der Maskenpflicht, auf ihren Stühlen. Warten ab. Wirken fehl am Platz, als wären sie tatsächlich Schildkröten. Wilhelms hat den Namen nach den ersten Schultagen für die Klasse ausgesucht, weil er fand, dass er irgendwie zu den Kindern passte.

Als der Lehrer sagt: »Ihr könnt jetzt noch zehn Minuten spielen«, bleiben einige Kinder sitzen. Machen gar nichts. Alessandro guckt immer wieder auf Irvin, der nicht weit von ihm sitzt, wendet sich schließlich an die zweite Pädagogin im Raum, die in den ersten Wochen zur Unterstützung mit in der Klasse ist, und zeigt auf den Jungen: »Ich will mit ihm spielen.« Frau Jonner, ermutigt ihn. »Frag ihn.« Alessandro traut sich, Irvin steht auf. Ganz langsam bewegen sich beide zum Regal mit den Brettspielen.

Gülsah guckt minutenlang durch den Raum. Für sie ist es der erste Schultag. Die Familie hatte bei Verwandten in der Türkei Urlaub gemacht. Währenddessen war die Region zum Hochinzidenzgebiet erklärt worden. In Deutschland zurück, musste die Familie in Quarantäne. Gülsah hat deshalb ihre Einschulungsfeier verpasst. Shenmi steht immer wieder von ihrem Stuhl auf, kniet darauf, wackelt, hängt schließlich halb über dem Tisch, redet und lacht mit drei Mädchen am Nebentisch, die ähnlich zappelig sind. Ben sitzt daneben, summt und singt allein vor sich hin.

Die 25 »Schildkröten« stehen noch ganz am Anfang ihrer Schulzeit, die ihnen große Chancen bietet, aber auch ziemlich viel abverlangt. Nach der langen Pandemiezeit, die ihren kindlichen Alltag massiv beschnitten hat, sollen sie hohe Erwartungen erfüllen. Schon unter normalen Bedingungen ist die Einschulung ein Einschnitt im Leben eines Kindes. War die Kita noch freiwillig, wird die Schule Pflicht.

Plötzlich muss sich ein Kind an einen strikt getakteten, stark strukturierten Schultag anpassen. Muss sich in einer Gruppe zurechtfinden, zuhören und länger ruhig auf einem Stuhl sitzen. Muss Dutzende Mappen, Hefte und Arbeitsblätter auseinanderhalten und sich an die Abläufe im Unterricht gewöhnen. Muss sich an Regeln halten, sich konzentrieren und vor allem immer wieder: ruhig auf dem Stuhl sitzen, leise sein.

Lehrer Wilhelms schlägt einen Gong, verschränkt die Arme: »Brezelarme«. Die Kinder werden langsam ruhig, hören auf zu blättern oder kramen, machen ebenfalls Brezelarme. Dieses Ritual kennen sie schon. »Wir wünschen uns ein fröhliches Hallo und einen guten Morgen«, sagt der Lehrer, klatscht in die Hände, und alle machen mit. Das kennen sie auch schon. »Und jetzt starten wir mit unserer Morgenmassage«, sagt Wilhelms, führt die Hände an seinen Kopf und knetet drauflos, mal vorne, mal weiter hinten, mal am Ohrläppchen. Dann wird sich gereckt und gestreckt. Wilhelms macht alles vor, erklärt kurz und klar, was er tut, und die Kinder machen es nach.

Lernen mit Bewegung

»Kinder sind nicht dafür gemacht, lange stillzusitzen. Deshalb setze ich viel auf Lernen mit Bewegung«, erklärt er später, »außerdem können so auch all die Kinder gut mitmachen, die nicht gut Deutsch verstehen.« Wie viele Kinder das in seiner Klasse genau betrifft, kann er noch nicht sagen.

Wilhelms hat erst wenige Monate vor Beginn des neuen Schuljahres sein Referendariat abgeschlossen. Er ist damit selbst eine Art Schulanfänger, nur eben vorne an der Tafel, und sehr bemüht, mit viel Verständnis auf seine »Schildkröten« einzugehen.

An diesem Tag geht er mit einem Kasten voller blauer Glassteine durch die Klasse. »Du bekommst jetzt Steine von mir, fünf Stück, die lässt du vor dir liegen«, erklärt er, während er die Steine an alle Kinder austeilt, und schon wird es laut. Steine plumpsen auf die Tische, fallen auf den Boden. Gong. Brezelarme. »Ich weiß«, sagt Wilhelms, »das ist ganz schwierig, wenn Steine vor einem liegen, da nicht dranzugehen. Aber ihr merkt, dass es total laut wird. Timo, Finger weg.« Kling. Shenmi ist ein Stein auf den Boden gefallen. »Ich mache erst weiter, wenn alle Kinder leise sind«, sagt Wilhelms. Für einen Moment ist es still.

Der Lehrer baut vorne im Raum einen kleinen Tisch mit einem Sichtschutz aus Pappe auf. »Hört mal genau hin, wie viele Steine lasse ich fallen?« Kling, kling. Viele Finger gehen nach oben. Valentin weiß es: »Zwei.« »Sehr gut«, lobt Wilhelms, »und wie viele Steine habe ich dann noch in meiner Hand?« Die Kinder überlegen, einige melden sich. »Drei«, sagt Amelia. Nun sollen die »Schildkröten« die Aufgabe mit ihren eigenen Steinen nachlegen. Zwei Steine vor sich auf den Tisch, drei behalten sie in der Hand. Die Sozialpädagogin, Frau Jonner, geht durch die Reihen und hilft. So spielt Wilhelms noch etliche Male »Rechenaufgaben« durch. Er will damit das Zahlenverständnis und die auditive Wahrnehmung der Kinder schulen.

Dann kommt etwas Neues. Wilhelms erklärt, dass die Kinder einzelne Zahlen schreiben üben sollen, und zwar indem sie vorgedruckte Einsen und Zweien mit dem Stift nachspuren. Bevor es losgeht, schreibt Wilhelms die Eins mit dem Finger in die Luft, dann mit dem Kopf. Lustig sieht das aus, alle lachen – und machen mit. »Und womit kann ich die Eins noch schreiben?«, fragt der Lehrer. Mit dem Knie, mit dem Fuß, mit dem Ellbogen … Die Kinder machen viele Vorschläge, und alle werden umgesetzt. Zuerst mit der Eins, später mit der Zwei. Dann wieder Gong, Brezelarme, wieder etwas Neues.

»Jetzt brauchst du dein Zahlenheft.« Die Kinder kramen. Es wird wieder ziemlich laut. »Irgendwer ist da am Singen.« Der Lehrer hält das Heft hoch, guckt in die Runde. »Und Shenmi, nicht immer aufstehen. Bleib mal sitzen.« Alle legen ihre Hefte auf den Tisch und schreiben Zahlen. Einige haben schon in der letzten Stunde am Tag zuvor damit angefangen und sind fast fertig. Sie dürfen etwa im »Durchstarterheft« weitermachen und ihr Mengenverständnis trainieren. Andere mühen sich sehr ab.

Bei Ben sehen die Zweien eher wie flüchtig hingeworfene

Blitze aus. Etliche Finger gehen nach oben: »Ich brauche Hilfe.« Manche Kinder tun sich schon schwer damit, allein vor einem Arbeitsauftrag zu sitzen und einfach mit einer Aufgabe anzufangen. Wilhelms und Jonner gehen durch die Klasse und unterstützen.

So sitzen irgendwann 25 »Schildkröten« konzentriert vor ihren Aufgaben, bis der Wecker klingelt, den Wilhelms gestellt hat. »Das habt ihr toll gemacht«, lobt er, »ihr habt super gearbeitet für die lange Zeit von zehn Minuten!« Zehn Minuten konzentriert allein lernen, sehr viel mehr schaffen Schulanfängerinnen und -anfänger nicht. Darin ist sich Wilhelms mit vielen seiner Kolleginnen und Kollegen einig: »Das ist für die Kinder gefühlt ein halbes Jahr.«

Verunsicherte Kinder

Dass die Schule immense Anforderungen an Kinder stellt, war schon vor Corona so, aber durch die Pandemie sind viele Erstklässler nun deutlich schlechter darauf vorbereitet, diese zu erfüllen. »Die Kinder konnten in der Kita noch weitgehend machen, was sie wollen. Nun kommen sie in eine ganz stark rhythmisierte Einrichtung und sollen sich hier einfügen«, sagt Schulleiterin Susanne Schäfer. »Das ist jedes Jahr ganz viel, was die kleinen Mäuse da leisten, aber in diesem Schuljahr fällt der Übergang besonders schwer.« Weil die Kitas zur Eindämmung der Infektionsgefahr teils über Wochen und Monate geschlossen waren und manche Eltern etwa aus Angst vor Ansteckung selbst dann, als die Einrichtungen wieder geöffnet hatten, ihre Kinder zu Hause behalten hätten, sei ein großer Teil der üblichen Förderung und vorschulischen Arbeit ausgefallen.

Julia Krappweis, Klassenlehrerin bei den »Eichhörnchen«, einer weiteren ersten Klasse an der Grundschule Herten-Mitte, merkt den Kindern sehr an, welche Spuren die lange Zeit zu Hause hinterlassen haben. »Viele Kinder fragen mich im Laufe des Vormittags immer wieder: ›Wann kann ich zu Mama?‹«, sagt Krappweis. »Ich erlebe eine große Unsicherheit bei den Kindern, weil sie so lange von zu Hause weg sind. Sie waren wegen der Kita-Schließungen seit Monaten nicht von ihren Eltern getrennt.«

Fast alle hätten sehr darunter gelitten, dass das Miteinander in der Kita-Gruppe gefehlt habe. »Sie können sich nicht gut gegenseitig zuhören und aufeinander achtgeben. Jedes Kind achtet eher auf sich selbst«, sagt Krappweis. Nach ihrem Eindruck haben die »Eichhörnchen« deutlich größere Probleme, sich in die Schulstrukturen einzufinden, als die früheren ersten Klassen, die sie unterrichtet hat.

Viele Kinder in dieser Schule hatten es schon vor Corona nicht leicht. Das Umfeld wirkt trist. Heruntergekommene Mietskasernen, eine Fußgängerzone mit viel Leerstand. Der Niedergang des Bergbaus hat in der einstigen Zechenstadt Spuren hinterlassen. Viele Menschen in Herten leben in schwierigen Verhältnissen. Schulleiterin Schäfer weiß von Familien, die in Wohnungen mit Schimmel leben, von Eltern, für die es nicht selbstverständlich ist, ihre Kinder in die Schule zu schicken.

In der Krise war oft noch mehr Überzeugungsarbeit nötig, zumal die Präsenzpflicht in Nordrhein-Westfalen so wie in vielen Bundesländern zwischenzeitlich aufgehoben war. Der Sozialarbeiter Björn Montino erzählte während der Krise von einem Jungen, der zwischen Oktober 2020 und Mai 2021 nur an einem Tag in der Schule gewesen sei. Das Kind habe sich an dem Tag sehr gefreut, aber seine Eltern hielten die Maskenpflicht für Kindeswohlgefährdung. Deshalb hätten sie ihn wieder zu Hause gelassen. Er habe deshalb Jugendamt und Familiengericht verständigt, so Montino. »Einem Kind die Schule vorzuenthalten, das halte ich tatsächlich für Kindeswohlgefährdung.«[99]

Sozialarbeiterin Anne Kuhn hatte die neuen Erstklässler in den Sommerferien zu einem Schnuppertag in der Turnhalle und zu einwöchigen Ferienkursen eingeladen, wie sie es seit Jahren tut, um den Übergang zu erleichtern und herauszufinden, welche Fähigkeiten die Kinder in die Schule mitbringen. Von den rund 100 Schulanfängerinnen und -anfängern seien knapp 30 gekommen. »Was ich gesehen habe, war schon erschütternd«, sagt Kuhn. Die Kinder seien viel lauter und unkonzentrierter gewesen als sonst. »Bei einigen war deutlich zu merken, dass sie noch nie mit einer Schere geschnitten haben, noch nie mit einem Ball gespielt haben, noch nie über eine Wackelbrücke gegangen oder auf ein Klettergerüst geklettert sind. Sie haben sich nicht getraut.«

Kuhn sagt, einige der Fünf- und Sechsjährigen hätten sich nicht allein die Jacke zumachen und allenfalls »Herten« als Wohnort nennen können, aber nicht ihre Adresse: »Die Kinder haben kein Konzept von Straße.« Andere wiederum seien von ihren Eltern zu Hause bestens gefördert worden, sehr vertraut mit Buchstaben und Zahlen, geübt im Basteln, selbstständig und motiviert. »Die Unterschiede sind durch Corona noch mal größer geworden«, findet Kuhn.

Was die Sozialarbeiterin für die Erstklässler in Herten beschreibt, könnte viele der mehr als rund 750 000 Kinder betreffen, die im Sommer 2021 eingeschult worden sind. Die Beobachtungen passen zu den Daten, die die Kinderärztin Andrea Wünsch aus Hannover erhoben hat (siehe S. 32 ff.). Wünsch leitet das Team Sozialpädiatrie und Jugendmedizin am Gesundheitsamt Hannover und hat die Ergebnisse der Schuleingangsuntersuchungen im Laufe der Krisenmonate mit denen aus früheren Jahren verglichen.

Als die ersten Daten im Januar 2021 vorlagen, habe sie sich erschrocken, sagt die Medizinerin. »Der Anteil der Kinder, bei denen wir Auffälligkeiten festgestellt haben, hat in der Pandemie deutlich zugenommen – nicht nur, aber vor allem bei Kindern aus sozial schwierigen Verhältnissen. Die Schere geht immer weiter auf.«

Schuleingangsuntersuchungen: Umfangreich ausgefallen

Schuleingangsuntersuchungen (SEU) waren für alle angehenden Erstklässler in Deutschland vor der Pandemie verpflichtend. Sie werden in der Regel von den Gesundheitsämtern durchgeführt und laufen je nach Bundesland etwas unterschiedlich ab, haben aber alle einen ähnlichen Rahmen. »Wir wollen herausfinden, ob ein Kind fit für die Schule oder ›schulfähig‹ ist, wie es im Fachjargon heißt«, sagt Wünsch.

So macht das Kind einen Seh- und Hörtest, wird gemessen und gewogen. Fachleute finden heraus, ob es zum Beispiel Größen- und Mengenunterschiede erkennen, sich an- und ausziehen sowie auf einem Bein die Balance halten kann. Ein wichtiger Teil des Tests betrifft die sprachliche Entwicklung. Wortschatz, Grammatik, Aussprache. »Wir wollen das Beste aus dem Kind herauskitzeln«, sagt Wünsch. »Wenn sich dann herausstellt, dass es Probleme hat, empfehlen wir gezielte Gegenmaßnahmen.«

Dass diese Schuleingangsuntersuchungen von unschätzbarem Wert sind, ist unbestritten. In der Pandemie fielen sie trotzdem in großem Umfang aus. Wünsch und auch viele ihrer Kolleginnen und Kollegen aus anderen Städten und Bundesländern wurden zeitweilig wegbeordert, um bei der Nachverfolgung von Corona-Fällen zu helfen – zulasten der Vorschulkinder.

Wie viele Kinder deshalb nicht oder deutlich später als sonst untersucht wurden, haben die Behörden regional nur vereinzelt erfasst. Fest steht: Ohne Test gab es keine Diagnose, und damit fiel zwischenzeitlich oft gezielte Förderung wie Logopädie, Ergotherapie oder schlicht ein Besuch beim Augenarzt für die angehenden Erstklässler weg. Die Studie aus Hannover gehört zu den wenigen, die das Problem überhaupt beleuchtet und die Auffälligkeiten der Kinder systematisch erfasst hat.

Die Zahlen der Kinderärztin bezogen sich zunächst auf die Schuleingangsuntersuchungen von Juni bis Oktober 2020,[100] also auf die Folgen des ersten Lockdowns. Fast deutschlandweit wurden die Kitas jedoch Mitte Dezember erneut geschlossen, und zwar oft noch länger als beim ersten Mal. »Die Effekte dürften noch gravierender sein«, prophezeite Wünsch damals. In den folgenden Monaten wertete sie weitere Daten aus. Ende Oktober 2021 legte sie Ergebnisse vor (siehe S. 33).

»Die Pandemie hat ganz klar negative Auswirkungen für Kinder«, sagt Wünsch. Bei der ersten Erhebung zeigte sich, dass es mehr Kinder mit feinmotorischen Problemen gab, die etwa Mühe hatten, einen Stift zu halten. Rund ein Drittel. Hier sei nun immerhin in in der jüngsten Auswertung ein leicht positiver Trend festzustellen gewesen. Besonders beunruhigend fand die Kinderärztin die Ergebnisse zur sprachlichen

Entwicklung. Hier hätten deutlich mehr Kinder als sonst Defizite gehabt, und zwar nicht nur Kinder nichtdeutscher Herkunft.

Wünsch erinnert sich an einen Sechsjährigen, der zwar Begriffe aus der Welt der Computerspiele kannte (die sie nicht kannte), aber nicht wusste, was ein Traktor ist. Rund ein Fünftel der Kinder konnte nicht oder nur radebrechend Deutsch sprechen. Wünsch hatte nach den ersten Auswertungen festgestellt, die sich vor allem auf die Folgen des ersten Lockdowns bezogen, dass Kinder vermehrt Probleme hatten, den Plural zu bilden oder Präpositionen richtig zu verwenden.

Im Laufe der folgenden Monate hätten die sprachlichen Probleme bei Kindern zwar nicht weiter zugenommen, sagt die Kinderärztin, sich jedoch verschoben. »Wir haben immer noch einen hohen Anteil von Kindern mit Auffälligkeiten«, sagt sie, »aber gleichzeitig sind auch mehr Kinder etwa in logopädischer Behandlung.« Vor Corona bekamen rund 12 Prozent der Kinder bei der Schuleingangsuntersuchung die Empfehlung, sprachliche Probleme abklären zu lassen. Beim Jahrgang 2021/22 war die Zahl auf rund 15 Prozent gestiegen.

Ausschlaggebend für diese und ähnliche Probleme sind aus Sicht der Kinderärztin die teils monatelangen Kita-Schließungen in Deutschland: Malen, Basteln, Toben und vor allem das tägliche »Sprachbad« in der Gruppe hätten den Kindern für ihre Entwicklung gefehlt. Letzteres gelte besonders für Kinder, die zu Hause nicht oder nur wenig Deutsch sprechen. »Immerhin«, sagt Wünsch, »wenn wir den Ergebnissen etwas Gutes abgewinnen wollen, dann dies: Die Pandemie hat eindrucksvoll gezeigt, dass Kindertagesstätten einen erheblichen Beitrag zur Bildung von Kindern und zur Bildungsgerechtigkeit in Deutschland leisten.«

Frühkindliche Bildung
in Ost und West

Wer diese Erkenntnis für eine Binse hält, irrt. Zwar betonen Politikerinnen und Politiker etwa seit der Jahrtausendwende immer öfter den Wert frühkindlicher Bildung und taten dies im Zuge der Corona-Pandemie vermehrt, aber den Worten sind bisher viel zu wenige Taten gefolgt. Deutschland hat in diesem Feld immens aufzuholen. Das Potenzial frühkindlicher Bildung ist hierzulande bei Weitem nicht ausgeschöpft, schon gar nicht im Sinne von mehr Bildungsgerechtigkeit.

Jahrzehntelang nahmen die deutsche Politik und Gesellschaft die pädagogische Arbeit mit den Kleinsten kaum ernst. Im Westen Deutschlands, in der alten Bundesrepublik, hielt sich lange Zeit – und hält sich vereinzelt immer noch – hartnäckig das Ideal der Hausfrauenehe, in der sich die Mutter allein um die Kinder kümmert und dafür rund um die Uhr zur Verfügung steht. Kitas waren da kaum nötig. Gab es sie doch, hatten viele dieser Einrichtungen gerade in ländlichen Gegenden oft nur wenige Stunden am Tag geöffnet. Eine »Kindertante« bespaßte die Kleinen. Mittagessen gab's wieder zu Hause bei Mutti.

Erst nach und nach stieg mit der zunehmenden Erwerbstätigkeit von Frauen auch im Westen Deutschlands die Zahl der Kindertagesstätten, die vor allem auf die Betreuung zwecks Vereinbarkeit von Beruf und Familie ausgerichtet waren. In der DDR hingegen verbrachten fast alle Kinder schon ab dem Krippenalter viele Stunden täglich in einer Kita. Der sozialistische Staat sicherte sich damit frühzeitig Einfluss auf die Erziehung. Gleichzeitig war selbstverständlich, dass alle Eltern, auch die Mütter, Vollzeit arbeiten konnten (und mussten).

Mehr als 30 Jahre nach der Wiedervereinigung Deutschlands wirken diese Strukturen immer noch fort: Im Osten besucht mehr als die Hälfte der Kinder unter drei Jahren eine Kita, im Westen ist es nur knapp ein Drittel. Das zeigt die Studie »Ländermonitoring Frühkindliche Bildungssysteme« von der Bertelsmann Stiftung.[101] Demnach sind auch die Unterschiede zwischen den Bundesländern immens. Während die Betreuungsquote in Mecklenburg-Vorpommern und im Stadtstaat Hamburg bei rund 50 Prozent liegt, kommen Baden-Württemberg und Nordrhein-Westfalen auf nicht mal ein Drittel.

Die große Mehrheit der Kinder im Alter von drei bis sechs Jahren, mehr als 90 Prozent, besucht in Deutschland eine Kita, allerdings sehr unterschiedlich lange. Bundesweit verbringt nach Angaben des Statistischen Bundesamtes rund ein Drittel mehr als sieben Stunden pro Tag in einer Einrichtung.[102] In Thüringen hingegen liegt die Quote bei 73 Prozent, in Bayern bei 24 Prozent.

Unterm Strich hat Deutschland in den vergangenen Jahren massiv in den Kita-Ausbau investiert, nicht zuletzt, um dem 2013 festgeschriebenen Rechtsanspruch auf einen Kita-Platz für Kinder ab dem ersten Lebensjahr erfüllen zu können. So gehen heute deutlich mehr Kleinkinder in eine Kita als noch vor zehn Jahren. Aber immer noch übersteigt der Bedarf im Schnitt deutlich die Zahl der Plätze,[103] und bundesweit gleichwertige Angebote bleiben eine schöne Idee: Westdeutschland hat beim Platzangebot für die Kleinsten deutlich aufgeholt, hinkt dem Osten jedoch weiter hinterher. Der Osten wiederum kann beim Personalschlüssel nicht mithalten. Hier betreut rein rechnerisch eine vollzeitbeschäftigte Fachkraft 5,5 Krippenkinder, im Westen sind es nur 3,5.

Bei den Über-Dreijährigen kommen auf eine Erzieherin im Osten 11 Kinder, im Westen 9. Ob ein Kind überhaupt einen Kita-Platz bekommt, wie gut es dort betreut und gefördert wird, hängt stark vom Wohnort und der konkreten Einrichtung ab. Wie hoch der Personalschlüssel sein müsste, um eine qualitativ hochwertige Betreuung zu bieten, ist unter Pädagogen umstritten. Die Bertelsmann Stiftung beruft sich auf wissenschaftliche Empfehlungen, wonach eine Kraft nicht mehr als 3 Krippen- oder 7,5 Kindergartenkinder betreuen sollte. Das ist in der überwiegenden Mehrheit der Einrichtungen nicht gegeben.[104]

Personalnot und falsche Investitionen

Die Zahlen des Ländermonitorings beziehen sich auf das Jahr 2020, bilden also noch nicht die Folgen der Pandemie ab. Laut einer Studie des Verbandes Bildung und Erziehung haben sich die Personalengpässe in dieser Zeit beispielsweise in Nordrhein-Westfalen noch verschärft, wie fast drei Viertel der befragten Kita-Leitungen angaben. Rund 40 Prozent sagten, sie hätten sogar zu gut einem Fünftel der Zeit mit weniger Kräften gearbeitet, als nach Vorgaben zur Aufsichtspflicht vorgeschrieben sind. Besserung ist nicht in Sicht, weil es auf dem Arbeitsmarkt nicht genügend Erzieherinnen und Erzieher gibt.[105]

Annette Stein, Bildungsexpertin bei der Bertelsmann Stiftung, mahnt: »Wenn Kinder in schlechten Betreuungssettings sind, weil zu wenig Personal da ist, dann gefährden wir ihre Entwicklung – etwa in sprachlicher, motorischer oder emotionaler Hinsicht. Egal, wie gut eine Fachkraft ausgebildet ist: Wenn sie sich um zu viele Kinder kümmern muss, kann sie maximal eine Betreuung gewährleisten.« Von frühkindlicher Förderung und Bildung könne dann keine Rede mehr sein.[106] Dass es an Bewerberinnen und Bewerbern fehlt, führen Gewerkschaften oft auf anstrengende Arbeitsbedingungen und niedrige Gehälter zurück. Zwar waren viele Erziehergehälter schon kurz vor der Krise, nach der letzten Tarifrunde 2019, und auch noch mal während der Corona-Pandemie leicht angehoben worden, es gab auch eine Corona-Sonderzahlung, aber vom Einkommen und den Privilegien eines Studienrats sind Kita-Beschäftigte immer noch Lichtjahre entfernt.[107]

Je jünger die Kinder, desto weniger Geld gibt's für die Beschäftigten: Auf ungefähr diese Kurzformel lässt sich die Bezahlung im deutschen Bildungssystem bis heute bringen, was auch daran liegt, dass bei den Kleinsten überwiegend Frauen tätig waren und sind, bei den Größeren mehr Männer.

Wer Erzieherin oder Erzieher werden möchte, braucht in der Regel weder Abitur noch Studium. An Lehrkräfte werden deutlich höhere Anforderungen gestellt: fünf Jahre Studium, danach meist zwei Jahre Referendariat. Grundschullehrkräfte verdienen trotzdem in einigen Bundesländern immer noch weniger als die Kolleginnen und Kollegen etwa am Gymnasium – und ihre Arbeit erfährt oft weniger Wertschätzung.

Beispiel Herten-Mitte: Weil es in Nordrhein-Westfalen, wie in vielen anderen Bundesländern, zu wenige Grundschullehrkräfte, aber einen Überhang an Gymnasiallehrern gibt, bot die Landesregierung im August 2020 Folgendes an:[108] Wer vier Jahre an einer Grundschule unterrichtet, dem wird zugesichert, dass er danach (wieder) ans Gymnasium oder eine andere Schulform für ältere Schülerinnen und Schüler wechseln darf. »Wir hatten einen Bewerber bei uns«, erzählt die Sozial-arbeiterin Anne Kuhn, »der sagte: ›Ich mache jetzt vier Jahre bei euch, und dann werde ich *richtig* Lehrer.‹«

Andreas Schleicher, Bildungsdirektor der Organisation für wirtschaftliche Entwicklung und Zusammenarbeit (OECD), sieht in der ungleichen Bezahlung von Pädagogen und man-gelnden Wertschätzung für Kitas und Grundschulen einen grundlegenden Fehler im deutschen Bildungssystem: »Deutsch-land investiert in die Bildung von Kindern in den ersten Jahren zu wenig und dann, bei den Reparaturarbeiten in den höheren Schuljahren, überdurchschnittlich viel.«[109]

Dabei sind bei den Kleinsten die Chancen am größten, nachhaltig Bildungsgerechtigkeit zu fördern. Den endgülti-gen wissenschaftlichen Beweis dafür legte der deutsche Sozio-loge Jan Skopek, der am Trinity College in Dublin lehrt, mit-ten in der Corona-Pandemie vor. »Socioeconomic Inequality in Children's Achievement from Infancy to Adolescence: The Case of Germany«, heißt die Studie. Skopek und sein Team wollten wissen, ab welchem Alter sich bei Kindern Leistungs-unterschiede abhängig vom Elternhaus zeigen. Und welchen Einfluss die Schule darauf hat.

Bildungsgerechtigkeit schaffen: Je früher, desto besser

Das Ergebnis war frappierend: Schon wenige Wochen nach der Geburt zeigen sich zwischen den Babys die ersten Unter-schiede, wobei Kinder von Akademikereltern mit Bücher-schrank im Wohnzimmer klar die Nase vorne haben. Bis zur Einschulung entwickeln sich die Leistungskurven weiter auseinander. Im Klassenraum sitzen dann unter Umständen Kinder, die fließend lesen können, neben anderen, die noch nie ein Buch in der Hand hatten. Diese Unterschiede setzen sich fort, werden aber, und das ist aus Sicht der Forscher auffällig, im Schnitt nicht größer. Die Leistungslinien laufen vielmehr weitgehend parallel bis ins Jugendalter hinein.

»Die Schule«, schlussfolgert Skopek, »ist sicher auch ein ungerechtes System, aber sie funktioniert zum Ausgleich von Bildungsungerechtigkeit vielleicht besser, als wir oft denken.« Sie nivelliert herkunftsbedingte Leistungsunterschiede zwar nicht, verhindert aber, dass sie größer werden. Denn: »Für Kinder aus sozial benachteiligten Familien kann die Schule ein unglaubliches Upgrade ihrer Lernumgebung bedeuten«, sagt der Forscher.»Gleichzeitig schafft sie Struktur beim Lernen, legt ein Curriculum fest, so dass alle Kinder, wenn auch unterschiedlich schnell, ungefähr das Gleiche lernen.« Im Umkehrschluss bedeutet dies: Fällt die Schule weg, gehen die Leistungen weiter auseinander. Die Corona-Pandemie lieferte dafür einen eindrucksvollen Beweis.

Für die Studie hatten Skopek und sein Team 57 Tests mit Kindern im Alter von 7 Monaten bis zu 16 Jahren ausgewertet. Die Daten stammen vom National Educational Panel Study, kurz NEPS, einer groß angelegten Studie am Leibniz-Institut für Bildungsverläufe e.V. (LIfBi) an der Otto-Friedrich-Universität Bamberg. Anders als PISA oder IGLU gibt sich die Bamberger Studie nicht mit Momentaufnahmen zufrieden, sondern ist eine Langzeitbeobachtung.[110]

Auf dem Wickeltisch, in der Kita, in der Grundschule, beim Wechsel auf die weiterführende Schule, in die Ausbildung, ins Studium, den Beruf und später vielleicht die Weiterbildung: Die Forscher nehmen zentrale Bildungsprozesse und -entscheidungen im Laufe eines Lebens in den Blick. Dazu wurden in den Jahren 2009 bis 2012 sechs Startkohorten mit insgesamt mehr als 60 000 Menschen gezogen. Sie werden nun über einen längeren Zeitraum regelmäßig befragt. Die Daten stellt das Team anderen Wissenschaftlern zur Verfügung.

Tests mit Babys sehen zum Beispiel so aus, dass man ihnen ein Spielzeug mit einer Schnur daran außer Reichweite hinlegt. Wer zieht an der Schnur, um so an das Spielzeug heranzukommen? Kindergartenkinder sollen Abbildungen und Gegenstände einander zuordnen oder in einer Bilderfolge erkennen, welches Bild nicht dazu passt. Wer tippt auf das richtige? Kinder aus privilegierten Elternhäusern zeigen im Schnitt frühzeitiger höhere kognitive Fähigkeiten als solche aus sozial benachteiligten Familien. »Über die Gründe können wir nur spekulieren«, sagt Skopek. »Genetische Faktoren dürften eine Rolle spielen, aber auch der Erziehungsstil und eine insgesamt eben mehr oder weniger förderliche häusliche Lernumgebung. Denn: Ein Mensch lernt vom ersten Tag an.«

Skopek und sein Team waren davon ausgegangen, dass die Leistung von Kindern, abhängig von ihrer sozioökonomischen Herkunft, in Deutschland vor allem nach dem Wechsel auf die weiterführenden Schulen auseinandergeht. In kaum einem anderen Land werden Kinder so frühzeitig auf verschiedene Schulen sortiert wie im gegliederten deutschen Schulsystem. Seit Jahren drehen sich bildungspolitische Debatten deshalb um längeres gemeinsames Lernen, um Ganztagsschulen, kleinere Klassen und mehr Pädagogik im schulischen Alltag, um Bildungsgerechtigkeit zu fördern. Zu Recht.

Aber Skopeks Studie zeigt: »All diese Maßnahmen kommen letztlich zu spät.« Damit Kinder aus sozial benachteiligten Familien gar nicht erst so weit ins Hintertreffen geraten, sagt er, müsse man früher ansetzen: bei den Einrichtungen, die im deutschen Bildungssystem bisher noch ein Schattendasein führen, den Kitas.

Dass der Besuch positive Effekte etwa auf die Leseleistungen hat, zeigt eine PISA-Auswertung,[111] der zufolge 15-Jährige im Mittel bessere Leistungen beim Lesen erbringen, wenn sie als Kleinkind zwei bis drei Jahre eine Kita besucht haben. In Deutschland schneiden diese Schülerinnen und Schüler beim Lesetest deutlich besser ab als Nicht-Kita-Kinder. Der Unterschied ist größer als im OECD-Schnitt. Von einem Kita-Besuch profitieren den Ergebnissen nach jedoch überdurchschnittlich Kinder aus privilegierten Familien. Hier hat nur 1 Prozent gar nicht oder nur ein Jahr eine Kita besucht, in sozial benachteiligten Familien liegt der Anteil bei 5 Prozent.

Die Lehren aus der Krise

Statt auf »Reparaturarbeiten in den höheren Schuljahren« zu setzen, wie Schleicher sagt, müsste Deutschland viel intensiver in die Bildung und Betreuung der Kleinsten investieren: in kleine Gruppen, bestens qualifizierte, gut bezahlte Pädagoginnen und Pädagogen, in multiprofessionelle Teams aus Erziehern, Logopädinnen, Ergotherapeuten, in gesunde Ernährung, in Räume, in denen sich Kleinkinder wohlfühlen, insbesondere wenn ihnen zu Hause bei den Eltern Geborgenheit fehlen sollte.

Flächendeckend müssten alle Kinder in Deutschland darauf vertrauen können, einen Platz in so einer Einrichtung zu bekommen. Aber davon ist man hierzulande auch nach den Lehren aus der Corona-Pandemie weit entfernt, allen politischen

Bemühungen und Bundesprogrammen, die es durchaus gibt, und allen Sonntagsreden zum Trotz.

Noch vor Corona, 2019, trat das sogenannte Gute-Kita-Gesetz in Kraft, das die Weichen für mehr Qualität bei der Betreuung der Kleinsten hätte stellen können und sollen. Aber der vielversprechende Name entpuppte sich als Worthülse. VBE-Chef Udo Beckmann sprach von einem »Etikettenschwindel«; von einer »politischen Fehlentscheidung«, das Gesetz habe Erwartungen enttäuscht.[112]

Bis zum Jahr 2022 bekommen die Länder über das Programm 5,5 Milliarden Euro. Aber die Bundesregierung versäumte unter anderem, die Gelder an eine verbesserte Betreuungs- und Bildungsarbeit zu knüpfen. Dem Gesetz zufolge werden Familien, die Sozialleistungen beziehen, sowie einkommensarme Familien von Kita-Beiträgen befreit.[113] Zudem bleibt den Bundesländern freigestellt, die Förderung zu nutzen, um für weitere Eltern, also Wählerinnen und Wähler, die Kita-Gebühren zu senken oder ganz zu erlassen. Mehrere Landesregierungen machten davon Gebrauch. Die große, bundesweite Kita-Qualitätsoffensive blieb damit aus. Die Chance, grundsätzlich mehr Bildungsgerechtigkeit im Sinne von mehr Bildungsqualität zu schaffen, wurde nicht richtig genutzt.

Ob kostenlose Kita-Plätze dazu führen, dass sozial benachteiligte Eltern und solche mit einem geringeren Bildungsgrad das staatliche Betreuungsangebot vermehrt nutzen, ist umstritten. Diese Eltern profitieren von einer Gebührenbefreiung in der Regel nicht oder deutlich weniger als Besserverdiener, weil sie abhängig von der Region ohnehin kaum oder keine Gebühren zahlen müssen. Ihre Kinder haben zwar überdurchschnittlich viele Vorteile von der Betreuung, kommen bisher gemeinhin jedoch weniger als andere in deren Genuss.[114] Dies gilt auch für Kinder aus Familien mit Migrationshintergrund, die wiederum überdurchschnittlich oft von Armut betroffen sind. Auch diese Kinder verbringen pro Tag weniger Zeit in der Kita und sind älter als andere, wenn sie dort anfangen. Oder sie gehen gar nicht erst dorthin. 2019 besuchte nur jedes fünfte Kind unter drei Jahren mit Migrationshintergrund eine Kita, bei Kindern deutscher Herkunft lag die Quote bei 42 Prozent.[115]

Kita-Casting: Schleimspur beim Infoabend

Ein möglicher Grund dafür mag sein, dass Eltern im Gerangel um die wenigen verfügbaren Plätze einiges abverlangt wird: mit Kita-Leitungen Termine für »Vorstellungsgespräche« ausmachen, sich auf Wartelisten setzen lassen, danach öfter anrufen, Interesse bekunden. In der *taz* beschrieb Daniel Kraft, ein Bonner Vater, mal, wie Eltern auf der Suche nach einem Kita-Platz zunehmend verzweifeln und sich notgedrungen diversen »Castingrunden« in den Kitas unterziehen: »Die Schleimspur dieser Veranstaltungen ist so lang, dass man nur hoffen kann, dass eine Putzkraft die Kita am auf den Infoabend folgenden Tag nochmals gründlich reinigt, damit die Kleinen nicht auf ihr ausrutschen.«

In Elterninitiativen komme bei diesen Abenden irgendwann der Schwur, es gelte, sich in der Runde vorzustellen und zu sagen, wie man sich denn engagieren wolle: Die Anwesenden, überwiegend Akademikereltern lechzten demnach vermeintlich nach echter körperlicher Arbeit: »Sie mähen gerne Rasen (›mein Mann liiiebt Rasenmähen!‹), können streichen, und wenn es um das Anbringen von allen möglichen Elektrogeräten geht, ist man bereit, seine gesamte heimische Werkzeugbatterie – jüngst bei der Renovierung des eigenen Reihenhauses angeschafft – einzusetzen.«[116]

Mag sein, dass sich bildungsbürgerliche Eltern in solchen »Bewerbungsverfahren« besser durchsetzen und »verkaufen« als Mütter und Väter aus anderen Milieus. Dazu kommt, dass viele Länder und Kommunen ihre Kita-Plätze nach bestimmten Kriterien vergeben, und die richten sich tendenziell nach dem Bedarf von Eltern, nicht von Kindern. Vorrang haben öfter Alleinerziehende und Doppelverdiener. Der Kita-Platz soll zunächst die Vereinbarkeit von Beruf und Familie fördern, erst an zweiter Stelle geht es um frühkindliche Bildung.

Bundesweite Regelungen und ein ausreichendes Platzangebot, um die Jüngsten aus schwierigen sozialen Milieus gezielt in Kitas zu bekommen, ohne dass dies zulasten einer Vereinbarkeit von Familie und Beruf geht, fehlen bis heute. Die Pandemiepolitik, immerhin, hat mit all ihren Patzern für diese Problematik den Blick geschärft.

Als die Kitas im März 2020 zumachen mussten, durften zuerst nur die Eltern weiterhin ihre Kinder zur Betreuung bringen, von denen mindestens einer einen »systemrelevanten« Beruf hatte, also Feuerwehrleute, Pflegekräfte, Ärztinnen und Ärzte, Mitarbeiter im Supermarkt.[117] Nur langsam setzte danach ein Bewusstsein dafür ein, dass bei dieser Regelung Kinder mit besonderen Nöten oder Bedürfnissen auf der Strecke blieben. Erst spät weichte die Politik zumindest hier und da die Regeln auf und richtete die Aufnahmekriterien auch an den Bedürfnissen von Kindern – insbesondere aus stark problembelasteten Familien – aus.

Aber erst im April 2021, während des zweiten monatelangen Lockdowns, entschied beispielsweise der Hamburger

Senat, dass alle Fünfjährigen wieder täglich in die Notbetreuung gehen durften, unabhängig vom Beruf der Eltern. So sollten sie die letzten Wochen vor den Sommerferien nutzen, um Versäumtes aufzuholen und bis zur Einschulung fit für die erste Klasse zu werden.

Sprachförderung in der Kita

Hamburg gehörte zu den wenigen Bundesländern, die Vorschulkinder überhaupt im Blick hatten. Trotzdem kam die Entscheidung spät, zu spät, findet Nadine Heitmann, Leiterin der Kita »Billstedter Hauptstraße« in der Hansestadt. »Die Kinder hatten ein verlorenes Jahr hinter sich. Da konnten sie in den wenigen Wochen bis zum Schulbeginn nicht mehr alles lernen, was nötig gewesen wäre.«[118] Billstedt ist ein schwieriges Pflaster. Viele Menschen hier haben prekäre Jobs oder gar keine. Einige sind nie richtig in Deutschland angekommen und sprechen kaum Deutsch. Andere haben mit Bildung wenig am Hut. Ihr Leben ist von Armut geprägt. Deutschland hat viele solcher Ecken. Kindertagesstätten sind hier für viele Kinder die einzige Chance, ansatzweise mit den gleichen Voraussetzungen in die Schule zu starten wie Gleichaltrige aus besser gestellten Familien. Dies gilt insbesondere für die Sprachentwicklung.

In Billstedt wird bei fast einem Drittel der Kinder im Alter von 4,5 Jahren ein ausgeprägter Sprachförderbedarf festgestellt. Einige haben einen Migrationshintergrund, aber nicht alle. Hamburg gehört zu den Bundesländern, die alle Kinder fast zwei Jahre vor ihrer Einschulung in ihre künftige Schule einladen, zur sogenannten 4,5-Jährigen-Untersuchung. Ein Sonderpädagoge testet das Kind – insbesondere auf seine Sprachkompetenz. Wird ausgeprägter Sprachförderbedarf festgestellt, muss das Kind vor der Schule für ein Jahr eine Kita oder eine Vorschule besuchen, die an die Grundschule angedockt ist.[119] Bundesweit gibt es eine solche Verpflichtung nicht, dabei hätte sie Vorteile. »In der frühen Kindheit lernen Kinder recht mühelos eine, zwei oder mehr Sprachen, wenn diese in ihrem Leben eine Rolle spielen. Sie lernen sie spielerisch, auch in der Interaktion mit anderen Kindern. Je älter sie werden, desto aufwendiger wird das Lernen«, sagt Ingrid Gogolin, Erziehungswissenschaftlerin an der Universität Hamburg. Der Kita-Besuch wirkt sich also positiv auf die Sprachkompetenz aus, und zwar sowohl bei Kindern deutscher also auch nichtdeutscher Herkunft. Dabei gilt allerdings: Je früher es mit der Kita losgeht, desto besser.

Bei 4,5-Jährigen, die drei Jahre oder länger eine Kita besucht hatten, hatten nur rund 6 Prozent der Kinder einen ausgeprägten Sprachförderbedarf, wie eine Auswertung der Hamburger Untersuchungen vor Corona zeigt.[120] Bei Kindern, die nur ein Jahr lang in eine Kita gegangen waren, lag der Anteil hingegen bei fast 40 Prozent. Bei Kindern mit Migrationshintergrund hatten nach mehr als drei Kita-Jahren noch knapp 14 Prozent ausgeprägten Sprachförderbedarf, nach bis zu einem Jahr mehr als die Hälfte. Einen klaren Zusammenhang gab es auch zwischen Sprachschwierigkeiten, der Dauer des Kita-Besuchs und der sozialen Belastung von Familien, in denen Kinder groß werden.

Umso wichtiger ist deshalb in sozial benachteiligten Stadtteilen wie Billstedt Elternarbeit. »Wir brauchen niedrigschwellige Beratungsangebote und Anlaufstellen, wo Eltern ernst genommen und über die Vorteile eines Kita-Besuchs aufgeklärt werden«, sagt Nadine Heitmann. Und selbst wenn sie ihr Kind in einer Kita angemeldet hätten, gehe die Elternarbeit weiter. Während der Lockdowns hätten sie und ihre Kollegen täglich mit einigen Müttern und Väter telefoniert, über Regeln informiert, Ängste besprochen und Kinder gezielt eingeladen, in die Kita zu kommen, wenn es zu Hause kriselte oder wenn Kinder die Förderung besonders brauchten.

»Dadurch ist zwischen vielen Eltern und uns noch mal mehr Vertrauen entstanden«, sagt Heitmann, »das kommt jetzt unserer Arbeit etwa in der Beratung zur Sprachförderung zu Hause sehr zugute.« Die Kita »Billstedter Hauptstraße« ist eine ausgewiesene »Sprach-Kita«. Das heißt, sie bekommt Mittel aus dem Bundesprogramm »Weil Sprache der Schlüssel zur Welt ist«. Leiterin Heitmann beschäftigt mit dem Geld unter anderem eine Fachkraft, die Konzepte zur Sprachförderung entwickelt. Außerdem gehört eine Logopädin zum Team.

Einige Kinder seien während der Pandemie nicht in die Notbetreuung gekommen, auch wenn sie gedurft hätten, sondern teils über Monate bis kurz vor den Ferien zu Hause gewesen, sagte Stefanie Hübner kurz vor den Sommerferien 2021. »Bei denen musste ich wieder bei null anfangen.« Die Kinder hätten Rückschritte gemacht, das Deutsche verlernt. Sie könnten sich nicht an Wörter erinnern und würden Sätze nicht verstehen. Viele seien verunsichert, spielten öfter allein – oder gar nicht: »Ein Junge saß lange nur da. Als ich ihn angesprochen habe, sagte er mir, er langweile sich und wolle nach Hause: Netflix gucken.«

Sprachprobleme gingen häufig mit erhöhtem Medienkonsum einher, und der habe in der Pandemie massiv zugenommen, sagt Hübner. Aber nicht alle Eltern, hätten ein Bewusstsein für das Problem.

Seitdem die Kinder wieder täglich in die Kita gehen, tut das Team alles, um die Folgen der Pandemiebeschränkungen aufzufangen. Die Auseinandersetzung mit Sprache steht dabei besonders im Fokus. Bei den »Igeln« lachen die Kinder im Morgenkreis über das Wort »Büdel«. Die Erzieherin Anja Michaels erklärt, das sei der »hamburgische« Begriff für »Beutel«. Danach ein Spiel im Stuhlkreis: Jedes Kind erhält eine Bildkarte mit einem Familienmitglied. Mama, Papa, Tante, Oma, Bruder, und sogar ein Hund ist dabei. Michaelis lässt die Kinder dann rätseln, wer etwa die Schwester der Mama oder der Enkel der Oma ist.

Dann kommt Bewegung in die Sache. Wenn zum Beispiel »Hund«, »Tante« und »Oma« aufgerufen werden, müssen die betreffenden Kinder die Sitzplätze wechseln. Das macht Spaß und ist gleichzeitig eine Übung für die Schule, ein Beitrag zum kognitiven und sozialen Lernen. »Die Kinder müssen sich konzentrieren, zuhören und merken, wann sie dran sind«, erklärt Michaelis.

»Kack-Corona«

Ein Mädchen, das eine mehrtägige Quarantäne hinter sich hat, erzählt, dass es die Zeit zu Hause mit Mama ganz schön fand. Die arbeite sonst immer so viel. Ein Junge findet die Corona-Regeln nervig. Andere wollen unbedingt erzählen, dass man Schimpfwörter eigentlich nicht sagen darf, eins aber schon: »Kack-Corona«.

Der größte Teil der üblichen Vorschularbeit musste wegen Corona über Monate ausfallen. Normalerweise kommen die »Großen«, rund 20 Kinder, aus allen altersgemischten Gruppen für ein bis zwei Stunden pro Tag zusammen und arbeiten sich durch eine »Bildungstorte«. So heißt das Schaubild zum Hamburger Bildungsplan für die Vorschule, der Bereiche wie Sprache, Kunst, Musik und Umwelt umfasst. »Die Kinder lernen zum Beispiel Lineal und Zollstock kennen, messen sich gegenseitig, messen ihre Füße und alles Mögliche andere«, sagt Michaelis.

Mit dem Corona-Aufholprogramm für Kinder und Jugendliche, das die Bundesregierung im Mai 2021 verabschiedet hat, sollen bundesweit 1000 zusätzliche Sprach-Kitas entstehen. Von dem insgesamt zwei Milliarden Euro schweren Paket werden dafür 100 Millionen Euro abgeknapst. Deutschland hat knapp 58 000 Kitas. Bisher ist nach Angaben des Bundesfamilienministeriums jede zehnte eine sogenannte Sprach-Kita. Selbst wenn rund 1000 dazukommen, wird auch weiterhin noch nicht mal jede neunte in den Genuss der Bundesmittelförderung kommen.[121]

»Schildkröten« in Herten: erst mal Vorschularbeit

Pandemiebedingt können viele Kinder zu Beginn des Schuljahres 2021/22 nicht das, was am Schulanfang erwartet wird. Die Lehrerinnen und Lehrer der ersten Klassen in der Grundschule Herten-Mitte versuchen, pragmatisch damit umzugehen. Sie machen erst mal Vorschularbeit. Mit dem üblichen Programm für die ersten Klassen fangen sie später an. »Es hilft ja nicht, wenn ich von den Kindern Dinge verlange, die sie einfach noch nicht können«, sagt Marc Wilhelms. Schildkröten zur Eile anzutreiben, ergibt keinen Sinn.

»Dass die Schule Kindern zu wenig Zeit lässt, ist der Grundfehler im System«, findet der Lehrer. »Hier geht es jetzt erst mal ums Wohlfühlen, Ankommen, Abläufe-Kennenlernen.« Um 9 Uhr, nach rund einer Stunde im Klassenraum, schlägt Wilhelms den Gong zur »Flitzepause«. Pipi machen. Damit nun nicht alle lossausen, hat der Lehrer die Tische vorab mit Zetteln in verschiedenen Farben beklebt. Zuerst stellen sich damit die Kinder mit der Farbe Rot zu zweit hintereinander vorne im Klassenraum auf, dahinter die mit den grünen Zetteln und so weiter. Ganz leise und geordnet geht es zu. Dann läuft die Gruppe über Flure und Treppen nach unten in den Hof, wo in einem Nebengebäude die Toiletten untergebracht sind. Einmal alle aufs Klo, über den Schulhof rennen, aufstellen, durchzählen, dann geht es wieder in den Klassenraum.

»An den ersten Tagen habe ich die Kinder noch einfach so einzeln zur Toilette gehen lassen.« Wilhelms grinst. »Das war das reinste Chaos.« Deshalb also der Trick mit den Farben. Irgendwie muss er ja dafür sorgen, dass die 25 Neuankömmlinge sich in die Schulstrukturen einfügen. Noch zwei Mal geht er an diesem Vormittag mit den Kindern in die »Flitzepause«. Zwischendrin versucht er auf möglichst kindgerechte Art dafür zu sorgen, dass trotz 25 Erstklässlern in einem Raum über knapp vier Stunden eine gute Lernatmosphäre für alle herrscht und die Kinder das tun, was ihnen so schwerfällt: ruhig sitzen, leise sein.

Unter der Tafel, direkt an der Fußbodenleiste, ist ein kleines Haus aufgebaut. Grüne Tür, braunes Dach, weiße Wand. »Da wohnt unser Troll«, erklärt Ben. »Der will nicht gesehen werden, aber er schreibt uns Briefe und legt uns die hin. Der traut sich nur raus, wenn es ganz ruhig im Klassenzimmer ist.« In der zweiten Schulstunde klappt das noch halbwegs, in der dritten wird es schwierig. Da ermahnt Wilhelms die zappelige Shenmi immer wieder, bis er sie fast vor die Tür schickt. Da verstummt sie für einen Moment, schämt sich.

In der vierten Stunde sind eigentlich alle Kinder »durch«, es ist unruhig, laut. Als Wilhelms durch die Klasse geht und sich nacheinander die Hausaufgaben der Kinder besieht, schluchzt Marek plötzlich laut. Der ganze Druck, der auf ihm lastet, weil er die schulischen Erwartungen erfüllen will, bricht aus ihm heraus. Marek glaubt, dass er nicht die richtigen Aufgaben bearbeitet hat. Dabei stimmt das gar nicht. »Alles super«, lobt Wilhelms, »du hast das ganz toll gemacht.« Um 11 Uhr 30 klingelt es. Die »Schildkröten« haben Schulschluss. Frei.

Wilhelms atmet durch. Eigentlich würde er gerne viel mehr auf die einzelnen Kinder mit ihren Nöten und Bedürfnissen eingehen. »Aber das geht einfach nicht, wenn ich alleine in der Klasse bin.« In den Wochen bis zu den Herbstferien hat er zwar noch täglich Unterstützung von der Sozialpädagogin, danach wird sie nur noch zwei Mal pro Woche bei den »Schildkröten« mit im Unterricht sein und ansonsten in anderen Klassen einspringen. Ein extra Raum, in den sich Kinder zurückziehen können, um dort in Ruhe allein zu lernen, wäre hilfreich, findet Wilhelms. »Aber das ist utopisch.«

Deshalb soll es irgendwie anders gehen. Mit viel Struktur, noch mehr Lob und dem Bewusstsein, dass nicht alle Kinder das Gleiche brauchen, nicht die gleichen Aufgaben und nicht die gleiche Aufmerksamkeit des Lehrers. Bei den »Schildkröten« können drei Kinder schon selbstständig lesen. Für sie sei die Vorschularbeit nicht fordernd genug, die wollten jetzt durchstarten, sagt Wilhelms. »Denen gebe ich anderes Material, damit sie sich nicht langweilen, sondern sich gesehen und wertgeschätzt fühlen. Jedes Kind soll und darf in seinem eigenen Tempo lernen.«

Als Suleida in der zweiten Stunde, im Deutschunterricht, auf ihrem Arbeitsblatt die Buchstaben Eu mithilfe einer Anlauttabelle mit passenden Bildern wie »Euter« und »Eule« verbunden hatte, war Wilhelms vor Begeisterung ganz aus dem Häuschen gewesen. »Sie versteht fast kein Wort Deutsch, aber sie kennt offenbar die Buchstaben, und sie weiß, wie sie sich selbst helfen und Zusammenhänge logisch herleiten kann«, sagt er, »so etwas ist Gold wert.«

Kinder wie Suleida könne er selbstständig arbeiten lassen – und sich dann vermehrt um die Erstklässler kümmern, die mehr Hilfe und Unterstützung brauchen, erklärt der Lehrer. Heterogenität will er in diesem Sinne nicht als Problem sehen, sondern als Chance, so wie es in der Lehramtsausbildung aktuell gelehrt wird. Er hat dieses Credo verinnerlicht. Ihm bleibt auch wenig anderes übrig. »Wir geben hier alle unser Bestes«, sagt der Lehrer, »mehr können wir nicht tun.«

Die »abgehängten« Kinder und die Probleme beim Aufholen

»Ich fand die Pandemie jetzt nicht den Horror«, sagt Navid[122], 13, im Rückblick. Er sitzt Mitte August 2021 am Rande eines Sportplatzes auf einer Bank in Berlin-Hellersdorf. Während der teils monatelangen Schulschließungen habe er viel Fußball gespielt, sich oft draußen mit Freunden getroffen, drinnen stundenlang am Computer gezockt. »Das war eigentlich ganz geil.«

Im Distanzunterricht gehörte er zu den Kindern, die den Lehrern weggerutscht sind. »Ich konnte mir die Aufgaben in der Schule immer abholen, hab ich auch gemacht«, sagt Navid, »aber das war ein ganzer Stapel, bestimmt 20 Blätter pro Woche, und ich habe nicht verstanden, was ich da machen soll. Dann habe ich nichts gemacht. Ich konnte nicht.« Videokonferenzen? »Hatten wir, glaube ich, nicht«, sagt Navid. Hilfe von den Eltern? »Meine Mutter kann nicht lesen und schreiben, und sie versteht kaum Deutsch.« Sein Vater habe arbeiten müssen.

Wie viel Präsenzunterricht bei Navid insgesamt ausgefallen ist, kann er nicht genau sagen. Wie viel Stoff er dadurch konkret verpasst hat, weiß er auch nicht. Wie sehr sich seine Leistungen in der Schule verschlechtert haben? Auch schwer zu sagen. Seine Noten seien etwas schlechter geworden, sagt der 13-Jährige, aber nicht viel. Sein neuer Lehrer sei total cool, der habe vielleicht nicht so streng bewertet wie sonst.

Navid stochert im Nebel, wenn es um die Folgen der Pandemie für seine schulischen Leistungen geht. Dieses Vage, Ungefähre ist symptomatisch für den Versuch, die coronabedingten Lernrückstände der rund elf Millionen Schülerinnen und Schüler in Deutschland zu ermitteln: Sind Kinder wie Navid, die im Distanzunterricht kaum gelernt haben, Einzelfälle? Wie viele Schülerinnen und Schüler wurden »abgehängt«, und was genau bedeutet das? Und wie groß sind die Wissenslücken bei denen, die täglich mehrere Stunden konzentriert gelernt haben? Haben sie überhaupt Aufholbedarf? Wie weit gehen die Leistungskurven zwischen Schülerinnen und Schülern auseinander?

Drei Schuljahre sind inzwischen von Pandemiebeschränkungen betroffen, aber die Politik hat auf eine systematische, bundesweite Bilanz aller Schülerinnen und Schüler zu Leistungsrückständen erst mal verzichtet. Rolf Strietholt arbeitet an der Technischen Universität Dortmund am Institut für Schulentwicklungsforschung (IFS) und kann das kaum fassen: »Man müsste sich mal vorstellen, dass man auch bei der wirtschaftlichen Planung oder der Impfstoffentwicklung auf empirische Daten verzichten würde. Undenkbar! Bei der Bildung werden die Augen einfach verschlossen.«

Weiter im Blindflug. Das ganze Ausmaß der deutschen Bildungsmisere will man nach den Schulschließungen offenbar nicht zur Kenntnis nehmen. Fast so, als würden Politikerinnen und Politiker die Gummistiefel-Tour durch verwüstete Hochwassergebiete dankend ablehnen. Lieber nicht hinsehen. Sonst wäre klar, dass akuter Handlungsbedarf besteht. Denn den gab es in Wahrheit schon lange vor Corona: Rund einem

Fünftel der Schülerinnen und Schüler fehlten Kernkompetenzen. Und der Schulerfolg hängt stark vom Elternhaus ab, Chancenungerechtigkeit ist ein Dauerthema, um nur zwei grundlegende Probleme zu benennen.

Die Ausgangslage: Rund ein Fünftel »abgehängt«

Mehrere Studien bescheinigen Deutschland in erschreckender Regelmäßigkeit, dass die Leistungsschere stark auseinandergeht. Der Anteil der 15-Jährigen, die etwa bei dem internationalen Bildungsvergleich PISA beim Lesen besonders gut abschneiden, war in Deutschland mit 11 Prozent zuletzt größer als im OECD-Schnitt; ein Fünftel jedoch konnte nicht sinnentnehmend lesen, war also kaum in der Lage, Texte zu verstehen. An nichtgymnasialen Schulen ist der Anteil in den vergangenen rund zehn Jahren sogar gestiegen: auf 29 Prozent. In Mathematik und Naturwissenschaften lag der Anteil der Schülerinnen und Schüler mit besonders geringen Fähigkeiten insgesamt auch bei rund einem Fünftel.[123]

Schon bei den Viertklässlerinnen und Viertklässlern in Deutschland war die Leistungsspanne beim Lesen laut IGLU-Studie (Internationale Grundschul-Lese-Untersuchung) von 2016 immens.[124] Ein Leistungsniveau, das der höchsten Kompetenzstufe V entspricht, erreichten nur 11 Prozent der Schülerinnen und Schüler. In Ländern wie Finnland, Bulgarien, England, Irland, Nordirland und Polen liegt diese Quote deutlich höher, bei 20 Prozent.

Gleichzeitig hatten in Deutschland knapp 6 Prozent der Viertklässlerinnen und Viertklässler allenfalls ein rudimentäres Leseverständnis (Stufe I). Fast ein Fünftel erreichte beim Lesen nicht die mittlere Kompetenzstufe III. Die IGLU-Forscher prophezeiten: »Für diese Gruppe ist zu erwarten, dass sie in der Sekundarstufe I mit erheblichen Schwierigkeiten beim Lernen in allen Fächern konfrontiert sein wird, wenn es nicht gelingt, sie maßgeblich zu fördern.«

Die Probleme schlagen schon früher durch. Im Jahr 2019 hatten am Ende der vierten Klasse laut TIMSS-Studie[125] (Trends in International Mathematics and Science Study) mehr als ein Viertel der Schülerinnen und Schüler so niedrige mathematische und naturwissenschaftliche Kompetenzen, dass ihnen das Lernen in diesen Fächern auf der weiterführenden Schule vermutlich »erhebliche Schwierigkeiten bereiten« wird.

Starke Bildungsungerechtigkeit

Immer wieder zeigten Testergebnisse zudem: Der Schulerfolg hängt hierzulande mehr vom Elternhaus ab als in vielen anderen Industrienationen. Kinder, deren Eltern zum Beispiel Akademiker, Führungskräfte oder Techniker sind, haben beim Lesen im Vergleich zu Kindern von handwerklich arbeitenden Müttern und Vätern einen Leistungsvorsprung, der IGLU-Forschern zufolge ungefähr anderthalb Schuljahren entspricht.

Beim PISA-Lesekompetenztest war der Anteil der 15-Jährigen, die zuletzt mindestens Stufe 2 erreichten, bei den Jugendlichen aus den schwächsten sozialen Milieus um fast ein Drittel kleiner als bei denen aus den sozioökonomisch stärksten Familien, wie eine Sonderauswertung von 2018 zeigt.[126]

Weitere Ergebnisse:

• Im Schnitt haben 15-Jährige in Deutschland, die sozial bessergestellt sind, 66 Minuten mehr Unterricht in Fremdsprachen als benachteiligte Schüler. Dies sei »eine der größten Diskrepanzen im Vergleich zu anderen PISA-Teilnehmerstaaten«, heißt es in der Studie.

• Die PISA-Forscher stellten fest, dass Leistungsunterschiede beim Lesen zwischen 15-Jährigen besonders groß sind, wenn das Schulsystem darauf ausgerichtet ist, Kinder frühzeitig nach Leistung zu trennen. In Deutschland ist dies mit 10 Jahren, im OECD-Schnitt mit 14,2 Jahren der Fall.

• Die Wahrscheinlichkeit, dass ein Schüler aus einer sozial benachteiligten Familie eine Klasse wiederholt, ist in Deutschland anderthalbmal größer als bei einem Kind aus einer privilegierten Familie, und zwar selbst bei genau gleicher Leseleistung (OECD-Schnitt: zweimal höhere Wahrscheinlichkeit). Das wäre ein Indiz dafür, dass auch eine »soziale Auslese«, unabhängig von der Leistung stattfindet. Bildungsforscherinnen und -forscher haben dies etwa mit Blick auf Empfehlungen für den Übergang aufs Gymnasium festgestellt.[127]

OECD-Direktor Andreas Schleicher befand zu der PISA-Sonderauswertung: »Man sieht, wie die Mechanismen gegen sozial benachteiligte Schüler arbeiten.«

Dies war die alarmierende Ausgangslage, als die meisten Menschen in Deutschland bei »Corona« noch an eine Biersorte dachten. Und dann kam die Pandemie. Von Anfang an warnten Bildungsforscherinnen und -forscher, Schulschließungen drohten die Chancenungerechtigkeit zu verschärfen.

Die Leistungsschere reiße immer weiter auf. Vor allem Kinder aus sozio-ökonomisch benachteiligten Familien würden abgehängt werden, zumal wenn sie schon vor der Pandemie zu den leistungsschwächeren Schülerinnen und Schülern gehörten. Es war eine Vorhersage, für die man keine hellseherischen Fähigkeiten brauchte.

Alle, die auch nur ansatzweise in den Distanzunterricht von Kindern eingebunden waren, hatten die Mechanismen täglich vor Augen. In der Corona-Pandemie zeigte sich noch gnadenloser als sonst, wie sehr das häusliche Umfeld den Schulerfolg beeinflusst. SPIEGEL-Kolumnist Arno Frank, Vater im Homeschooling,[128] erzählte, praktisch sehe der Heimunterricht so aus, dass er alle fünf Minuten »zaghaft vorgetragene Fragen zur Fotosynthese, Antizipation oder Berechnung der Reflexionswinkel von Lichtstrahlen in Wasser beantworten müsse. Zaghaft fragen die Kinder deshalb, weil sie meine Reaktion bereits antizipieren. Sie werden gereizt weggezischt, weil Papa, da der Scanner schon lange den Geist aufgegeben hat und in einem geschlossenen Elektrohandel kein Ersatz zu besorgen ist, soeben Aufgaben mit dem Handy aus dem Heft abfotografieren und das JPG verkleinern muss, um es sich selbst auf den Rechner zu schicken, von wo er es in einem der vielen Schulportale hochzuladen hat, sofern das nicht ›nicht mehr oder noch nicht möglich‹ ist.«

Er wisse jetzt endlich wieder, schreibt Frank, wie sich eine Vier in Biologie anfühle. Die gelte nicht der Tochter, sondern ihm, der ihre Arbeit zu spät hochgeladen habe. Er schlage deshalb vor, direkt die Eltern zu benoten: »Wozu der Umweg über die Rücken der Kinder?« Andererseits, sei nicht soziale Selektion schon immer der Zweck der Veranstaltung gewesen?

Wenn Eltern nicht helfen können

Ein Plattenbau mit einer teils schmutzig gelb, teils grauen Fassade in Berlin-Hellersdorf. Der ehemalige Pastor Bernd Siggelkow hat hier vor fast 30 Jahren den ersten Standort des christlichen Kinderhilfswerks »Die Arche« gegründet. Rund 500 Interviews habe er während der Krise gegeben und sich von Fernsehteams zu Familien begleiten lassen, um auf die Nöte von Kindern aufmerksam zu machen, sagt er, wohl wissend, dass man so viel PR-Arbeit auch kritisch sehen kann, zumal wenn verzweifelte Kinder im Fernsehen gezeigt und Spenden für das eigene christliche Projekt gesammelt werden. »Vielleicht war ich zu laut«, sagt Siggelkow, »aber ich finde, viele andere waren viel zu leise.«

Früher war in dem Gebäude eine Schule untergebracht, nun ist es eine wichtige Anlaufstelle für den 13-jährigen Navid, der im Distanzunterricht an den vielen Arbeitsblättern scheiterte, und rund 300 andere Kinder im Stadtteil. Für Kinder, deren Eltern in der Regel eben nicht die Biologie-Hausaufgabe für ihre Sprösslinge im Lernportal hochladen (können).

In der Nachbarschaft reiht sich ein Plattenbau an den nächsten. Die Gegend gehört zum »Planungsraum Hellersdorfer Promenade«, wie es im Behördendeutsch heißt. Mehr als die Hälfte der Kinder lebt in einer Familie, die Hartz IV bezieht, in kleinen Wohnungen ohne Garten. Fast jeder sechste Erwachsene ist arbeitslos; in der Pandemie sind es mehr geworden.[129]

Navid hatte schon vor der Pandemie Probleme beim Lernen. In den letzten anderthalb Jahren, so viel ist klar, haben sie sich weiter verschärft. »Was kann ich noch schreiben, sag doch mal, hilf doch mal«, sagt Navid, als er an einem großen Tisch mit der Betreuerin Daniela Krämer sitzt. Im Unterricht haben sie besprochen, dass ein neuer Klassensprecher gewählt wird. Hausaufgabe: Die Schülerinnen und Schüler sollen Gründe aufschreiben, warum die anderen ihnen ihre Stimme geben sollten. Es soll also eine Art Bewerbung um das Mandat sein.

Weil Navid das Formulieren und Schreiben schwerfällt, bespricht Daniela Krämer mit ihm, was ihm dazu einfällt, und notiert die Sätze. Navid soll sie dann später abschreiben. »Lies mal vor, was wir schon haben«, sagt Navid. Krämer schaut auf das Blatt: »Ich übernehme gern Verantwortung. Ich bin immer ehrlich, und ich traue mich, dem Lehrer zu sagen, wenn ich etwas nicht gut finde. Ihr könnt mir vertrauen, dass ich euch nie beim Lehrer verraten würde, wenn ihr etwas Verbotenes gemacht habt.«

Navid nimmt die Aufgabe sehr ernst, ist aber auch sehr unsicher. »Findest du das gut? Kann ich so was schreiben?« Er überlegt hin und her, läuft neben dem Tisch auf und ab, springt auf, setzt sich wieder. Soll er noch schreiben, dass er gut darin ist, Streit zu schlichten? »Ich weiß nicht so richtig, was von mir erwartet wird«, sagt Navid, und es ist nicht ganz klar, ob er damit die Hausaufgabe oder das Amt des Klassensprechers meint. Die Idee, von den anderen für diese Aufgabe gewählt zu werden, gefällt ihm. Sehr sogar. Navid strahlt bei dem Gedanken über das ganze Gesicht. Aber als Krämer gefragt hatte, ob er sich zur Wahl stellen würde, hatte er noch »Nein, auf keinen Fall« gesagt. Vielleicht auch aus Angst, keine Stimmen zu bekommen.

»Arbeitsblätter ausfüllen
ist nicht lernen«

Daniela Krämer, 64, arbeitet als Nachhilfelehrerin in der »Arche«. Eigentlich ist sie Maschinenbau-Ingenieurin, wurde in den 1990er Jahren aber arbeitslos und stieg bei der »Arche« in die Betreuung der Kinder ein. In der Corona-Krise versuchte sie während der Schulschließungen, online Kontakt zu halten. »Ich kenne jetzt die Teppichmuster vieler Kinder zu Hause, weil sie keinen Schreibtisch haben, sondern oft auf dem Boden lernen.«

Viele Eltern seien mit dem Homeschooling überfordert gewesen. »Manche haben sich gar nicht darum gekümmert, andere haben es nicht ohne Schreierei hinbekommen«, sagt Krämer. Einige Lehrkräfte hätten regelmäßig mit den Kindern im Austausch gestanden, andere seien ziemlich abgetaucht. Insgesamt seien die Kinder und ihre Familien alleingelassen worden.

»Arbeitsblätter ausfüllen ist nicht lernen«, sagt sie. »Die jetzigen Zweit- und Drittklässler kennen teilweise keinen richtigen Unterricht mehr.« Die Kinder waren gerade erst seit ein paar Monaten eingeschult, als der erste Lockdown kam. Danach fand das Lernen immer nur eingeschränkt statt. »Ich weiß nicht, was daraus werden soll«, sagt Krämer. Sie habe mehrere Zweit- und Drittklässler bei sich in der Nachhilfe, die kaum lesen könnten, weil sie zwar die Buchstaben kennen, aber nicht wissen, wie sie sie zusammenziehen.

»Diese Kinder müssten jetzt eigentlich neu anfangen lesen zu lernen«, sagt Daniela Krämer, »aber weil viele andere Drittklässler das schon können, auch weil sie es mit ihren Eltern geübt haben, wird das in der Schule irgendwann vorausgesetzt. Das können die Kinder kaum noch aufholen.«

Sie mache sich Sorgen, dass wegen der Pandemie die Zahl an funktionalen Analphabeten in Deutschland steige, sagt Krämer. Schon vor Corona konnten der Hamburger Leo-Studie[130] zufolge mehr als sechs Millionen erwachsene Menschen hierzulande nicht oder nicht genügend lesen und schreiben. Wer dies in den ersten Schuljahren nicht ausreichend gelernt hatte, stellten die Forscher fest, konnte es im weiteren Schulverlauf kaum nachholen.

Krämers Kollegin, Lucia Bilgenroth, hat während der Schulschließungen täglich hinter Kindern hertelefoniert, Hilfe angeboten, versucht, sie zum Lernen zu bewegen: »Für viele ist die komplette Tagesstruktur weggefallen. Die haben bis mittags geschlafen. Wenn ich morgens bei denen angerufen habe, um mich mit ihnen zum Online-Lernen zu verabreden, lagen sie oft noch im Bett.«

Kinder, denen das Reden fehlt

Monate später, Mitte August 2021, gelten in dem Hellersdorfer Plattenbau noch immer strenge Corona-Regeln. Die Kinder sind in feste Kohorten eingeteilt. Jede Gruppe darf nur an einem Tag pro Woche kommen. Emilia, 8, ist an diesem Tag direkt nach Schulschluss um kurz nach 12 Uhr hergekommen. Zuerst spielt sie mit einer Betreuerin »Speed Cups«, erzählt, wie es im Unterricht lief und was blöd war. »Schon wieder dieser eine Junge. Der ärgert immer.« Nach dem Mittagessen stürmt Emilia mit zwei Mädchen aufs Trampolin, von da weiter zur Seilbahn. Sie geht in die dritte Klasse. Buchstaben hat sie zwar schon gelernt, aber mit dem Lesen tut sie sich schwer. Die Übung fehlt.

»Wir versuchen, Emilia zu motivieren, dass sie extra Aufgaben mit uns macht und lesen übt, aber das ist schwierig«, sagt Lucia Bilgenroth. »Wir merken, dass es ihr sehr fehlt, täglich hier zu sein, mit den anderen Kindern zu spielen, mit uns zu reden.« Das Team versucht, die soziale Last abzufangen, die Kinder wie Emilia mit sich herumtragen. Eine Last, die sie beim Lernen ausbremst.

Im Gespräch mit Emilia wird klar, welche Sorgen sie umtreiben. Was sie sich wünschen würde, wenn sie einen Wunsch frei hätte? »Dass ich weiß, wer mein Vater ist. Und dass ich ganz reich bin.« Was würde sie dann kaufen? »Lebensmittel.«

Emilias Mutter, Sabine, versucht so gut wie möglich für ihre Kinder da zu sein, aber sie hat viele Probleme zu bewältigen, nach der Pandemie noch mehr als vorher, und sie fühlt sich damit ziemlich alleingelassen. Vom Staat, von den Vätern ihrer Kinder. Eigentlich hat Sabine mal Verkäuferin gelernt, nun arbeitet sie als Reinigungskraft, drei bis vier Stunden pro Tag. Das Geld ist knapp, war es schon vor Corona, aber in der Pandemie sei sie zwischendurch in Kurzarbeit gewesen. Als die Schulen geschlossen waren und Sabine arbeiten musste, ging der Kleinste, 2, in die Notbetreuung. Die Großen, Emilia und ihr Bruder Jan, 13, blieben allein zu Hause.

Die Kinder würden ihr sehr helfen, sagt Sabine. Den Haushalt machten sie gemeinsam. Jan bringe den Kleinen öfter in die Kita. »Der sagt: ›Mama, ruh du dich mal aus.‹ Wir sind enger zusammengerückt«, findet Sabine, aber sie sieht auch, dass die Krise Spuren hinterlassen hat. Emilia sei aufbrausender geworden, teste öfter Grenzen aus. Sie bräuchte einen Logopäden, aber ein Termin sei nicht so leicht zu bekommen.

Für den Großen sucht Sabine einen Platz beim Psychologen. Jan sei vom ersten bis zum sechsten Lebensjahr missbraucht worden. Im Distanzunterricht habe er fast gar nicht gelernt. »Ich wollte ihn auch nicht zwingen«, sagt Sabine. Die meiste Zeit sitze er in seinem Zimmer. »Die vergangenen anderthalb Jahre haben ihn noch mal ganz doll zurückgeworfen.«

Mehreren Studien zufolge sind nach der Krise überdurchschnittlich oft Kinder und Jugendliche von Lernrückständen und psychosozialen Folgen betroffen, die es vorher schon sehr schwer hatten. Ihre Nöte haben sich noch verschärft. In Studien oder Medienberichten ist oft von »sozial benachteiligten« Familien die Rede. Aber die Problemlagen sind ganz verschieden, die Folgen dementsprechend auch. Einfache Gleichungen sollte niemand aufmachen. Bei einigen Kindern zeigt sich, dass es ihnen gelingt, enorme Hürden zu bewältigen.

Kinder unter Erfolgsdruck

Eine, um deren schulische Leistungen man sich eigentlich keine Sorgen machen muss, hat sich selbst »Lernrückstände« attestiert. Avesta, 14, wurde mitnichten im Distanzunterricht »abgehängt«. Sie ist eine gute Schülerin. Wenn sie erzählt, wird jedoch klar, was sie leisten musste, um in der Schule Erfolg zu haben – und wieso sie nun Sorge wegen der langfristigen Auswirkungen der Krise auf ihre Schullaufbahn hat.

Avesta geht aufs Gymnasium, achte Klasse, und hatte zuletzt einen Notenschnitt von 2,2. »Ich weiß, andere würden sich darüber freuen, die haben viel schlechtere Noten, aber für mich ist das schon schlecht«, sagt Avesta.

»Ich habe immer alles erledigt und hatte auch kein Problem damit, mir die Zeit einzuteilen, aber vor allem in Rechtschreibung hätte ich Hilfe gebraucht. Da habe ich mich verschlechtert, vielleicht auch, weil ich mir so einen Druck gemacht habe.« Ihre Familie gehört zu den Jesiden und lebte ursprünglich im Irak. Als Avesta in die erste Klasse kam, fand der Unterricht nicht in ihrer Muttersprache Jesidisch statt, sondern auf Kurdisch. Zusätzlich lernte sie in der Schule Arabisch. »Zum Glück lerne ich leicht Sprachen«, sagt Avesta, die fließend Deutsch spricht.

Sie weiß, dass ihre Familie damals häufig darüber diskutiert hat, ob sie bleiben oder vor dem Islamischen Staat in der Region fliehen müsse. Kurz nach ihrem siebten Geburtstag sei die Familie in der Nacht in die Berge geflohen. »Wir mussten ganz still sein, damit uns niemand entdeckt.«

Von dort sei es weiter in die Türkei gegangen und dann, irgendwann viel später, mit einem Plastikboot übers Mittelmeer nach Europa. »Das Wasser war voller Haie«, sagt Avesta, »als wir näher ans Ufer kamen, hat der Mann, der uns geholfen hat, das Boot zerstochen, damit es nicht entdeckt wird. Alle waren in Panik, weil das Boot so plötzlich untergegangen ist. Mein Vater hat sich zuerst um meine kleinen Brüder gekümmert. Dadurch hat er erst spät gesehen, dass ich in dem tiefen Wasser nicht stehen kann. Ich wäre fast ertrunken. In letzter Sekunde hat er meine Hand gepackt und mich rausgezogen.«

Später sei die Nachricht gekommen, dass im Irak zwei Familienangehörige dem Islamischen Staat in die Hände gefallen seien. Zuerst seien sie in Haft gewesen, dann brutal getötet worden. Avesta erzählt all das sehr ruhig, aber sie knetet ihre Hände. Immer wieder ist das Knacken ihrer Finger zu hören.

In Deutschland angekommen, lebte Avesta mit ihrer Familie zuerst in einer Berliner Flüchtlingsunterkunft. Unterricht hatte sie dort nicht. Eine ehrenamtliche Helferin habe ihr etwas Deutsch beigebracht, so erzählt es Avesta. Aber erst später in einer Willkommensklasse, in der geflüchtete Kinder mit keinen oder nur sehr geringen Deutschkenntnissen vorläufig getrennt von anderen unterrichtet werden, habe sie die Sprache richtig gelernt, sich dann zur Einserschülerin entwickelt.

Sie denke oft an die Flucht zurück, und sie mache sich viele Sorgen um ihre Oma, die ja immer noch im Irak lebe, sagt Avesta. »Meine Eltern reden darüber nicht so richtig mit mir. Sie sagen, ich soll mich auf die Schule konzentrieren, damit ich und auch sie ein gutes Leben in Deutschland haben können. Sie seien wegen mir und meiner Brüder hergekommen.« Avesta sagt, sie wolle ihre Eltern nicht enttäuschen. Auch deshalb ist es ihr so wichtig, gute Noten zu haben.

Ihr erster Berufswunsch: Ärztin. An zweiter Stelle: Politikerin. Avesta will sich für unterdrückte Menschen in der Welt einsetzen. Sie ist nicht sicher, ob das nach der Corona-Krise nun noch klappt. »Wir haben sehr viel Stoff verpasst, und ich habe Sorge, dass wir den nicht aufholen. Dann fehlt mir Stoff, den ich im Abitur brauche. Ich habe Sorge, dass meine Noten dann nicht gut genug sind.«

Samim, der Corona-Gewinner

Laut einer Befragung des Instituts für Demoskopie Allensbach[131] unter Eltern und Schülern der Klassenstufen 5 bis 10 gehen rund 80 Prozent der Schülerinnen und Schüler von Lernrückständen aus. Gleichzeitig gibt eine Mehrheit von 58 Prozent an, gut oder sehr gut mit dem Homeschooling zurechtgekommen zu sein.

Samim, 11, sitzt im Kindercafé der »Arche«. Als er mitbekommt, dass seine Freunde interviewt werden, möchte er auch zu Wort kommen. Aus seiner Sicht ist er ein »Corona-Gewinner«. Er geht in die sechste Klasse einer Berliner Grundschule und hat zwei jüngere Geschwister. Seine Eltern sind mit ihm aus Afghanistan nach Deutschland geflüchtet. Als Samim fünf Jahre alt war, kam die Familie in Berlin an, lebte in wechselnden Flüchtlingsunterkünften und zog schließlich in eine Wohnung.

Seine Eltern sprächen nicht so gut Deutsch wie er, sagt Samim. Aber beim Lernen brauche er ohnehin nicht unbedingt Hilfe. Fast täglich habe er über sein Handy am Videounterricht teilgenommen und für jedes Fach Aufgaben für die gesamte Woche bekommen. »Die habe ich fast immer alle gleich in den ersten Tagen erledigt, weil ich wusste, dass ich dann mehr Zeit zum Spielen habe.« sagt er. »Ich konnte zu Hause viel besser lernen als sonst in der Schule. Ich hatte meine Ruhe und deutlich mehr Freizeit als sonst.«

Nebenbei habe er seinen Eltern, wie sonst auch, wegen seiner besseren Sprachkenntnisse bei Behördenkram geholfen und seinen Geschwistern im Homeschooling, vor allem in Mathematik. »Darin bin ich ziemlich gut.« Sein Notenschnitt habe sich nur geringfügig verschlechtert, sagt Samim, von 1,2 auf 1,4. »Wollen Sie nicht noch fragen, wie ich mich in der Pandemie geistig verändert habe?«, will er dann wissen. Ja? »Ich bin viel besser im Fußball geworden.« Er grinst.

Besser im Fußball, mehr Freizeit, trotzdem effektiv gelernt: Samims Corona-Bilanz fällt positiv aus und zeigt, wie differenziert die Ergebnisse von zwei Umfragen des ifo-Instituts unter mehr als 2000 Eltern zu betrachten sind.[132]

Den Daten zufolge halbierte sich im ersten Lockdown die Zeit, die Kinder und Jugendliche mit schulischen Aktivitäten verbringen, von sonst 7,4 auf 3,6 Stunden täglich. Im Schnitt. Fast alle Schülerinnen und Schüler erhielten wöchentlich Aufgabenblätter, knapp zwei Drittel bekamen zumindest einmal pro Woche eine Rückmeldung dazu. Mehr als die Hälfte hatte seltener als einmal pro Woche Online-Unterricht, nur 6 Prozent täglich.

Rund ein Jahr später wollten die ifo-Forscher um Bildungsökonom Ludger Wößmann herausfinden, ob und wie sich der Distanzunterricht im zweiten Lockdown verändert hatte. Tatsächlich lief manches besser. Immerhin ein Viertel der Schüler hatte nun täglich Videounterricht mit der ganzen Klasse. 39 Prozent hatten dies maximal einmal pro Woche. Der Anteil der Schüler, die nie im virtuellen Klassenraum waren, ging im Vergleich zum Frühjahr 2020 von 45 auf 18 Prozent zurück.

Aber immer noch saß mehr als die Hälfte der Kinder und Jugendlichen (fast) ausschließlich allein vor den Aufgabenbergen. Die Lernzeit insgesamt war im Schnitt länger als im Frühjahr 2020. Schulkinder verbrachten 4,3 Stunden pro Tag mit schulischen Tätigkeiten, eine knappe Dreiviertelstunde mehr als während der ersten Schulschließungen. Die Unterschiede in der Lerndauer waren jedoch immens.

Rund ein Viertel der Kinder lernte nicht mehr als zwei Stunden pro Tag für die Schule. Ein weiteres Viertel jedoch war sechs bis acht Stunden täglich mit schulischen Dingen beschäftigt, 6 Prozent sogar mehr als acht Stunden. Wenn man kleinere Pausen einrechnet, saß also fast ein Drittel der Schülerinnen und Schüler den ganzen Tag am Schreibtisch.

Die reine Lernzeit, die Quantität, sagt jedoch noch nichts über die Qualität aus. Wie effektiv wurde gelernt? Mehr als die Hälfte der für die Studie befragten Eltern schätzt, dass ihr

Kind durch die Schulschließungen nun besser darin ist, sich eigenständig Unterrichtsstoff zu erarbeiten, und besser mit digitalen Technologien umgehen. Mehr als die Hälfte der Befragten meint allerdings auch, dass ihr Kind pro Stunde zu Hause weniger gelernt hat als im regulären Unterricht in der Schule. Rund ein Fünftel geht vom Gegenteil aus. Nicht-Akademiker-Kinder und solche, die schon vor Corona schwächere Leistungen erbrachten, lernten laut Einschätzung ihrer Eltern weniger effektiv und weniger konzentriert als andere.

Naive Geister könnten meinen, dass Deutschlands Schulen während des Distanzunterrichts im ersten Pandemiewinter gerade die leistungsschwächeren und sozioökonomisch benachteiligten Kinder und Jugendlichen besonders im Blick hatten, weil unter Politikerinnen und Politikern so oft das Stichwort »Bildungsgerechtigkeit« fiel. Dass die Schulen nach den verkorksten Corona-Monaten verstanden hätten, wie sehr diese Schülerinnen und Schüler mangels elterlicher Hilfe auf schulische Unterstützung angewiesen waren. Aber der ifo-Studie zufolge war statistisch betrachtet das Gegenteil der Fall.

Kein Fokus auf Förderung benachteiligter Kinder

»Ähnlich wie schon im Frühjahr 2020 ist nicht zu erkennen, dass während der Schulschließungen Anfang 2021 ein besonderer Fokus der Lehrkräfte auf der Förderung benachteiligter Kinder lag, die eher Schwierigkeiten beim Distanzlernen haben«, schreiben die ifo-Forscher. Die Wahrscheinlichkeit, keinen Online-Unterricht zu erhalten, lag für Nicht-Akademiker-Kinder in der Pandemie bei 20, bei Akademiker-Kindern nur bei 13 Prozent.

Leistungsstärkere Schülerinnen und Schüler und Akademikerkinder hatten öfter individuelle Gespräche mit ihrer Lehrkraft, und sie bekamen im Schnitt häufiger Rückmeldungen zu ihren eingereichten Arbeitsblättern. Zum Aufholen von verpasstem Lernstoff boten immerhin etliche Bundesländer Ferienkurse, Förderunterricht oder sonstige Unterstützungsmaßnahmen an wie den »Lernsommer« in Schleswig-Holstein, die »Lernbrücke« in Baden-Württemberg oder die »Sommerschule« in Rheinland-Pfalz. Während die Kultusminister gerne medial verbreiteten, solche Förderangebote sollten vor allem sozial benachteiligten und leistungsschwächeren Schülerinnen und Schülern nützen, sah die Realität laut ifo-Studie im bundesweiten Schnitt am Ende anders aus.

An Ferienkursen, Förderunterricht und kostenloser Nachhilfe, um entgangenen Schulstoff nachzuholen, habe sich nur ein Fünftel der Schüler überhaupt beteiligt. Die Teilnahme sei bei leistungsschwächeren und -stärkeren Kindern gleichermaßen gering. »Das ist besonders überraschend, da man erwarten würde, dass solche Fördermaßnahmen vor allem darauf angelegt sind, leistungsschwächere Schüler zu unterstützen.« Nur kostenpflichtiger Nachhilfeunterricht werde von Leistungsschwächeren häufiger in Anspruch genommen als von Leistungsstärkeren.

- Laut der ifo-Studie erhielten Akademikerkinder häufiger Förderunterricht in der Schule: 14 zu 8 Prozent.
- Sie besuchten häufiger Ferienkurse: 11 zu 2 Prozent.
- Sie nahmen häufiger kostenlose sowie kostenpflichtige Nachhilfe in Anspruch.

• Unterm Strich hätten 82 Prozent der Nicht-Akademiker-kinder keinerlei Unterstützung erhalten, bei Akademiker-kindern waren es nur 69 Prozent.

Betrachtet man Unterschiede nach dem Familienhintergrund, »so sind es gerade nicht die Kinder aus bildungsfernen Schichten, die an den Unterstützungsmaßnahmen teilnehmen«, schreiben die Forscherinnen und Forscher.

Gezeichnet von der Pandemie: Kinder im Klassenraum

Schon während der Pandemie war klar, dass sich der ständige Wechsel aus Distanz-, Hybrid- und Präsenzunterricht sehr unterschiedlich auf die Kinder und Jugendlichen auswirken würde. Viele profitierten im Homeschooling von einer Rundum-Einzelbetreuung, inklusive technischem Support durch Mama oder Papa, andere waren weitgehend auf sich gestellt und hatten nicht einmal stabiles Internet. Einige Klassen saßen täglich stundenlang im Videounterricht, bei anderen tauchten die Lehrkräfte wochenlang ab.

Neben diesen individuellen Unterschieden erlebten Kinder und Jugendliche die Krise auch abhängig von der Klassenstufe und vom Bundesland überall etwas anders. Während mancher Abiturient in Sachsen im Schnitt nur wenige Wochen Präsenzunterricht verpasste, durfte manche Siebtklässlerin in Hamburg allein im zweiten Lockdown fast ein halbes Jahr nicht in den Klassenraum. Ein Grundschulkind in Bayern, das noch dazu in einem »Hotspot« wohnte und mehrfach in Quarantäne musste, war deutlich länger isoliert als mancher Erstklässler in Niedersachsen.

Die Krise hat dementsprechend unterschiedliche Folgen. Das ist im Rückblick die eine zentrale Erkenntnis. Die andere: Kinder und Jugendliche kommen nach der Krise verändert wieder in die Schulen. Das hat nicht nur damit zu tun, dass sie im Distanzunterricht nicht so lernen konnten wie sonst und entsprechende Defizite haben. Viele, und darüber wurde anfangs wenig geredet, sind auch in ihrer sozialen Entwicklung stark ausgebremst worden, haben psychisch gelitten. Mit all diesen Folgen der Krise sind die Schulen jetzt konfrontiert.

Coronabedingte Lernrückstände?

Der Bildungsforscher Stephan Huber wertete mit einem Team 32 internationale Studien zu Lerneinbußen und Bildungsungleichheit aufgrund von pandemiebedingten Schulschließungen aus. Sein Ergebnis bestätigt, dass Schülerinnen und Schüler aus sozioökonomisch benachteiligten Familien besonders ins Hintertreffen geraten sind. Bezogen auf das gesamte Schuljahr, liegt der Rückstand demnach je nach Studie, untersuchtem Schulfach und Schulstufe bei bis zu einem Vierteljahr. »Kinder aus sozial schwachen Familien sind aufgrund der Schulschließungen gegenüber sozial besser gestellten Gleichaltrigen um ein bis vier Monate Schule zurückgefallen«, so Huber. In Mathematik und bei jüngeren Kindern seien die Effekte größer als etwa beim Lesen oder bei Gymnasiasten.

Eine Lehrerin aus Nordrhein-Westfalen erzählt kurz nach Beginn des neuen Schuljahres 2021/22: »In meiner dritten Klasse konnte ich insgesamt keine besonderen Lernrückstände feststellen. Aber zwei Kinder habe ich im Distanzunterricht weder telefonisch noch per Videokonferenz erreicht.« Selbst Besuche an der Haustür hätten nicht weitergeholfen. »Bei einem Kind haben die Eltern den Videounterricht verweigert, weil sie Angst hatten, ich wolle ihre Wohnung ausspionieren«, sagt die Lehrerin. »Dieses und ein weiteres Kind habe ich ›verloren‹. Die wiederholen die zweite Klasse nun.« Wie viele Kinder dies bundesweit betrifft, ist nicht erfasst. Ebenso wenig gibt es valide, vergleichbare Daten bezogen auf ganz Deutschland, wie sich der Distanzunterricht auf die Leistungen der Schülerinnen und Schüler ausgewirkt hat.

Kurz vor den Sommerferien 2021 glaubte die damalige Bundesbildungsministerin Anja Karliczek (CDU), 20 bis 25 Prozent der Schülerinnen und Schüler hätten »vermutlich große Lernrückstände, vielleicht sogar dramatische«. Vermutlich, vielleicht. Nichts Genaues wusste man nicht.

Karliczeks Schätzungen zufolge war der Anteil der Schülerinnen und Schüler, die größere Lernverluste erlitten und Nachholbedarf haben, ungefähr so groß wie die »Risikogruppe«, die schon vor Corona dringend Hilfe benötigt hätte. Unwahrscheinlich, dass die Probleme in dieser Gruppe nicht größer geworden und dass nicht Millionen Mädchen und Jungen im Distanzunterricht weiter abgerutscht sind.

Karliczek, immerhin, hatte noch vor den Sommerferien gefordert, die Schulen sollten im neuen Schuljahr Leistungsstände abfragen. Aber die Kultusministerkonferenz (KMK) gab sich verhalten. Verbindlich wollten sich die Länderkollegen auf kein gemeinsames, standardisiertes Vorgehen festlegen. Im Jahr zuvor hatten sie sogar die sonst üblichen Regeln für bundesweite Lernstandserhebungen wie die VERA-Tests (Vergleichsarbeiten) kurzzeitig ausgesetzt, verschoben oder die Teilnahme der Länder für freiwillig erklärt.[133]

Einerseits stimmt natürlich, dass das Schwein vom Wiegen nicht fetter wird. Andererseits können Vergleichsarbeiten durchaus Hinweise dazu liefern, welche Arten von Unterricht möglicherweise besser funktionieren als andere, wie viele Kinder die Erwartungen überhaupt erfüllen und wie man an den Schulen sicherstellt, dass Kinder nicht weiter abgehängt werden. Jahrelang haben sich viele Kultusministerinnen und -minister vor solchen Leistungsvergleichen auf Länderebene gescheut, weil daraus ein Politikum entsteht: Wer trägt die rote Laterne und steht doof da? Schulversager haben es schwer; auch bei Wählerinnen und Wählern.

In der Pandemie hätten bundesweite Vergleichsarbeiten in allen Klassenstufen zeigen können, welche Lernverluste entstanden sind und wie man gegebenenfalls damit umgehen kann, indem man etwa gemeinsam Lehrpläne entschlackt oder ähnliche Maßnahmen ergreift. Aber eine bundesweite Initiative gab es nicht. Jedes Bundesland durfte, wie so oft in der Corona-Krise, sein eigenes Süppchen kochen.

Hamburg: Größere Defizite beim Lesen und in Mathe

Hamburg gehört zu den wenigen Bundesländern, die überhaupt im Schuljahr 2021/22 Daten veröffentlicht haben. Sie beziehen sich auf Ergebnisse der Lernstandsuntersuchung »Kermit 3«. Dabei wurden mehr als 85 Prozent der Kinder in den dritten Klassen nach den Sommerferien in einem landesweiten Test in den Bereichen Leseverstehen, Hörverstehen, Rechtschreibung und Mathematik geprüft.

Die Ergebnisse werteten Forscherinnen und Forscher des

Instituts für Bildungsmonitoring und Qualitätsentwicklung (IfBQ) aus. In Deutsch und Mathematik ist demnach der Anteil der Kinder, die größere Schwierigkeiten haben mitzuhalten, deutlich gestiegen. Wenig überraschend: in sozial benachteiligten Milieus stärker als in anderen.

Im Bereich Mathematik erhöhte sich die Quote um knapp 9 Prozent. Kinder aus Schulen in sozial schwachen Stadtteilen waren mit einem Anstieg von rund 11,2 Prozent besonders betroffen. Anders gesagt: 30,2 Prozent (2019: 27,7 Prozent) der Drittklässler in Hamburg erfüllen nach den Schulschließungen die Mindeststandards in Mathematik nicht.

Die Gruppe der lernschwachen Schülerinnen und Schüler im Bereich Lesen wurde um rund 10 Prozent größer. Auch diese Entwicklung schlug in Schulen in sozial schwierigen Stadtteilen mit 13,6 Prozent stärker zu Buche. Der Anteil von Kindern, die in diesem Bereich unter die Mindeststandards fallen, liegt nun bei 28 Prozent (2019: 25,5 Prozent).

Einzig bei der Rechtschreibung gab es aus Sicht der Forscherinnen und Forscher einen überraschenden Lichtblick: Die Drittklässler des Schuljahres 2021/22 schneiden bei der Rechtschreibung besser ab als frühere Jahrgänge. Je nach Schülergruppe ging die Zahl der Leistungsschwächeren in diesem Bereich um rund 6 bis zu 16 Prozent zurück. Was war passiert? Haben die Eltern zu Hause so viel mit den Kindern geübt?

Die Fachleute erklären sich den Fortschritt eher mit der Hamburger »Rechtschreiboffensive«. Noch vor wenigen Jahren lagen die Schülerinnen und Schüler in der Hansestadt im Vergleich zum Bundesdurchschnitt deutlich zurück. Laut IQB-Bildungstrend 2016 erreichten mehr als ein Viertel der Viertklässler nicht den Mindeststandard in Orthografie. Schulsenator Ties Rabe (SPD) verfügte danach unter anderem das Üben eines Basis-Wortschatzes mit 785 »Modellwörtern« sowie eine jährliche Überprüfung der Leistungen mit der Hamburger Schreibprobe. Diese Maßnahme könnte gefruchtet haben.

In Baden-Württemberg nahmen gleich zu Beginn des Schuljahres alle Schüler der Klassen 4 und 8 an VERA-Tests in Deutsch, Mathematik und einer Fremdsprache teil. Auch Fünftklässler wurden geprüft. Den Ergebnissen zufolge müssten nun insbesondere die Schülerinnen und Schülern gefördert werden, denen das Lernen auch unabhängig von Corona schwerfalle, hieß es vom Ministerium. In Thüringen hingegen gab es gar keine standardisierten Lernstandserhebungen. Diese seien individuell an den Schulen erfolgt. Eine zentrale Auswertung erfolgte nicht.

Mecklenburg-Vorpommern befragte die Lehrkräfte an den Schulen. An fast drei Viertel der Schulen stellt die Mehrheit der Lehrkräfte demnach fest, »dass die Lücke in den Kompetenzständen zwischen leistungsstarken und leistungsschwachen Schülerinnen und Schülern durch die coronabedingten Einschränkungen größer geworden ist«, so das Ministerium. Die Ausgangslage des Lernstands werde dennoch überwiegend als »zufriedenstellende Grundlage für die Weiterarbeit im aktuellen Schuljahr bewertet«. 12 Prozent sehen dies kritisch.

Mit bundesweit validen, vergleichbaren Daten, die auf tatsächlichen Leistungserhebungen beruhen, ist erst im Herbst 2022 zu rechnen. Dann sollen die Ergebnisse des IQB-Bildungstrends veröffentlicht werden. An den Tests nehmen alle Viertklässlerinnen und Viertklässler in Deutschland teil. Es wird überprüft, ob sie die von der KMK festgelegten Bildungsstandards in Deutsch und Mathematik erreichen. Wegen Corona fand die Überprüfung ein Jahr später als geplant statt. Auch die PISA-Studie wurde um ein Jahr verschoben. Ergebnisse sollen 2023 vorliegen.[134]

Das umstrittene Aufholprogramm

Obwohl das Ausmaß der Lernrückstände sowie der psychischen und sozialen Corona-Folgen für Kinder und Jugendliche weder genau absehbar noch zu beziffern war, präsentierte die Politik am 5. Mai 2021 ein groß angelegtes Förderprogramm, das diese Folgen abfedern sollte. Die damalige Bildungsministerin Anja Karliczek (CDU) und Familienministerin Franziska Giffey (SPD) stellten das soeben vom Bundeskabinett verabschiedete Aktionsprogramm »Aufholen nach Corona für Kinder und Jugendliche« vor. Es umfasst zwei Milliarden Euro Fördergelder, befristet für die Jahre 2021 und 2022.

Eine Milliarde setzt das Familienministerium für frühkindliche Bildung, Ferienfreizeiten, Familienerholung, zusätzliche Sozialarbeit und Freiwilligendienstleistende ein. Die andere Milliarde kommt aus dem Bildungsressort. Dieses Geld ist vor allem zum Abbau von Lernrückständen in den Kernfächern Deutsch, Mathematik und erste Fremdsprache gedacht.

Mit den Mitteln sollten die Länder »im Schwerpunkt in den Sommerferien Sommercamps und Lernwerkstätten durchführen, mit Beginn des neuen Schuljahres unterrichtsbegleitende Fördermaßnahmen in den Kernfächern«. Angedacht waren etwa zwei bis vier zusätzliche Unterrichtsstunden pro Woche für Kinder mit besonderem Nachholbedarf, die von Lehramtsstudierenden, pensionierten Lehrern oder sonstigen Honorarkräften angeleitet werden.

Karliczek wollte die Länder dabei nicht aus der Pflicht entlassen. Sie erwarte, dass sich diese »substanziell beteiligen, denn Bildung ist zuallererst Ländersache«, betonte sie bei der Vorstellung des Förderpaketes. Zugleich pflegte sie das Narrativ, wonach der Politik das Beheben der Corona-Folgen bei allen Kindern in Deutschland ein ehrliches Anliegen sei.[135] »Wir wollen erreichen, dass die Kinder und Jugendlichen durch die Pandemie keine Narben davontragen«, teilte Karliczek mit. »Jedes Kind soll trotz und nach der Corona-Pandemie die bestmöglichen Chancen auf gute Bildung und persönliche Entwicklung erhalten.«

Auch Giffey scheute nicht vor Floskeln zurück: »Unser Aktionsprogramm investiert in der Krise gezielt in das Wertvollste und das Wichtigste, was wir haben: in unsere Kinder und Jugendlichen, in unsere Zukunft«, sagte sie. »Sie haben im vergangenen Jahr auf eine Menge verzichtet. Es sind Bildungs-, aber auch Bindungslücken entstanden. Wir können nicht erwarten, dass alles so weiter funktioniert wie vor der Krise.« Kinder und Jugendliche bräuchten Zeit, Begleitung und Unterstützung, um in den Alltag zurückzufinden und Versäumtes aufzuholen.

Für manche Schülerinnen und Schüler muss das wie Hohn geklungen haben. Von mehreren Jugendlichen aus den damaligen siebten, achten oder neunten Klassen war zu hören, dass sie nach einigen Monaten Distanzunterricht im Frühjahr 2021 das erste Mal wieder in den Klassenraum kommen durften: um eine Klassenarbeit zu schreiben. Um Leistung zu zeigen. Die Lehrkräfte brauchten irgendeine Grundlage, um Noten für die Zeugnisse erstellen zu können.

In der Pandemie galt zwar der Ausnahmezustand, aber hier wurden keine großen Ausnahmen gemacht. Die Kultusministerinnen und -minister einigten sich auch nicht darauf, die Leistungsanforderungen im neuen Schuljahr bundesweit verbindlich herunterzuschrauben, Lehrpläne deutlich zu entschlacken oder Stundenpläne umzubauen. Alles sollte vielmehr im Großen und Ganzen weitergehen wie gehabt, der verpasste Lernstoff irgendwie über zusätzliche Förderung nachgeholt werden. Darauf zielte letztlich auch das Corona-Aufholprogramm.

Problem wird auf Einzelne abgewälzt

Lernverluste über Nachhilfe kompensieren: Der Bildungsforscher Marcel Helbig findet diesen Ansatz schon deshalb fragwürdig, weil er auf das Beheben vermeintlicher oder tatsächlicher Defizite einzelner Kinder und Jugendlicher ziele. Man wälze damit ein gesamtgesellschaftliches Problem auf die Familien ab. »Nachhilfe oder freiwillige Klassenwiederholung setzen an althergebrachten Stellschrauben des Systems Schule an, um vermeintlich schlechte Schüler und Schülerinnen wieder in die Spur zu bekommen«, sagte Helbig dem SPIEGEL.[136]

Mit Bildungsgerechtigkeit habe das wenig zu tun, weil damit jene Jugendlichen zum Maßstab würden, die besser durch die Krise gekommen seien; oft wegen des dahinterstehenden Elternhauses und der besseren sozioökonomischen Familiensituation. Stattdessen sollten sich die politischen Maßnahmen an denen orientieren, die es besonders schwer hatten, befand Helbig.

In einem Diskussionspapier kritisierte er: »Entgegen der Tatsache, dass es seit dem Zweiten Weltkrieg wohl keine schwierigere Situation für Schüler, Schülerinnen und Schule gegeben hat und trotz dessen, dass wir keinerlei Überblick über die Lernlücken der Schüler und Schülerinnen haben, werden bereits bildungspolitische Entscheidungen getroffen, deren Folgen wir nicht abschätzen können.« Helbig forderte: »Was wir eigentlich bräuchten, ist Zeit: Zeit, um darüber zu diskutieren, wie es weitergeht, Zeit, um uns einen Überblick über die Schäden der Corona-Schuljahre zu machen, und Zeit, um uns um die Schüler und Schülerinnen zu kümmern, die eine schwere Zeit im Distanzunterricht hatten.«[137]

Weiterer Kritikpunkt: Trotz seiner zwei Säulen setzt das Programm stark auf das Aufholen von Lernstoff, berücksichtigt aber wenig, dass in den Schulen pädagogisch und sozial unter Umständen viel mehr nachzuarbeiten ist, dass Kinder nach den einsamen Monaten in ihren Kinderzimmern gar nicht imstande sind, sich auf Matheformeln und Grammatik zu konzentrieren, sondern ganz andere Bedürfnisse haben: mit Freunden zusammen sein, sich wieder im sozialen Miteinander üben. Der zweite Schritt wurde damit tendenziell vor dem ersten gemacht.

»Wir müssen sehen, ob Kinder und Jugendliche überhaupt in der Lage sind, Lernprogramme über sich ergehen zu lassen«, sagt der Bildungsforscher Kai Maaz. »Die Voraussetzung dafür sind stabile, zuverlässige vertraute Beziehungen. Wenn die nicht gegeben sind, muss man an dieser Stelle ansetzen und niedrigschwellige Angebote machen. Sonst werden die besten Aufholprogramme ins Leere laufen.«

Die sozialen und psychischen Folgen seien in der gesamten Diskussion lange Zeit zu wenig beachtet worden. »Wir haben vergessen, was diese Krise mit den Kindern gemacht hat, welche Einschnitte es gibt, gerade bei den Kindern aus sozio-ökonomisch benachteiligten Familien«, sagt Maaz.

Ganz ähnliche Gedanken treiben Dario Schramm, 21, um. Er war als Generalsekretär der Bundesschülerkonferenz während der Krise die Stimme der Schülerinnen und Schüler.

Inzwischen ist er mit der Schule fertig und studiert Rechts- und Politikwissenschaften in Frankfurt an der Oder. Für die Schülerinnen und Schülern, die noch im System sind, hätte er sich gewünscht, »dass nach der Krise verbindlich Freiräume an Schulen geschaffen werden, damit sich Schüler austauschen und darüber reden können, wie es ihnen geht«.

Es müsse Zeit sein, um an Freundschaften anzuknüpfen, die Klassengemeinschaft zu fördern, die psychischen Belastungen aufzufangen, das Erlebte zu verarbeiten. Aber in der Politik habe er damit wenig Gehör gefunden, sagt Dario Schramm, der Mitglied in der SPD ist. Stattdessen gebe es in vielen Schulen nach wie vor Druck, Lehrpläne abzuarbeiten. »Zahlreiche Schüler bekommen zu hören: ›Wir müssen den Stoff schaffen‹«, kritisiert er. »Warum können Lehrpläne jetzt nicht mutig verschlankt werden? Das wäre sowieso dringend nötig.«

Aggressiver, unruhiger, unmotivierter

Etliche Lehrkräfte machen sich wegen der psychosozialen Folgen der Corona-Pandemie große Sorgen. Sie sehen, was täglich bei ihnen auf dem Pausenhof und im Klassenraum los ist.

Birgit, die eigentlich anders heißt, Mitte 50, arbeitet als Lehrerin an einer Grundschule in Berlin mit knapp 500 Schülerinnen und Schülern. »Heute war ich wieder sechs Stunden als Feuerwehr im Einsatz«, erzählt sie Ende November 2021 am Telefon. Immer wieder sei eine Situation im Klassenraum eskaliert. Sie habe schlichten, beruhigen, trösten müssen. Ein Mädchen aus der zweiten Klasse habe Bücher quer durch den Klassenraum geschleudert und sich mit ihrem Tischnachbarn geprügelt.

Viele Kinder seien aggressiv, könnten sich kaum konzentrieren, kaum zehn Minuten ruhig auf einem Stuhl sitzen, mal zuhören, sich auf Regeln einlassen. Bei den Zweitklässlern seien die Probleme besonders groß. »Diese Kinder sind in der Krise eingeschult worden und waren dann lange im Distanz- oder Wechselunterricht«, sagt Birgit, »das merkt man ihrem Verhalten deutlich an. Da fangen wir wieder bei null an, inhaltlich und beim sozialen Lernen.«

Im Einzugsgebiet der Schulen lebten viele Familien in oft sehr schwierigen sozialen Verhältnissen. »Ich kann nur ahnen, was die Kinder zu Hause erleben«, sagt Birgit, die als Quereinsteigerin mit Schwerpunkt Sonderpädagogik an der Schule arbeitet. »Behütet wachsen viele nicht auf.«

Einige Kinder würden keine Grenzen kennen, keine Regeln für soziales Miteinander, andere würden offenbar extrem streng erzogen und erlebten häufig Gewalt. »Ein Junge zuckt automatisch mit dem Kopf zurück, wenn man sich nähert, als erwarte er Schläge«, sagt Birgit. Im Sportunterricht habe sie teilweise die Tür abschließen müssen, weil das Kind sonst hinauslaufe, weil es »völlig austickt«, offenbar innerlich zerrissen und von Unruhe geplagt.

»Mit solchen Päckchen kommen einige Kinder in die Schule, und die müssen wir hier mit ihnen aufschnüren, damit die Last kleiner wird«, sagt sie. »Dazu gehört, dass wir ihnen Impulskontrolle und soziales Verhalten beibringen, so wie wir ihnen auch das ABC vermitteln.« Und zwar auf unterschiedlichsten Niveaustufen: Einige könnten kaum Buchstaben benennen, andere schon flüssig Sätze lesen.

Nur, wie soll all dies mit 27 Zweitklässlern in einem Raum gehen, von denen rund zehn Kinder stark verhaltensauffällig sind?

»Gar nicht«, sagt die angehende Sonderpädagogin, »das ist Wahnsinn«. Nach den Sommerferien sei die Situation immer schwieriger geworden, das Verhalten immer auffälliger. »Irgendwann war klar, dass wir so nicht weitermachen können.« Deshalb habe die Schule zumindest für die Zweitklässler im Herbst einen Modellversuch gestartet.

Der beinhaltet unter anderem, dass immer zwei Erwachsene im Klassenraum sind, dass einige Kinder statt Kunst oder Musik ein Anti-Gewalt-Training absolvieren und dass so oft wie irgend möglich in Kleingruppen mit rund fünf Kindern gelernt wird. »Den Kindern tut das sehr gut, letztlich benötigen sie einfach dringend Aufmerksamkeit.«

Mehr »Beziehungsarbeit«, weniger Klassenarbeiten

So extrem fällt das Verhalten nicht überall aus, aber auch andere Lehrerinnen und Lehrer berichten, wie sehr Kindern und Jugendlichen die Schulschließungen nachhängen.

Eine Pädagogin an der Grundschule Herten-Mitte in Nordrhein-Westfalen sagt, manche ihrer Viertklässler seien nach den Sommerferien »etwas verpeilt« wiedergekommen. »Sie sind verunsichert, suchen verstärkt den Kontakt zu mir und Bestätigung für das, was sie tun«, erklärt sie. »Ein Junge war vor Corona sehr leistungsstark, aber nun wirkt er sehr verschüchtert, hat seine Materialien nicht dabei, wirkt unkonzentriert, abwesend, als ob alles neu für ihn wäre.«

Silke Müller, Leiterin der Gesamtschule Hatten in Niedersachsen, sagt: »Wir merken, dass viele das soziale Miteinander verlernt haben. Jeder kleine Konflikt wird zu einem riesigen

Streit, eskaliert schnell. Einige Kinder sehen außerdem traurig aus, die lachen weniger als sonst.«

Müller hat mit ihrem Team für das laufende Schuljahr deshalb bewusst »Beziehungsarbeit« in den Mittelpunkt gestellt. Sie will viel Raum und Zeit für das lassen, worin die Kinder und Jugendlichen aus ihrer Sicht den größten Nachholbedarf haben: dem Miteinander. So will sie ihnen »ihre Persönlichkeit wiedergeben« und soziales Lernen fördern: mit erlebnispädagogischen Projekten, mit Festen und Ausflügen, etwa in den Hochseilgarten. Um mehr Zeit für all das zu haben, habe das Kollegium schuleigene Lehrpläne bereits abgespeckt. Zudem dürften statt drei höchstens zwei Klassenarbeiten pro Woche geschrieben werden.

All diese Erfahrungen sind subjektiv, aber keine Seltenheit. Das Deutsche Schulbarometer, eine repräsentative Umfrage unter Lehrkräften im Auftrag der Robert Bosch Stiftung in Kooperation mit der ZEIT, zeigt, dass viele Lehrkräfte vermehrt Verhaltensauffälligkeiten feststellen. Rund ein Viertel sagt, die Aggressivität bei Schülerinnen und Schülern habe sich verstärkt. Genauso viele berichten von vermehrten Problemen mit Schulabstinenz.[138]

Zwei Drittel sagen, Motivations- und Konzentrationsprobleme hätten seit Beginn der Pandemie deutlich zugenommen. Eine gestiegene körperliche Unruhe beobachten 42 Prozent aller Lehrkräfte. Nur jede zehnte Lehrkraft hat keine Auffälligkeiten wahrgenommen. Der Zusammenhang zwischen den Folgeerscheinungen der Krise und der sozialen Herkunft ist auch hier wieder überdeutlich.

An Schulstandorten mit einem geringen Anteil von armen Familien bestätigen 14 Prozent der Befragten einen Anstieg aggressiven Verhaltens; an Schulen in sozial benachteiligter

Lage sagt fast die Hälfte der Lehrkräfte, das aggressive Verhalten habe zugenommen.

Für die Studienautoren belegt gerade der Vergleich von Schulen mit einem hohen und einem geringen Anteil von armen Familien: Die soziale Ungleichheit ist in der Pandemie deutlich größer geworden, und Schulen in sozial benachteiligter Lage stehen jetzt vor erheblich größeren Herausforderungen als andere Schulen.

Bloß kein Leistungsdruck

Pädagogen und Psychologinnen sind sich letztlich einig, was Schulen nach der Krise brauchen, um die Folgen für Kinder und Jugendliche aufzufangen: mehr Schulsozialarbeiterinnen, mehr Schulpsychologen, mehr Zeit für soziales Miteinander, mehr Zeit für Beziehung, dafür weniger Stress und Leistungsdruck.

Bei der Frage, wie gut Kinder und Jugendliche die psychosozialen Folgen der Krise verkraften, komme Schulen eine zentrale Aufgabe zu, sagt der Kinder- und Jugendpsychotherapeut Christian Fleischhaker. Das betrifft allerdings nicht nur das, was sie tun – sondern auch das, was sie nicht tun sollten.

»Wenn Schulen auf Biegen und Brechen versuchen, Lernrückstände aufzuholen, und Schülerinnen und Schüler etwa in zahlreichen Klassenarbeiten vermehrt Leistungsdruck ausgesetzt sind«, sagt Fleischhaker, »ist das in diesen Zeiten ein zusätzlicher Stressfaktor, der nicht ohne Folgen bleiben wird. Wir vermuten, dass dadurch vermehrt psychische Erkrankungen auftreten, vor allem im Bereich psychische Depression. Das ist etwas, das wir teilweise schon jetzt beobachten.«

Das digitale Klassenzimmer, sagt der Therapeut, sei für einige Schülerinnen und Schüler ein Schutzraum gewesen. Etwa für diejenigen, die in der Schule unter Zickenkrieg und Mobbing leiden.

Vor allem in den Klassenstufen 6 bis 9 müssten sich die Kinder und Jugendlichen im laufenden Schuljahr nun wieder neu in ihren Klassen zusammenfinden. Dadurch traten Belastungsfaktoren auf, die wiederum neue Risikofaktoren seien.

Manche Schüler könnten so belastet sein, dass sie Angst vor dem entwickeln, womit sie in der Schule konfrontiert werden, sei es Leistungsdruck, Mobbing oder anderer sozialer Stress. Er rechne mit mehr Patienten mit Schulphobie, sagt der Mediziner. Ob es so weit komme, hänge auch davon ab, welche Ressourcen die Schulen haben, um entsprechende psychosoziale Probleme aufzufangen.

Wie gut solche Ressourcen an den Schulen nach der Krise verteilt sind, ist jedoch verschieden. Insgesamt fällt die Bilanz ziemlich mau aus. Dem Schulbarometer zufolge haben nur 15 Prozent der Schulen Angebote der Schulsozialarbeit seit der Pandemie neu eingeführt oder verstärkt. Ein Viertel der befragten Lehrkräfte berichtet, bei ihnen gebe es überhaupt keine Hilfen durch Schulsozialarbeiterinnen oder Mentoren.

So bleibt es oft dem Engagement einzelner Kollegien überlassen, wie gut sie die sozialen Folgen der Krise abfedern. Vielen Pädagogen ist klar: Solange Kinder und Jugendliche noch unter den Folgen der Krise leiden, können sie nicht gut lernen. Das Gehirn macht schlicht nicht mit. Leistungsdruck, noch dazu mit der Maxime, möglichst schnell den versäumten Stoff nachzuholen, hilft erst recht nicht weiter. Die Entwicklungspsychologin Silvia Schneider rät, vielmehr die Folgeerscheinungen der Krise aufzuarbeiten.

»Psychische Gesundheit gehört in den Unterricht«, sagt Schneider, »man braucht dafür kein eigenes Fach, das lässt sich in Biologie, Kunst und Sport mitbehandeln. Es wäre wichtig im Sinne der Prävention. Die Kinder müssen in die Lage versetzt werden zu verstehen, wie Traurigkeit, Niedergeschlagenheit oder Wut entstehen und dass sie in Lebenslagen wie einer Pandemie vollkommen angemessen sind.« Die Schulministerien sollten dafür entsprechende Materialien erstellen.[139] Mecklenburg-Vorpommern zum Beispiel hat dies getan. Das Land stellt drei Millionen Euro für Materialien zur Verfügung, die Kindern und Jugendlichen helfen sollen, psychosoziale Kompetenzen zu stärken. Das Geld ist Teil des landeseigenen Aufholprogramms »Stark machen und Anschluss sichern«. Wie verhalte ich mich in einer Gruppe? Wie gehe ich mit eigenen Konzentrationsschwächen um? Was kann ich tun, damit ich mehr Ausdauer beim Lernen habe? Wie motiviere ich mich? All dies seien Fragen, die Schülerinnen und Schüler nach den Wochen des Distanzunterrichtes beschäftigen können, heißt es vom Ministerium.

Ein Katalog mit den jeweiligen Angeboten wurde an die Schulen verschickt. Dort können dann je nach Bedarf Trainingsprogramme und Unterlagen ausgewählt und bestellt werden, mit denen Lehrkräfte Schülerinnen und Schüler gezielt unterstützen können.

Niedersachsen hat nach Angaben des Kultusministeriums erstmals zu Beginn des neuen Schuljahres »eine verbindliche Einstiegsphase für alle Schulen und Jahrgänge von bis zu vier Wochen etabliert, »so dass die Schülerinnen und Schüler Zeit zum Ankommen haben und wieder neue Motivation zum Lernen gewinnen können«. Um einen Schulstart ohne Druck und Stress zu gewährleisten, seien bis Ende September keine schriftlichen Arbeiten geschrieben und die Anzahl der Arbeiten im Schuljahr verringert worden.

Wie werden die Lernrückstände aufgefangen? Das Deutsche Schulbarometer zeigt: Die vorrangige Idee hinter dem Aufholprogramm, nämlich Defizite in Deutsch, Mathematik und Englisch in zusätzlichen Förderstunden durch zusätzliches Personal zu beheben, wird im Herbst 2021 längst nicht flächendeckend umgesetzt. Nur rund die Hälfte der Schulen greift auf zusätzliches Personal zurück, meist Lehramtsstudierende und pensionierte Lehrkräfte. Die Schulen kompensieren die Lücken der Umfrage zufolge in erster Linie durch Differenzierung im regulären Unterricht. An nicht mal der Hälfte der Schulen gibt es zusätzliche Förderangebote außerhalb des Unterrichts. Eine temporäre Anpassung der Stundentafel zugunsten von Mathematik und Deutsch, wie es die Ständige wissenschaftliche Kommission der Kultusministerkonferenz geraten hatte, hat nur knapp jede fünfte Schule vorgenommen.

Wie das Corona-Aufholprogramm vor Ort umgesetzt wird, hängt stark vom einzelnen Bundesland ab, oft genug sogar vom Engagement der jeweiligen Schulleitungen. Diese sollen (mal wieder) die politischen Versprechen von Karliczek und Co. einlösen, die in der Theorie gut klingen, praktisch aber auf Hürden stoßen – und außerdem zu kurz greifen.

Ingo Doßmann, Schulleiter der Grundschule Stadtmitte in Genthin, einer Kleinstadt in Sachsen-Anhalt, wäre am liebsten, wenn seine Kolleginnen und Kollegen die Förderung im Zuge des Corona-Aufholprogramms übernehmen würden. »Wir könnten dann kontinuierlich mit den Kindern in Kleingruppen arbeiten und ein solides Fundament herstellen«, sagt er, »aber das ist mit so wenigen Leuten nicht zu bewerkstelligen.«

Doßmann kämpft wie so viele andere seiner Kollegen nicht erst seit Corona mit einem schwerwiegenden Problem an seiner Schule: akute Personalnot. In Deutschland herrscht seit Jahren ein dramatischer Lehrermangel. Das Schulministerium in Sachsen-Anhalt teilte Ende November mit, die Unterrichtsversorgung im Land sei vor allem aufgrund der »schwierigen Personalgewinnung« über alle Schulformen hinweg im Vergleich zum Vorjahr auf 94 Prozent gesunken.

Schon vor den coronabedingten Schulschließungen hätten Kinder an seiner Schule Anspruch auf besondere Förderung gehabt, sagt Doßmann. Aber weil Stellen nicht besetzt werden konnten, habe er immer wieder Förderstunden und Doppelbesetzungen im Unterricht streichen müssen, um zumindest die übliche Stundentafel aufrechtzuerhalten.

»Allein dadurch sind in den vergangenen Jahren bei vielen Kindern Lernrückstände entstanden, die sich in der Pandemie nun noch verschärft haben, aber darüber spricht leider niemand«, kritisiert der Schulleiter. Acht Lehrkräfte unterrichten an Doßmanns Schule rund 140 Kinder. Kurz vor den Sommerferien fehlte noch ein Lehrer für eine der beiden neuen ersten Klassen. Doßmann telefonierte herum, mobilisierte Kontakte, löste das Problem schließlich über ihm aus einem Praktikum bekannte Lehrerin, die gegenwärtig jedoch noch im Erziehungsurlaub war. Als personelle Aushilfe fand er eine Referendarin, die im November 2021 ihren Vorbereitungsdienst an der Schule beginnen und in den Monaten September und Oktober zuvor befristet angestellt werden konnte. Und dann das: Zu Beginn des neuen Schuljahres fiel eine weitere Kollegin krankheitsbedingt für mehrere Wochen aus. Das war zu viel. »Mir blieb dann leider nichts anderes übrig«, sagt Doßmann, »als für manche Kollegen

Mehrarbeit anzuordnen und die Stundentafel der Kinder zu kürzen.«

Kunst und Musik etwa werden nun nur noch ein- statt zweistündig erteilt. Für AGs wie Fußball oder Chor, für alles, was Spaß macht, bleibt auch keine Zeit. Außerdem fällt (mal wieder) die Doppelbesetzung in den Förderstunden weg. Gleichzeitig jedoch soll Doßmann im Rahmen des Corona-Aufholprogramms Honorarkräfte für Förderstunden außerhalb des Unterrichts gewinnen. »Das ist widersprüchlich, ja«, sagt er, »aber was soll ich machen?«

Noch vor den Sommerferien hat er sich an den Nachhilfeanbieter im Ort gewandt, damit einige seiner Grundschüler einmal pro Woche in kleinen Lerngruppen verpassten Lernstoff aufholen können, bezahlt aus den Mitteln eines landeseigenen Förderprogramms. 31 Euro einmalig für jedes Schulkind. Das Geld reichte bis zu den Herbstferien. Für das Haushaltsjahr 2021 erhält Doßmann nun zudem noch rund 23 Euro pro Schüler,[140] aber die will er nicht mehr in zusätzliche Lerngruppen, sondern lieber in Lernsoftware investieren. In Maschine statt Mensch.

Bei den Schülerinnen und Schülern seien langsam Grenzen erreicht. Von 7.45 bis 13.15 Uhr sitzen sie täglich in ihrer »verlässlichen Halbtagsgrundschule«, teils betreut von pädagogischen Mitarbeitern. Danach gingen die meisten noch bis etwa 16 Uhr in den Hort, sagt Doßmann. »Soll ich sie danach noch zur Nachhilfe schicken? Irgendwann will das Kind noch Kind sein. Sonst verliert es auch die Lust am Lernen.«

»Neue Bildungskatastrophe«

Unter der Personalnot, die Ingo Doßmann in Sachsen-Anhalt beklagt, leiden auch viele andere Schulen. Wie soll da ein zusätzliches Förderprogramm auf die Beine gestellt werden? Wie viele Honorarkräfte wären dafür nötig, und was würde deren Bezahlung kosten? Der Bildungsforscher Klaus Klemm und sein Kollege Dirk Zorn von der Bertelsmann Stiftung stellten dazu im Sommer 2021 Berechnungen für den SPIEGEL[141] an, mit einem ernüchternden Ergebnis: In jedem Fall würden entsprechende Nachhilfeangebote wohl mehr kosten als eine Milliarde Euro, so die Forscher, und auch beim Personal werde es knapp.

»Das ist wieder so ein Politikversprechen, bei dem gesagt wird, wir kümmern uns darum, dass die Lernlücken geschlossen werden, ohne dass jemand dargelegt hat, wie das gehen soll«, kritisiert Klemm. So werde das Vertrauen der Menschen in die Politik weiter zerstört.

Bildungsforscher Rolf Strietholt sieht das ähnlich. Er hält es für »völlig illusorisch«, mit dem Corona-Aufholprogramm die Lerndefizite wieder wettzumachen. »Eine Milliarde klingt erst mal nach viel, aber Schule kostet pro Woche fast das Doppelte.« Bei knapp elf Millionen Schülerinnen und Schülern blieben von einer Milliarde fürs Lernen keine 100 Euro pro Kopf.

»Wie soll man damit den Lernverlust von mehr als einem Jahr auffangen?«, fragt sich Strietholt. »Das kann niemand wirklich erwarten, der sich halbwegs mit den Dimensionen des Schulsystems auskennt. Es ist ein Skandal, was wir derzeit mit den Kindern und Jugendlichen machen. Wir erleben eine neue Bildungskatastrophe.« Die Warnung vor der »deutschen

Bildungskatastrophe« war 1964 durch den Pädagogen Georg Picht zum politischen Schlagwort geworden. Picht hatte in seinem gleichnamigen Buch zu niedrige Bildungsausgaben kritisiert und dringende Reformen angemahnt. Die Zahl der Abiturienten und der Studienräte müsse verdoppelt werden, um – nach zwei Weltkriegen – den »dritten großen Zusammenbruch der deutschen Geschichte in diesem Jahrhundert« zu verhindern, wurde er damals im SPIEGEL zitiert. Picht stieß eine breite Diskussion an, die sowohl die Studentenbewegung als auch die Bildungsexpansion in den 1970er Jahren prägte.[142]

Teil der neuen Bildungs-Katastrophe ist, dass es im deutschen Schulsystem schon vor der Krise offenbar nicht gelungen ist, Kinder und Jugendliche, die mehrsprachig aufwachsen, grundsätzlich so zu fördern, wie dies nötig wäre. Dass oft auch nicht ausreichend berücksichtigt wurde, ob und wie diese Kinder schon vor der Pandemie emotional belastet waren, welche einschneidenden Erfahrungen manche hinter sich haben.

Der 13-jährige Navid, der mit der Hausaufgabe zum Klassensprecher kämpfte, ist in Afghanistan geboren. Als er ungefähr vier Jahre alt war, so genau weiß er es nicht mehr, entschlossen sich seine Eltern zu fliehen. »Ich konnte nichts mitnehmen, nur meine Gedanken.« Sie seien erst mit dem Flugzeug unterwegs gewesen, öfter stundenlang per Bus, einmal sollten sie in ein Boot steigen. »Ich weiß noch, dass wir Todesangst hatten, dass das Boot untergeht. Ich konnte damals noch nicht schwimmen«, sagt Navid.

Die Erinnerungen daran lassen ihn nicht los, und er mache sich Gedanken, wie es seinen Großeltern in Afghanistan gehe, die er seither nur noch manchmal auf dem Handy, per

Video gesehen hat. Über den Iran, die Türkei, Griechenland gelangte Navids Familie schließlich nach Deutschland, Berlin. Hier kam Navid in eine Willkommensklasse, in der Kinder mit keinen oder geringen Deutschkenntnissen erst mal unter sich die Sprache lernen sollen. So richtig beherrschte Navid das Deutsche aber noch nicht, als er in eine Regelklasse wechselte. Deshalb habe er die erste Klasse drei Mal wiederholen müssen. So hat es Navid in Erinnerung.

Vom Alter her müsste der 13-Jährige eigentlich in die siebte Klasse einer weiterführenden Schule gehen, stattdessen besucht er die fünfte Klasse einer Grundschule. So richtig glücklich ist Navid damit nicht.»Ich bin der Größte, die anderen sind alle kleiner«, sagt er. Als Klassensprecher möchte er lieber nicht kandidieren, weil er eine Abfuhr fürchtet. Wirkliche Freunde habe er in seiner Klasse nicht, aber mit einem Jungen spiele er öfter Fußball, sagt er.

Bis heute tut sich Navid mit dem Deutschen schwer. Manchmal muss man genauer nachfragen, was er meint. Dann beschreibt er etwas als»total geil«, aber es stellt sich heraus, dass er eher»extrem« meint.»Mein Deutsch ist nicht das beste Deutsch«, sagt Navid. Trotzdem ist es die Sprache, in der er sich am ehesten zu Hause fühlt. Seine Eltern sprächen Dari, aber das könne er weder verstehen noch sprechen.»Ich habe die Wörter vergessen.«

Zu Hause würden sie in der Regel Persisch sprechen,»da komme ich aber nur auf 20 von 100 Punkten«, so erklärt er es, »ich kann die Sprache verstehen, aber nicht so reden. Am besten kann ich Deutsch.« Aber in der Pandemie, glaubt Navid, habe er sich etwas verschlechtert.

Messen lassen sich solche Rückschritte nicht. Aber viele Fachleute beklagen, dass etlichen Kindern nichtdeutscher

Herkunft durch die Kita- und Schulschließungen das tägliche »Sprachbad« gefehlt habe, um ihre Deutschkenntnisse zu verbessern oder sie zumindest zu erhalten. Viele seien zurückgefallen und müssten das Vergessene mühsam wieder aufholen.

»Im Distanzunterricht haben die Schülerinnen und Schüler zwar Aufgaben bearbeitet, aber das dialogische Sprechen, die Sprechpraxis im Austausch mit anderen, ist zu kurz gekommen«, sagt die Hamburger Erziehungswissenschaftlerin Ingrid Gogolin.

Das dialogische Sprechen im Unterricht sei auch deshalb so wichtig, weil Wortschatz und Sprachstrukturen anders sind als in der Alltagssprache. »Selbst wenn Kinder mit ihren Eltern Deutsch reden, üben sie zu Hause in der Regel nicht die Sprache, die normalerweise im Unterricht eingeübt wird, die sogenannte Fach- und Bildungssprache.« Konkrete Studien über Rückstände durch die Pandemie gebe es bisher nicht. »Aber ich gehe davon aus, dass es hier einen immensen Aufholbedarf gibt«, sagt Gogolin, »und meine große Sorge ist, dass die Schulen nicht die personellen Kapazitäten haben, um diesen Bedarf zu decken.«

Mehrsprachigen Kindern unbedingt Wertschätzung entgegenbringen und ihr Selbstvertrauen stärken, indem man ihnen zeigt, was sie sprachlich können – und nicht, was sie nicht können, findet Ingrid Gogolin wichtig.

Bis heute werde Mehrsprachigkeit insbesondere bei Kindern mit Herkunftssprachen wie Arabisch, Türkisch oder Rumänisch als Muttersprache an vielen Schulen vorrangig als Problem gesehen, sagt Gogolin. »Diese Vorstellung hält sich hartnäckig, obwohl es dafür keinerlei wissenschaftliche Belege gibt.«

Den kostbaren Schatz erkennen

Die Journalistin, Bloggerin und Netzaktivistin Kübra Gümüşay beschreibt in ihrem Buch *Sprache und Sein*, welche Chancen damit verpasst werden. Weil ihre Mutter Poesie liebte, habe sie ihr schon als Kleinkind türkische Gedichte beigebracht. Noch bevor sie in die Vorschule gekommen sei, habe sie Türkisch lesen und schreiben und Arabisch lesen und rezitieren können. Aber dies habe in der Schule niemanden interessiert.

Wenn Menschen »diese Mehrsprachigkeit als das erkannt hätten, was sie ist: ein kostbarer Schatz, eine Bereicherung der Gesellschaft«, schreibt Gümüşay, vielleicht hätten Kinder unter anderem dadurch »zu einer neuen Art von deutschem Selbstverständnis finden können, eines, das nichtdeutsche Kulturen und Sprachen einzuschließen vermag. Vielleicht hätten sie gespürt: Ich bin wertvoll. Wenn das so ist, sollten wir dann nicht endlich damit anfangen?«[143]

Sich wertvoll fühlen, das wollen alle Kinder. Auch Navid. Auf die Frage, was er sich wünsche, fällt ihm einiges ein: »Ich möchte ein Gefühl, dass ich gut im Leben bin, dass ich erfolgreich bin. Ich wünschte, ich könnte 20 Bücher am Tag lesen. Ich wünschte, meine Mutter könnte lesen und schreiben, dann könnte ich mir mit ihr Nachrichten schicken.«

Wie können Schulen dazu beitragen, dass solche Träume in Erfüllung gehen? Was ist bei Navids Sprachförderung schiefgelaufen? So genau lässt sich das in seinem Fall nicht herausfinden. Aber im Grundschulalter sind Kinder eigentlich prädestiniert dafür, eine weitere Sprache zu erlernen.

»Sprachbiografien hängen eng damit zusammen, ob Schulen gute Konzepte haben, um mehrsprachige Kinder zu fördern«, sagt Christoph Schroeder, Professor für Deutsch als Zweit- und Fremdsprache an der Universität Potsdam. »Einige leisten hervorragende Arbeit, bei anderen läuft die Förderung planlos irgendwie nebenbei oder gar nicht. Da gibt es leider massive Unterschiede, weil verbindliche Standards fehlen.«

Willkommensklassen sind umstritten, weil sie geflüchtete Schüler zunächst einmal separieren. Als »Schutzraum zum Ankommen und Orientieren« haben sie aus Schroeders Sicht jedoch ihre Berechtigung. Wichtig sei eine gute Diagnostik, wo Kinder sprachlich stehen und wie gut sie bei Unterrichtsinhalten mithalten können. »Lehrer sollten erkennen, dass dieses zwei verschiedene Dinge sind, und im Umgang mit den Kindern berücksichtigen, und zwar in allen Fächern, auch bei Textaufgaben in Mathematik.« Nach dem Wechsel in eine Regelklasse müsse die Sprachförderung unbedingt weitergehen.

Viele Schülerinnen und Schüler wurden durch die Corona-Pandemie aber schon viel früher beim Deutschlernen ausgebremst: neu zugewanderte Kinder und Jugendliche, die zu Beginn des Distanzunterrichts erst seit wenigen Wochen oder Monaten in Deutschland lebten und die eine sogenannte Willkommens- oder Vorbereitungsklasse besuchten.

»Diese Gruppe von Kindern ist im gesellschaftlichen Diskurs fast ignoriert worden«, kritisiert Jana Gamper, Professorin für Deutsch als Zweitsprache an der Justus-Liebig-Universität in Gießen. Sie hat zusammen mit anderen Fachleuten den Forschungsband *Lockdown, Homeschooling und Social Distancing – der Zweitspracherwerb unter akut veränderten Bedingungen der COVID-19-Pandemie*[144] veröffentlicht. Die Quintessenz (wenig überraschend): Die Mehrheit dieser neu zugewanderten Kinder ist in ihrem Sprachlernprozess stark zurückgeworfen worden.

»Der Grund ist nicht unbedingt, dass diese Schüler sozial benachteiligt oder ihre Familien ›bildungsfern‹ wären«, betont Gamper, »sondern diese Schülerinnen und Schüler befinden sich im elementaren Sprachlernprozess, und ihre Deutschkenntnisse reichen oft noch nicht aus, um im Distanzunterricht eigenständig lernen und Aufgaben erfassen zu können. Manchen fehlte auch die Medienkompetenz für digitales Lernen.« Viele seien nun »hochgradig demotiviert«, weil sich ihr Wechsel in die Regelklasse mangels Deutschkenntnissen verzögere. Manche hätten bald ihre Schulpflicht erfüllt und stünden erst mal ohne Abschluss da, »mit leeren Händen«. Gamper sagt, statt den Einzelnen die Verantwortung für ihr vermeintliches »Scheitern« zuzuweisen, sei spezielle Förderung nötig.

Willkommensklassen sind in der Regel sehr heterogen. Einige Schülerinnen und Schüler haben während ihrer teils jahrelangen Flucht nie eine Schule besucht, andere hingegen standen in ihren Heimatländern kurz vor dem Abitur. So sind die Lerngruppen vom Leistungsniveau, oft auch vom Alter und der Herkunft der Schüler in der Regel sehr gemischt. »Lehrerinnen und Lehrer müssen sehr gut ausgebildet sein, um die Kinder angemessen fördern zu können«, sagt Gamper. Leider sei dies nicht flächendeckend der Fall. Zugleich sind die Gruppen oft so groß und so heterogen, dass »selbst die Besten an Grenzen kommen«. Das war schon vor Corona so. Nun fehlt erst recht Zeit.

Sabine Czerny ist seit rund 20 Jahren Lehrerin, wurde mal strafversetzt, weil ihre Schülerinnen und Schüler zu viele gute Noten erzielten[145], und schreibt als Kolumnistin beim Deutschen Schulportal. Über den Unterricht in einer Willkommens- oder Deutschklasse mit rund 20 Kindern rechnete sie hier im zweiten Corona-Herbst vor:[146] Um Einzelnen die an-

stehenden Lerninhalte zu erklären und angemessen auf sie einzugehen, benötige sie pro Kind gut 15 Minuten. »Ich müsste
mich teilen können, damit ich für jedes Kind wenigstens einmal am Tag ausreichend Zeit habe. Das ist aber leider nicht
möglich. Ich bräuchte also dringend eine Zweitkraft, eventuell
sogar, zumindest zeitweise, eine dritte.«

Massive Kritik am »beherzten Weiter-so«

Zu wenig Zeit für Sprachförderung, aber auch zu wenig Zeit
für individuelle Förderung insgesamt, zu wenig Zeit für soziales Miteinander, für Einzelne, für Beziehungsarbeit und Erziehung: Viele Lehrerinnen und Lehrer beklagen dies angesichts
der Corona-Folgen für Kinder und Jugendliche umso mehr.
Dass die Politik die Corona-Krise, die doch diese und viele
andere Probleme im Schulsystem schonungslos offenbart hat,
nicht genutzt hat, um grundlegend umzusteuern, sorgt viel-
fach für großen Unmut. Zum Beispiel bei Deutschlands Schulleitungen, die monatelang nach oft kurzfristigen Ansagen der
Kultusminister das Krisenmanagement vor Ort zu bewältigen
hatten.

Die Vorsitzende des Allgemeinen Schulleitungsverbandes
Deutschland (ASD), Gudrun Wolters-Vogeler, ist Leiterin der
Hamburger Grundschule An der Haake. Sie hatte während
der Schulschließungen Fernunterricht organisiert, für bedürftige Familien kostenloses Mittagessen beschafft, mit dem Jugendamt gefährdete Kinder in die Notbetreuung geholt, für
digitale Zusammentreffen mit den Kollegen gesorgt.

Für den dann angeordneten Wechselunterricht entwickelte

sie schulinterne Hygienekonzepte, installierte ein Einbahnstraßensystem auf dem Schulgelände, teilte Kinder und Kollegen in feste Kohorten ein, organisierte ein Schichtsystem, nähte, wusch und bügelte anfangs sogar Stoffmasken. Als ein Kollege an Covid-19 erkrankte, telefonierte sie Kolleginnen und Kollegen und Familien ab, um über Regeln zu informieren, Gemüter zu beruhigen, Ängste zu nehmen.

Als Wolters-Vogeler und ihre ASD-Kolleginnen und -Kollegen im dritten Corona-Schuljahr feststellten, dass sich viele deutsche Kultusministerinnen und -minister nach den Sommerferien aus ihrer Sicht weiter durchwurschteln wollten, statt Probleme grundsätzlich in Angriff zu nehmen, veröffentlichten sie ein harsches Statement Richtung Politik.[147] Der Tenor, ganz in Lehrermanier: Nix kapiert. Geht so gar nicht.

Die ersten Neustarts in den Bundesländern ließen »keine Zweifel daran, dass die Verantwortlichen für Schule und Bildung wenig Engagement bei der Bewältigung der grundsätzlichen Schwierigkeiten im Bildungssystem an den Tag legen – und damit nur wenig bis überhaupt nichts aus den offenkundig gewordenen grundsätzlichen Schwächen des deutschen Bildungssystems gelernt haben«, schrieben die Schulleitungen.

Der ASD habe schon vor den Sommerferien darauf hingewiesen, »dass die Pandemie mit ihren schwierigen Bedingungen die schon lange vorhandenen und hinlänglich bekannten Schwächen des Bildungssystems lediglich verstärkt hat«. Eine ehrliche Bestandsaufnahme sei überfällig. »Stattdessen lassen die politisch Verantwortlichen keinen Zweifel aufkommen, dass ihr Wunsch darin besteht, möglichst schnell die Rückkehr zum Stand vor Corona und ein beherztes ›Weiter-so‹ ist.«

Gudrun Wolters-Vogeler beschrieb diese Haltung als fatal: »Wir können nicht so tun, als verschwänden alte und neu hinzugekommene Schwächen des Bildungssystems von selbst am Ende der Pandemie.« Als wesentliche Schwachstellen nennen die Schulleitungen folgende Punkte:

- Die Vermittlung von Fachwissen und dessen Überprüfung werde mal wieder als Schwerpunkt gesehen. »Das hat unweigerlich zur Folge, dass sich das Lernen auf begrenzte fachliche Inhalte fokussiert, um in Tests, Klassenarbeiten und Klausuren erfolgreich abzuschneiden.« Der Erwerb dringend erforderlicher Lernstrategien und Schlüsselqualifikationen bleibe weiterhin weitgehend auf der Strecke.
- Die vollmundigen Erfolgsmeldungen zur digitalen Ausstattung an Schulen nähmen Kollegen mit Kopfschütteln zur Kenntnis, »wenn sie mit einer nur mangelhaften Ausstattung an Endgeräten in einer schlecht aufgestellten Infrastruktur ihrer Schule mit eigenem Datenvolumen den Unterricht digital gestalten«.
- Schulleitungen hätten sich als zentrale Instanz erwiesen. Ihre Positionen müssten formal, inhaltlich und rechtlich klar definiert und endlich so ausgestattet werden, dass sie den vielfältigen und umfangreichen Aufgaben besser, wenn nicht gar in manchen Bereichen überhaupt, gerecht werden könnten.

Der umfangreichste Punkt der Schulleitungen ist die Kritik, dass an den Schulen Zeit für Erziehungs- und Sozialisierungsaufgaben fehlt. Nach wie vor stünden Deutschlands Schulen aller Stufen dafür zu wenige Ressourcen zur Verfügung, zum Beispiel für den Ausbau der Schulsozialarbeit.

Diese Haltung sei »absolut nicht nachvollziehbar« und bedürfe einer »dringenden Korrektur«. Schließlich seien Schulen mit zunehmender Tendenz die wichtigsten Einrichtungen, die familiär bedingte Unterschiede kompensieren und Bildungsungerechtigkeit abbauen könnten.

Der Ganztagsansatz: Schule als »zweites Zuhause«

Wolters-Vogeler versucht an ihrer Schule, der Grundschule An der Haake im Hamburger Stadtteil Hausbruch, genau das zu tun: Bildungsungerechtigkeit abzubauen. Für viele Kinder sei die Schule ihr »zweites Zuhause«, sagt sie.[148] Eins, das ihnen zuverlässig Schutz, Sicherheit und Freiraum bietet, oft mehr als die vier Wände ihrer eigenen Familie.

Viele Kinder im Einzugsgebiet hätten es zu Hause nicht leicht. Der Anteil der unter 15-Jährigen, die von der staatlichen Mindestsicherung leben, liegt in Hausbruch bei fast 30 Prozent. Mehr als die Hälfte der Familien mit Kindern an der Grundschule An der Haake hat Anspruch auf Leistungen aus dem Bildungs- und Teilhabepaket.

Neben der Armut gibt es oft schwierige Familienverhältnisse. Eltern leben getrennt, wechseln öfter die Partner, verlieren den Job, ziehen in eine andere Wohnung, finden eine neue Stelle, ziehen wieder um. Die Kinder immer mittendrin. Einige Familien sind so überlastet, dass die Kinder dort nicht bleiben dürfen. Das Jugendamt bringt sie vorübergehend im Kinderschutzhaus unter. Eine Maßnahme zu ihrem eigenen Schutz, der ihnen aber auch jede Gewissheit nimmt.

Die Schule sei für viele Kinder die einzige Konstante in ihrem Alltag, sagt Wolters-Vogeler. Deshalb sollen sie hier feste Bezugspersonen haben. Die Schulleiterin setzt multiprofessionelle Teams ein. Eine Lehrkraft, ein Sonderpädagoge und ein Erzieher begleiten eine Klasse, wenn möglich über die gesamte Grundschulzeit. Die Kinder bekommen von ihnen Ansprache und Anerkennung.

An einer Wand im Flur hängt ein Rahmen mit Fotos von den Viertklässlern. Sie zeigen darauf ihre »Talente«: »Ich kann mein Bein hinter den Kopf machen«, so ist das Foto von einem Jungen beschriftet, der Verrenkungen macht. Ein anderes Talent ist: »Ich bin hilfsbereit« oder: »Ich kann gut Flöte spielen.«

Wie verbunden sich die Kinder mit den Menschen an ihrer Schule fühlen, zeigt sich zum Beispiel am »Danke-Baum« im Foyer. An der Holzskulptur hängen Blätter aus Papier mit besonderen Nachrichten der Kinder: »Liebe Frau Schäffer, du hilfst uns, wenn wir nicht weiterwissen«, steht auf einem Blatt. Oder: »Xenia, ich hoffe, wir bleiben immer Freunde.« Dank geht auch an den Hausmeister, das Küchenteam und »Elisabeth, weil du immer mit uns spielst«.

Damit Raum für eine solche Erziehungs- und Beziehungsarbeit bleibt, brauchen Pädagogen Zeit mit den Kindern. An drei Nachmittagen pro Woche dürfen die Schülerinnen und Schüler bis 15.30 Uhr in der Schule bleiben. Sie können beim Computer- oder Fußballkurs mitmachen oder in die »Teepause« gehen, sich Geschichten vorlesen lassen, »ein bisschen runterkommen«, wie Wolters-Vogeler sagt.

Seit Jahren diskutiert Deutschland darüber, dass Ganztagsschulen einen wichtigen Beitrag zu mehr Bildungsgerechtigkeit leisten sollen. Und tatsächlich hat sich die Zahl der Grundschulkinder, die nachmittags in der Schule oder im Hort betreut werden, in den vergangenen rund 15 Jahren mehr als verdoppelt.[149] Aber die Qualität der Angebote geht stark auseinander; von der Billigbetreuung durch schlecht bezahlte, gering qualifizierte Honorarkräfte bis zum gut durchdachten, rhythmisierten Schultag, begleitet durch multiprofessionelle Teams, ist alles dabei.

Ganztagsbetreuung für alle erst ab 2026

Bei der Mehrheit der Ganztagsschulen in Deutschland handelt es sich um offene Angebote, die für die Träger unterm Strich oft preiswerter sind. Das heißt, Eltern können die Betreuung für ihre Kinder in Anspruch nehmen. Müssen sie aber nicht. Der Schultag besteht meist aus zwei mehr oder weniger getrennten Teilen: dem Vormittag mit Unterricht und dem Nachmittag mit Betreuung, die wiederum oft von externen Trägern übernommen wird.

Dazu kommt, dass die Bundesländer beim Ganztagsausbau ein extrem unterschiedliches Tempo vorlegen. Während in Hamburg, Thüringen und Sachsen-Anhalt fast alle Grundschüler ein Ganztagsangebot nutzen, liegt die Quote etwa in Schleswig-Holstein nur bei 31 Prozent. In Baden-Württemberg wurden 2019 nur 22 Prozent der Grundschüler ganztags betreut, in Bayern 38 Prozent.[150] Immerhin, bald soll jedes Kind in Deutschland diese Möglichkeit haben.

Kurz vor Ende der Legislaturperiode, wenige Tage vor der Bundestagswahl, haben Bund und Länder doch noch einen Kompromiss zur Finanzierung gefunden und den Rechtsanspruch auf eine Ganztagsbetreuung für Grundschulkinder beschlossen. Der greift allerdings erst ab dem Jahr 2026, und auch nur für die Kinder, die dann eingeschult werden. Schülerinnen und Schüler, die derzeit unter den Corona-Folgen leiden und die Schule als »zweites Zuhause« nötig hätten, sind raus.[151]

So bleibt erst mal weiter stark vom Wohnort abhängig, ob Kinder und Jugendliche in Schulen oder anderen öffentlichen Einrichtungen nachmittags aufgefangen werden – oder nicht. Wie gut ihre Schule digital aufgestellt ist, ob sie Kinder mit Lernschwierigkeiten gezielt fördert, ob das Personal überhaupt dafür reicht, all das ist bundesweit sehr verschieden. So sind Bildungschancen in Deutschland auch Glückssache. Das gilt verstärkt in einer Pandemie.

Schulen noch immer nicht krisenfest

Glück müssen Kinder und Jugendliche, und zwar insbesondere solche mit niedrigem sozioökonomischen Hintergrund, vor allem für den Fall haben, dass es zu erneuten Schulschließungen kommen sollte. Gut anderthalb Jahre nach Beginn der Pandemie sind längst nicht alle Schulen gleichermaßen auf Distanz- oder Wechselunterricht vorbereitet. Das Deutsche Schulbarometer zeigt erhebliche Unterschiede: Auf die Frage, ob die Schule mit Blick auf ihre digitale Ausstattung gut auf Fern- oder Hybridunterricht vorbereitet sei, antworteten im September 2021 nur die Hälfte der befragten Lehrkräfte mit Ja. Das waren zwar mehr als bei den Befragungen im April und Dezember im Vorjahr, aber eben längst nicht alle. Besonders frappierend: Bei Schulen mit einem hohen Anteil an einkommensarmen Familien fanden nur 29 Prozent der Befragten, man sei entsprechend dafür aufgestellt. Bei Schulen mit überwiegend wohlsituierten Familien waren es 59 Prozent.

Deutsches Schulbarometer
Auswirkungen auf die Schulentwicklung
Welche verbindlichen Konzepte haben Schulen für Fern-/Hybridunterricht
entwickelt? (Angaben in Prozent)   ☐ Dezember 2020 ■ September 2021

Kontakt zu allen Schüler(innen) bzw. Eltern aufrechterhalten

60

65

Schüler(innen) regelmäßiges, individuelles Feedback geben

41

48

Schüler(innen) mit Lernschwierigkeiten individuell unterstützen

23

30

Schüler(innen) dabei unterstützen, ihre Lernziele zu planen

22

22

**Ist die Schule mit Blick auf ihre digitale Ausstattung gut oder sehr gut
auf Fern- bzw. Hybridunterricht vorbereitet?** (Angaben in Prozent)

April 2020   33

Dezember 2020   38

September 2021   51

Im September 2021

Schulen mit niedrigem Anteil an Familien mit Sozialtransfer (kleiner 25 %)

59

29

Schulen mit hohem Anteil an Familien mit Sozialtransfer (über 50 %)

Grundschulen	Haupt-, Real-, Gesamtschulen	Gymnasien	Förderschulen
39	49	73	36

Gymnasien zeigen sich erheblich besser ausgestattet als andere Schulformen.

Das heißt: Die Kinder, die im Falle erneuter Schulschließungen statistisch betrachtet besonders dringend erreicht werden müssten, hätten die geringsten Aussichten darauf. Auch an verbindlichen Konzepten für Fern- und Hybridunterricht, um etwa Kontakt zu allen Schülerinnen und Schülern zu halten oder zuverlässig Feedback zu geben, mangelt es noch gewaltig. Seit dem zweiten Lockdown hat sich hier offenbar wenig bewegt.

Nach den wochen- und monatelangen Schulschließungen während der Corona-Pandemie und den verheerenden Folgen, die diese hinterlassen haben, sind all dies alarmierende Befunde. Kein Wunder, dass Deutschlands Kultusministerinnen und -minister mantramäßig beschwören, die Schulen müssten offen bleiben, der Präsenzunterricht sei durch nichts zu ersetzen. Für jedes alternative Szenario sind die Schulen flächendeckend schlicht nicht gewappnet.

Die nötigen Ressourcen und Konzepte, damit Schülerinnen und Schüler nun sowohl Lernrückstände aufholen als auch die psychosozialen Folgen der Krise verarbeiten können, fehlen an vielen Schulen aber ebenfalls. Das ist die ernüchternde Bilanz. Mahnungen, wonach sich so ein Drama an den Schulen wie in den ersten Krisenjahren nicht wiederholen dürfe, lässt sich wenig Vielversprechendes entgegensetzen.

Ob Kinder und Jugendliche wie Navid beim Lernen nun wieder aufschließen können, ob sie im Falle erneuter Schulschließungen dranbleiben können oder erneut abgehängt werden, all das hängt stark vom Zufall ab. Ist eine Schule gut aufgestellt, ist die Bildungschance etwas höher; ist sie dies nicht, können Kinder wie Navid nur auf eine Frau Krämer setzen.

Welche Chancen die Schule eröffnete, als sie geschlossen war

Der Ort, den Finn, 18, für immer mit seinem Abitur verbinden wird, wirkt lauschig: Es ist eine kleine Terrasse, die zu dem gelblich gestrichenen Reihenhaus seiner Eltern im Hamburger Westen gehört. Eine grüne Idylle, links und rechts dicht bewachsen, dazwischen ein Tisch mit vier grauen Gartenstühlen drum herum. »Hier habe ich im Frühjahr fast jeden Tag gesessen, mich auf die Prüfungen vorbereitet, geraucht, Kaffee getrunken und mich wie ein Schriftsteller gefühlt, der gerade eine Abhandlung über die deutsche Reichseinigung schreibt.« Finn grinst. Eigentlich hat er hier draußen unter anderem Geschichte gelernt, eins seiner Profilfächer im Abitur neben Deutsch, Philosophie und Kunst.

Blaue Augen, braune, leicht wuschelige Haare, Jogginghose und T-Shirt, eine Katze auf dem Schoß, so sitzt Finn einige Monate nach seiner Abi-Entlassung, im Sommer 2021, wenige Meter entfernt von ebendieser Terrasse am Esstisch in der Küche, seinem zweitwichtigsten Lernort, und lässt die Oberstufenzeit während der Corona-Pandemie Revue passieren.

Zweimal war die Schule über mehrere Wochen komplett zu und Distanzunterricht angesagt. Zwischenzeitlich gab es Wechsel-, dann wieder Präsenzunterricht, der allerdings jäh vorbei sein konnte. Einmal wurde der gesamte Kurs in Quarantäne geschickt, also wieder Heimunterricht. Im Klassenzimmer saß Finn selten. »Gefühlt habe ich wirklich sehr, sehr viel allein zu Hause gelernt, oft mit einer Freundin oder per Videokonferenz.«

So wie bei Finn sah der Schulalltag in der Pandemie bei Millionen von Kindern und Jugendlichen in Deutschland aus: ohne Mitschüler, ohne Lehrer, ohne festen Stundenplan. In der öffentlichen Debatte wurde dieser Zustand zu Recht oft beklagt. Von Jugendlichen, die sich mit dem Schulstoff allein gelassen fühlten, war die Rede. Was in der Diskussion meist unterging, war die Tatsache, dass einige Schülerinnen und Schüler in dem veränderten Setting, ohne die tradierten Strukturen, plötzlich eine ganz neue Lust am Lernen entwickelten.

Schule neu denken

Sie profitierten von den Freiräumen, steigerten sogar ihre Leistung. Der Distanzunterricht lieferte (nicht nur ihnen) den letzten Beweis, dass das deutsche Schulsystem dringend umgekrempelt werden muss, dass es etliche Schülerinnen und Schüler ausbremst statt beflügelt, manche sogar in echte Nöte bringt. Der Ausnahmezustand eröffnete die große Chance, neu über die Schule und über das Lernen nachzudenken.

Finn ist kein Einzelfall. Das Allensbacher Institut für Demoskopie befragte im Auftrag der Telekom-Stiftung im Frühjahr 2021 mehr als 1000 Schülerinnen und Schüler von Klasse 5 bis 10,[152] wie sich durch das Homeschooling ihre Einstellung zum Lernen verändert hat und wie gut sie ohne das übliche Setting im Klassenraum klargekommen sind.

Zwischen den ohnehin leistungsstarken Kindern und denen, die sich mit dem Lernen schwertun, zeigen sich dabei deutliche Unterschiede. Von denen, die sich als gute Schüler bezeichnen, ziehen 82 Prozent eine positive Bilanz des Homeschoolings. Bei den durchschnittlichen und nicht so guten Schülern sind es nur 38 Prozent. Mädchen sind im Schnitt besser klargekommen als Jungen, Gymnasiasten besser als Schüler anderer Schulformen.

Die Mehrheit hat während des schulischen Ausnahmezustandes zudem deutliche Fortschritte in bestimmten Kernkompetenzen gemacht, zumindest nach eigener Einschätzung. Jeweils etwas mehr als die Hälfte hat im Umgang mit dem Computer und digitalen Anwendungen dazugelernt, tut sich leichter, Informationen zu recherchieren, und hat gelernt, sich selbst besser zu organisieren, also sich selbst Zeit und Arbeit einzuteilen.

Fun Fact: Als die Schule ausfiel, taten etliche Kinder und Jugendliche plötzlich das, was ihnen dem Klischee nach zumindest bildungsbürgerliche Eltern sonst so gerne nahelegen: 41 Prozent waren öfter draußen an der frischen Luft, beispielsweise zum Spazierengehen. 34 Prozent lasen mehr Bücher. 18 Prozent machten öfter Musik oder fingen neu damit an. Für all diese Dinge raubt ihnen der normale, vollgepackte Schultag offenbar eine zentrale Ressource: Zeit.

Entspannter gelernt, Noten verbessert

Die Allensbacher Ergebnisse liefern gute Gründe, das bisherige Schulkonzept zu überdenken, ebenso wie Finns AbiNote, die bei 2,4 lag. Zu Beginn der Oberstufenzeit, im ersten Semester, habe er noch einen Schnitt von 3,3 gehabt, sagt Finn, zum Schluss, im vierten Semester, sogar 2,1.

»Einerseits habe ich mich im Laufe der Zeit deutlich mehr angestrengt, andererseits haben sich meine Noten auf jeden Fall durch den Distanzunterricht verbessert. Ich führe das ganz klar darauf zurück«, sagt er. Ihm sei diese Art des Lernens einfach sehr entgegengekommen.

»Es fing schon damit an, dass ich nicht morgens vor 8 Uhr in der Schule sitzen musste, sondern meinen Tag selbst strukturieren konnte. In den ersten Tagen des Distanzunterrichts war das zwar etwas schwer, aber ich bin da gut reingekommen. Ich konnte ausschlafen, habe dann gefrühstückt, geduscht, hatte vielleicht eine Videokonferenz, habe mich danach ausgeruht, vielleicht eine Stunde gezockt, bin spazieren gegangen.

Dann habe ich drei bis vier Stunden gelernt, je nachdem, was da auf dem Tisch war. Ich habe in der Zeit meist viel effektiver und besser gelernt als im Klassenraum. Danach habe ich wieder etwas anderes gemacht. Ich saß zum Lernen allerdings bewusst nicht am Schreibtisch oben in meinem Zimmer, weil da die Computerspiele in der Nähe gewesen wären, sondern unten in der Küche oder auf der Terrasse am Laptop.«

Von der Qual, die so viele andere Kinder und Jugendliche mit dem Homeschooling verbinden, kann bei Finn keine Rede sein. Er war in mehrfacher Hinsicht privilegiert. Da gab es einen ruhigen Ort zum Lernen, die nötige technische Ausstattung, und, noch wichtiger, Finn war an selbstorganisiertes, selbstbestimmtes Lernen lange vor der Pandemie gewöhnt. Indirekt verdankte er das der übellaunigen, »geradezu boshaften« Lehrerin seines älteren Bruders an der staatlichen Grundschule in der Nachbarschaft.

Abgeschreckt von den unschönen Erfahrungen, schulten Finns Eltern den jüngeren Sohn an einer privaten Grundschule mit einem besonderen pädagogischen Konzept ein: Die Klassen waren altersgemischt. Gelernt wurde jahrgangsübergreifend, von- und miteinander. Noten gab es nicht, einen normalen Stundenplan auch nicht. Die Schüler hatten vielmehr »Lernzeiten«, in denen sie selbstständig Aufgaben bearbeiteten, die eigens auf ihr Tempo und ihr Können zugeschnitten waren.

»So habe ich schon in der Grundschule geübt, wie ich mein Lernen selbst organisiere und auch später fast nie mit meinen Eltern Hausaufgaben gemacht, sondern ich war immer sehr eigenständig«, sagt Finn. »In der Pandemie bin ich da gut wieder reingekommen, das habe ich wirklich gespürt. Ich glaube außerdem, dass ich am Ende auch deshalb 15 Punkte in der Abi-Prüfung in Mathe hatte, weil mich ein Grundschullehrer in diesem Bereich so gefördert und mir viel Freiraum gelassen hat. Ich durfte in der zweiten Klasse schon Aufgaben für Viertklässler machen und meine Einmaleins-Prüfung vorzeitig ablegen. Darauf war ich megastolz, das hat mein Selbstbewusstsein enorm gepusht.«

Manches sieht Finn rückblickend allerdings auch kritisch. Er hält es mit Immanuel Kant, wonach Freiheit und Zwang grundlegende Pole der Pädagogik sind.

»Das Konzept meiner Grundschule in allen Ehren, aber in deutscher Rechtschreibung und Grammatik bin ich wirklich schlecht. Dazu hatte ich in der Grundschule wirklich so gar keine Lust, sondern habe nur irgendwelche Buchstaben nachgemalt und so getan, als ob ich was mache. Damit haben sich die Lehrer zufriedengegeben, und ich bin damit lange irgendwie durchgekommen. Im Distanzunterricht dagegen konnte ich mir zwar einteilen, was ich wann mache, aber mir tat auch gut, dass ich etwas machen musste.«

Intrinsisch motiviert, die Orthografie zu beherrschen? Nein. »Wenn es keine Noten gibt, müsste man es in der Schule noch irgendwie anders hinbekommen, dass Schüler bestimmte Sachen lernen wollen und den Sinn darin sehen«, findet Finn. Nach der Grundschule war er auf ein staatliches Gymnasium gewechselt, mit einem normalen Stundenplan, Klassenarbeiten und Zensuren, die er oft ungerecht fand. Während viele andere die Notengebung im Distanzunterricht als noch ungerechter empfanden als sonst, war sie aus Finns Sicht fairer: Wenn du in der Schule im Unterricht sitzt, bekommst du vielleicht noch Hausaufgaben, und die musst du halt nicht machen. »Wenn du sie nicht machst, kannst du trotzdem noch eine okaye Note bekommen. Aber wenn du im Online-Unterricht nichts abgibst, wie sollen die Lehrer dich dann bewerten? Das war für mich ein Ansporn. Ich habe gemerkt, dass ich jetzt gerade richtig gut meine Noten verbessern kann. Ich fand das viel einfacher als im normalen Unterricht, weil die Bewertung im Klassenraum subjektiver ist.

Egal wie oft ich mich melde und was ich sage, die Note wird am Ende eher gleich bleiben, weil ich bei dem Lehrer in einer bestimmten Schublade stecke. Im Distanzunterricht dagegen mussten sich die Lehrer meine schriftlichen Aufgaben durchlesen. Ich denke, dadurch haben sie viel eher meine Leistung gesehen: ›Ach, da hat er doch gute Ideen gehabt‹.

Bei Lehrern, die ich nicht mochte, fiel es mir im Distanzunterricht viel leichter, Interesse für deren Fach aufzubringen, zum Beispiel in Biologie. Ich mochte den Typen nicht, und das beruhte auf Gegenseitigkeit, aber das ist auf die Distanz viel weniger ins Gewicht gefallen als im Klassenraum. Es gibt genügend Angebote im Internet, beispielsweise Erklärvideos, mit denen ich mir selbst den Stoff in Bio beigebracht und die

Aufgaben erledigt habe. Das Material im Netz finde ich ohnehin oft viel verständlicher als die Texte in Schulbüchern. Wir hatten außerdem eine Lernplattform an unserer Schule: IServ. Da haben die Lehrer reingeschrieben, welche Aufgaben wir erledigen sollen. Das fand ich sehr gut, weil ich dadurch immer genau wusste, was ich noch machen muss und was ich schon erledigt hatte. Das ist eigentlich nur eine Kleinigkeit, aber ich bin sicher, dass Schüler mit so einem virtuellen Ort für die Hausaufgaben besser den Überblick behalten und mehr lernen. Das sollte man auch nach der Pandemie beibehalten.«

Krisen-Mantra: Das Primat des Präsenzunterrichts

Digitaler, flexibler, selbstbestimmter, stressfreier: Während Finn und manch andere Schüler die Vorteile des Distanzunterrichts genossen, beschworen Deutschlands Kultusminister in der Pandemie stetig das »Primat des Präsenzunterrichts«. Das traditionelle Lernen im 45- oder 90-Minuten-Takt, oft genug an die acht Stunden pro Tag zusammen mit rund 30 anderen Schülern in einem Klassenzimmer, dazu eine Lehrkraft, die abhängig vom Fach öfter wechselt und vorgibt, was und wie gelernt werden soll – als diese Form des Unterrichts wegfiel, schien sie plötzlich unverzichtbar.

Vermisst wurden Struktur, Verlässlichkeit, soziales Miteinander. Pädagogik auf Distanz wurde als Widerspruch in sich erkannt. Zu Recht. Aber: Das Loblied auf den Präsenzunterricht fiel auch deshalb so laut aus, weil Deutschlands Schulsystem bemerkenswert schlecht auf den Ausnahmezustand vorbereitet war. Nicht wenige Schülerinnen und Schüler sowie ihre Lehrkräfte fielen in ein beachtliches Nichts.

Kein Computer, kein Drucker, kein stabiles Netz, keine Ahnung, wie digitaler Unterricht funktioniert, oft genug auch keine Ahnung, wie selbstorganisiertes Lernen geht. Keine verlässlichen Regeln und Strukturen, wie Lehrende und Lernende Kontakt halten, damit kein Kind, kein Jugendlicher wegrutscht.

So wurde Distanzunterricht vielerorts zum Desaster, der traditionelle Präsenzunterricht jedoch gleichsam »verherrlicht«, wie Bildungsforscher Michael Kerres von der Universität Duisburg-Essen im SPIEGEL kritisierte.[153] Manche und mancher hatte offenbar vergessen, dass das übliche Setting im Klassenraum vor Corona noch als dringend reformbedürftig galt.

Das Thema treibt Bildungsforscher, Lehrerinnen, Eltern, Schülerinnen und Schüler seit Jahrzehnten um. Etliche Regale lassen sich mit Büchern füllen, die mit dem deutschen Schulsystem abrechnen. Seitenweise entlädt sich Ärger, entfalten sich Forderungskataloge, was sich alles ändern müsste.

Ein Klassiker in dieser Riege, der durch besondere Empathie mit Kindern und Jugendlichen hervorsticht, heißt *Schulkummer*, geschrieben von Daniel Pennac, einst selbst ein unglücklicher, leistungsschwacher Schüler, später jahrzehntelang Lehrer in Frankreich. Unnachahmlich beschreibt Pennac die Absurditäten eines üblichen Schultages:

»Präsentsein im Unterricht … Nicht einfach für diese Jungen und Mädchen, fünf oder sechs Stunden hintereinander im 55-Minuten-Takt ununterbrochen geistig anwesend zu sein, wie es ihnen das so eigenartige Stundenraster der Schule abverlangt [...] ein Literaturleben, das überspringt in ein Mathematikleben, das umkippt in eine strotzende Geschichtsexistenz, die einen unmotiviert wieder in ein anderes Dasein schleudert, ein englisches oder deutsches jetzt, oder chemisches oder musikalisches. Hübsch viele Reinkarnationen für die Schüler für einen einzigen Tag! Und ohne jede Logik! Ihr Stundenplan, das ist Alice im Wunderland: du trinkst beim Märzhasen Tee, und plötzlich spielst du Krocket mit der Herzkönigin. Ein Tag im Mixbecher des Lewis Carroll, bloß fehlen die Wunder. Wenn das keine Denksportübung ist! In so akkurate Scheiben geschnitten sind ansonsten nur noch der Tag des Psychoanalytikers und die Salami des Metzgers. Und dies Woche um Woche, das ganze Jahr hindurch!«[154]

Mancher kann den Trott irgendwann nicht mehr ertragen, zum Beispiel Finn. In der zehnten Klasse, kurz bevor er in die Oberstufe wechseln sollte, hätte er fast die Schule geschmissen. »Ich hatte einen ganz großen Durchhänger, überhaupt keine Lust mehr auf Schule«, sagt er. Die Lehrer, die Strukturen – das sei alles so starr gewesen, der Unterricht nach den immer gleichen Mustern abgelaufen.

Die Riege der Schulverdrossenen ist lang. Oliver Hauschke, Gymnasiallehrer aus Stade in Niedersachsen und Vater von zehn Kindern, sechs davon noch schulpflichtig, schmiss die Schule tatsächlich, zumindest vorübergehend. Für einige Monate zog er mit seiner Familie nach Irland, um dem deutschen System zu entfliehen und seine Kinder im Heimunterricht »wieder eine gewisse Lust am Lernen entdecken zu lassen«, wie er in der Pandemie im Rahmen eines Gesprächs auf der Live-Talk-App Clubhouse erzählte.

Zwei Jahre vorher hatte Hauschke seinem Ärger in einem Buch Luft gemacht: *Schafft die Schule ab. Warum unser Schulsystem unsere Kinder nicht bildet und radikal verändert wer-*

den muss. Auf 213 Seiten rechnet er darin mit allem ab, was ihm am Kosmos Schule absurd, ungerecht und unnütz erscheint. Die Schule würde Kinder und Jugendliche »entmutigen, desillusionieren, deprimieren, unterdrücken und betrüben«, so fasste Hauschke die Kritik in der *Süddeutschen Zeitung* zusammen.[155] Statt Bildung zu vermitteln, ziele sie darauf ab, »den Menschen nach seiner vermeintlichen Leistungsfähigkeit zu klassifizieren und zu kategorisieren«.

Mit Kritik am Schulsystem lässt sich sogar als Comedian punkten. Besonders beliebt: der Witz, dass sich in Deutschlands Klassenzimmern seit der Kaiserzeit angeblich nichts geändert habe. »Herr Schröder«, der mal albern, mal lustig als »Deutschlehrer mit Frustrationshintergrund« auftritt, scherzte etwa, ein Zeitreisender, der sich aus dem Jahr 1880 in die Gegenwart einer deutschen Stadt beame, müsse angesichts all der Neuerungen um ihn herum wohl »komplett geflasht« sein, nur im Schulgebäude fühle er sich wie zu Hause. Dort sei alles noch »wie immer«.[156]

Das stimmt so natürlich nicht.

Exkurs:
»Alle alles gründlich lehren«

Wahr ist, dass die Wurzeln des gegenwärtigen Lernens im Klassenraum in Deutschland weit zurückreichen. Ein (sehr lückenhafter) Rückblick im Schnelldurchlauf zeigt, wo manche Struktur – und die Kritik daran – ihre Wurzeln hat. War Unterricht über viele Jahrhunderte fast nur Jungen aus privilegierten Verhältnissen vorbehalten, forderte Bischof Johan Amos Comenius im 17. Jahrhundert »omnes omnia omnino«, auf Deutsch: »alle alles gründlich«[157] zu lehren. Bis tatsächlich alle Kinder, auch Mädchen, zur Schule gingen, sollten aber noch einige Hundert Jahre vergehen.

Aus einer überwiegend kirchlich organisierten Schulbildung entwickelte sich parallel zum Erstarken der Nationalstaaten im 19. Jahrhundert nach und nach die staatliche Volksschule für alle, die zum »Rückgrat des Schulsystems« wurde.[158] Statt ihre Kinder in kirchlichen Einrichtungen zu beschulen, von Privatlehrern zu Hause unterrichten zu lassen oder auch – mangels Geld – gar nicht, sollten Eltern sie in staatliche Schulen schicken.

Der Prozess beschleunigte sich hierzulande vor allem nach der Gründung des Deutschen Kaiserreiches im Jahr 1871. Er war wesentlicher Teil der gesellschaftlichen Modernisierung, die sich aus der Industrialisierung ergeben hatte. In der Arbeitswelt ebenso wie in einem komplexeren Staatswesen wurden qualifizierte Arbeitskräfte benötigt.

Bis zum Jahr 1914 sei in Deutschland der Besuch der achtjährigen Primarschule nicht nur gesetzlich vorgeschrieben, sondern auch durchgesetzt gewesen, schreibt der Erziehungswissenschaftler Jürgen Oelkers.[159] Überall bestand eine staatliche Bildungsversorgung, die sich zunehmend an einheitlichen Standards orientierte: mit ausgebildeten Lehrkräften und einem bestimmten Fächerkanon. Ziel war eine Massenbeschulung.

Wesentliche Bildungsreformen waren im 19. Jahrhundert vor allem von Preußen ausgegangen. Der Philosoph Wilhelm von Humboldt (1767–1835) propagierte ein humanistisches Bildungsideal, ausgerichtet an einer ganzheitlichen Selbstbildung des Menschen. Das Schulsystem müsse nicht vorrangig vom Zweck des Staates, sondern vom Zweck des Menschen organisiert werden, befand er[160] und schlug aufeinanderfolgende Schulstufen vor: eine für alle Kinder gemeinsame Elementarschule mit anschließendem Übergang in die Stadtschule und darauf aufbauend das Gymnasium für die Besten. »Ziel war es, alle Kinder – und zwar ohne Rücksichten auf ihre soziale Herkunft – grundlegend zu bilden und ihnen dadurch Zugang zur Sprache und Kultur zu eröffnen.«[161] Dies stieß jedoch auf starken Widerstand konservativer Kräfte, die von einer »natürlichen und gottgegebenen Ungleichheit« der Menschen überzeugt waren. Humboldts Reform wurde 1819 abgewehrt.

»Der eingeleitete Ausbau des Schulsystems ging dennoch weiter«, schreiben die Schulforscher Hermann Edelstein und Benjamin Veith, »auf der einen Seite das chronisch unterfinanzierte, überfüllte und stark konfessionell geprägte Volksschulwesen, das den Auftrag hatte, gehorsame und gottesfürchtige Untertanen hervorzubringen, und dessen Lehrpläne daher ganz bewusst auf kulturtechnische Minimalstandards beschränkt wurden. Auf der anderen Seite das gut ausgestattete Gymnasium mit […] seinem Auftrag, die zukünftigen gesellschaftlichen Eliten zu bilden.«[162]

Fast so alt wie dieses Schulwesen ist die Kritik daran. Der Reformpädagoge Bernhard Otto forderte am 3. Dezember 1897 dringend zu einer Schulreform auf, denn dieses System werde das anstehende Jahrhundert nicht überleben: Die Schule müsse sich dem Kind anpassen – nicht umgekehrt.[163] Die Volksschulen der Kaiserzeit orientierten sich hingegen an Disziplin, Drill und Unterordnung. Gefragt war Anpassung statt Individualität. Auswendiglernen statt Nachfragen. Soziale Ungleichheit abzuschaffen, stand keineswegs auf der Agenda. Das Schulsystem war vielmehr darauf ausgerichtet, Kinder aus privilegierten Familien verstärkt zu fördern. Der

Zugang zu höherer Bildung war begrenzt und meist an Wohlstand gekoppelt.

Nach dem Ersten Weltkrieg und dem Ende des Kaiserreiches gab es in der neuen Republik wieder den Anspruch, Menschen im demokratischen Sinne gleiche Bildungschancen zu eröffnen, der auf Widerstand der konservativen Opposition stieß. 1920 einigte man sich schließlich auf den »Weimarer Schulkompromiss«, der eine vierjährige gemeinsame Grundschulzeit für alle Kinder vorsah. Danach sollten Schüler auf verschiedene weiterführende Schulen aufgeteilt werden, und zwar je nach »Anlage und Neigung«, unabhängig von der sozialen Herkunft.[164]

Wahr ist, dass sich all diese Strukturen und Debatten um Zugänge zu Bildung sowie Sinn und Zweck von Bildung im deutschen Schulsystem noch wiedererkennen lassen, aber es hat sich auch sehr viel verändert.

Formal gibt es heute an staatlichen Schulen keine Bildungsbarrieren wie etwa Schulgebühren mehr. Die Prügelstrafe ist abgeschafft, Frontalunterricht verpönt. In den vergangenen Jahrzehnten hat eine umfangreiche Bildungsexpansion stattgefunden. Mehr als die Hälfte der Schülerinnen und Schüler eines Jahrgangs macht Abitur. 1960 war es nicht mal ein Zehntel. An den Unis lernen angehende Lehrerinnen und Lehrer längst, sie würden nicht zu Wissensvermittlern, sondern zu Lernbegleitern ausgebildet. »Heterogenität« und »Individualisierung« gehören zu den Schlagworten jedes Seminars. Statt im Gleichschritt sollen Schülerinnen und Schüler nach ihren jeweils eigenen Fähigkeiten lernen, jedes Kind in seinem Tempo. Das Ganze möglichst selbstbestimmt und ohne Notendruck.

Es gibt verschiedene Thesen, wie Kinder am besten und

nachhaltigsten lernen. Förderlich ist demnach, wenn sie ihre eigene Neugier befriedigen, intrinsisch motiviert sind, Sinn in dem erkennen, was sie lernen. Wenn sie selbst Fragen entwickeln und eigenständig Antworten finden. Das Schlagwort unter Didaktikern dazu lautet »entdeckendes Lernen«.

Die Praxis: »variabler und durchdachter« als vor Jahrzehnten – und dennoch ...

Wie sehr sich die verschiedenen Ansätze und Ideen zum Lernen in der Praxis gegenwärtig durchsetzen, hängt stark von der einzelnen Schule oder der Lehrkraft ab. Finn findet, er habe in der Oberstufe Glück gehabt: »Die Strukturen sind ganz gut aufgebrochen worden, nicht nur wegen des Distanzunterrichts, sondern schon vor Corona«, sagt er. »Ich habe das Profil ›Kunst und Gesellschaft‹ gewählt und hatte da fast nur sehr gute bis okaye Lehrer. Ich hatte den Eindruck, dass die sich viele Gedanken machen, wie Unterricht anders laufen kann. Zu dem Profil gehörte ein neues Fach: Weltkultur.

Das war so etwas Losgelöstes, eine neue Idee. Es gab kein Curriculum, sondern der ganze Kurs durfte mitentscheiden, mit welchem Thema wir uns beschäftigen, eins, das nicht im üblichen Lehrplan vorkommt, aber trotzdem relevant ist und wert, dass man sich mal ein paar Wochen damit auseinandersetzt. Wir haben unter anderem ›Nahostkonflikt‹ und ›Feminismus‹ gewählt. Ich fand beides extrem interessant und habe viel Neues gelernt.«

Lob und Kritik an der Schule ergeht sich oft in solchen persönlichen Erfahrungen oder Anekdoten, wie Finn sie erzählt.

277

Statistische Zahlen, wie Lehrkräfte ihren Unterricht gestalten oder wie die Beziehung zu ihren Schülerinnen und Schülern aussieht, gibt es nicht, kann es kaum geben, schon weil die Wahrnehmung ziemlich subjektiv ist. Wie verkrustet oder progressiv die Schulen hierzulande wirklich sind, lässt sich deshalb nur annäherungsweise beschreiben.

Eine Einschätzung von einem, der das Schulsystem als Lehrer, Vater, Mitarbeiter des Schulministeriums und Erziehungswissenschaftler kennt, fällt so aus: »Die Grundannahme eines ›normalen Lernverhaltens‹ ist strukturell immer noch eine 45-Minuten-Taktung, ein inputorientiertes Lernen, ein fachlogischer Lehrplan, in dem systematisch Kapitel für Kapitel und Fach für Fach unterrichtet werden«, schreibt Aladin El-Mafaalani, Professor für Erziehungswissenschaft an der Universität Osnabrück, in seinem Buch *Mythos Bildung*.[165]
Daran habe sich im Wesentlichen nichts geändert, auch wenn es Modellschulen, Projekte und Einzelmaßnahmen gebe, die diese Modi an einigen Stellen aufbrächen. »Wesentlich stärker«, schreibt der Bildungsforscher, »hat sich jedoch der Unterricht selbst gewandelt: die Anordnung der Tische und Stühle, Unterrichtsmaterialien, Lernmethoden und Formen, didaktische Konzepte.« Alles sei »variabler und durchdachter« als noch vor einigen Jahrzehnten.

Manches läuft aus Sicht des Bildungsforschers in diesem modernen Unterricht allerdings falsch. Er zählt dazu eine »völlige Übertreibung der Bedeutung didaktischer Modelle und Konzepte für die Lernentwicklung des Kindes«. Zum anderen sei lange Zeit gar nicht nach den Bedingungen gefragt worden, unter denen bestimmte Konzepte und Modelle gelingen könnten; auch nicht danach, wie sich diese auf soziale Ungleichheiten auswirken.

Moderne, offene Unterrichtsformen, in denen Kinder selbstorganisiert und selbstbestimmt für sich oder in Gruppen lernen, hält El-Mafaalani an sich für richtig, nur müssten Kinder in den Schulen auf diese offenen Lernarrangements vorbereitet werden. Aber genau dafür fehle Lehrkräften oft die Zeit. Stattdessen werde vorausgesetzt, dass Kinder diese Fähigkeiten von zu Hause mitbringen. Einige tun dies, andere nicht. So könnten sich Ungleichheiten verstärken, mahnt der Forscher.

Schon vor der Pandemie gab es bei etlichen Schulakteuren den Wunsch, Unterricht neu zu gestalten, das Schulsystem grundlegend zu reformieren, mehr Bildungsgerechtigkeit herzustellen. Nach den Schulschließungen und der Erfahrung, dass neue Lern-Settings positive Effekte haben können, ist dieses Anliegen noch größer, noch dringender geworden. Selten wurde so viel darüber diskutiert, wie Schule ist, wie sie sein sollte und was sich dazu alles ändern müsste.

Ulrich Munz und Martin Ruppenthal, zwei Lehrer aus Baden-Württemberg, beide Mitglieder in den Leitungsteams ihrer Schulen, treten seit Jahren als Comedians auf. In der Pandemie gingen ihre Satirevideos zum Distanzunterricht viral. Im SPIEGEL[166] schilderten sie, womit es ihnen ernst ist: »Ich höre die Kultusminister immer sagen, ihr Ziel sei, so schnell wie möglich zur Normalität zurückzukehren«, sagte Munz. »Das ist, ehrlich gesagt, nicht mein Ziel. Ich möchte eine neue, andere Normalität. Ich würde Schule gern neu denken, neue Strukturen etablieren.«

Woran das bisher scheitert? »Unser Schulsystem ist stark auf Effizienz getrimmt«, kritisiert Ruppenthal. »Das ist seit Jahren Spitz auf Knopf organisiert. Die Räume sind knapp, die Ausstattung ist knapp, das Personal ist knapp. Sozialpädagogen oder Schulpsychologen haben Seltenheitswert. Wenn ich etwas ändern will, muss ich entweder Lehrinhalte weglassen oder Kinder weniger Zeit in der Schule verbringen lassen. Aber immer heißt es: ›Nee, geht nicht, das gefährdet gleichwertige Abschlüsse.‹ Man müsste an irgendeiner Stelle den Mumm haben, Ressourcen reinzubuttern oder irgendwas wegzulassen. Dann könnte sich wirklich etwas ändern.«

Was sich jetzt ändern muss

Was sich an Deutschlands Schulen alles ändern müsste, ist nach Beginn der Corona-Pandemie nicht nur in vielen Lehrerzimmern Thema. Mehrere Bildungsexperten haben Bücher veröffentlicht wie *Schule weiterdenken. Was wir aus der Pandemie lernen*[167] oder *Das Schuljahr nach Corona. Was sich nun ändern muss*[168]. Zusätzlich gab es etliche Diskussionsrunden, Impulsvorträge bis hin zu Demos in Berlin unter dem Stichwort: »Schule muss anders«.

Die Forderungen knüpfen oft an Erfahrungen aus dem Distanz- und Wechselunterricht an und kreisen im Wesentlichen um folgende zentrale Erkenntnis aus der Pandemie: Schule ist ein sozialer Ort und deshalb für Kinder und Jugendliche unverzichtbar. Die wichtigsten Punkte der Debatte, die banal klingen, aber auf Missstände in der Realität verweisen:

- Damit Kinder gut lernen können, brauchen sie eine vertrauensvolle Beziehung zu ihren Lehrpersonen.
- Schule ist weit mehr als Wissensvermittlung in Kernfächern, sondern muss auch sozioemotionale Fähigkeiten wie Empathie, Neugier und Kreativität fördern.

- Das soziale Miteinander in der Klasse, in der Schulgemeinschaft, ist ausschlaggebend fürs Wohlfühlen.
- Digitalisierung ist kein Selbstzweck, sondern soll ein freieres, selbstorganisiertes Lernen ermöglichen.
- Neue, weichere Strukturen sind nötig, um die genannten Punkte zu ermöglichen: kleinere Klassen, schlankere Lehrpläne, flexiblere Stundenpläne.

Die Lehrkraft als Coach

Selten offenbarte sich so deutlich wie in der Krise, wie richtig der neuseeländische Bildungsforscher John Hattie mit seiner These zu Lernerfolg und Lernmotivation liegt: Auf den Lehrer kommt es an[169]. Hattie hat für diese Erkenntnis viele Studien durchgeführt, Finn hat sie nach zwölf Jahren Schulzeit gewonnen, vor allem im Distanzunterricht: »Selbst als im ersten Lockdown jeder im Kurs einen acht- bis zehnseitigen Wikipedia-Eintrag zu einem Wendepunkt in der deutschen Geschichte als Hausaufgabe schreiben sollte, haben wir von unserem Geschichtslehrer alle ein ausführliches Feedback bekommen. Er muss also einige Hundert Seiten durchgearbeitet haben. Ich habe sehr gemerkt, wie motiviert er ist, und das hat sich irgendwie auf den ganzen Kurs, auch auf mich, übertragen. Andere Lehrer haben zwar dauernd haufenweise Aufgaben gestellt, sich dann aber unsere Bearbeitung gar nicht angeguckt, das hat mich schon gestört.«

Dass mancher Pädagoge ganze Schulkarrieren ruinierte oder rettete, beschreibt schon Daniel Pennac in *Schulkummer*, inklusive seiner eigenen Rettung durch einen Französischlehrer, seinen »Wohltäter«. Erfolgreiche Kinofilme wie

Der Club der toten Dichter (1989), *Die Kinder des Monsieur Matthieu* (2004) oder *Fack ju Göhte* (2013) handeln von Lehrern als Lichtgestalten, die sich aufgrund ihrer beeindruckenden Persönlichkeit, ihrer großen Empathie oder ihres mitreißenden Unterrichts ins Gedächtnis brennen. Eine ganze Jugendgeneration schwor sich mit Robin Williams auf »Carpe Diem« ein.

Nur, in der Realität muss sich jede Lehrkraft wohl oder übel in vorgegebenen Strukturen bewegen, und die sind oft stark über Unterricht definiert und lassen zu wenig Raum für Pädagogik, wie OECD-Direktor Andreas Schleicher frühzeitig in der Pandemie kritisierte. Seine Lehre: »Es ist wichtig, dass wir die Rolle der Lehrkräfte wirklich neu denken: dass wir sie viel stärker auch als Coach, als Mentor, als Begleiter, als Sozialarbeiter begreifen.«[170] Das jetzt anzugehen, darin sehe er eine große Chance. Die Krise biete eine Reihe solcher Chancen.

Mehr als Deutsch und Mathe

Viele Monate später, Ende Oktober 2021, lud Schleicher zur Online-Präsentation neuer OECD-Studienergebnisse ein. Anders als etwa bei der PISA-Studie ging es dieses Mal nicht um fachliche, sondern um sozioemotionale Fähigkeiten wie Empathie, Kreativität, Neugier, Verantwortung, Optimismus, Anstrengungs- und Kooperationsbereitschaft, Toleranz, Stressresistenz. Ein Team hatte in zehn Städten weltweit die Kompetenzen von jeweils 3000 Schülerinnen und Schüler im Alter von 10 und von 15 Jahren untersucht. Dabei stellte es einen starken Zusammenhang zwischen sozioemotionalen Kompetenzen und kognitiven Fähigkeiten fest.

Schleicher sprach von »wichtigen Prädiktoren für Schulnoten«. Wer zum Beispiel in hohem Maße über Ausdauer und Neugier verfügt, ist im Schnitt besser in Mathematik und im Lesen als andere. Bei denselben kognitiven Fähigkeiten bekomme der- oder diejenige mit der höheren emotionalen Kompetenz meist die besseren Noten. Sozioemotionale Kompetenzen schlagen sich wiederum auch auf das Wohlbefinden nieder: Kinder und Jugendliche mit höherer sozialer Kompetenz sind in der Regel stressresistenter, psychisch gesünder und perspektivisch erfolgreich im Leben.

Der OECD-Bildungsdirektor plädierte dafür, in den Schulen mehr Raum zu lassen, um genau diese Fähigkeiten zu fördern. 15-Jährige, die künstlerisch aktiv seien, verfügten (wenig überraschend) über ein höheres Maß an Kreativität. Auch Sport sei sehr wichtig. Kinder aus privilegierten Familien hätten durchschnittlich bessere Möglichkeiten, zu Hause sozioemotionale Kompetenzen zu erwerben. Die Schule könne hier kompensierend wirken.

Ein starker Zusammenhang besteht zudem zwischen sozioemotionalen Fähigkeiten und der Beziehung von Schülerinnen und Schülern zu ihren Lehrkräften sowie der Frage, ob sich Einzelne einer Gemeinschaft zugehörig fühlen. Gibt es hier positive Werte, ist auch die soziale Kompetenz höher. Aber, sagte Schleicher, ein Viertel bis ein Drittel der Schüler fühle sich eben nicht zugehörig.

Für ihn die wichtigste Erkenntnis der Studie: Sozioemotionale Fähigkeiten nehmen im Laufe der Schulzeit offenbar ab. Bei den 15-Jährigen waren sie geringer ausgeprägt als bei den 10-Jährigen. Das sei nur zum Teil mit der Pubertät zu erklären. »Kreativität scheint uns im Laufe der Schulzeit verloren zu gehen«, sagte Schleicher. Das zeige sich vor allem in China.

»Wir sind gut darin, Kindern das beizubringen, was uns wichtig ist: Konformität.« Der Bildungsforscher erinnerte zudem daran, dass sich PISA-Sieger wie Finnland nicht dadurch auszeichneten, ihre Schülerinnen und Schüler täglich möglichst lange im Klassenraum sitzen zu lassen. Viel Unterricht hilft nicht zwingend viel.

Die aktuellen OECD-Studienergebnisse sind in doppelter Hinsicht bemerkenswert. Ende Oktober 2021 ging es laut dem Aufholprogramm der schwarz-roten Bundesregierung ja vorrangig darum, mit den Schülerinnen und Schülern verpassten Lernstoff in Deutsch, Mathematik und Englisch aufzuholen, Lernlücken zu schließen. Schleichers Appell lenkte den Blick darauf, wie zentral auch Kunst, Musik, Sport sowie die Förderung sozialer Beziehungen in der Schule sind.

Die OECD legte damit einen interessanten Perspektivwechsel hin, war ihr doch oft vorgeworfen worden, die kognitiven Fächer besonders stark in den Fokus gerückt zu haben. So bemerkte denn auch Margret Rasfeld, ehemalige Schulleiterin und scharfe Kritikerin des deutschen Schulsystems, dies habe dazu geführt, dass sich auch die Schulen immer mehr auf Standards ausgerichtet hätten und darauf, »Kinder zu Leistungserbringern zu machen«.

Fairerweise muss man sagen, dass die OECD nicht die Schulpolitik verantwortet, aber natürlich Impulse setzt. Rasfeld kritisierte, für Kreativität und das Menschsein bleibe oft kaum Zeit in der Schule. Wenn man etwas ändern wolle, brauche es »Zeiten, Orte, Räume«, in denen sich Kinder ausprobieren und erleben können, sagte Rasfeld, die sich »Bildungsinnovatorin« nennt.

Um selbstorganisiert lernen zu können, bräuchten Kinder ein Coaching, außerdem Wertschätzung. »Wir müssen Lehrpläne entschlacken und uns davon lösen, dass ein Lehrer bis zu sechs Klassen am Tag hat und von einer in die andere rennt.« Davon sei das Schulsystem jedoch Meilen entfernt.

»Kuschelpädagogik« – neu entdeckt

Neu ist das Thema nicht. Seit mehr als zehn Jahren betreibt etwa die Universität Greifswald eine Längsschnittstudie zu sozioemotionalen Lernfaktoren (SELF). Kernfrage: Wie wirken sich soziale Beziehungen auf das Lernen aus?

Sozioemotionale Faktoren, »die lange Zeit als Kuschelpädagogik deklariert und belächelt wurden«, heißt es in einer Zusammenfassung der Ergebnisse, »gelten als elementare Motivationsquellen und Schutzfilter, die Jugendlichen helfen, mit den Herausforderungen, die das Jugendalter und die moderne Leistungsgesellschaft an sie stellen, zurechtzukommen.«[171]

Bessere Lehrer-Schüler- sowie Schüler-Schüler-Beziehungen tragen demnach zu einer stärkeren intrinsischen Motivation bei. Umgekehrt hätten Einzelgänger geringere Lernchancen, sagte die Pädagogikprofessorin Diana Raufelder während der OECD-Präsentation. Sie leitet die Greifswalder Studie und hat festgestellt: Wenn sich Kinder und Jugendliche sozial ausgeschlossen fühlten, beeinträchtige dies sogar die Reifung bestimmter Hirnareale, die wiederum für die Entwicklung sozialer Kompetenzen wichtig seien, um Beziehungen einzugehen. »Kooperation und soziale Interaktion werden behindert. So entsteht ein Teufelskreis.«

Die Studien zeigen: »Je besser die sozialen Beziehungen, desto weniger Depressionen, weniger Einsamkeit, weniger

Stress.« Wie sich soziale Beziehungen im Schulalltag fördern lassen, müsse eine zentrale Frage sein, sagt Raufelder: »Wenn sich Schüler und Lehrer nicht nur als Unterrichtspartner begegnen, sondern auch als Menschen, passieren unglaubliche Dinge, sowohl was die Leistung als auch die Motivation betrifft.«

Das Miteinander: Schule als Sehnsuchtsort

Dass Schule viel mehr ist als Unterricht, zeigte im Frühjahr 2020 auf eindrucksvolle Weise Björn Lengwenus, Schulleiter der Hamburger Stadtteilschule Alter Teichweg im Stadtteil Dulsberg. Während alle zu Hause im Distanzunterricht saßen, richtete er einen »digitalen Schulhof« ein, und zwar in Form einer täglichen »Late Night Show« auf YouTube. Rund 15 Minuten dauerte eine Sendung, die in einem eigens spontan in der Aula aufgebauten Studio aufgenommen wurde.

Lengwenus trat à la Harald Schmidt als Host auf, moderierte die eingeschickten Videobeiträge von Schülern und Lehrern, schaltete einzelne Kinder und Jugendliche zu, begrüßte Gäste wie Hamburgs Bildungssenator Ties Rabe oder Moderator Johannes B. Kerner, zeigte Einspieler aus dem tristen Alltag des plötzlich verlassenen Schulgebäudes, etwa wie er lustlos auf dem Schulhof schaukelt. Die Botschaft an die Schüler: Wir vermissen euch!

»Wenn wir uns mal erinnern, warum wir gern zur Schule gegangen sind: Wir wollten unsere Freunde treffen, Teil einer Gemeinschaft sein. All das fehlt, wenn jeder allein für sich zu Hause sitzt«, erklärte der Schulleiter damals im SPIEGEL-

Interview.[172] Schülerinnen, Schüler, Eltern und Lehrkräfte waren von der Show sehr berührt, und nicht nur sie. Etliche Medien meldeten sich mit Interviewanfragen. *Dulsberg Late Night* wurde mit zahlreichen Preisen ausgezeichnet, unter anderem mit dem Social Media Award des SPIEGEL, der YouTube Goldenen Kamera fürs Digitale, dem Grimme-Preis.

Die Show sorgte vielleicht auch deshalb so sehr für Furore, weil Lengwenus damit einen Nerv getroffen hatte. Selten zuvor war Menschen so eindringlich bewusst geworden, dass es in der Schule nicht nur ums Lernen geht, sondern dass sie ein sozialer Ort ist. Einer, der Gemeinschaft stiftet und fördert. Einer, der eine kaum zu schließende Lücke hinterlässt, wenn er aus der Lebenswelt von Kindern plötzlich herausfällt. Selten wünschten sich Schülerinnen und Schüler so sehr, wieder im Klassenzimmer zu sitzen wie zu dem Zeitpunkt, als sie nicht durften. Die Schule wurde zum Sehnsuchtsort.

Dass die Stadtteilschule Alter Teichweg dieses Gefühl in der Pandemie aufgegriffen und die Schulgemeinschaft bewusst gestärkt hat, allen Widrigkeiten zum Trotz, sei bis heute im schulischen Alltag zu spüren und werde weiter verstärkt, sagt Lengwenus im Rückblick. Aber die wichtigste Erkenntnis ist für ihn, dass man durch so eine Krise nur komme mit Dingen, die vorher angelegt wurden.

Das Motto »Be part«, sei Teil der Gemeinschaft, hatte sich der Schülerrat vor einigen Jahren überlegt, lange vor Corona. Dementsprechend gab es an der Schule schon länger gemeinschaftsstiftende Aktionen. Lengwenus sagt: »Wir haben aber das Gefühl, dass durch die *Late Night Show* und auch durch die Haltung, mit jedem Schüler jeden Tag mindestens einmal zu sprechen, dass dieses Motto total in die Herzen der Menschen gekommen ist. Das, wovor wir alle Angst hatten, nämlich dass wir uns in der Schule entfremden, ist gerade nicht passiert. Sondern wir sind näher zusammengerutscht.«

Die Türen zu seinem Büro hätten schon immer offen gestanden. »Aber Schüler kommen jetzt viel öfter zu mir und erzählen, wenn sie Probleme haben, aber sie sagen auch viel öfter, wenn sie sich über Sachen freuen«, so der Schulleiter. Viele seien stolz auf ihre Schule und hätten auch das Gefühl, dass sie durch die *Late Night* einen engeren Draht zu Lengwenus und der Schulleitung insgesamt haben. »So etwas passiert über Medien ja öfter: Man guckt eine Sendung und denkt, man sei mit den Leuten auf dem Bildschirm befreundet.«

Der digitale Schulhof ist bis nach der Ausnahmesituation lebendig geblieben. Nach all den guten Erfahrungen hat die Schule die *Late Night* fortgesetzt, sie allerdings an die Schülerinnen und Schüler abgegeben. Jeder Jahrgang produziert seine eigene Sendung, die nun *Die neue Show* heißt. Filmemacher aus ganz Norddeutschland begleiten die Jugendlichen. Jeden Monat gibt es eine neue Folge. Am Ende eines Jahres wird ein *Best of* zusammengeschnitten.

Kriseneffekt: Digitalisierungsschub an Schulen

All den vielen positiven Beispielen zum Trotz ist die Liste der Absurditäten beim digitalen Lernen in Deutschland im Rückblick lang: Videounterricht scheiterte in der Krise, weil Lernplattformen unter dem millionenfachen Zugriff von Schülerinnen und Schülern zusammenbrachen. Lehrkräfte mussten im Hybridunterricht schnellstens nach der Beschulung von Gruppe A im Klassenraum nach Hause eilen, um dort weiterzuarbeiten, weil in der Schule stabiles WLAN für den Videounterricht mit Gruppe B fehlte. Mancherorts gelang es Hackern, sich Zutritt zum digitalen Unterricht zu verschaffen und dort pornografische Bilder zu posten.

Selten zeigte sich so deutlich wie während der Pandemie, dass Deutschlands Schulen in Sachen Digitalisierung schlecht aufgestellt waren: Nur jeder dritte Schüler hatte zwei Jahre vor Corona Zugang zu einer Online-Lernplattform. Damit stand die Bundesrepublik hinter Ländern wie dem Libanon, Moldawien, Jordanien und der Dominikanischen Republik zurück. Nur jede dritte Schule konnte für ihre Schüler Klassensätze an Tablets oder Smartphones bereitstellen. Nur etwas mehr als ein Viertel der 14-Jährigen besuchte eine Schule mit Internetzugang für alle. International lag der Anteil bei fast zwei Dritteln, wie die Vergleichsstudie ICILS (International Computer and Information Literacy Study) von 2018 zeigte.[173] Rund 46 000 Achtklässler an 2200 Schulen sollten dabei Aufgaben am Computer lösen. In Deutschland konnte dabei rund ein Drittel nicht oder nur schlecht mit Computern und digitaler Technik umgehen.

»Diese Schüler können eigentlich nur Links anklicken und ihr Handy streicheln«, sagte die Bildungsforscherin Birgit Eickelmann, die für den deutschen Teil der Studie verantwortlich ist. Sie hielt das Ergebnis für »ein Stück weit dramatisch«. Das war die Situation, als Deutschlands Schulen im Frühjahr 2020 coronabedingt bundesweit geschlossen wurden und der Unterricht trotzdem weitergehen sollte. Digital. Schülerinnen, Schüler und Lehrkräfte waren gezwungen, sich wenn irgend möglich virtuell zu treffen, allen Widrigkeiten zum Trotz. Das klappte an einigen Schulen anfangs überhaupt nicht, an anderen ruckelte es. Wieder andere waren (schnell) bestens vorbereitet. Hier lief der Unterricht fast normal weiter, nur eben per Videoschalte.

Immerhin, nach und nach wurde es besser. Die Pandemie hat der Digitalisierung an den Schulen einen riesigen Schub verliehen, darüber herrscht weitgehend Konsens. In erster Linie lag das an dem immensen Engagement zahlreicher Lehrerinnen und Lehrer, die sich dennoch bis heute von manchem Witzbold im Netz den Scherz gefallen lassen müssen, in den Kollegien herrsche wohl eine »Herdenimmunität« gegenüber der Digitalisierung des Unterrichts.

»Ich bin überrascht, wie viele Lehrerinnen und Lehrer ihren Unterricht innerhalb von einem Jahr angepasst und umgestellt haben«, sagt Nele McElvany, Bildungsforscherin am Institut für Schulentwicklungsforschung an der Technischen Universität Dortmund. Sie beruft sich auf zwei Umfragen[174] unter Lehrkräften, die sie mit ihrem Team im Frühjahr 2020 und noch einmal ein Jahr später durchführte. Die Ergebnisse sind nicht ganz repräsentativ, unter anderem weil sich an der Befragung überdurchschnittlich mehr Frauen als Männer beteiligten, aber sie lieferten Hinweise auf Veränderungen.

Beispiel Kommunikation: Lief der Kontakt zwischen Schüler und Lehrer im Distanzunterricht anfangs noch vorrangig per E-Mail, Telefon oder gar Brief, nutzten ein Jahr später deutlich mehr Lehrkräfte virtuelle Treffen. Der Anteil der Lehrerinnen und Lehrer, die sich auf diese Weise mit all ihren Schülerinnen und Schülern verständigte, stieg im ersten Pandemiejahr von knapp 12 Prozent auf mehr als die Hälfte.

Mehr als drei Viertel der Lehrkräfte unterrichteten nach einem Jahr Corona alle oder die Mehrheit ihrer Schüler digital, per Videokonferenz, zu Krisenbeginn war es nicht mal ein Drittel.

Die befragten Lehrkräfte nahmen sich selbst nach rund einem Jahr Pandemie zudem als digital affiner wahr. Sie trauten sich beim Einsatz digitaler Medien mehr zu, und das ist für McElvany eine zentrale Voraussetzung für den weiteren Ausbau digitalen Lernens.

»Es reicht nicht, wenn die Politik den Lehrern sagt, es wäre doch schön, wenn sie digitale Medien nutzen, oder wenn alle naselang jemand beim Elternabend nachhakt«, sagt die Forscherin. »Diejenigen, die digitalen Unterricht gestalten, müssen sich kompetent fühlen und motiviert sein, und da sehen wir positive Werte.«

Bildungsforscherin McElvany glaubt, durch das digitale Lernen setze sich nach der Pandemie endlich vermehrt in der Praxis durch, was sie und ihre Kolleginnen und Kollegen in der Theorie seit Jahren postulierten: »dass Lernende ihr Lernen in bestimmten Bereichen selbst bestimmen, selbst steuern, überwachen und anpassen sollen«.

Besser lernen mit Gaming

Einige Schulen sind anderen in diesem Punkt Meilen voraus, so wie die Siebengebirgsschule in Bonn, Bad Godesberg, eine Förderschule: Hier werden knapp 300 Schülerinnen und Schüler von der ersten bis zur zehnten Klasse mit den Förderschwerpunkten Lernen, Sprache, emotionale und soziale Entwicklung unterrichtet. Das erklärte Ziel der Schule, die für den Deutschen Schulpreis nominiert war: den Kindern und Jugendlichen eine nachhaltige Teilhabe an der Gesellschaft zu er-möglichen, einen Abschluss und einen Platz in der Arbeitswelt.

Schon vor Jahren hat die Schule begonnen, das Lernen stärker digital auszurichten. »In einem Teil des Kollegiums war die Skepsis anfangs groß«, sagt Schulleiter Achim Bäumer. Die Vorbehalte: »Mit meinen Schülern geht das nicht. Oder: Die sitzen doch zu Hause schon dauernd am Computer. Oder: Die Schüler sollen keine Apps abarbeiten.«

Aber, betont Bäumer, beim digitalen Lernen gehe es nicht ums Konsumieren, sondern ums Produzieren. Es sei kein Selbstzweck, sondern solle eigenverantwortliches Lernen unterstützen. Schon vor Corona gab es deshalb an der Schule eine eigene Kommunikations- und eine Lernplattform mit Erklärvideos, Rätseln und weiterem Material. Jeder Schüler und jede Schülerin einer Pilotklasse hatte ein »Lern-Navi«, eine Art digitalen »Laufzettel«, mit eigenem Lernplan.

Durch die Schulschließungen hätten sich viele weitere Kollegen sehr gut auf dieses Konzept eingelassen, seien mehrfach geschult worden, »und nun arbeiten alle mit diesen Tools, die wir außerdem weiter ausgebaut haben«, sagt Bäumer. »Wir haben hier einen Riesensprung gemacht.«

Kinder bearbeiten die Aufgaben, die ihr Lern-Navi vorsieht, eigenständig. In den Klassen mit jeweils 12 bis 15 Schülern werden sie dabei von einem Lehrer oder »Coach«, wie Bäumer sagt, begleitet. Der Vorteil an der Förderschule sind kleine Klassen mit rund einem Dutzend Kindern. Morgens findet ein »Briefing« für alle statt. Über den Schultag verteilt gibt es zudem »Dialog-« und »Impulsphasen«, nicht zu verwechseln mit »Input«, wie der Schulleiter betont.

Die übliche Stundentafel fällt weg. Stattdessen lernen Kinder überwiegend in sogenannten EVA-Stunden (eigenverantwortliches Arbeiten), die sie sich selbst einteilen. Dafür können sie an vier Tagen pro Woche eine Gleitzeit nutzen und den Schulbeginn selbst bestimmen, frühestens um 7.45 Uhr, spätestens um 8.45 Uhr.

36 »Lerneinheiten« müssen sie pro Woche absolvieren, vier davon auf Wunsch zu Hause. Das Lernen wird von Raum und Zeit entkoppelt, so die Idee, die sich »Flipped Classroom« nennt. Während der Pandemie baute das Kollegium dieses eigenständige, selbstbestimmte Lernen weiter aus und knüpfte an das an, was Kinder und Jugendliche im Lockdown besonders gerne machten: Zocken.

Man setzte auf »Gamifizierung«, fügte also typische Elemente von Computerspielen in den Lernprozess ein. Wer sich beim Lern-Navi einloggt, ein Erklärvideo ansieht, Fragen richtig beantwortet oder anders interaktiv tätig wird, sammelt Punkte und kann so einen nächsthöheren Level erreichen. Süchtig macht dieses Lernen nicht, aber es zieht offenbar.

Bäumer erklärt sich den Erfolg damit, dass das Konzept einerseits sehr viel Struktur bietet, den Einzelnen aber andererseits viele Freiheiten lässt. Nach den Schulschließungen hätten Schüler zurückgemeldet, dass ihnen gerade die Freiräume im Distanzunterricht geholfen hätten, etwa dass sie beim Lernen essen, sich mit einem Freund austauschen oder Aufgaben erst um 23 Uhr bearbeiten konnten (pubertätsbedingt für viele eine günstigere Lernzeit als 8 Uhr).

»Wir wollten diese positiven Erlebnisse nutzen«, sagt Bäumer. »Gerade für Schüler mit Förderbedarf emotionale und soziale Entwicklung, die oft ein forderndes Verhalten zeigen, werden die Räume an vielen Schulen mit Regeln und Vorgaben immer enger gemacht. Wir tun das Gegenteil und machen damit sehr gute Erfahrungen.«

Kleinere Klassen, neue Strukturen

Während der Pandemie durften sich Lehrerinnen und Lehrer landauf, landab nicht mehr nur theoretisch die Vorteile kleinerer Lerngruppen ausmalen, sondern im Wechselunterricht ganz praktisch erleben. Seitdem ist der Ruf nach intimeren Lern-Settings umso größer. Katja Eder[175] unterrichtet an einer Grundschule in Berlin. Im Wechselmodell saßen bei ihr wochenlang statt 25 nur 12 oder 13 Kinder im Klassenraum. Dann kehrte der normale Präsenzunterricht zurück, und die alten Probleme waren wieder da.

»Bei meinen Zweitklässlern gibt es einige, die sich schwer damit tun, bei normaler Klassenstärke über Stunden mit vielen anderen Kindern zusammen zu sein. Denen ist es im Wechselunterricht viel leichter gefallen, zu lernen und sich zu konzentrieren. Ich hatte außerdem viel mehr Zeit für die Einzelnen und konnte besser auf sie eingehen.« Dadurch sei zwischen ihr und den Kindern eine noch engere Beziehung entstanden, die sich positiv auf das Lernen ausgewirkt habe.

Noch ein Pluspunkt dieser Unterrichtsform: Der Schulgong war abgestellt. Schüler und Lehrer gingen spontan dann in die Pause, wenn dies gerade nötig schien, und zwar gemeinsam. »Wenn wir beim Lernen gerade gut vorangekommen sind, musste ich die Kinder nicht unterbrechen. Und wenn gerade die Luft raus war, musste ich sie nicht zwingend im Raum beschäftigen«, sagt Katja Eder. »Sondern ich bin mit ihnen nach draußen gegangen und habe sie spielen lassen.«

Sie habe öfter mitgespielt, öfter Zeit gehabt, mit den Kindern zu reden. »Wir haben den ganzen Vormittag zusammen verbracht. Das hat ihnen sehr gut getan, und das vermissen sie jetzt im normalen Präsenzunterricht sehr«, sagt sie. Ihre persönliche Corona-Bilanz: »Das Verhältnis zwischen mir und den Kindern hat sich in der Pandemie noch mal deutlich verbessert. Einerseits profitieren wir immer noch davon, andererseits merke ich, wie sehr sich die Kinder weiter engeren Kontakt wünschen, aber ich muss sie oft enttäuschen.«

Die Kinder fragten öfter, warum sie nicht mehr mit ihnen in die Pause komme, sagt Eder. »Aber nun bin ich wieder in die alten Strukturen eingebunden und muss beispielsweise die allgemeine Pausenaufsicht übernehmen. So bleibt weniger Zeit für ›Beziehungsarbeit‹, die doch zentral in unserem Beruf ist.« Dazu kommt, sagt sie, dass sie bei der üblichen Klassenstärke einfach nicht allen Kindern gerecht werden könne.

»Einige Kinder, die besonders bedürftig sind, kommen einfach nicht gut klar im Unterricht. Ein Kind verhält sich so auffällig und aggressiv, dass ich es manchmal schon von seinen Eltern abholen lassen musste. Mir tut das unglaublich leid. Ich habe ja gesehen, dass auch Kinder wie dieses unter anderen Bedingungen sehr wohl gut lernen könnten. Sie haben ein Recht auf Bildung, das wir ihnen quasi verwehren. Das darf so nicht weitergehen!«

Solange die Politik hier nicht die Strukturen verändert, wird aus den Kleingruppen jedoch wohl erst mal nichts werden. Viele Pädagogen bedauern das. »Wir haben auch gemerkt, dass der Unterricht in Kleingruppen sehr gut funktioniert, weil es ruhiger ist und die Kollegen besser auf einzelne Schüler eingehen können«, sagt der Hamburger Schulleiter Björn Lengwenus. »Aber es hilft ja nichts. Wir wollen keinen Hybridunterricht machen, bei dem die halbe Klasse zu Hause sitzt und den anderen per Video zuguckt. Und wenn wir die Klassen teilen wollten, bräuchten wir doppelt so viele Lehrer und doppelt so viele Räume. Beides haben wir nicht.«

Wenn er jedoch an die 30 Zehntklässler in ihrem rund 50 Quadratmeter-Klassenraum sehe, müsse er sagen: »So kann Lernen nicht funktionieren.« Der coronabedingt verordnete Mindestabstand von anderthalb Metern tue Kindern im normalen Schulalltag auch gut, damit sie nicht so eng aufeinander hockten. Aber aus Sicht des Schulleiters werden selbst neue Schulen nicht so groß gebaut, wie das nötig wäre.

»Man braucht sich nur die Schultoiletten in Deutschland anzusehen, dann weiß man, wie viel beziehungsweise wenig Wertschätzung Schülerinnen und Schülern entgegengebracht wird. Wieso werden Schulen nicht als Bildungspaläste gebaut?«

Schule gemeinsam denken: Von wegen Einzelkämpfertum

Von einem Bildungspalast will man auch an der Green-Gesamtschule in Duisburg, ebenfalls für den Deutschen Schulpreis nominiert, nicht sprechen. Aber auch hier arbeiten Kolleginnen und Kollegen ebenso wie in Hamburg, Hannover und anderswo daran, Schule neu zu denken – und im Rahmen ihrer Möglichkeiten umzugestalten, bestehende Strukturen aufzubrechen. Sozioemotionale Kompetenzen sollen dabei genauso gefördert werden wie ein gemeinschaftliches Miteinander, und zwar bei Schülerinnen, Schülern und Lehrkräften.

»Wir arbeiten konsequent in Teamstrukturen. Das hat uns in der Pandemie gerettet. Deshalb halten wir daran fest und bauen es weiter aus«, sagt Nicole Schlette, stellvertretende Schulleiterin. Schon vor Corona haben sich in den Klassen 5 und 6 die beiden Klassenlehrer mit einem Sozialpädagogen und einem Mitglied der Schulleitung zu fest im Stundenplan verankerten Zeiten wöchentlich getroffen. Dies wurde während der Schulschließung einfach in den digitalen Raum verlegt. Dieses Team stellte sicher, dass täglich digital Unterricht stattfand und zu jedem Kind Kontakt gehalten wurde. Strukturen, um sich auszutauschen, zu helfen und nicht zu vereinsamen, gab es also bereits vor der Krise.

In den Klassen 5 und 6 sind feste Teamzeiten im Stundenplan verankert. In den anderen Jahrgängen treffen sich die Jahrgangsteams regelmäßig dienstags für zwei Stunden. »Der Schwerpunkt in allen Sitzungen liegt auf der pädagogischen Arbeit und der Unterrichtsentwicklung«, sagt Schlette.

Einmal im Halbjahr planen die Teams eines Jahrgangs gemeinsam eine Unterrichtsstunde. Die Kollegen hospitieren, »aber nicht, um anschließend den Kollegen zu bewerten, sondern um zu beobachten, ob der Plan aufgegangen ist oder das Konzept noch Schwächen hat«. Einmal pro Woche steht ein Projekttag an, »in dem sich mehrere Fächer verstecken«, den die Kollegen gemeinsam planen. So entstand zum Beispiel ein Kinder-Reiseführer für Duisburg.

Die Schülerinnen und Schüler lernen ebenfalls in Teams. Stichwort: kooperative Lernformen. »Bei uns gibt es nur Vierertische«, sagt Schlette, »weil das Lernen meist darauf ausgerichtet ist, zuerst selbst über eine Aufgabe nachzudenken, dann Ideen und Lösungen im Team zusammenzutragen, die schließlich eine oder einer vor der Klasse vorträgt.«

Damit dies nicht in Teamarbeit im Sinne von »Toll, ein anderer macht's« endet, sei unter anderem vorher unklar, wer die Aufgabe des Präsentierens übernimmt. Es geht also vor allem darum, dass jeder und jede Einzelne sowohl für den eigenen als auch für den Lernerfolg der Gruppe verantwortlich ist.

Nötige Reformen: Abschied von der Gießkanne

Was sollte reformiert werden und wo? Isabell Welpe, Professorin an der School of Management an der Technischen Universität München, möchte am liebsten alle Strukturen über den Haufen werfen und das deutsche Schulsystem komplett neu aufbauen. »Das elektrische Licht wurde auch nicht erfunden, indem man die Kerzen verbessert hat«, sagt sie. Welpes Forderung: den althergebrachten Stundenplan mit seinen Fächern überdenken und Lernen mehr an persönlichen Stärken ausrichten. Außerdem müssten Externe an Schulen geholt werden, um vielfältige Kompetenzen zu vermitteln.

»Wir verschwenden viel Zeit damit, Kinder in den Schulen noch so auszubilden, als wollten wir sie später in einen industriellen Maschinenpark schicken«, sagt Welpe. »Stattdessen werden künftig immer mehr Kreativität und digitale Kompetenzen in einer ›Creator Economy‹ gefragt sein.«

Bildungsforscher wie Stephan Huber warnen davor, den großen Wurf zu planen, aus dem am Ende dann doch nichts wird. Huber macht sich dafür stark, das Momentum der Krise für Veränderungen ›step by step‹ zu nutzen. Huber, Professor an der Pädagogischen Hochschule Zug in der Schweiz und Leiter des Schul-Barometers für Deutschland, Österreich und die Schweiz, spricht von einer durch die Krise ausgelösten »Innovationskraft« für Bildungssysteme. Er fordert, bei Reformen die immense Belastung der schulischen Akteure zu berücksichtigen, aber auch die vorhandene Aufbruchsstimmung.

»In der aktuellen und besonderen Anforderungssituation mit diversen Disruptionen des Systems liegt eine Chance. Wir können jetzt in eine Phase des ›neuen Normal‹ kommen mit nötigen Erneuerungen.« Für alle Akteure gelte die sogenannte BIO-Strategie: Bewahren, Innovieren und Optimieren. Also bewahren, was sich bewährt hat, optimieren im Sinne von Effektivität und Effizienz, was bereits läuft, und innovieren und damit einzelne neue, wichtige neue Ideen umsetzen. »Wichtig ist, dass ein Kollegium reflektiert, die Situation vor Ort analysiert und klare Prioritäten setzt«, sagt Huber.

Im Herbst hatte der Professor mehr als 1500 Bildungsforscher aus rund 90 Ländern zu einem Symposium eingeladen, um sich über pandemiebedingte Änderungen und Reformprozesse auszutauschen. »Wir haben gelernt«, sagt Huber, »dass wir uns im Bildungssystem endgültig vom ›Gießkannen-Prinzip‹ verabschieden müssen. Beispielsweise braucht eine Schule mit vielen Schülern aus nicht so privilegierten Familiensituationen mehr Ressourcen für Personal für die Lernbegleitung ihrer Schülerinnen und Schüler als ein Gymnasium in einem bildungsbürgerlichen Stadtteil. Bisher ist oft das Gegenteil der Fall.«

Was aber wollen Kinder und Jugendliche, wenn es darum geht, wie Schule künftig, nach der Pandemie, aussehen soll? Wie eine Allensbacher Umfrage zeigt, ist die Schülerschaft gespalten.[176] Ein Teil will gern an die neu erlebten Freiräume anknüpfen, digitaler, selbstbestimmter und flexibler lernen. Ein anderer Teil gibt sich konservativ, hält am Altbekannten fest:

- »Mir fällt es leichter, etwas zu lernen, was ich mir selbst ausgesucht habe, als etwas, das ich lernen muss.« 62 Prozent
- »Ich mag Projektarbeit besonders gern, weil ich da selbstständig mit anderen zusammenarbeiten kann.« 49 Prozent

- »Am besten lerne ich, wenn ich mir selbst etwas erarbeiten kann.« 39 Prozent
- »Der Lehrer soll festlegen, was und wie wir lernen, das ist seine Aufgabe.« 30 Prozent

Was aus all diesen Wünschen wird, wo die Debatte ums Lernen und Neuerungen an Schulen in den kommenden Jahren hinführt, ist noch nicht absehbar. Fest steht, die Unterschiede sind auch hier sehr groß: Einige Schulen in Deutschland arbeiten längst »anders«. Sie setzen auf völlig veränderte Strukturen in neu gebauten »Bildungspalästen«, andere hingegen verfahren weitgehend nach tradierten Mustern.

Dass manchmal schon kleine Veränderungen, kleine Überbleibsel aus der Krise weiterhelfen, die kein oder kaum Geld kosten, zeigen die Beispiele von vier Schulen:

Besser Pause machen

»Wir hatten im Kollegium viele Pläne, welche Lehren wir aus der Krise ziehen und was wir alles ändern wollten«, sagt Barbara Kreuzer, Leiterin der Helmut-Hübener-Stadtteilschule in Hamburg. »Aber ich merke, dass viele Kolleginnen und Kollegen von der andauernden Belastung erschöpft sind, deshalb möchte ich die Prozesse verlangsamen.« Sie will dem Kollegium zurzeit eine Verschnaufpause lassen. Dies gilt zumal, weil es weiter Coronatests, Quarantäne und Hybridunterricht gibt.

Eine Neuerung jedoch hat die Schule aus der Corona-Zeit beibehalten: Die Jahrgänge machen getrennt voneinander Pause. Sie können eine eigene Pausenkiste etwa mit Springseilen und Bällen nutzen. Die Schule hat 1300 Schüler. Die Idee: Wenn die Jahrgänge unter sich bleiben, lernen sich Kinder besser kennen, und bleiben weniger anonym.

Bügeln bei der Lehrerkonferenz

Erst mit Beginn der Pandemie fing das Schulleitungsteam an der Stadtteilschule Alter Teichweg in Hamburg an, sehr regelmäßig, alle zwei Wochen, Eltern-Infomails zu schreiben. Bei dieser Kommunikationsform bleibt die Schule nun, »zumal wir jetzt diesen perfekt aufgebauten Mailverteiler haben«, wie Schulleiter Björn Lengwenus sagt. Die (unzuverlässige) Ranzenpost dagegen wurde abgeschafft.

Auch bei den Lehrerkonferenzen, die sonst monatlich jeweils zweistündig stattfanden, hat sich etwas geändert. Nun spricht das Kollegium einmal drei Stunden vor Ort über Inhalte, eine weitere Konferenz läuft einstündig und digital. Da werden nur Informationen ausgetauscht. »Jeder kann das zu Hause tun und nebenbei bügeln oder was auch immer«, sagt Lengwenus. »Das kommt sehr gut an, weil es viel Zeit spart.«

Schule an den Küchentisch holen

An der Waldschule Hatten in Niedersachsen fand man im Distanzunterricht nach eigenen Angaben zwar schnell ins digitale Lernen, wollte aber auch eine intensive Beziehungsarbeit zu den Kindern und Jugendlichen aufrechterhalten. So wur-

den etliche Videoaktivitäten angesetzt, darunter eine »Seelen-
klempnerstunde«, digitale Nachhilfeangebote, Videogrüße aus
dem Büro der Schulleitung, Videobotschaften einzelner Klassen an die Schulgemeinschaft. Auch die Beziehung zu den Eltern wurde gestärkt.
   Im Schnitt alle zwei Wochen fanden Online-Elternabende
mit aktuellen Informationen statt. Die Beteiligung daran war
den Angaben zufolge fünfmal so hoch wie sonst. Denn plötzlich ließ sich die Schule »nach Hause holen, an den Küchen-
tisch«, wie die Schulleiterin Silke Müller sagt. Weiterhin gibt
es nun etwa einmal pro Monat Online-Info-Elternabende.
Kranke Kinder können sich in den Unterricht zuschalten.

Selbstwirksamkeit erfahren

Als Schlüsselbegriff taucht in der Debatte über die Corona-
Folgen für Kinder und Jugendliche immer wieder der Begriff
»Selbstwirksamkeit« auf. Die Erfahrung, als Mensch etwas bewirken zu können, Missstände zumindest ein wenig verändern
zu können, am besten gemeinsam mit anderen, gilt als zentral. Die Erfahrung soll helfen, die Resilienz zu stärken, die sozioemotionale Kompetenzen fördern und dazu beitragen, die
psychosozialen Folgen der Krise abzufedern.
   Silke Müller erzählt von einem Unterrichtsbeispiel an ihrer
Schule, mit dem all dies gut gelungen sei, und zwar auch weil
digitale Möglichkeiten genutzt wurden: Eine neunte Klasse
beschäftigte sich auf eigene Initiative mit einem der Entwick-
lungsziele der Vereinten Nationen: Hunger bekämpfen. Die
Schülerinnen und Schüler sammelten Pfandflaschen, bekamen
rund 30 Euro dafür, kauften Lebensmittel, spendeten diese an

die Tafel, drehten einen Videobeitrag darüber, den sie bei Facebook posteten und der sehr viel Aufmerksamkeit bekam, die zu weiteren Spenden führte.

»Wenn Schüler auf diese Weise Selbstwirksamkeit erleben, also lernen, dass sie selbst etwas leisten können, auch etwas in der Gesellschaft bewegen können«, sagt Müller, »dann, das klingt vielleicht pathetisch, ist für mich eins der wichtigsten Lernziele erreicht.«

4
Wo die Politik
jetzt umsteuern muss

*(1) Bei allen Maßnahmen, die Kinder betreffen,
gleichviel ob sie von öffentlichen oder privaten
Einrichtungen der sozialen Fürsorge, Gerichten,
Verwaltungsbehörden oder Gesetzgebungsorganen
getroffen werden, ist das Wohl des Kindes ein
Gesichtspunkt, der vorrangig zu berücksichtigen ist.
(3) Die Vertragsstaaten stellen sicher, dass die
für die Fürsorge für das Kind oder dessen Schutz
verantwortlichen Institutionen, Dienste und
Einrichtungen den von den zuständigen Behörden
festgelegten Normen entsprechen, insbesondere im
Bereich der Sicherheit und der Gesundheit sowie
hinsichtlich der Zahl und der fachlichen Eignung
des Personals und des Bestehens einer ausreichenden
Aufsicht.*

UN-Kinderrechtskonvention, Artikel 3 [Wohl des Kindes][177]

»Wir müssen klären, was Gerechtigkeit heißt«

Interview mit dem Bildungsforscher Kai Maaz

Luftfilter, Masken, Hygieneregeln und Einbahnstraßensysteme: Während die Kultusministerkonferenz sich meist ums Krisenmanagement an den Schulen kümmern musste, fiel in die Corona-Pandemie auch eine freudige Nachricht, eine kleine Errungenschaft: Eine neue Ständige wissenschaftliche Kommission nahm ihre Arbeit auf, eine 16-köpfige Runde renommierter Bildungsforscherinnen und -forscher.

Nachdem zuvor die Einrichtung eines Nationalen Bildungsrates vor allem am Widerstand von Bayern und Baden-Württemberg gescheitert war, einigten sich die Kultusminister Ende 2019 darauf, einen wissenschaftlichen Beirat einzurichten, und zwar ohne Mitwirkung des Bundes. Im Mai 2021 war es so weit. Die Runde ging an den Start. Sie soll »Schwachstellen des deutschen Bildungssystems« aufdecken und »wertvolle Anregungen« bieten, was sich wie verbessern lässt. So formulierte es Hamburgs Schulsenator Ties Rabe (SPD).

Kai Maaz gehört zu den vier ständigen Mitgliedern der Kommission. Er ist Geschäftsführender Direktor am DIPF (Leibniz-Institut für Bildungsforschung und Bildungsinformation) und erklärt in einem Interview Ende Oktober 2021, wo er im deutschen Schulsystem dringenden Reformbedarf sieht.

Herr Maaz, wie blicken Sie aktuell auf das deutsche Schulsystem?

Wir sind noch sehr weit weg von dem, was wir als Regelunterricht und Normalbetrieb bezeichnen. Gleichzeitig versuchen wir den Eindruck zu erwecken, dass wir da schon sind. Es ist ein großer Fehler, dass wir diese Besonderheit der Situation nicht als solche wahrnehmen und versuchen, daran weiterzuarbeiten. Die großen Herausforderungen, auf die die Pandemie hingewiesen hat, sind ja nicht neu, und die sind jetzt auch nicht verschwunden.

Zum Beispiel?

Wie geht das System mit dem Thema Kompetenzarmut um, mit Ungleichheiten, mit der noch nicht hinreichend individualisierten Förderung? Da ist die Diskussion, die wir in den vergangenen Monaten geführt haben, ins Stocken geraten. Dabei müssten wir dringend diskutieren, wie wir den Anteil der Kompetenzschwachen herunterbekommen. Allein die Aufholprogramme, die durch den Bund gestartet wurden, werden das nicht schaffen, weil sie keine Nachhaltigkeit darstellen, weil sie viel zu kurz gedacht sind, um das überhaupt umsetzen zu können.

Die Leistungen der Schülerinnen und Schüler in Deutschland haben sich nach dem PISA-Schock in Deutschland bis etwa zum Jahr 2010 im Schnitt verbessert und sind dann wieder deutlich gesunken. Fachleute warnten:» Wir sind im Abstieg«, und das bezog sich auf die Zeit vor Corona.[178] Rund ein Fünftel der Kinder und Jugendlichen zeigt so schwache Leistungen im Lesen und Rechnen, dass Mindeststandards nicht erfüllt werden. Schülerinnen und Schüler aus sozial benach-

teiligten Familien sind besonders betroffen. Was läuft konkret schief?

Es gab in den letzten 20 Jahren verschiedene Maßnahmen und Reformen, die durchgeführt wurden mit dem Ziel, genau diesen Zusammenhang aufzubrechen und auch immer die kompetenzschwachen Kinder zu fördern. Man muss sagen: Das hat nicht durchgreifend funktioniert.

Woran liegt es?

Man kann sagen, dass sich die Schülerschaft etwa durch Zuwanderung verändert hat, wenn auch regional sehr unterschiedlich. Das kann sich in den Kompetenzen niederschlagen, wo sprachliche Hürden ein entscheidender Faktor sind. Ein zweiter Punkt hat aber mit Umsetzungsproblemen an Schulen zu tun. Es fehlt uns nicht an Wissen, wie wir Schüler, die leseschwach oder rechenschwach sind, angemessen fördern können. Da gibt es hervorragende Bund-Länder-Programme. Die Frage ist, warum sie nicht in der Fläche des Landes zum Einsatz kommen. Und das führt zu einem dritten Punkt, dass die Schulen auch in die Lage versetzt werden müssen, dieser besonderen Herausforderung gerecht zu werden, zum Beispiel durch angemessene Ressourcen.

Welche Erklärung haben Sie dafür, dass gute Programme nicht zum Einsatz kommen?

Ich habe dazu keine wissenschaftlich validen Daten, aber meine Hypothese würde ich gern an einem Beispiel veranschaulichen: Eine Lehrkraft schließt in der Grundschule in Mathematik ein spezielles Thema ab, etwa die Addition bis 100. Sie stellt fest, dass in der Klasse mit 25 Kindern fünf Kinder nicht in der Lage sind, diese Aufgaben zu lösen. Das heißt:

Diese Kinder haben die Addition als mathematisches Konzept noch nicht verinnerlicht. Aber was wird nun oft gemacht? Es wird weitergemacht.

So setzt sich das Problem fort.
Es folgt das nächste mathematische Thema. Die Multiplikation wird eingeführt, aber die fünf Kinder, die das Konzept der Addition noch nicht verstanden haben, werden auch das der Multiplikation nicht verstehen. Das heißt: Wir haben gerade im unteren Leistungsbereich nicht die Sensitivität, um die diagnostizierten nicht hinreichenden Kompetenzen als Grundlage für die weitere pädagogische Arbeit zu nehmen. Sondern es wird der weitere Stoff angeschlossen, wohl wissend, dass das eigentlich nicht funktionieren kann. So können sich Lernrückstände weiter kumulieren. Das könnte ein Grund sein, warum diese Gruppe der leistungsschwachen 20 Prozent so stabil geblieben ist in den letzten Jahren.

Viele Lehrkräfte sagen, ihnen bleibt nicht viel anderes übrig, als im Stoff weiterzugehen, weil sie angesichts vergleichsweise großer Klassen Einzelne kaum angemessen fördern können. Nach dem Wechselunterricht ist der Wunsch nach kleineren Gruppen umso größer.
Das hört man oft. Als Bildungsforscher werde ich mit den Ergebnissen der Forschung konfrontiert, die sagen: Die Klassengröße bringt es nicht. Aber wenn man sich vorstellt, man hat eine Klasse mit 25 Kindern oder zwei Gruppen mit 12 oder 13 Kindern, dann kann diese Reduktion für die individuelle Förderung natürlich etwas bringen, vorausgesetzt, es wird auch in den kleinen Gruppen qualitätsvoller Unterricht

gemacht. Aber eine solche Reduktion ist im System derzeit nicht umsetzbar.

Also geht alles weiter wie gehabt?

Es gibt Modellprojekte, im Grundschulbereich die Klassen in bestimmten Fächern halbieren und so etwas wie Teilungsunterricht als konsequente Maßnahme in den ersten vier Schuljahren umsetzen, um genau in diesem Bereich die Grundlagen zu schaffen, auf denen alles andere aufbaut. Kurzfristig ist das nicht realistisch, weil weder das Personal da ist noch die Räumlichkeiten da sind.

Eine Stellschraube könnten die Unterrichtszeiten sein.

Was meines Erachtens ein No-Go wäre, ist die Einführung von Wechselunterricht, wie wir ihn aus der pandemischen Zeit kennen, als Standard. Da stellt sich gerade bei Grundschulkindern sofort die Frage, was mit der anderen Hälfte der Klasse passiert, wer die betreut. Wenn man dieses Konzept der substanziellen Reduktion verfolgt, braucht man einen neuen strukturellen Ansatz, wie wir Schule neu denken, dann kann man darüber sicher nachdenken.

In der Krise sind reihenweise Forderungen dazu laut geworden. Ein Buch von Ihnen trägt den Titel Schule weiter denken*. In der Politik scheint das nicht anzukommen.*

Wir können das im großen Stil derzeit nicht umsetzen, aber wir müssten jetzt die Entscheidung treffen, dass wir es wollen, und langfristig vorbereiten. Dann werden wir vielleicht ein solches Modell in zehn Jahren implementieren können.

Welche Chancen sehen Sie dafür?
Ich sehe die Chancen dafür im Moment nicht sehr positiv. Ich sehe nicht, dass diese Diskussion ernsthaft geführt wird. Vielleicht sollte sie aus der Wissenschaft noch intensiver geführt werden, aber auch nicht in der pauschalen Denkrichtung: Wir reduzieren die Klassengrößen, sondern so, dass man die Konsequenzen mitberücksichtigt. Klassengrößen sind ohnehin nur eine Facette.

Was sind denn andere Knackpunkte?
Man könnte sich vorstellen, das pädagogische Personal gerade an Grundschulen noch besser auszubilden und fortzubilden. Oder die Einteilung der Unterrichtsfächer flexibler zu gestalten. Wenn es in einer Klasse substanzielle Probleme mit Deutsch und Mathematik gibt, stellt man das vielleicht für ein bis zwei Jahre an die oberste Stelle. Das Grundproblem ist, dass wir das noch nicht angegangen sind.

Das klingt, als wollten Sie Lehrpläne verschlanken.
Für mich geht es weniger darum, die Lehrpläne zu verschlanken. Die Länder haben eigentlich schon Handlungsspielraum, um den Fokus auf bestimmte Bereiche zu legen und Lerninhalte selbst festzulegen, ohne an die Kompetenzbereiche zu gehen. Nur, es wird nicht im nötigen Maß umgesetzt.

Woran machen Sie das fest?
Ich kann das nicht empirisch belegen, beobachte aber immer wieder: Lehrkräfte kleben oft am Unterrichtsbuch. Wie oft haben wir in den letzten Monaten die erleichterten Sätze von Lehrpersonen gehört: »Uff, wir haben das Lehrbuch geschafft.« Darum darf es eigentlich nicht als Erstes gehen.

Wer das Lehrbuch nicht schafft, muss sich unter Umständen vor Eltern oder Kollegen rechtfertigen.

Es geht nicht darum, das Buch zu schaffen, sondern um die Frage, ob die Kinder die Inhalte wirklich verstanden und kognitiv verankert haben. Da kann es zielführender sein, weniger Inhalt zu haben und den aber gut zu verankern. Wir haben schon im ersten Corona-Jahr in einem Papier der Friedrich-Ebert-Stiftung gefordert, Lehrpläne nicht bei den Kompetenzen, aber quantitativ zu entschlacken, also ohne die Qualität zu verringern. Das hat keinen großen Zuspruch gefunden, unter anderem mit dem Argument, eine Veränderung von Lehrplänen dauere Jahre. Ja, aber nur weil es Jahre dauert, heißt das nicht, dass wir nicht mal damit anfangen müssen.

In der Krise wurde immer wieder gewarnt, die Chancenungerechtigkeit verschärfe sich. Was muss hier passieren?

Wenn wir nicht konsequent die leistungsschwächeren Schüler, und zwar unabhängig von der sozialen Herkunft, stärker in den Blick nehmen und ihnen entsprechende Angebote machen, wird es uns nicht gelingen, diesen Zusammenhang zwischen Herkunft und Bildungserfolg aufzubrechen. Das sind oft kleine Dinge, die Veränderungen bewirken. Das laute, regelmäßige Lesen über einen Zeitraum von zwei Schuljahren zum Beispiel hat einen sehr positiven Lerneffekt. Die Frage ist: Warum wird das an den Schulen nicht umgesetzt? Es kostet keine Ressourcen, kein Geld, ist einfach zu machen. Da fehlt möglicherweise Bewusstsein. Wir brauchen daher Fortbildungs- und Ausbildungsoffensiven, die genau die Förderung der leistungsschwächeren Schüler im Inhalt hat.

Wenn Kinder Lernschwierigkeiten haben, bekommen sie derzeit oft Förderunterricht.

Wir müssen uns von dieser Vorstellung lösen, durch zusätzliche Kompensationsangebote könnten wir Probleme und soziale Ungleichheit beseitigen. Das wird nicht gelingen. Der Tag eines Kindes hat nur 24 Stunden. Die Zeit, in der Kinder Dinge aufnehmen können, ist begrenzt. Nach sechs bis sieben Stunden Unterricht muss ich denen nicht mit zwei bis drei Stunden Zusatzförderung kommen. Das wird nicht funktionieren. Wir sollten stattdessen verstärkt auf den Unterricht schauen und ihn noch stärker hin zu einem adaptiven Unterricht weiterentwickeln. Dazu gehören auch individualisierte Formen des Feedbacks, die für die individuellen Lernverläufe wichtiger sind als ausschließlich Ziffernnoten.

In der Debatte über mehr Chancengerechtigkeit wird immer wieder längeres gemeinsames Lernen gefordert, wie dies in den meisten anderen Ländern der Fall ist. Der Studienrat Oliver Hauschke fordert, das Gymnasium, »die heilige Kuh des Bildungsbürgertums«, gehöre geschlachtet. Tatsächlich gilt die Abschaffung des Gymnasiums schon lange als »politischer Selbstmord«. Hat die Krise dies verändert?

Nein, die Abschaffung des Gymnasiums würde ich keinem Politiker und keiner Politikerin zum jetzigen Zeitpunkt raten, weil es gesellschaftlich nicht zugänglich ist. Auch würden wir die großen Herausforderungen damit nicht lösen.

Was ist Ihr Vorschlag?

Wenn wir bundesweit zu einem Zwei-Säulen-Modell mit dem Gymnasium und einer Gesamtschulform kommen, wären wir ein Schrittchen weiter. Die Schulform kann Fragen von

Kompetenzarmut und Ungleichheit aber auch nicht in Gänze klären. Wir müssen Ungleiches ungleich behandeln, dort also mehr Ressourcen zur Verfügung stellen, wo sie am dringendsten benötigt werden. Das betrifft Personal und Strukturen. Bisher kumulieren beispielsweise oft gut ausgebildete Lehrkräfte an den Gymnasien, an der benachbarten Gemeinschaftsschule sind mehr Quer- und Seiteneinsteiger. So etwas lässt sich über Steuerung lösen.

In der Krise wurde der Bildungsföderalismus oft als Wurzel allen Übels gesehen. Ist er noch zeitgemäß?
Die föderale Struktur hat in der Pandemie sicher keine Glanzstunden erlebt. Dass man es nicht geschafft hat, sich auf zentrale Linien zu verständigen, selbst wenn es Vorgaben des Bundes gab, damit hat sich die föderale Struktur keinen Gefallen getan. Es könnte eine stärkere Orientierung zur Bundesseite geben, ohne dass man den Ländern die Verantwortung nimmt. Das wäre auch utopisch. Aber man muss sich auf mehr Eckpfeiler verständigen und von den Stärken der anderen Bundesländer lernen, statt die eigene bildungspolitische Prämisse immer als die einzig richtige zu bezeichnen. Das hemmt Innovation, statt dass es sie befördert.

Mehr Geld, lautet eine gängige Forderung, um das Schulsystem zu verbessern. Wie viel fordern Sie?
Wenn wir zum Beispiel eine substanzielle Verkleinerung der Klassen wollen, brauchen wir mehr Geld, ja. Aber bevor wir sagen, der Anteil der Bildungsausgaben beim BIP muss höher sein, brauchen wir vorher ein Konzept, wofür das Geld sein soll und vor allem wie es dort ankommt. Ich erinnere an den Digitalpakt. Was mir insgesamt fehlt, sowohl auf Landes- als

auch Bundesebene, ist die bildungspolitische Festlegung auf ein Ziel: Wo möchten wir mit unserem Schulsystem in zehn Jahren stehen? Davon ausgehend brauchen wir mittel- und kurzfristige Etappenziele. Das gibt es alles nicht. Wir brauchen eine Zielsetzung auf der obersten politischen Ebene, die ambitioniert ist, aber auch realistisch.

Wie könnte die aussehen?
Wir müssen zum Beispiel klären, was Gerechtigkeit im Bildungssystem heißt. Bedeutet gerecht, dass das Leistungsdelta von Kindern aus privilegierten und nicht privilegierten Familien in zehn Jahren verschwunden oder kleiner sein muss? Oder heißt es, dass alle Kinder von individueller Förderung profitieren, das Delta aber unter Umständen noch größer wird? Nehmen wir das in Kauf, können aber die Kompetenzen von Kindern zumindest auf ein Grundniveau heben? All dies sind Diskussionen, die wir nicht führen. Die wären aber wichtig.

Schulschließungen & Co.: Die Missachtung von Kindern beim Krisen(miss)management

Sie sind wieder da. Zehntausende Schülerinnen und Schüler schieben sich am 24. September 2021 durch Hamburgs Innenstadt zur großen Fridays-for-Future-Demonstration. »Wir sind wütend«, ruft Maia, 15, von einer großen Bühne. »Wir sind wütend auf die, die sagen, lasst das mal die Profis machen und geht in die Schule.« Sie macht eine Kunstpause, und die sitzt.

Der Vorwurf, die Jugendlichen würden wegen der Demo die Schule schwänzen, ist völlig aus der Zeit gefallen. Vor der Corona-Pandemie mag das vielleicht ein Punkt gewesen sein. Jetzt, nachdem Politikerinnen und Politiker Millionen Jugendliche in Deutschland über Monate von der Schule ferngehalten haben, ist der Vorwurf nur noch ein schlechter Witz. Und »Profis«, na ja.

Ende April 2021 hatte die schwarz-rote Bundesregierung eine schallende Ohrfeige vom Bundesverfassungsgericht hinnehmen müssen: Das zwei Jahre zuvor verabschiedete Klimaschutzgesetz sei in Teilen verfassungswidrig. Es verschiebe die Gefahren des Klimawandels auf die Zeit nach dem Jahr 2031 und damit zulasten der jüngeren Generation. Die teils sehr jungen Klägerinnen und Kläger würden in ihren Freiheitsrechten verletzt.[179] Ein Siegpunkt für die Jugend.

Maia auf der Rednerbühne sagt: »Wir haben mit unserem Protest auf der Straße das Thema Klima zum wichtigsten Thema in der Politik gemacht.« Dann ruft sie der Menge zu: »Wir gehen alle mit Hoffnung nach Hause. Denn es ist nicht zu stoppen. Wir lassen uns nicht stoppen!« Großer Applaus. Wenig später kommt Jan Delay auf die Bühne: »Wir bringen den Scheiß hier zum Kochen und das geht sooo«, singt er, »wir machen das klar, ay, ay …« Auf einer kleinen Mauer am Rande des großen Protestzuges tanzen ein Junge und seine Mutter. Die Jugendlichen sind nicht alleine hier; sie werden unterstützt von Menschen aller Generationen. Die Jugend hat die Massen mobilisiert – und das, obwohl die Kontaktbeschränkungen in der Pandemie den freitäglichen Protest auf den Straßen stark ausgebremst hatten.

Die Skepsis war anfangs groß, ob die Bewegung die lange Pause überstehen würde, wenn sie nur virtuell aktiv sein durfte. Jetzt ist sie zurück auf der Straße. »Ich finde wichtig, dass sich Kinder in der Politik engagieren«, sagt der Elfjährige, der getanzt hat. »Die Älteren haben ihr Leben schon gelebt. Wir fangen gerade erst an.«

Endergebnis Juniorwahl 2021
Bundestagswahl Zweitstimmen (mit Gewinnen und Verlusten zu 2017)

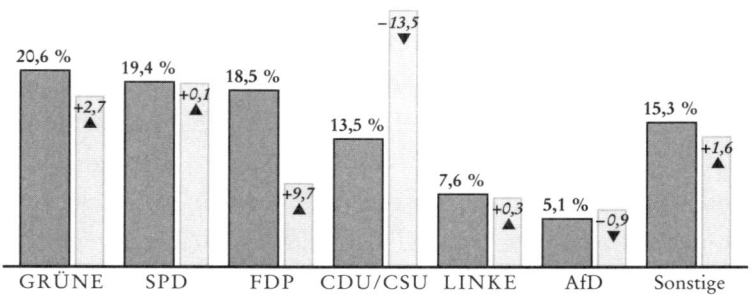

»Es ist doch auch unsere Zukunft«

Der Klimaschutz ist es vor allem, der die Schülerinnen und Schüler zur Demo zieht. Aber im Gespräch mit einzelnen Kindern und Jugendlichen wird klar, dass sie vieles umtreibt: dass die Erde so verdreckt ist, dass Menschen Tiere essen, dass die Schulen so lange geschlossen waren und vor allem: dass sie zu wenig mitbestimmen dürfen. Zwei Tage später ist Bundestagswahl, aber die Mehrheit der Menschen hier auf der Straße darf ihre Stimme nicht abgeben. Das Wahlrecht gilt ab 18. »Ich finde das unfair«, sagt eine Neunjährige. »Es ist doch auch unsere Zukunft.«

Bei der Juniorwahl konnten Minderjährige zumindest ein Stimmungsbild abgeben. Die Grünen wurden hier, anders als bei der regulären Bundestagswahl am 26. September 2021, stärkste Kraft, dicht gefolgt von der SPD. Fast 1,5 Millionen junge Menschen beteiligten sich, deutlich mehr als bei den Wahlen zuvor.

Jahrelang ist Deutschlands Jugendlichen vorgeworfen worden, sie seien politikverdrossen, desinteressiert. Schon vor

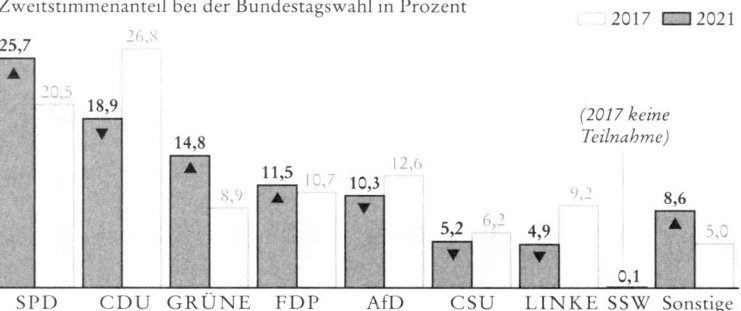

Bundestagswahl 2021: Endgültiges Erbebnis
Bei einer Wahlbeteiligung von 76,6 Prozent (2017: 76,2 Prozent)
Zweitstimmenanteil bei der Bundestagswahl in Prozent
☐ 2017 ■ 2021

(2017 keine Teilnahme)

	SPD	CDU	GRÜNE	FDP	AfD	CSU	LINKE	SSW	Sonstige
2017	20,5	26,8	8,9	10,7	12,6	6,2	9,2		5,0
2021	25,7	18,9	14,8	11,5	10,3	5,2	4,9	0,1	8,6

Corona stimmte das nicht. 2019 trug die Shell-Jugendstudie den Titel »Eine Generation meldet sich zu Wort«[180]. Die gegenwärtige Jugend formuliere wieder »nachdrücklicher eigene Ansprüche hinsichtlich der Gestaltung der Zukunft unserer Gesellschaft«, hieß es darin. Zentrale Themen: Umweltschutz und Klimawandel.

Der Anteil der Jugendlichen, die es wichtig finden, sich selbst politisch zu engagieren, lag damals bei gut einem Drittel. Knapp zehn Jahre zuvor war es nur ein Viertel gewesen. Gleichzeitig zeigten sich mit 41 Prozent deutlich mehr Jugendliche politisch interessiert als etwa in den Nullerjahren.

Angehende Abiturientinnen und Abiturienten waren im Schnitt interessierter als Hauptschülerinnen und -schüler, alle zusammen keineswegs durchgängig Greta-Fans. Ein kleiner Teil neigte zu populistischen, teils rechtspopulistischen Positionen. Die Forscher erklärten sich dies unter anderem damit, dass sich junge Menschen generell nicht genug einbezogen fühlten. Mehrere Studien belegen, dass dieses Gefühl bei Jugendlichen nach der Pandemie besonders ausgeprägt ist. Der vorherrschende Eindruck bei den Jungen: Niemand interessiert sich für ihre Meinung. Die Politik entscheidet über ihre Köpfe hinweg, und zwar zugunsten der Älteren. Mit all den Belastungen, die Schülerinnen und Schülern fast zwei Jahre lang zugemutet wurden, hat die Krise, mit Blick auf Pandemie und Klimawandel eine doppelte, den Ärger über diese Nichtbeachtung offenbar verstärkt – und die Politisierung der Jugend weiter vorangetrieben.

»Sind Kinder und Jugendliche der Politik egal?«

In einer Umfrage der Generationen Stiftung[181] unter jungen Menschen zwischen 16 und 26 Jahren wenige Wochen vor der Wahl sagten 70 Prozent der Befragten, ihr Vertrauen in die Politik habe in den vergangenen vier Jahren stark gelitten. Fast 84 Prozent fanden, die derzeitige Regierung ignoriere die Interessen junger Menschen. Mehr als die Hälfte fühlte sich von keiner Partei vertreten. Fast drei Viertel haben große Angst davor, wie ihre Zukunft in 50 Jahren aussehen wird.

Sorgen betreffen Generationengerechtigkeit insgesamt, Bildungs- und Berufschancen, die Rente und natürlich den Klimawandel. Die Jugend findet die Gegenmaßnahmen bestenfalls halbherzig. Greta Thunberg kommentierte die Beratungen der Weltklimakonferenz im schottischen Glasgow (31. Oktober bis 12. November 2021) mit »Blablabla« und fasste die Beschlüsse schließlich so zusammen: »Wir sind weit von dem entfernt, was nötig ist.«

Es ist dieses Gefühl, von der Politik auf verschiedenen Ebenen komplett ignoriert, geradezu vergessen worden zu sein, das auch eine ganze Reihe Jugendlicher der Klasse 10d an der Katholischen Schule Liebfrauen in Berlin umtreibt. Gemeinsam sitzen sie in einem Steinrondell auf dem Schulhof zusammen. Draußen, damit sie mal ohne Maske miteinander darüber reden können, wie es ihnen nach den Schulschließungen und in der Corona-Krise geht.

»Ich finde, dass Kinder und Jugendliche im Stich gelassen worden sind«, sagt Jakomo. »Ich bin grundsätzlich sehr an Politik interessiert, aber es geht eher in Richtung Verdrossenheit. In der Krise sind einfach so viele falsche Entscidungen getroffen worden.« Paul hinterfragt erst seit der Pandemie politische Beschlüsse stärker. »Weil ich selbst von den Regeln für Schulen so betroffen war, ist mir klar geworden, wie realitätsfern manche Politiker handeln.«

Was fast alle in der 10d immer noch umtreibt: das Unverständnis darüber, dass ihnen im zweiten Lockdown mehrfach zugesichert wurde, sie dürften demnächst wieder in die Schule gehen, und dann durften sie doch nicht.

Als die Jugendlichen endlich wieder in ihren Klassenzimmern saßen, nach gut vier Monaten und nach wie vor nur tageweise im Wechselmodell, machten sie ihrem Ärger Luft, schrieben im Politikunterricht Kommentare und schickten diese an mehrere große Medienhäuser. Nicht eines wollte die Texte veröffentlichen. Drei Auszüge:

»Man sieht einen Generationskonflikt nicht nur beim Klimawandel, sondern auch in der Corona-Politik. Es stellt sich zunehmend die Frage: Sind Kinder und Jugendliche der Politik egal? Während es Milliardenfonds für große Unternehmen wie die Lufthansa und den TUI-Konzern gibt, ist für die lobbylosen Schulen nicht mal Geld für Luftreiniger da. Wenn in Berlin sogar ein Gerichtsurteil die Bildungspolitik kippt, muss etwas gewaltig schiefgehen. Dass hier die Innengastronomie wieder öffnen durfte, während die Schulen es mit dem täglichen Präsenzunterricht ›langsam nach den Ferien angehen sollten‹, machte nicht nur uns Schüler sprachlos.« (Jakomo)

»Das fundamentale Problem dieser Pandemie und der politischen Maßnahmen ist die dadurch erzwungene Einsamkeit. Jugendliche können ihre Freunde nicht mehr sehen, sie erleben keine Klassengemeinschaft mehr und haben keine anderen sozialen Kontakte außer ihrer eigenen Familie. Diese Einsamkeit schlägt sich auf die Psyche nieder. Ein Gefühl von Verlassenheit kommt auf.« (Lea)

»›Die Kinder lernen im Lockdown nichts!‹, ein Satz, den wohl keiner von uns Schülern mehr hören kann. Egal, ob von Politikern oder der eigenen Musiklehrerin. Während wir von täglichen Abgabefristen erdrückt werden, in Hausaufgaben förmlich schwimmen und ständig versuchen, unser Bestes zu geben, fallen immer noch Begriffe wie ›Corona-Ferien‹.
Und während wir uns nicht mal zu dritt mit Freunden treffen durften und seit mehr als einem Jahr meistens zu Hause sitzen, damit dieses Chaos endlich endet, werden diffuse Demos von Corona-Leugnern erlaubt, bei denen mit Sicherheit die Hygienemaßnahmen tausendfach nicht eingehalten werden! Wenn jetzt noch Vorschläge wie, ›die Schulferien in der Sommerzeit etwas zu verkürzen‹ (Wolfgang Schäuble) auftauchen, können wir nur unseren Kopf schütteln. Hier endet unser Verständnis!« (Frederike und Julia)

Die Geduld ist erschöpft, der Frust riesig. Zu Recht. Bei allem Verständnis für die Ausnahmesituation der Pandemie, für das politische Bemühen, in einer völlig unbekannten, unübersichtlichen Situation die Gesundheit der Menschen im Land bestmöglich zu schützen, muss rückblickend festgestellt werden: Der Umgang mit den Kindern und Jugendlichen in Deutschland, mit Familien insgesamt, war in der Krise von einer Ignoranz gekennzeichnet, die nicht zu entschuldigen ist.
Dies gilt umso mehr, weil Kinderärzte, Pädagogen, Psychologinnen und Bildungsforscherinnen von Anfang an gewarnt hatten, dass die Folgen für besonders vulnerable Gruppen gra-

vierend sein würden: Kinder und Jugendliche, die beengt wohnen, deren Eltern unter Existenzsorgen leiden, die psychisch vorbelastet sind, die in der Schule ohnehin schon schlecht mitkommen, die in wenig behüteten Verhältnissen aufwachsen oder gar von Missbrauch und Gewalt bedroht sind, all diese Menschen hätten in der Pandemie besonderen Schutz gebraucht. Stattdessen wurde ihre Not lange Zeit weitgehend ausgeblendet. Diese Missachtung ist nicht zu rechtfertigen.

Keine Lust mehr auf das »prioritäre Gerede«

Dario Schramm, 21, war während der Corona-Pandemie als Generalsekretär der Bundesschülerkonferenz die Stimme der Jugend. Immer wieder meldete er sich zu Wort, um auf ihre Bedürfnisse aufmerksam zu machen, verschickte Pressemitteilungen, gab Interviews, wandte sich an die Politiker, forderte Mitsprache. »Ein Vollzeitjob.«

Sein Fazit zum Krisenmanagement fällt ziemlich nüchtern aus: »Die Politik war gut für Schaufenstersprüche, hat aber immer wieder viel zu kurzfristig agiert, die Bedürfnisse von Kindern und Jugendlichen viel zu wenig im Blick gehabt und es vor allem nicht geschafft, sich auf eine bundeseinheitliche Linie zu einigen.« Einige wenige Male habe er in rund anderthalb Jahren an Gesprächen mit Lehrerverbänden und der KMK teilnehmen dürfen, sagt der 21-Jährige, und sich angesichts der Streitigkeiten einiger Ländervertreter »wie im Kindergarten« gefühlt.

Unterm Strich seien Wünsche der Schülerinnen und Schüler kaum berücksichtigt worden, zum Beispiel rechtzeitige, verbindliche Zusagen für den Ablauf der Abi-Prüfungen. Anderes Beispiel: Die mittleren Jahrgänge hätten im Distanzunterricht oft mehr gelitten als die höheren. Trotzdem wurden vorrangig die Abschlussklassen in die Schulen gelassen. Priorität hatten Leistungsnachweise, nicht das Lernen oder gar seelische Nöte.»Viele Schülerinnen und Schüler durften nur zu Klassenarbeiten und Klausuren in die Schulen kommen, sonst erst mal nicht«, sagt Dario Schramm. Der Politik ging es mehr um den Erwerb von Zertifikaten als um Bildung im eigentlichen Sinne.

Als der Schülervertreter öffentlich eine Impfpflicht für Lehrkräfte forderte, wurde klar, wie weit sich die gesellschaftlichen Kontroversen über solche Themen von einem demokratischen Diskurs entfernt hatten. Den damaligen Schüler erreichten üble Anfeindungen bis hin zu Morddrohungen. Ob ihn das sehr belastet? Er wehrt ab.»Ich lasse das nicht an mich ran.«

Dario Schramm studiert inzwischen Politik- und Rechtswissenschaften an der Europa-Universität Viadrina in Frankfurt an der Oder. Positiv sieht er im Rückblick auf seine Amtszeit, dass sich viele Schülerinnen und Schülern in der Krise politisiert hätten und ihnen zumindest medial starke Präsenz gelungen ist. Schramm wurde sogar in die *Tagesthemen* eingeladen:»So viel Öffentlichkeit hatten wir vor der Krise nie.«

Die dauernden Fragen von Journalistinnen und Journalisten, ob die Corona-Generation »verloren« sei, hätten ihn allerdings genervt, sagt Dario Schramm. »Wenn ich für jede dieser Fragen einen Euro bekommen hätte, könnte ich mir jetzt ein Haus in Berlin kaufen.« Die dauernde Frage danach habe Jugendliche verunsichert. »Dabei hätten alle, die diese Krise jetzt überstanden haben, einen Orden verdient.«

Was der 21-Jährige jedenfalls nicht mehr hören kann, ist »dieses prioritäre Gerede, Kinder und Jugendliche seien das Wichtigste. Es wurde und wird nun mal einfach nicht danach gehandelt.«

Das 2G-Debakel

Eins der kleineren, aber eindrucksvollen Beispiele, an denen sich Ignoranz gegenüber Kindern zeigte, war die zwischenzeitliche Einführung von 2G-Regeln (Zutritt nur für Geimpfte und Genesene) in Berlin. Zum Hintergrund: Die Ständige Impfkommission (Stiko) hatte sich nach der Zulassung eines Impfstoffes für Kinder ab zwölf Jahren zunächst bedeckt gehalten. Im Juni 2021 empfahl sie die Impfung vorerst nur für Jugendliche mit Vorerkrankungen oder solche, die im Umfeld von Risikopatienten leben.

Nach Auswertung weiterer Studien und Erkenntnisse änderte die Stiko im August ihre Meinung. Angesichts der Verbreitung neuer Virusvarianten könne für Jüngere doch »ein deutlich höheres Risiko einer Covid-19-Infektion« bestehen.[182] Die Kommission empfahl generell eine Impfung ab zwölf Jahren.

Dies ziele »in erster Linie auf den direkten Schutz der geimpften Kinder und Jugendlichen vor Covid-19«, außerdem auf die »damit assoziierten psychosozialen Folgeerscheinungen«. Die Stiko kalkulierte also Belastungen durch gesellschaftliche Ausgrenzung ein, falls sich Jugendliche als Ungeimpfte nicht mehr frei in öffentlichen Räumen bewegen könnten. Ein Szenario, das sie für falsch hielt. Sie sprach sich »ausdrücklich dagegen aus, dass bei Kindern und Jugendlichen eine Impfung zur Voraussetzung sozialer Teilhabe gemacht wird«.

Wenige Wochen später beschlossen mehrere Bundesländer, dass Restaurants, Kinos, Zoos und andere Freizeitstätten entscheiden dürften, ob bei ihnen Geimpfte, Genesene und Getestete Zugang haben (3G) oder nur Geimpfte und Genesene (2G). Bei dem 2G-Modell entfallen Maskenpflicht und Abstandsregeln. Es dürfen mehr Leute rein, was für die Betreiber rentabler ist.

Mehrere Bundesländer nahmen Menschen unter 18 Jahren zumindest vorübergehend von der 2G-Regel aus. Bayern hingegen ließ Ende November nur Ausnahmen für Kinder unter zwölf Jahren und drei Monaten zu (damit nach dem Geburtstag Zeit zum Impfen bleibt). Berlin hingegen versäumte im September 2021 sogar, Ausnahmen für Kinder unter 12 Jahren festzulegen, für die zu diesem Zeitpunkt noch nicht einmal ein Impfstoff zugelassen war. (Das erfolgte erst im November 2021.) »Wir diskutieren seit Monaten darüber, dass Kinder in der Pandemie vernachlässigt wurden und ihre Bedürfnisse von der Politik nicht ausreichend bedacht worden sind«, kritisierte Holger Hoffmann, Bundesgeschäftsführer des Deutschen Kinderhilfswerkes in der *Welt*.[183] »Dieser Beschluss ist die logische Fortsetzung dieser Ignoranz.«

Mit dem Berliner Modell würden »auf dem Rücken der Kinder die Freizeitinteressen der Erwachsenen befördert«. Erst nach massiver Kritik korrigierte die Berliner Regierung das Modell. Kinder unter zwölf Jahren sowie Schülerinnen und Schüler, die regelmäßig in Schulen getestet werden, fielen danach unter eine Ausnahmeregel.[184]

Die rigiden Schulschließungen

An der Frage der Schulschließungen, insbesondere im zweiten Lockdown, zeigte sich die Missachtung von Kindern und Jugendlichen deutschlandweit exemplarisch. Wie rigide die Politik hier trotz »prioritärem Gerede« im Vergleich zu vielen anderen Bereichen des gesellschaftlichen Lebens agierte, wurde sogar von der Menschenrechtskommissarin des Europarates, Dunja Mijatović gerügt. Am 13. Juli 2021 schrieb sie an das deutsche Familienministerium. »Ich beobachte, dass Deutschland im europäischen Kontext besonders strenge Schulschließungen verhängt hat«, heißt es in dem Papier, »und zwar obwohl mehrere Studien die schwerwiegenden Folgen für Kinder und Jugendliche belegt haben.«[185]

In ihrem Schreiben ermahnte sie die Bundesregierung, künftig die Empfehlungen der Weltgesundheitsorganisation (WHO) zu berücksichtigen. Demnach seien Schulschließungen wegen der starken Beeinträchtigungen des Wohlergehens von Kindern, ihrer Psyche und Bildungschancen, nur als »letztes Mittel« zu verwenden, das heißt, wenn sich andere Maßnahmen als unzureichend erwiesen hätten. Sie schreibe dies auch, so die Menschenrechtskommissarin, weil in Deutschland für das kommende Schuljahr bereits erneut Schulschließungen im Gespräch seien.

Ferner mahnte sie, trotz mehrmaliger Aufforderung durch die UNO-Kinderrechtskonvention seien in Deutschland noch immer nicht die Kinderrechte in der Verfassung verankert. Dabei müssten diese Rechte doch angesichts der Belastungen für Kinder in der Krise für jede Regierung »oberste Priorität« haben.

Es ist bezeichnend, dass Deutschland nicht einmal eine eigens für Kinder und Jugendliche zuständige Ministerin hatte, als dieser Brief das Land erreichte. Bundesfamilienministerin Franziska Giffey (SPD) hatte nach Querelen um Plagiate in ihrer Doktorarbeit schließlich am 19. Mai 2021 ihr Amt abgegeben. Nichtsdestotrotz trat sie als Spitzenkandidatin im Berliner Landtagswahlkampf an und fiel mit einem bemerkenswerten Wahlplakat auf. »Alle im Blick haben«, lautete der Slogan. Ein Foto illustrierte, wie sich Giffey kümmern würde. Die frühere Familienministerin war darauf nicht mit Kindern zu sehen. Sie streichelte einen Hund.

Die Kanzlerin hielt es nicht für nötig, für die verbleibenden mehr als vier Monate bis zur Bundestagswahl eine Nachfolgerin einzusetzen. Justizministerin Christine Lambrecht übernahm das Amt schlichtweg mit. Was für ein Signal! Letztlich passte auch ins Bild, dass man sich selbst in der Krise nicht darauf einigen konnte, wie man die vor rund 30 Jahren ratifizierte UNO-Kinderrechtskonvention im Grundgesetz verankert.

Zuletzt hatten Union und SPD einen Entwurf beschlossen, der vorsah, Artikel 6 Absatz 2 durch die folgenden Sätze zu ergänzen:

»Die verfassungsmäßigen Rechte der Kinder einschließlich ihres Rechts auf Entwicklung zu eigenverantwortlichen Persönlichkeiten sind zu achten und zu schützen. Das Wohl des Kindes ist angemessen zu berücksichtigen. Der verfassungsrechtliche Anspruch von Kindern auf rechtliches Gehör ist zu wahren. Die Erstverantwortung der Eltern bleibt unberührt.«

Dieser Passus musste jedoch noch durch Bundestag und Bundesrat. Dafür ist jeweils eine Zweidrittelmehrheit erforderlich, und die kam nicht zusammen. Sie scheiterte unter anderem an den fehlenden Stimmen von Grünenabgeordneten wie Charlotte Schneidewind-Hartnagel. Sie stieß sich, ähnlich wie Kinderrechtsorganisationen, an dem Begriff »angemessen«. »Angemessen« bleibt Definitionssache, erklärte sie. Der Politikerin zufolge müsste es heißen: »Das Wohl des Kindes ist ›maßgeblich‹ zu berücksichtigen.« Darauf wollte sich jedoch insbesondere die Union nicht einlassen, vor allem weil sie das Elternrecht beschränkt sah.[186]

Die Verletzung der Kinderrechte in der Pandemie

Schneidewind-Hartnagel war in der Krise Vorsitzende der Kinderkommission des Deutschen Bundestags, sie sprach mit Eltern, Kinderärzten, Psychologen, Pädagogen und Vertretern von Kinderschutzorganisationen. Ihr Fazit: »In der Corona-Krise sind Kinderrechte auf dramatische Weise gebrochen worden. So etwas darf nie wieder passieren.« Kinder hätten überhaupt keine Lobby gehabt. Sie seien – anders als viele andere Gruppen – gar nicht in politische Entscheidungsprozesse einbezogen worden.

Zumindest in der ersten Corona-Welle saß die damalige Bundesfamilienministerin Franziska Giffey nicht mal mit am Tisch, als der enge Krisenstab über die wichtigsten Maßnahmen verhandelte. Schließlich folgten die Regierungen dem Rat der Experten der Leopoldina, den Kita-Betrieb erst später wieder hochzufahren. Schwimmbäder und Biergärten durften meist vorher öffnen.[187]

Am 24. August 2021 schickte Übergangs-Familienministerin Christine Lambrecht eine Antwort nach Straßburg. Auf vier Seiten nahm sie zu den Vorwürfen der Menschenrechtskommissarin des Europarates Stellung, räumte den strikten

Kurs bei den Schulen ein, erklärte ihn mit »besonderer Vorsicht«. Bei allen Maßnahmen müssten die Wahrscheinlichkeit einer Infektion, das gesamtstaatliche Interesse sowie wichtige Bereiche des persönlichen und öffentlichen Lebens und die Rechte der Kinder gegeneinander abgewogen werden. Hierzu zählten insbesondere das Recht auf Bildung, aber natürlich auch das Recht auf Gesundheit. Lambrecht stimmte zu, dass Schulschließungen das letzte Mittel sein sollten, konnte aber nicht darlegen, dass Deutschland stets zuerst alle anderen Mittel ausgeschöpft habe. Wie auch?

»Noch mehr Priorität genießen Hersteller von Eierlikör«

Nach den ersten Schulschließungen im Frühjahr 2020 verkündete die Kultusministerkonferenz (KMK) zwar mantramäßig, ähnlich wie die Bundesebene, Kinder und Jugendliche hätten oberste Priorität, Kitas und Schulen sollten stets als Letzte geschlossen und als Erste wieder geöffnet werden. Aber die Realität sah anders aus. Am 13. Dezember 2020 beschlossen die damalige Kanzlerin Angela Merkel und die Ministerpräsidenten der Länder in einer ihrer Runden,[188] die Weihnachtsferien vorzuziehen, die Schulen müssten pandemiebedingt erneut bundesweit »grundsätzlich geschlossen« werden. Man könne nichts versprechen, so die Politiker, aber am 10. Januar sollten die Schulen wieder öffnen. Daraus wurde nichts.

Mitte Januar gingen viele Erwachsene wieder zur Arbeit, Kinder und Jugendliche, die doch Priorität haben sollten, saßen immer noch zu Hause, was den SPIEGEL-Kollegen Markus Feldenkirchen zu einer bissigen Kolumne[189] veranlasste:»Noch mehr Priorität genießen natürlich Hersteller von Schweinekoteletts, Abfahrtsskiern, Eierlikör, Schnellfeuerwaffen, Toastern oder etwa Zigaretten. Für deren Produktion dürfen weiter Millionen Menschen in geschlossenen Räumen zusammenkommen – als gäbe es gar kein Virus. Wenn in diesen dunklen Zeiten wirklich jeder Verzicht üben muss, warum gibt es dann diese krasse Ausnahme für allerlei Unternehmen?« Feldenkirchen argwöhnte sarkastisch finanzielle Interessen:»Würden Schüler in der großen Pause Schnellfeuerwaffen produzieren, wären die Schulen jedenfalls nie geschlossen worden.«

Die unterschiedlichen Prioritäten gipfelten im Streit um die sogenannte Osterruhe. Nachdem die Ministerpräsidentenkonferenz entschieden hatte, die Unternehmen sollten zur Pandemieeindämmung das Osterwochenende verlängern und am Gründonnerstag sowie Karsamstag pausieren, hieß es kurz darauf, dies sei nicht umsetzbar. Merkel nahm die Maßnahme zurück – und entschuldigte sich.[190] Es ging um einen freien Tag unter der Woche.

Die Schulöffnungen indes waren immer wieder verschoben worden, wobei die Bundesländer unterschiedliche Wege einschlugen. Neue MPK-Beschlüsse schoss mancher Landesfürst in den Wind, ebenso wie gemeinsame Vereinbarungen der Kultusministerkonferenz (KMK). Nachdem Merkel auf eine Verlängerung und »restriktivere« Schulschließungen gedrängt hatte, zog sie sich am 10. Februar 2021 plötzlich raus und erklärte sich angesichts der Querelen mit den Länderchefs für nicht mehr zuständig. Es gebe tief verankerte Länderzuständigkeiten bei Kitas und Schulen,»da ist es einfach nicht möglich, dass ich mich als Bundeskanzlerin so durchsetzen kann, als hätte ich da ein Vetorecht«.[191]

Zum Vergleich: Die Friseure bekamen ein festes Öffnungsdatum: 1. März 2021. Der Friseurbesuch habe auch »etwas mit Würde« zu tun, befand Bayerns Regierungschef Markus Söder (CSU). Gleichzeitig blieb nun den Ländern überlassen, wann sie ihre Schulen wieder öffnen wollten. So hing es für die Schülerinnen und Schüler vom Wohnort, von der Klassenstufe und lokalen Inzidenzzahlen ab, wann sie wieder in die Schule gehen durften oder auch nicht. Gleichzeitig änderte sich die Lage andauernd. Laut KMK-Beschluss sollten die Jahrgänge 1 bis 6 vorrangig wieder in die Schulen geholt werden, und für Abschlussklassen galten zwecks Prüfungsvorbereitung Ausnahmen.[192]

In Baden-Württemberg und anderen Bundesländern saßen Abschlussklassen ab Anfang Januar 2021 zumindest tageweise im Klassenraum – in Nordrhein-Westfalen blieben sie im Distanzunterricht. In Sachsen und Niedersachsen etwa gingen Grundschulkinder ab dem 15. Februar wieder in den Wechselunterricht, in Sachsen-Anhalt ab dem 1. März, außer – wegen hoher Inzidenzwerte – im Burgenlandkreis.

Anfang April 2021[193] galt in Mecklenburg-Vorpommern: Liegt die Sieben-Tage-Inzidenz unter 150, findet für die Klassen 1 bis 6 und die Abschlussjahrgänge täglich Präsenzunterricht statt. Jahrgänge ab Klasse 7 lernen im Wechselmodell. Bayern wechselte ab einer Sieben-Tage-Inzidenz von 100 in den Distanzunterricht, Sachsen hielt Schulen unabhängig vom Inzidenzwert offen. Ab Klasse 5 gab es Wechselunterricht. In Hamburg hingegen verharrten 40 Prozent der Schüler wegen der Maiferien noch bis 17. Mai im Distanzunterricht. Ende April griff die Bundesnotbremse, wonach in Regionen mit einer 100er-Inzidenz Wechsel- und ab einer 165er-Inzidenz Distanzunterricht angesagt war.

Allerletztes Mittel: Homeoffice

Zum Vergleich: Erst am 27. Januar 2021, also anderthalb Monate nach den bundesweiten Schulschließungen, griff in Deutschland eine »Homeoffice-Pflicht«. Demnach waren Arbeitgeberinnen und Arbeitgeber verpflichtet und nicht nur freundlich aufgefordert, ihren Angestellten das Arbeiten zu Hause zu erlauben, soweit dem »keine zwingenden, betriebsbedingten Gründe entgegenstehen«.[194] Diese weiche Formulierung ließ Schlupflöcher und sorgte deshalb für Kritik. Erst ab Ende April 2021 waren auch Arbeitnehmerinnen und -nehmer verpflichtet, das Homeoffice-Angebot anzunehmen. Diese Maßnahmen kamen sehr spät. Dabei hätten sie vermutlich wirksam sein können.

Forscherinnen und Forscher des ifo-Instituts[195] erklärten nach einer Auswertung mehrerer Studien zum Thema, diese legten nahe, »dass konsequentes Homeoffice einen wirksamen Hebel gegen die Pandemie bietet. Es gibt Evidenz dafür, dass die Heimarbeit das Infektionsrisiko deutlich senken kann.« Rund die Hälfte der Erwerbsarbeit könnte der Studie zufolge am heimischen Schreibtisch erledigt werden. Im ersten Pandemiewinter machte aber nur bis zu ein Drittel der Menschen davon Gebrauch.

Die zitierte ifo-Studie wurde im Juli 2021 vorgelegt. Zugegeben, hinterher ist man immer schlauer. Der Effekt von Schulschließungen in der Pandemie war und ist wissenschaftlich umstritten, die Lage unübersichtlich. Aber schon im Oktober 2020 hatte das Robert-Koch-Institut betont, Schulen seien »nicht die Treiber der Pandemie«. Im Sommer 2021 teilte das European Center for Disease Prevention and Control (ECDC) mit: »Die negativen physischen, mentalen und pädagogischen Folgen proaktiver Schulschließungen für Kinder sowie die wirtschaftlichen Folgen für die Gesellschaft im Allgemeinen sind wahrscheinlich größer als die Vorteile.« Angesichts des wohl anhaltenden Übertragungsrisikos bei ungeimpften Kindern sei ein »hohes Maß an Vorbereitung im Bildungssystem« für das anstehende Schuljahr unabdingbar.[196]

An ebendieser Vorbereitung haperte es jedoch aus Sicht von Kritikerinnen und Kritikern, und zwar im zweiten Pandemiejahr nicht weniger, als dies schon im ersten der Fall gewesen war. Die Kultusminister wollten zwar dringend am Präsenzunterricht festhalten, hätten aber nicht flächendeckend die nötigen Maßnahmen für Hygieneschutz oder auch für notfalls eben doch anstehenden Distanzunterricht ergriffen, empörte sich Heinz-Peter Meidinger, Präsident des Deutschen Lehrerverbandes, immer wieder. In seinem Buch *10 Todsünden der Schulpolitik* kritisierte er ein »katastrophales Krisenmanagement«.[197]

Wochen- und monatelang habe man sich zu Beginn der Krise mit Kurzarbeitergeld, Rettungsaktionen für Luftfahrt- und Reiseunternehmen sowie einem riesigen Investitionsprogramm beschäftigt, um einen wirtschaftlichen Absturz zu verhindern, schrieb Meidinger, »einem Investitionsprogramm freilich, in dem Bildung […] allenfalls eine randständige Rolle spielte«. Auf eine Taskforce etwa zum Breitband-Ausbau an Schulen habe man verzichtet.

Und Corona-Schutzmaßnahmen?[198] Viele Menschen sorgten sich um den Gesundheitsschutz an Schulen, auch um den von Kindern und Jugendlichen. Schülerinnen und Schüler wurden regelmäßig getestet, vielerorts galt eine Maskenpflicht, und es wurde regelmäßig gelüftet, um die Aerosolbelastung und damit die Ansteckungsgefahr zu reduzieren. Aber Luftreiniger? Hätten helfen können, waren je nach Region aber trotz einiger Förderprogramme auch kurz vor dem zweiten Pandemiewinter immer noch Mangelware an den Schulen.

Stattdessen hatten Lehrkräfte eine Broschüre an die Hand bekommen, die erklärte, wie pandemiebedingtes Luftreinigen funktioniert: Stoß- und Querlüften, indem man alle 20 Minuten die Fenster aufreißt. So saßen Millionen Schülerinnen und Schüler frierend im Klassenraum, im Kopf noch den Tipp der Kanzlerin: Kniebeugen machen oder in die Hände klatschen, um sich aufzuwärmen.

In der Bilanz zielt die Hauptkritik darauf, dass man in Deutschland von Anfang der Pandemie an viel zu wenig die Kinder und Jugendlichen im Blick hatte – und anderen Bereichen Vorrang gab. Viele Eltern verstehen bis heute nicht, warum im zweiten Corona-Sommer an vielen Schulen die Schulfeste ausfielen, sich im Juni 2021 aber im Zuge der Fußball-Europameisterschaft die Stadien mit Tausenden Menschen füllen durften. Oder wieso man bei den Regeln zur Notbetreuung über weite Strecken vorrangig Kinder erwerbstätiger Eltern im Blick hatte – und nicht alle.

»Politisch ist im Wesentlichen vom Arbeitsmarkt gedacht worden und nicht von der Bildung der Kinder«, moniert Johanna Mierendorff, Pädagogikprofessorin an der Universität Halle. »Das ist für mich im Rückblick ein ganz zentraler kritischer Punkt. Wir müssten jetzt, mit Blick auf mögliche weitere Krisen, das Verhältnis von Arbeitsmarkt und Bildung neu aushandeln. Ein solches Drama wie in der Corona-Krise 2020 darf sich nicht wiederholen.«

Rechtlich sind die Beschlüsse nicht zu beanstanden, wie das Bundesverfassungsgericht im Nachhinein am 30. November 2021 entschied. Der Erste Senat wies Verfassungsbeschwerden zurück, die sich gegen das vollständige oder teilweise Verbot von Präsenzunterricht nach der von Ende April bis Ende Juni 2021 geltenden »Bundesnotbremse« richteten. Ausschlaggebend dafür sei unter anderem, dass dem Eingriff »überragende Gemeinwohlbelange in Gestalt der Abwehr von Gefahren für Leben und Gesundheit und für die Funktionsfähigkeit des Gesundheitssystems gegenüber stünden«, wie das Gericht mitteilte.[199]

Zugleich zählte, dass die Schulschließungen erst bei einer Inzidenz von 165 griffen, dass die Länder verpflichtet waren, Distanzunterricht anzubieten und der Bund zur Verbesserung dieses Distanzunterrichts über den Digitalpakt 1,5 Milliarden Euro zur Verfügung gestellt hatte. Gleichwohl erkannte das Gericht mit dem Urteil »erstmals ein Recht der Kinder und Jugendlichen gegenüber dem Staat auf schulische Bildung« an. In dieses Recht hätten die seit Beginn der Pandemie in Deutschland erfolgten Schulschließungen »in schwerwiegender Weise« eingegriffen.

»Kinder dürfen nicht zu Kollateralschäden werden«

Es gab sehr wohl Politikerinnen und Politiker, die versuchten, diesen Eingriff abzumildern und stark den Fokus auf geöffnete Kitas und Schulen richteten. Schon im April 2020 warnten der nordrhein-westfälische Familienminister Joachim Stamp (FDP) und die hamburgische Sozialsenatorin Melanie

Leonhardt (SPD) in einem Gastbeitrag für den SPIEGEL »Kinder dürfen nicht zu Kollateralschäden der Pandemie werden«.[200] Sie legten Öffnungskonzepte für Kitas vor.

Sachsen beschritt gar einen Sonderweg. Als der Rest der Republik seine Kindergärten und Schulen im Mai 2020 im übertragenen Sinne nur einen Fußbreit für Kinder öffnete, machte Kultusminister Christian Piwarz (CDU) die Tore weit auf: Alle Kinder durften wieder in ihre Kitas gehen. Und alle Grundschüler von den Klassen 1 bis 4, inklusive Förderschüler, wieder in ihre Klassenräume. Nach rund zwei Monaten Zwangspause wegen der Corona-Pandemie wollte Piwarz damit »dem verbrieften Recht auf Teilhabe und Bildung der Kinder« nachkommen.[201] Sachsen gehörte zudem zu den ersten Bundesländern, die auf Corona-Tests bei Schülerinnen und Schülern setzten.

Auch Bremen fiel in der Krise durch vergleichsweise großzügig geöffnete Kitas und Schulen auf. Als andere Bundesländer ihre Schulen im ersten Pandemiewinter strikt geschlossen hielten und dazu aufforderten, zu Hause bleiben, lud die damalige Bildungssenatorin Claudia Bogedan (SPD) Kinder und Jugendliche ausdrücklich in die Schulen ein. Sie durften freiwillig kommen, die Präsenzpflicht war aufgehoben. Und es kamen sehr viele. Bogedan setzte sich, ähnlich wie viele andere Kultusminister, über Empfehlungen des Robert-Koch-Instituts hinweg, das bei bestimmten Inzidenzen ein restriktiveres Handeln vorsah.

Für ihren Kurs wurde Bogedan stark angefeindet, von Eltern, von Lehrerverbänden, von der Opposition, teils auch von den Grünen, vor allem als die Infektionszahlen hoch waren. Nach all dem Druck, auch der Belastung für die eigene Familie, legte Bogedan ihr Amt zum Ende des Schuljahres

2020/21 nieder. Sie wollte den Weg frei machen für eine weniger strapazierte Nachfolgerin.

Bogedan wurde Geschäftsführerin bei der gewerkschaftsnahen Hans-Böckler-Stiftung. Im SPIEGEL[202] räumte sie später ein, phasenweise seien ihr Zweifel an ihrem Vorgehen gekommen. »Wir hatten im Dezember eine Phase, in der stadtweit rund 4700 Kinder unter Quarantäne standen. Das war schon heftig. Normalerweise fällt es unter den Tatbestand der Kindeswohlgefährdung, wenn man Kinder nicht nach draußen lässt – gerade wenn man sich vor Augen führt, in welchen Verhältnissen viele Familien hier leben«, sagte sie.

In Bremen ist jedes dritte Kind vor Armut betroffen, jedes zehnte Kind nicht in Deutschland geboren. Das sei keine leichte Zeit gewesen, sagte Bogedan. Sie habe mit der Frage gehadert, ob sie das hätte verhindern können. Aber in den meisten Fällen habe man letztlich nichts tun können. Sie habe in den Hotspots dann Wechselunterricht in Kleingruppen ermöglicht, um zumindest nicht pauschal alle Schulen der Stadt zu treffen.

Monate später steht erneut ein Winter an, und (nicht nur) in Bremen wird weiter über Infektionsschutz an Schulen gestritten. Und selbst Bogedan, obschon gar nicht mehr im Amt, wird weiter im Netz angefeindet, steht aber nach wie vor zu ihrem Kurs, wie sie in einem langen Videotelefonat Ende Oktober 2021 bekräftigt.

Frau Bogedan, die KMK hat immer wieder gefordert, die Schulen sollten so lange wie möglich offen bleiben. Dann kam es doch anders. Warum ist die KMK in der Krise nicht mehr gehört worden?

Das Schicksal der KMK ist, dass ihr nachgesagt wird, ein verstaubter Haufen zu sein. Einer, bei dem es um Länderegoismen geht. Ich habe die KMK seit 2015 überhaupt nicht so erlebt. Das war eine besondere Zeit, als wir Schulturnhallen für Geflüchtete geöffnet haben. Damals und auch in der Corona-Krise fand ein sehr lebendiger, offener Austausch mit modernen Formaten statt.

Aber am Ende kamen in der Krise oft sehr weiche Kompromisse heraus, und es entstand der Eindruck, jedes Bundesland geht letztlich seinen eigenen Weg.
Die Lage war sehr unübersichtlich. Wir haben uns fortwährend mit neuen Zahlen und Erkenntnissen auseinandergesetzt. Von außen entstand der Eindruck, dass 16 Bundesländer 16 Lösungen haben, aber im Grundsatz gab es einen roten Faden, so viel Präsenzunterricht wie möglich umzusetzen. Die ganze Kraft sollte in diese Richtung gelenkt werden, aber dann gab es immer wieder Seitenwind.

Der kam vor allem von der Kanzlerin und den Ministerpräsidenten der Länder, die im Dezember 2020 erneute Schulschließungen festlegten, unabhängig von Inzidenzen vor Ort. Auch Bayern fiel öfter mit strengeren Regeln auf.
Es wird irgendwann schlaue Historiker geben, die der Frage nachgehen, wie sehr die Frage nach dem Kanzlerkandidaten der Union unglücklicherweise in das Pandemiegeschehen und politische Beschlüsse hineingespielt hat.

Das sagen Sie als SPD-Mitglied.
Das sage ich als Bürgerin, als Beobachterin des Geschehens. Ich habe kein Insiderwissen. Der Ruf der KMK nach draußen

ist nicht der beste. Das stimmt leider. Solange ihr dieser Makel anhaftet, zu Unrecht, wie ich finde, wird es schwierig sein, die Stimme nach draußen zu tragen. Das schwächt die KMK insgesamt.

In Bremen haben Sie im Grunde auch einen Alleingang hingelegt, indem Sie im zweiten Pandemiewinter vergleichsweise viele Kinder in die Schulen ließen. Die Klassenräume füllten sich schnell wieder.
Die Abstimmung mit den Füßen fiel in der Tat so aus, dass die Mehrheit in der Schule war. Ich bin im Nachhinein sehr froh über die föderale Struktur und darüber, dass die KMK Freiräume gelassen hat. Die Lage ist in den Ländern sehr unterschiedlich.

In Ihrem Kabinett gab es keinen Widerstand?
Wir haben uns die Köpfe heiß diskutiert, gerade mit der Gesundheitssenatorin. Aber mein großes Glück war, dass der Bremer Landeschef und das rot-rot-grüne Kabinett insgesamt hinter mir standen. Die haben den Kurs unterstützt. Wir haben im Landeshaushalt zeitnah alle möglichen Gelder zusammengekratzt, um die Schulen möglichst sicher zu machen.
Wir hatten schon im Sommer 2020 alle Klassenräume mit Spuckschutzen ausgestattet und Plexiglaswände aufgestellt. Es ist noch nicht jeder Klassenraum mit einem Luftreiniger ausgestattet, aber die Mehrheit. Manche Kultusministerkollegen in anderen Ländern haben da, ich will nicht sagen neidisch, aber doch interessiert nach Bremen geguckt.

Gleichzeitig gab es jedoch massive Kritik. Es hieß, Sie würden angesichts hoher Infektionszahlen ein zu hohes Risiko einge-

*hen und in Bremen Leib und Leben riskieren. Die Rede war
von »Durchseuchung«.*

Das ist vor allem eine Gruppe von Eltern, die harte Vorwürfe erhebt, und zwar bis heute, obwohl ich Dinge gar nicht mehr beeinflussen kann. Natürlich kann man in der Abwägung zu unterschiedlichen Meinungen kommen. Schulen zu schließen oder zu öffnen, war auch für mich eine absolut schwere Entscheidung. Körperliche Unversehrtheit ist genauso ein hohes Gut wie Bildung. Aber der Vorwurf beispielsweise, ich selbst sei von den Konsequenzen meiner Politik nicht betroffen gewesen, stimmt einfach nicht. Meine Kinder sind fünf und neun Jahre alt. Ich war als Mama genauso betroffen wie andere Eltern.

Indes verkündet die KMK weiter, die Schulen sollten offen bleiben. Anderthalb Jahre nach Beginn der Pandemie scheint sich wenig verändert zu haben.

Ich sehe, dass die Kolleginnen und Kollegen weiter unter Druck sind, und das bleibt für mich das Faszinierende. Wir haben es mit einer Gesundheitspandemie zu tun, und es ist nach wie vor so, dass das Bildungssystem dasjenige ist, das am meisten unter Druck gerät. Das ist schon sehr deutsch. In mehreren europäischen Ländern war und ist die gesellschaftliche Debatte eine andere. Das ist etwas, was uns nach wie vor bewegen sollte.

Schulschließungen in anderen Ländern

Forscherinnen des ifo-Instituts[203] haben für sieben europäische Länder verglichen, wie sie in der Pandemie mit Schulschließungen umgegangen sind. Dabei bestätigt sich, wie rigide die Bundesrepublik hier agierte. Polen ließ seine Schulen im Zeitraum Januar 2020 bis Mai 2021 am längsten ganz oder teilweise geschlossen: 273 Tage. Deutschland liegt mit 183 Tagen an zweiter Stelle. Das macht den Berechnungen zufolge fast ein ganzes Schuljahr aus.

In Österreich, den Niederlanden, Frankreich, Spanien und Schweden waren die Schulen jeweils länger offen. Spanien ließ seine Schülerinnen und Schüler im ersten Pandemiejahr 45 Tage zu Hause, 2021 dann aber in dem genannten Zeitraum gar nicht mehr. Schweden machte nur die Sekundarstufe II der weiterführenden Schulen ganz oder teilweise für 31 Tage zu,

Wie lange waren die Schulen in Europa coronabedingt geschlossen?
Zeitraum von Januar 2020 bis Mai 2021

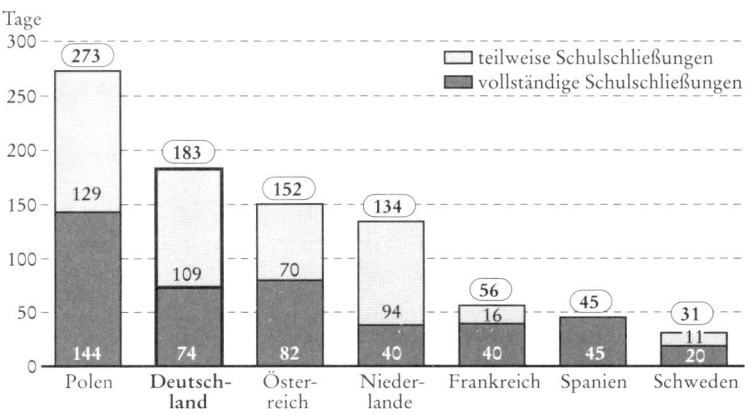

ließ die Grundschulen und die Sekundarstufe I aber durchgehend offen.

Eine Auswertung der Organisation für wirtschaftliche Entwicklung und Zusammenarbeit (OECD) bestätigt diesen Trend auch im internationalen Vergleich. Demnach machten zwar auch andere OECD-Länder ihre Schulen in den ersten Monaten der Pandemie zu, aber viele taten dies im weiteren Verlauf dann nicht mehr oder nicht so lange wie Deutschland. Von Januar bis Mai 2021 gibt es klare Unterschiede:

- Grundschulen waren in Deutschland im Schnitt 40 Tage vollständig geschlossen. OECD-Schnitt: 19 Tage.
- Die Klassen 5 bis 10 mussten hierzulande 60 Tage komplett zu Hause bleiben. OECD-Schnitt: 27 Tage.

Bundesbildungsministerin Anja Karliczek (CDU), zum Zeitpunkt der Veröffentlichung der Daten gerade noch im Amt, rechtfertigte die Schulschließungen mit der starken Rolle der Gesundheitsfrage im Abwägungsprozess, »was übrigens auch von der Gesellschaft ja lange, lange so mitgetragen wurde«. In Umfragen habe man weitgehende Akzeptanz dafür bekommen, dass man sehr restriktiv rangegangen sei. Auch unter Lehrerverbänden gab es eine starke Lobby für Gesundheitsschutz.

Die ifo-Forscherinnen stellten fest, dass andere europäische Länder zwar ihre Schulen im Schnitt länger offen ließen, aber teilweise deutlich strengere Maßnahmen für Erwachsene verhängten. Deutschland schickte nicht nur Schülerinnen und Schüler in den Distanzunterricht, sondern schloss zeitweise auch den Einzelhandel, Gastronomie und weitere Einrichtungen und erließ strikte Kontaktbeschränkungen. Während jedoch Schulen geschlossen waren, habe für die erwachsene Bevölkerung über längere Zeit keine Pflicht bestanden, wenn möglich zu Hause zu arbeiten, heißt es in der Studie. In Österreich gab es gar keine Homeoffice-Pflicht, in Polen nur für einen Bruchteil der Bevölkerung.

Schweden wurde bekannt für seinen Sonderweg ohne strenge Lockdowns, wurde jedoch häufig dafür kritisiert, weil es zeitweise viele Todesfälle und überlastete Krankenhäuser gab. Spanien und Frankreich ließen zwar ihre Schulen vergleichsweise lange offen, verhängten aber mehrere harte Lockdowns mit strengen Ausgangssperren und Bestimmungen, sich nur in einem sehr kleinen Radius um den eigenen Wohnort aufzuhalten. In Frankreich galt zeitweilig etwa eine landesweite Ausgangssperre von 18 bis 6 Uhr, die zwar viele Erwachsene einschränkte, aber nicht den Kita- und Schulbesuch. Zusätzlich waren Arbeitnehmer seit Oktober 2020 verpflichtet, wenn möglich von zu Hause aus zu arbeiten.

In Frankreich war man stolz auf die geöffneten Schulen. »Wir sind das Land, das seine Schülerinnen und Schüler am längsten empfangen hat«, sagte Bildungsminister Jean-Michel Blanquer im Frühjahr 2021.[204] Die Berufstätigkeit von Müttern, auch in Vollzeit, hat in Frankreich einen anderen Stellenwert als in Deutschland, das Schulsystem sowie die Bildung und Betreuung von Kindern auch. Die Soziologin Jutta Allmendinger sagt, die Selbstverständlichkeit, mit der dieser gravierende Schritt der Schulschließungen in Deutschland im Frühjahr 2020, sehr früh, erfolgte, die habe es anderswo nicht gegeben.

Sie sei damals gebeten worden, erzählt Allmendinger, in der französischen, britischen und schwedischen Botschaft zu erklären, »warum Deutschland so tickt, wie es tickt. Man verstand auch nicht, warum sich Politikerinnen und Politiker nicht ausführlich erklären mussten. Die Benachrichtigung über Schulschließungen erfolgte ja oft in Form lapidarer Emails, anderswo mussten sich die Präsidenten rechtfertigen. Das wurde als enorme Respektlosigkeit wahrgenommen – wahrscheinlich ist es deutschen Müttern aber gar nicht anders gegangen.«

Das Desaster in der Wiederholung?

Nach der Bundestagswahl am 26. September 2021 hörte das von Dario Schramm beklagte »prioritäre Gerede« mit dem sich anbahnenden Machtwechsel in Berlin keineswegs auf, aber es schien im Laufe der Krise auch einige Lerneffekte gegeben zu haben. SPD, FDP und Grüne beteuerten im Rahmen ihrer anstehenden Regierungsbildung immer wieder, ein solches Szenario wie die wochen- und monatelangen Schulschließungen in Deutschland sollte sich auf keinen Fall wiederholen. Ende Oktober versprach SPD-Fraktionsvize Dirk Wiese: »Schulschließungen, Lockdowns und Ausgangssperren wird es jedenfalls mit uns nicht mehr geben.« Sie seien »unverhältnismäßig«.

Am 18. November 2021[205] legten die Ampel-Koalitionäre im Bundestag ein Maßnahmenpaket im Kampf gegen die Pandemie vor, das 1. ein Auslaufen der »epidemischen Lage von nationaler Tragweite« Ende November vorsah und 2. unter anderem eine flächendeckende Schließung von Kitas und Schulen ausschloss; diese könne punktuell erfolgen. Stattdessen solle etwa eine Homeoffice-Pflicht rechtlich möglich sein, ebenso Verbote von Freizeit-, Sport- und Kulturveranstaltungen.

Auf den ersten Blick hatte die Politik aus der Pandemie gelernt und war sichtlich bemüht, ein weiteres »Corona-Drama« für Kinder und Jugendlichen zu vermeiden und den Hebel eher bei den Erwachsenen anzusetzen. Das Problem: Deutschland steckte zu diesem Zeitpunkt bereits mitten in der vierten Corona-Welle. Die Zahl der täglichen Neuinfektionen lag bei über 50 000. Beschäftigte von Kliniken schlugen Alarm, weil sie an der Belastungsgrenze arbeiteten. Die Intensivstationen füllten sich, und zwar in der großen Mehrheit mit Ungeimpften. Kanzlerin Angela Merkel, noch geschäftsführend im Amt, warnte hinsichtlich der Belegung der Krankenhäuser: »Wir laufen voll.«[206]

Die Ursache für die Notlage sahen Medizinerinnen und Mediziner maßgeblich in der zu niedrigen Impfquote der Bevölkerung (knapp unter 70 Prozent) sowie in der zögerlichen, abwartenden Haltung der Politik, und zwar sowohl seitens der Ampel-Koalitionäre als auch der noch amtierenden Unionspolitiker als auch der Ministerpräsidenten der Länder. Am 30. November 2021 kam schließlich der Vorstoß des designierten Bundeskanzlers Olaf Scholz, wonach ab Februar 2022 eine allgemeine Impfpflicht greifen sollte.[207]

Theoretisch könne man sich aus einer Pandemie quasi herausimpfen, hatte der Virologe Christian Drosten schon Anfang September 2021[208] gesagt, mit einer gesamtgesellschaftlichen Impfquote von über 90 Prozent. Jede und jeder hätte dazu beitragen können, nicht zuletzt, um erneute Kontaktbeschränkungen und Schulschließungen im Sinne von Kindern und Jugendlichen zu vermeiden, aber so weit reichte die Solidarität offenbar nicht.

Allein in der Risikogruppe 60 plus waren knapp 15 Prozent der Menschen in Deutschland Ende November 2021 noch nicht geimpft.[209] In Sachsen waren es in dieser Altersgruppe sogar mehr als 20 Prozent. Insgesamt lag die Impfquote hier bei 60 Prozent, in Bayern bei 68 Prozent. In beiden Bundesländern war die Lage in den Kliniken zu diesem Zeitpunkt besonders angespannt und das jeweilige Bildungsministerium unter Druck.

»Es darf nicht sein, dass Kinder und Jugendliche darunter leiden, dass die Quote der nicht vollständig geimpften Erwachsenen nirgendwo so hoch ist wie in Sachsen«, so der sächsische Kultusminister Christian Piwarz – und schickte dann offenbar notgedrungen doch Kitas und Grundschulen ab dem 22. November bis einschließlich der Weihnachtsferien in den »eingeschränkten Regelbetrieb«. Die Präsenzpflicht war aufgehoben, damit Eltern, die eine Ansteckung fürchteten, ihre Kinder im Zweifel zu Hause lassen konnten. Wer daheim blieb, hatte keinen Anspruch darauf, digital beschult zu werden.[210] Die Kritik: Die Verantwortung werde (erneut) auf die Eltern abgewälzt.

»Bei gehäuften lokalen Infektionsgeschehen kann das Kultusministerium schulscharfe Schutzmaßnahmen wie zeitlich begrenzten Wechselunterricht oder temporäre Schulschließung anordnen«, teilte die Behörde mit. In Sachsen waren am 25. November mehr als 100 Schulen ganz geschlossen, knapp 170 teilweise.

Zusätzlich plante Brandenburg, die Weihnachtsferien für Schülerinnen und Schüler im Land um drei Tage vorzuziehen. Damit, erklärte Bildungsministerin Britta Ernst in einem Interview mit dem RBB, entstehe ein unterrichtsfreier Block von 14 Tagen. Das Wort »Lockdown« vermied sie.[211]

Und täglich grüßt das Murmeltier. Das Corona-Drama um geschlossene Schulen mit den gravierenden Folgen für Kinder und Jugendliche schien sich vor dem zweiten Pandemiewinter zumindest in Ansätzen zu wiederholen – allen Warnungen zum Trotz.

Die Virologin Isabella Eckerle kritisierte im SPIEGEL,[212] die Politik habe »viel zu lange zugeschaut, wie sich die Welle an Infektionen aufgebaut hat«. Viele Experten hätten sich seit Monaten den Mund fusselig geredet und genau vor der Entwicklung gewarnt, die jetzt eingetreten sei. Sie könne nicht verstehen, warum man mit den Schulen wieder unvorbereitet in den Herbst und Winter gehe.

Gesellschaftliche Missstände im grellen Licht der Krise – und wie wir sie beseitigen

Im Zuge all dieser Katastrophen fasste Jakob Hein, Schriftsteller und Kinder- und Jugendpsychotherapeut in Berlin, im Sommer 2021 die Misere treffend in einem Kommentar in der *taz*[213] zusammen: In der Krise habe sich gezeigt, wie wir unsere Kinder sehen: als »eine beliebig verschiebbare, eindeutig verzichtbare und ohne Widerstand ausschaltbare Minderheit, die nicht in der Lage ist, sich ausreichend Gehör zu verschaffen und die man deshalb jederzeit noch in die dunkelsten Keller sperren kann, solange man dazu ein paar bedauernde Worte spricht«.

Hein forderte, »jetzt sofort und dringend, einen Marshallplan für die Kinder aufzulegen! Also einen hervorragend finanzierten, klug überlegten und mit Verve in die Zukunft gedachten Plan für unsere Kinder.« Die Begründung dafür sei nicht Corona, sondern das Verhalten der Gesellschaft in der Krise: »Mehr gesellschaftliche Missachtung der Kinder geht nicht. Wir müssen alles ändern.«

Die öffentliche Debatte kreist nicht erst seit der Pandemie um zahlreiche kleine und große Dauerbaustellen, die Kinder und Jugendliche betreffen. Die Probleme sind längst bekannt. Das Bildungssystem, die Kinder- und Jugendpsychiatrie, die Jugendhilfe – alles dramatisch unterfinanziert in Deutschland.

Selbst die Budgets für das kostenlose Mittagessen in Kitas und Schulen sind oft so knapp bemessen, dass sich nur mit Mühe gesunde Mahlzeiten kochen lassen. Bezahlbare Wohnungen sind insbesondere in den Städten für Familien Mangelware.

Das Kinderrecht ist immer noch nicht im Grundgesetz verankert, die Kinderarmut groß. Zwar hat sich der Anteil der Kinder und Jugendlichen, die von staatlicher Grundsicherung leben, in den vergangenen Jahren leicht verringert, nicht aber die Kinderarmut insgesamt, wie es in einem Bericht des Paritätischen Wohlfahrtsverbandes heißt.

Im Gegenteil. Lag die Armutsquote bei den unter 18-Jährigen im Jahr 2010 noch bei 18,2 Prozent, so war sie 2019 auf 20,5 Prozent gestiegen. Damit ist mehr als ein Fünftel der Kinder von Armut betroffen, wobei es zwischen den Bundesländern gewaltige Unterschiede gibt.

Unterm Strich sind Kinder in Deutschland stärker von Armut betroffen als andere Bevölkerungsgruppen, die Folgen der Corona-Krise noch nicht eingerechnet und nicht absehbar.[214]

So könnte die Liste der Missstände endlos weitergehen.

Es fehlt an allem: an sauberen Schultoiletten, digitaler Ausstattung, neuen Schulgebäuden, an Personal! An qualitativ hochwertiger frühkindlicher Bildung für alle, an Kita-Plätzen überhaupt, an Ganztagsbetreuung, an Chancengerechtigkeit! An Spielplätzen, Schwimmkursen, kostenlosen Freizeitangeboten, Jugendtreffs.

Therapieplätze für Kinder sind nicht erst seit der Krise knapp. Sie müssten umgehend weiter aufgestockt werden. Gleichzeitig ließe sich der Bedarf vielleicht durch andere Stellschrauben reduzieren. Hein fragte sich, warum noch immer nicht die Forderung nach kleineren Klassen erfüllt ist. Dann gäbe es in den Praxen weniger Andrang, glaubt der Thera-

Armutsquoten 2019
Kinder und Jugendliche bis 18 Jahre

peut. »Einerseits könnten Kinder mit ihren Problemen besser und schneller gesehen werden. Andererseits müsste aus ihren Handicaps, wie beispielsweise einer Aufmerksamkeitsstörung, keine Behinderungen werden, wenn ihnen individualisiert geholfen werden könnte.«

Personalnot – »Quittung für die schwarze Null«

Kleinere Klassen erfordern jedoch mehr Personal, und da fangen die Probleme an. In Deutschland herrscht ein akuter Mangel an Lehrerinnen und Lehrern, an pädagogischen Fachkräften insgesamt. Das hat unter anderem mit dem »Schweinezyklus« zu tun. Herrscht in einem Beruf Arbeitskräftemangel, rechnen sich viele Menschen gute Chancen aus und machen eine entsprechende Ausbildung. Sind sie fertig, haben sich die Umstände nicht zuletzt aufgrund der Prognose womöglich geändert. Es gibt ein Überangebot.

Zudem hat die Bundesrepublik jahrelang nicht nur zu wenig neue Lehrkräfte eingestellt, sondern auch ausgebildet. So seien etwa die Hürden für ein Lehramtsstudium mit einem Numerus clausus (NC) von bis zu 1,3 lange Zeit viel zu hoch gewesen, kritisiert der Bildungsforscher Klaus Klemm. »Einige Hochschulen haben den NC jetzt heruntergeschraubt, aber wenn heute jemand ein Lehramtsstudium beginnt, ist der erst in sieben bis acht Jahren auf dem Arbeitsmarkt.« Laut seinen Berechnungen werden im Jahr 2025 rund 45 000 Lehrkräfte fehlen, die KMK geht aufgrund anderer Annahmen von 20 000 aus (Mehrbedarf an Personal bei Reformen jeweils nicht eingerechnet).[215]

In Zeiten sinkender Schülerzahlen hatte die Politik auf eine »demografische Rendite« gehofft. Man setzte auf Einsparungen wegen eines geringeren Bedarfs an Pädagoginnen und Pädagogen. Bei den Schülerzahlen verschätzte man sich jedoch gründlich. Es gab mehr Geburten, zudem wanderten viele geflüchtete Familien ein. Außerdem waren spätere Reformen wie Ganztagsangebote oder Inklusion nicht ausreichend einkalkuliert, die höheren Personalaufwand mit sich bringen.

Nun ist die Personalnot riesig, weil die Politik überhaupt keine Puffer im System eingebaut hat. »Sie hat jahrelang gespart und keinen Lehrer mehr als unbedingt nötig eingestellt, weil sie sich nicht zu entsprechenden Gehalts- und Pensionszahlungen verpflichten wollte«, sagte Klaus Klemm schon vor wenigen Jahren.[216] »Dies ist die Quittung. Deutschland hat die schwarze Null auch damit erkauft, dass wir in Schulen an vielen Stellen nicht die Standards haben, die wir haben sollten.« Mancherorts wurden angestellte Aushilfslehrkräfte damit verprellt, dass man sie über die Sommerferien in die Arbeitslosigkeit schickte, um Geld zu sparen.

Mee(h)r erleben oder Weltenretter werden

Unter den Bundesländern tobt ein harter Konkurrenzkampf um die wenigen Bewerberinnen und Bewerber. Sachsen-Anhalt habe über Jahre zu wenig neue Lehrkräfte eingestellt, bilde zu wenig neue Lehrerinnen und Lehrer aus und tue außerdem zu wenig, um Absolventen im Land zu halten, kritisiert Schulleiter Ingo Doßmann, der auch in der Gewerkschaft Erziehung und Wissenschaft (GEW) aktiv ist. So wanderten etliche Kolleginnen und Kollegen in andere Bundesländer ab.

Mecklenburg-Vorpommern etwa habe die Gehälter hochgesetzt, biete eine Verbeamtung an und werbe mit dem Slogan »Mee(h)r erleben«. In Sachsen-Anhalt hingegen, sagt Doßmann, »können Sie ›Weltenretter‹ werden, für deutlich weniger Geld«. All dies ist Folge einer langen, völlig missglückten Personalpolitik im deutschen Schulsystem.

Viele Bundesländer versuchen händeringend, kurzfristig Lehrerinnen und Lehrer zu gewinnen. Sie setzen auf Seiten- und Quereinsteigerprogramme. Sie werten Grundschulgehälter auf, weil bei den Kleinen viel mehr Personal fehlt als etwa an Gymnasien, wo die Gehälter höher sind. Sie erhöhen die Zahl der Studienplätze fürs Lehramt. Aber: Flächendeckend passiert dies längst nicht ausreichend. Einerseits sind bürokratische Hürden für Quereinsteiger und Seiteneinsteiger mancherorts sehr hoch. Andererseits hakt es an vielen Stellen an der Qualifizierung.

In Berlin mahnte die Gewerkschaft für Erziehung und Wissenschaft (GEW), der Lehrkräftemangel habe sich zum Start des Schuljahres weiter zugespitzt und nehme inzwischen »dramatische Ausmaße« an.[217] Rund 60 Prozent der neu eingestellten Lehrkräfte hätten kein Lehramtsstudium absolviert. In den Grundschulen konnten nur für 15 bis 20 Prozent der neuen Stellen Lehramtsabsolventen gewonnen werden. 40 Prozent der neu eingestellten Lehrkräfte verfügten weder über ein Lehramtsstudium noch über eine berufsbegleitende Qualifikation. Zudem seien Hunderte Stellen unbesetzt geblieben.

»Diese Kolleginnen und Kollegen sind überwiegend befristet beschäftigt und erfüllen nicht die Voraussetzungen für den Quereinstieg. Die Senatsverwaltung behandelt diese Kolleginnen und Kollegen als reine Lückenfüller, bezahlt sie schlechter, befristet sie und macht ihnen keine gezielten Qualifizierungsangebote«, kritisiert der GEW-Landesvorsitzende Tom Erdmann in einer Mitteilung. Berlin bleibe beim Ausbau der Lehramtsstudienplätze trotz einiger politischer Gegenmaßnahmen »meilenweit hinter dem Bedarf zurück«.

Mehr Geld, lautet eine gängige Forderung, wenn es darum geht, wie die Probleme, insbesondere die Bildungsmisere in Deutschland, zu beheben wären. Tatsächlich sind die Bildungsausgaben in der Bundesrepublik seit dem PISA-Schock 2001 insgesamt deutlich gestiegen. Der Bund legte etwa Milliardenprogramme zum Kita- und Ganztagsausbau auf und investierte in neue Schulen. Auch einige Bundesländer stecken vermehrt Geld in Bildung.

Berlin zum Beispiel hat ein Programm über 5,5 Milliarden Euro von 2017 bis 2026 aufgesetzt, um mehr neue Schulen für eine »zeitgemäße Pädagogik« zu bauen. Das ist allerdings auch dringend nötig. Schulplätze sind knapp in Berlin; ein Teil der Kinder und Jugendlichen lernt in provisorisch aufgestellten Containern.

Bundesweit ist der Investitionstau gewaltig. Nach Angaben der Kreditanstalt für Wiederaufbau beläuft er sich für bestehende Schulbauten im ganzen Land auf 46,6 Milliarden Euro.[218] Allein um ihn aufzulösen, um außerdem Aufgaben wie Inklusion und Ganztagsbetreuung in guter Qualität zu sichern, um gute frühkindliche Bildung zu gewährleisten, um die gravierenden Folgen der Corona-Pandemie abzufedern, wären also ganz andere Investitionen nötig.

Andere Länder machen es vor. Während der Bund in Deutschland zwei Milliarden Euro für das Corona-Aufholprogramm ansetzt und davon eine Milliarde zum Aufholen von Lernrückständen vorsieht, stellen die Niederlande laut ifo-Studie[219] rund 8,5 Milliarden Euro für ein nationales Bildungsförderungsprogramm zur Verfügung. Das entspreche 1,06 Prozent des jährlichen niederländischen Bruttoinlandsproduktes, rechnen die Forscherinnen vor, und sei in Proportion zum BIP damit fast das 18-Fache der nationalen Bildungsausgaben Deutschlands für die Bildungsfolgen von Corona – und das, obwohl die niederländischen Schulen beim digitalen Lernen deutlich besser aufgestellt waren als in Deutschland und es in dem kleinen Land viel weniger Schüler gibt.

Die Organisation für wirtschaftliche Entwicklung und Zusammenarbeit (OECD) merkt immer wieder an, dass Deutschland bezogen aufs Bruttoinlandsprodukt Bildung weniger wert ist als anderen Industrienationen. Hierzulande liegt der Anteil bei 4,3 Prozent des BIP und damit unter dem OECD-Schnitt von 4,9 Prozent. Andere Länder hätten ihre Bildungsausgaben mehr gesteigert als Deutschland. In Norwegen etwa liegt der Anteil, der für Bildung ausgegeben wird, bei 6,6 Prozent vom BIP.[220]

Der Bildungsforscher Rolf Strietholt mahnt, um ein vergleichbares Niveau wie Norwegen zu erreichen, müsste die Bundesrepublik im Bereich der schulischen Bildung jährlich Mehrausgaben in Höhe von etwa 50 Milliarden Euro aufwenden. »Selbst wenn es nur die Hälfte wäre«, sagt er, »dann ist doch deutlich, dass sich die derzeitigen Diskussionen in ganz anderen Dimensionen abspielen.«

Die Staatsverschuldung sei während der Pandemie massiv gestiegen, parallel habe man die Bildung der Kinder eingeschränkt, die diese Schulden wieder abbezahlen müssten. »Was ist das für ein Solidaritätsverständnis? Das passt heute nicht und wird auch in Zukunft nicht zusammenpassen«, sagt Strietholt. »Ich mache mir große Sorgen um die Gesellschaft und das Zusammenleben. Wenn wir es ernst meinen, müssen wir langfristig über viele Jahre etwas ändern.«

Auf der politischen Ebene wurden in Deutschland zumindest unter der schwarz-roten Bundesregierung im Laufe der Pandemie wenige Chancen für Reformen ergriffen. Strukturen, Stundenpläne, Schulfächer, Schüler-Lehrer-Relation sind fast überall noch dieselben wie vor der Pandemie. Für Kitas und Schulen sind in den allermeisten Bundesländern weiter verschiedene Ministerien zuständig. Bundesweite Initiativen für mehr Bildungsgerechtigkeit fallen mau aus. Einige Länder buttern zwar neben dem Aufholprogramm vom Bund kräftig in zusätzliche Förderprogramme, andere hingegen tun dies wenig. So kann von bundesweit gleichen Bildungschancen keine Rede sein.

Deutschlands Bildungslandschaft sieht im Großen und Ganzen also noch so aus wie vor der Pandemie: sehr heterogen. Immer wieder zeigt sich in Studien: Das Angebot an Kita-Plätzen, die Qualität der frühkindlichen Betreuung, die Quote an Ganztagsschulen, die digitale Ausstattung an Schulen, die personellen Kapazitäten in den Einrichtungen, die Quote der gut ausgebildeten Lehrerinnen und Lehrer an den Schulen, der bauliche Zustand der Einrichtungen – all dies fällt von Bundesland zu Bundesland, von Kommune zu Kommune, teils von Schule zu Schule anders aus.

Die Unterschiede haben verschiedene Gründe, aber auch mit Haushaltsfragen zu tun. »Geld regiert die Welt. Da gibt es harte Verteilungskämpfe«, sagt die ehemalige Bremer Bildungssenatorin Claudia Bogedan. Wenn Fördergelder vom Bund etwa über den Königsteiner Schlüssel, also abhängig von Bevölkerungszahl und Steueraufkommen, verteilt werden, kommt das meiste Geld nicht unbedingt dort an, wo Kinder den größten Bedarf haben. »Da kann ich, was Bremen betrifft, ein Lied von singen.«

Beispiel Schüler-Laptops: Als der 500-Millionen-Euro-Etat vom Bund, mit dem Leih-Laptops für bedürftige Schüler angeschafft werden sollten, unter den Ländern verteilt wurde, profitierte Bayern aufgrund des Königsteiner Schlüssels deutlich mehr als etwa Berlin oder Bremen, wo die Kinderarmut aber sehr viel höher ist. Der SPD-Bildungsexperte Ernst Dieter Rossmann fand die Verteilung deshalb »dramatisch ungerecht«.[221] »Es greift der sogenannte Matthäus-Effekt: Wer hat, dem wird gegeben. Reichere Bundesländer, die digital sowieso besser ausgestattet sind, werden gegenüber ärmeren Ländern, denen Geld für die Digitalisierung fehlt, noch bevorzugt.«

Weder diese Verteilung von Geldern noch der Bildungsföderalismus insgesamt wurden in der Krise grundlegend verändert.

Beispiel Dienst-Laptops für Lehrkräfte

Gleichzeitig offenbarte sich eindrucksvoll, wie sich das föderale System unter Umständen sogar bei gemeinsamen, von allen mitgetragenen Kraftanstrengungen selbst blockiert, wie sich kleinste geplante Veränderungen im Zuständigkeitsgestrüpp von Bund, Ländern und Kommunen verheddern und dort gar nicht oder nur im Schneckentempo herausfinden.

Beispiel Dienst-Laptops für Lehrerinnen und Lehrer. Selbst als alle 16 Schulminister, bestärkt von der damaligen Bildungsministerin Karliczek und Kanzlerin Angela Merkel sowie SPD-Chefin Saskia Esken, fest entschlossen waren, die Geräte über ein 500 Millionen Euro schweres Förderprogramm vom Bund zu beschaffen und sogar ein paar der üblichen bürokratischen Hürden aus dem Weg räumten, dauerte es von August 2020 (der Absichtserklärung) bis zum Januar 2021, bis die letzte nötige Unterschrift unter eine entsprechende Bund-Länder-Vereinbarung gesetzt war. Bis Lehrkräfte ihre Laptops dann tatsächlich in den Händen hielten, sollten in vielen Fällen noch weitere Monate vergehen. Im September 2021 waren erst 192 Millionen Euro aus dem Fördertopf abgerufen worden.[222] Geld fließt nicht im deutschen Schulsystem, es tröpfelt:

- Aus dem im November 2020 aufgelegten Zusatzprogramm zur Finanzierung von IT-Administratoren an Schulen, ebenfalls 500 Millionen Euro, wurde bis zum Stichtag 15. August 2021 nur ein Kleinstbetrag angefordert: 9000 Euro.
- Immerhin 470 von 500 Millionen Euro waren aus dem Sofortausstattungsprogramm abgerufen worden, um bedürftige Schülerinnen und Schüler mit Leih-Laptops zu versorgen. Nur 9 von 16 Ländern haben die Mittel im Herbst 2021 jedoch voll abgeschöpft. Da hatten Millionen Kinder bereits wochenlangen Distanzunterricht hinter sich.
- Kurz vor der Pandemie war nach zähem Ringen der 5,5 Milliarden Euro schwere Digitalpakt in Kraft getreten, um die digitale Infrastruktur an Deutschlands Schulen voranzubringen. Dafür war sogar eigens das Grundgesetz geändert worden. 1,5 Milliarden Euro kamen in der Corona-Krise für die genannten Zusatzprogramme obendrauf. Von diesen insgesamt 7 Milliarden Euro wurde laut Mitteilung vom September 2021 nur rund ein Drittel bereits ausgezahlt oder bewilligt: rund 2,26 Milliarden Euro.

Selbst Karliczek musste einräumen, damit könne man »nicht zufrieden« sein. Insgesamt verlaufe die Digitalisierung noch nicht schnell genug.

Grundlegende Reformen sind nötig. Das sehen auch die in der Krise verantwortlichen Politikerinnen und Politiker so. »2001 gab es den PISA-Schock mit der Erkenntnis, dass es um die Chancengerechtigkeit schlecht bestellt ist. Zwanzig Jahre später ist dieser Teil am wenigsten beackert worden«, findet die ehemalige Bremer Bildungssenatorin Claudia Bogedan. »Es gab in der KMK zwar umfangreiche Debatten über Kompetenzorientierung, aber der Ausbau der frühkindlichen Bildung und wie Kommunen da unterstützt werden müssen, ist trotz einiger Bundesprogramme noch zu wenig angegangen worden.«

In einem SPIEGEL-Interview schlug Karliczek, damals noch CDU-Bildungsministerin, vor, 2024 eine Föderalismusreform in Angriff zu nehmen.[223] Die KMK-Präsidentin und brandenburgische Bildungsministerin Britta Ernst (SPD) wollte zwar nicht daran rütteln, dass Bildungspolitik Ländersache bleibt, sah aber Reformbedarf in der Zusammenarbeit von Bund, Ländern und Kommunen. »Dort müssen wir zu strukturell anderen Kooperationsbeziehungen kommen. Finanzielle Hilfe des Bundes ist da sehr wichtig und auch willkommen. Aber auch das muss dauerhaft anders gelöst werden. Denn wenn es sich nur um eine einmalige Unterstützung handelt, sind damit längst nicht alle Probleme sofort gelöst«, sagte sie.[224] Wohl wahr.

Es muss mehr Geld her, und es muss dort ankommen, wo es am nötigsten gebraucht wird. Nur dann lässt sich mehr Bildungs- und Chancengerechtigkeit in Deutschland erreichen, darin sind sich fast alle Bildungsforscherinnen und -forscher einig. Geboten ist dies aus moralisch-ethischen Gründen. Wer sich davon nicht überzeugen lässt, findet andere Argumente. Stichwort Fachkräftemangel.

Forscherinnen und Forscher des österreichischen Instituts für Wirtschaftsforschung haben im Auftrag der Bertelsmann Stiftung ausgerechnet, dass die Erwerbsbevölkerung in Deutschland durch den demografischen Wandel bis zum Jahr 2080 um 5,9 Millionen Menschen schrumpfen wird.[225]

Setzt sich die bisherige Bildungsexpansion, die vom Bildungsniveau der Eltern bestimmt wird, fort, und kann darüber hinaus mehr Kindern als bislang ein Bildungsaufstieg gelingen, falle die Schrumpfung deutlich geringer aus, und zwar um 1,3 Millionen Menschen. »Wenn wir bildungsfernen Kindern den Bildungsaufstieg ermöglichen, hat das den bisher größten positiven Effekt auf die Erwerbsbeteiligung«, sagt Jörg Dräger von der Bertelsmann Stiftung. Im Jahr 2080 wäre demnach das reale Bruttoinlandsprodukt pro Kopf um 1800 Euro höher als ohne Bildungsexpansion, wie Simulationsberechnungen zeigen.

Exkurs: Leistungsprinzip und »Gedöns«

Sehr lange ist in Deutschland sehr viel versäumt worden, die Folgen wirken bis heute nach. Winziger Exkurs: Vor 40 Jahren trat Helmut Kohl sein Amt als Kanzler an, läutete die »geistig-moralische Wende« ein und besetzte einzig das Bildungsressort mit einer Frau: Dorothee Wilms. Die setzte laut den Koalitionsbeschlüssen von Union und FDP auf die Förderung von Leistung und Elite, während sozial benachteiligte Schülerinnen und Schüler tendenziell auf der Strecke blieben, wie der SPIEGEL damals berichtete.[226] Die CDU-Politikerin verfolgte eine Art Ausleseprogramm: Schüler sollten langfristig nur noch gefördert werden, wenn sie besonders begabt sind: »Die Bundesrepublik lebt von ihrer wissenschaftlichen und praktischen Elite.«

Dass SPD-Altkanzler Gerhard Schröder dem deutschen Bildungssystem den nötigen, nachhaltigen Schub verlieh, würde auch niemand ernsthaft behaupten. Mit dem Versprechen von mehr Chancengerechtigkeit startete die rot-grüne Regierung immerhin eine große Offensive zum Ganztagsausbau, aber in Erinnerung bleibt Schröder eher mit markigen Sprüchen über Lehrer als »faule Säcke« oder die Beschreibung des Ministeriums für Familie, Frauen, Senioren und Jugend als »Familie und das ganze Gedöns«.

Nachfolgerin Angela Merkel verkündete 2008 nach den ersten Jahren im Amt, Deutschland solle »Bildungsrepublik« werden. Die große Koalition hatte jedoch eine Föderalismusreform verabschiedet, die dem Bund weniger Einfluss als bisher gewährte. In Erinnerung bleiben nun vor allem eine größere Offensive zum Neubau von Schulen, der Rechtsanspruch auf einen Kita-Platz, das »Gute-Kita-Gesetz« und der kurz vor der Wahl verabschiedete Anspruch auf Ganztagsbetreuung für Grundschulkinder, der aber erst ab 2026 greift.

Es ist nicht nichts passiert, aber viel zu wenig und viel zu langsam. Eine eklatante Chancenungerechtigkeit, große Lernschwächen bei einem Teil der Schülerinnen und Schüler sowie ein immenser Investitionsstau bleiben riesige Baustellen im Bildungssystem.

Nach der Krise ist klar: Wir müssen uns als Gesellschaft mit Blick auf die Jüngeren ganz anders aufstellen. Das ist im Sinne aller Kinder und Jugendlichen nötig, ganz besonders jedoch mit Blick auf die Gruppe, die vor der Krise schon benachteiligt war und die nun droht immer weiter abgehängt zu werden, die beim Lernen nicht mehr mitkommt und/oder vermehrt in seelische Nöte gerät. »Es geht um die Kinder, die man schon vor der Krise hätte im Blick haben müssen«, wie die Leiterin der COPSY-Studie Ulrike Ravens-Sieberer sagt.

Soziale Ungerechtigkeit ist kein Naturgesetz

Der Fokus muss sich auf diejenigen richten, die eben nicht auf den in der Krise viel beschworenen »Schutzfaktor Familie« zurückgreifen konnten. Auf die Kinder, deren Eltern nicht im Zweifel Nachhilfestunden zahlen oder ihr Kind gar auf eine Privatschule schicken, wenn die staatliche Schule die Lernrückstände nicht auffangen kann. Deren Eltern unter Stress oder psychischen Erkrankungen leiden und die Sorgen ihrer Kinder selbst nicht gut abfedern können. Deren Eltern nicht genug Zeit für sie finden, weil sie in schlecht bezahlten Vollzeitjobs außer Haus arbeiten und nicht mit flexiblen Arbeitszeiten im Homeoffice.

Ein Umdenken ist auf mehreren Feldern nötig.

Das Bildungssystem muss zur Bekämpfung der Chancenungerechtigkeit, die sich in der Corona-Pandemie weiter verschärft hat, ganz anders aufgestellt werden. »Wo eine Villa ist, ist auch ein Weg – zum Abitur, zum Studium und zur beruflichen Karriere«, schreiben die Armutsforscher Carolin und Christoph Butterwegge in ihrem Buch *Kinder der Ungleichheit*.[227] Darin erklären sie, wie familiäre Armut die Bildungschancen eines Kindes insbesondere dann erheblich schmälert, »wenn sie von dauerhafter Art« ist. Wer in Armut aufwächst, hat statistisch betrachtet schlechtere Bedingungen zum Lernen, erreicht einen niedrigeren Bildungsgrad, bleibt oft arm – und glaubt zu allem Überfluss, ebenso wie viele andere, oft genug, er sei selbst schuld daran. Er habe eben nicht den nötigen Schulerfolg für eine lukrative Karriere gehabt, sondern »nur« einen einfachen Abschluss geschafft.

Die breite Öffentlichkeit nehme Bildungsunterschiede als »Begabungsunterschiede« wahr, monieren Butterwegges. Sie schiebe ebenso wie weite Teile der Politiker letztlich dem Einzelnen die Verantwortung für seinen »Aufstieg durch Bildung« zu – statt die sozialen Ungerechtigkeiten zu erkennen, am selektiven, gegliederten Bildungssystem zu rütteln und Strukturen so zu verändern, dass das Bildungssystem nicht dazu beiträgt, Ungleichheit zu reproduzieren, sondern dass mehr Chancengleichheit gelingen kann.

Von der Bildungsexpansion der vergangenen Jahrzehnte hätten zwar viele Menschen profitiert, erklärt der Bildungsforscher Aladin El-Mafaalani in *Mythos Bildung*,[228] aber eben bei Weitem nicht alle. Mechanismen der Benachteiligung greifen weiterhin. Für die Betroffenen sei die Situation hochproblematisch. weil einfache und mittlere Bildungsabschlüsse an Wert verloren hätten, erhielten sie keinen sicheren Platz mehr in der Gesellschaft.

Die Organisation für wirtschaftliche Zusammenarbeit und Entwicklung (OECD) sowie die Bertelsmann Stiftung kommen in einer international vergleichenden Analyse zur Situation und Entwicklung der Mittelschicht in Deutschland zu dem Ergebnis, dass sich der Zugang zu dieser Mittelschicht in der Bundesrepublik deutlich verschlechtert hat. Zählten 1995 noch 70 Prozent der Bevölkerung zur mittleren Einkommensgruppe, seien es 2018 nur noch 64 Prozent gewesen. Der wesentliche Rückgang habe bis 2005 stattgefunden, aber die »Mitte« habe sich seither nicht wieder erholt.

Für jüngere Erwachsene ist das Abstiegsrisiko den Angaben zufolge besonders hoch, Bildung spielt dabei eine zentrale Rolle. Der Anteil der 25- bis 35-Jährigen mit niedrigem oder mittlerem Bildungsniveau, die es in die Mittelschicht schafften, sei im Vergleich zu 1995 überproportional gesunken: Für jene ohne Abitur oder Berufsausbildung von 67 auf 40 Prozent; für jene mit abgeschlossener Berufsausbildung oder Abitur von 73 auf 61 Prozent.

Lediglich der Rückgang für junge Erwachsene mit einem Meister- oder Hochschulabschluss lag mit fünf Prozentpunkten unterhalb des Bevölkerungsdurchschnitts. »Bildungsrückstände, die durch die Pandemie entstanden sind, müssen dringend aufgeholt werden, sonst wird vielen der mühsame Aufstieg in die Mittelschicht zusätzlich erschwert«, mahnt Valentina Consiglio, Mitautorin der Studie.[229]

Was sich im Bildungssystem ändern muss

Die Liste der dringend nötigen Reformen ist lang. Zuallererst muss erkannt werden, dass Armut, auch Bildungsarmut, kein persönliches Scheitern vieler Einzelner ist, sondern ein Zusammenhang mit sozialer Ungleichheit besteht. Das Bildungssystem muss so aufgestellt werden, dass dies berücksichtigt wird, dass die Kinder, die besondere Förderung benötigen, diese bekommen.

Alle Kinder und Jugendlichen müssen die nötigen Kompetenzen erwerben, um in einer komplexer werdenden Gesellschaft bestehen zu können. Umfangreiche Investitionen unter anderem in mehr qualifiziertes Personal und eine grundlegende Aufwertung der frühkindlichen Bildung sind deshalb vonnöten. Es muss sichergestellt sein, dass Kinder aus sozioökonomisch niedrigen Verhältnissen hier Zugang finden und die Einrichtungen ihre Bedürfnisse berücksichtigen.

»Kitas und Schulen müssen zu Orten werden, in denen Kinder alles erleben und lernen können, was diese Welt zu bieten hat«, fordert El-Mafaalani, weil soziale Benachteiligung kaum durch Unterricht und Lehrkräfte (allein) ausgeglichen werden könne. Die Lebenswelten von Kindern und damit ihre Erfahrungshorizonte unterschieden sich enorm. Abhilfe soll der Ausbau von Ganztagsschulen schaffen, deren »Potenzial noch nicht ansatzweise ausgeschöpft« sei.[230]

Kinder und Jugendliche tun sich, auch das hat die Krise gezeigt, oft mit den »Bruchstellen« im System schwer: dem Übergang von der Kita in die Grundschule, von der Grundschule auf die weiterführende Schule, von dort in die Ausbildung. Hier müssen Brücken geschaffen und Systeme anders ineinander verflochten werden, um Bildungsbiografien als Ganzes zu denken und nicht in Puzzleteilen. So lässt sich besser vermeiden, dass Kinder »abgehängt« werden.

Sind Kitas Bildungseinrichtung, muss auch das Bildungsressort zuständig sein. Wenn Kitas dichter an Schulen angedockt werden, wenn Grundschulen enger mit weiterführenden Schulen zusammenarbeiten oder besser noch Kinder länger gemeinsam in einer Einrichtung lernen, können zwischen Kindern und Pädagogen längere, stabilere Beziehungen entstehen, können auch die jeweils zuständigen Fachkräfte sich besser untereinander austauschen – kann man besser gemeinsam Verantwortung für Kinder und Jugendliche übernehmen.

Die Kultusministerkonferenz hat sich in den vergangenen Jahren zunehmend auf eine größere Vergleichbarkeit ihrer Systeme geeinigt. Dies betrifft jedoch vor allem Bildungsstandards bei kognitiven Leistungen, Festlegungen bei Schulfächern, Inhalten und Regeln bei Abiturprüfungen. Es muss dringend verbindliche Vereinbarungen dafür geben, dass in

Kitas und Schulen ausreichend Personal und Zeit da ist für Beziehungsarbeit und soziales Miteinander, dass es klare pädagogische Zuständigkeiten gibt, so dass kein Kind wegrutschen kann, nicht nur in Krisenzeiten. Und es darf auch nicht vom Bundesland, der Schule oder dem persönlichen Engagement von Lehrkräften abhängig sein, ob Kinder nichtdeutscher Herkunft sprachlich gut gefördert werden und Wertschätzung für ihre muttersprachlichen Kompetenzen erfahren oder nicht. Um soziale Ungleichheiten zu mindern, nimmt das Bildungssystem eine Schlüsselrolle ein – weil es alle erreicht. Aber auch andere Bereiche sind stark reformbedürftig. Die Bekämpfung der Kinderarmut über eine Kindergrundsicherung oder ähnliche Instrumente kann ein erster wichtiger Schritt sein, um sozioökonomisch benachteiligten Familien zu helfen, ihre Kinder besser zu fördern. Die noch von Schwarz-Rot beschlossene Aufstockung der Hartz-IV-Sätze zum 1. Januar 2022 sieht vor, dass der Betrag für Kinder zwischen 5 und 13 Jahren um zwei Euro (!) pro Monat auf 313 Euro steigt.[231] Ein schlechter Witz.

Neben der Förderung von bedürftigen Familien muss die gesellschaftliche Infrastruktur so ausgebaut werden, dass Kinder und Jugendliche ein dichtes Netz an niedrigschwelligen Angeboten und Anlaufstellen vorfinden wie Sportvereine, Musikschulen, Angebote der offenen Jugendhilfe, dass Eltern andere Unterstützungsangebote finden, damit sie ihre Kinder besser weiterbringen können.

Kinder aus einkommensarmen Familien und diejenigen aus privilegierten Elternhäusern müssen sich mehr begegnen, müssen Gelegenheiten zum Austausch und für Freundschaften finden, damit die Gesellschaft perspektivisch wieder anders zusammenrücken kann.

Es ist mehr als zweifelhaft, wenn manch wohlhabende Familie in den Schulerfolgen ihrer Kinder quasi Statussymbole sieht, die sie zur eigenen Abgrenzung von niedrigeren sozioökonomischen Milieus nutzt. Oder wenn privilegierte Familien ihre Kinder angesichts der traurigen Zustände in manch staatlicher Schule in private Einrichtungen schicken – und damit eine gesellschaftliche Segregation befördern, die sich etwa in den Städten durch immer höhere Immobilienpreise ohnehin verstärkt hat. Im schlimmsten Fall treffen sich das aus Afghanistan geflüchtete Mädchen, der Sohn der alleinerziehenden Kassiererin und die Kinder des Ärzteehepaares nie (um Klischees zu bedienen).

Kinder und Jugendliche wiederum müssen in der Politik mehr gehört werden und mitbestimmen dürfen, damit ihre gemeinsamen Interessen anders wahrgenommen werden.

Am Ende hängt alles miteinander zusammen. Die Politik muss die Bedürfnisse von Familien mehr im Blick haben, eine starke öffentliche Infrastruktur für Kinder und Jugendliche aufbauen, die Gleichberechtigung von Frauen anders vorantreiben, typisch weiblich besetzte Berufe aufwerten, Care-Arbeit eine grundlegend neue Wertschätzung zukommen lassen, egal ob zu Hause oder im Beruf.

Viele Menschen, darunter sehr viele Mütter, haben während der Pandemie in systemrelevanten Bereichen in der Altenpflege, in Kliniken und Kitas während der Pandemie unter widrigsten Bedingungen den Laden am Laufen gehalten. Sehr viel mehr als Applaus ist ihnen davon nicht geblieben. Eltern, die für ihre Kinder mit Behinderung nicht nur Mama und Papa, sondern plötzlich auch Therapeut und Lehrerin waren, war nicht mal dies vergönnt. Ganz zu schweigen von den vielen Müttern, die etwa stundenweise als Reinigungskraft arbeiten, damit sie die Hartz-IV-Sätze aufstocken und mit ihren Kindern öfter mal ins Schwimmbad gehen können.

Die Corona-Krise hat all diese Missstände in ein grelles Licht gerückt. Nun müssen alle gesellschaftlichen und politischen Anstrengungen darauf ausgerichtet werden, sie zu beseitigen.

Die noch recht neue Bundesregierung von SPD, Grünen und FDP hat den Handlungsbedarf immerhin erkannt. Im Koalitionsvertrag, der am 24. November 2021 vorgestellt wurde, versprach die »Ampel«: »Wir wollen allen Menschen unabhängig von ihrer Herkunft beste Bildungschancen bieten, Teilhabe und Aufstieg ermöglichen und durch inklusive Bildung sichern. […] Diese Chancengleichheit ist aber noch lange nicht Realität.«

Die Parteien listen dann einige zentrale der in diesem Buch diskutierten Reformpunkte auf, darunter eine deutliche Steigerung der Bildungsausgaben, mit dem Ziel, dafür zu sorgen, »dass die Unterstützung dauerhaft dort ankommt, wo sie am dringendsten gebraucht wird«. Die »Ampel« will insgesamt »den Grundstein für ein Jahrzehnt der Bildungschancen« legen.

Die Koalition wird sich am Ende ihrer Amtszeit daran messen lassen müssen, wie gut sie diese Vorhaben umgesetzt – und ob sie Kindern und Jugendlichen insgesamt einen neuen politischen und gesellschaftlichen Stellenwert verschafft hat. Im Kleinen kann jede und jeder in seinem Umfeld dazu beitragen, dass Jüngere mehr Gehör, mehr Beachtung, mehr Respekt finden. Zu Beginn der Corona-Pandemie hatte Kanzlerin Merkel »gemeinsames solidarisches Handeln« beschworen. Dies wäre mit Blick auf Kinder und Jugendliche nun wirklich (wieder) sehr dringend angesagt, dieses Mal seitens der Erwachsenen.

Ausblick:
Es ist an der Zeit

Der Satz »Kinder sind unsere Zukunft« ist nicht nur abgedroschen, sondern stellt letztlich auch die Denke der Erwachsenen bloß, die ihn sagen. Er suggeriert, wir müssten unserer Verantwortung gegenüber Kindern gerecht werden, weil davon abhängt, wie sie später als Erwachsene die Zukunft gestalten, von der wir als dann ältere Erwachsene wiederum betroffen sind. In dem Satz schwingt, verkürzt gesagt, viel Sorge um unsere Rente mit.

Ein Teil der Missstände in unserer Gesellschaft gründet sich auf genau dieses Denken: dass wir in Kinder und Jugendliche investieren, um daraus einen späteren Gewinn zu erzielen. Der Wirtschaftsjargon ist kein Zufall. Bleibt ein Teil der Jugendlichen auf der Strecke, wird nach dieser Logik ein gewisser Verlust beim »Humankapital« einkalkuliert und erst bei einer größer werdenden Gruppe zu einem ökonomischen Problem, das Folgen nach sich zieht.

Wenn dieses Denken hilft, Missstände abzubauen, mag das gerade noch auszuhalten sein. Tatsächlich ist es entsprechend den Werten einer zivilen Gesellschaft jedoch so, dass die Erwachsenen in dieser Gesellschaft für die Kinder und Jugendlichen Verantwortung tragen: für ihr Wohlergehen, für die Möglichkeit, sich gut entwickeln und entfalten zu können, für das Angebot, sich als wertvoller Teil einer Gemeinschaft zu fühlen. Diese Verantwortung besteht ohne Erwartung einer Gegenleistung für alle Kinder und Jugendlichen, nicht nur für die eigenen. Sie besteht im Sinne einer Solidargemeinschaft. Und sie besteht genau jetzt.

Der Illustrator David McKee veröffentlichte 1995 ein Kinderbuch mit dem Titel *Nicht jetzt, Jakob*.[232] Wann auch immer Jakob sich mit einem Bedürfnis an seine Eltern wendet, antworten sie:»Nicht jetzt«, weil sie gerade etwas anderes zu tun haben. Selbst als er sagt, im Garten sitze ein Monster, wehren sie ab. Jakob wird, ganz im Sinne britischen Humors, von dem Monster gefressen. Es kommt danach ins Haus, wird von den Eltern, die nichts bemerkt haben, vor dem Fernseher zum Abendessen»geparkt« und kurz darauf ins Bett geschickt. »Aber ich bin ein Monster«, wendet das Untier noch etwas hilflos ein, aber da geht schon das Licht aus.

Das Buch ist ideal, um Eltern ein schlechtes Gewissen zu machen, die glauben, sich mehr Zeit für ihre Kinder nehmen zu müssen. Damit ihre Kinder nicht gefressen werden oder zu Monstern mutieren. Bei den meisten Eltern ist dieses schlechte Gewissen vermutlich nicht angebracht, bei manchen politisch Verantwortlichen könnte es vielleicht ein Umdenken beflügeln: Zeit ist die Schlüsselressource, die in unserem System zu knapp ist.

Zeit fehlt Erziehern und Lehrerinnen, um besser auf Kinder eingehen zu können und keins aus dem Blick zu verlieren. Zeit fehlt in Schulen für soziales Miteinander und Beziehung. Zeit fehlt Kindern beim Lernen, wenn sie langsamer sind als andere und neuen Stoff verstehen sollen, obwohl der alte noch gar nicht sitzt. Zeit fehlt vielen Kindern zum unbeschwerten Spiel und zur Pflege von Freundschaften. Zeit fehlt in der Kinder- und Jugendpsychiatrie, um für alle Hilfesuchenden zeitnah ein

Ohr zu haben. Zeit fehlt in der Kinder- und Jugendhilfe, wo Mitarbeitende oft für sehr viele Fälle verantwortlich sind. Zeit fehlt Eltern für ihre Kinder, etwa wenn sich Erwerbstätigkeit und Betreuung schwer vereinen lassen.

Wir brauchen eine neue Haltung zu Kindern und Jugendlichen, und wir brauchen ein neues Zeitmanagement. Damit müssen wir anfangen. Jetzt sofort. Nicht irgendwann vielleicht später. Die Missstände für Kinder und Jugendliche sind so gravierend, dass keine Zeit zu verlieren ist.

BERATUNGSSTELLEN

Der **Deutsche Kinderschutzbund** (DKSB) bietet allgemein Beratung und praktische Hilfe an. Auf der Website sind die Anlaufstellen der mehr als 400 Ortsverbände in Deutschland zu finden: www.dksb.de/de/dksb-vor-ort/

Auf **Familienportal.de** finden Eltern umfangreiche Informationen, etwa welche **Corona-Hilfen** und welche Möglichkeiten es zur **Erholung** für sie gibt, darunter Angebote des **Müttergenesungswerkes zu Mutter- oder Vater-Kind-Kuren** oder **Urlaub in Familienfreizeitstätten**. Dieses Angebot richtet sich an Familien in besonderen Lebenslagen: www.familienportal.de

Die **lokalen Jugendämter** sowie Erziehungs- und Familienberatungsstellen bieten Rat und Hilfe in Krisensituationen an. Die Deutsche Arbeitsgemeinschaft für Jugend- und Eheberatung (DAJEB) hat eine Übersicht erstellt: https://www.dajeb.de/beratungsfuehrer-online/beratung-in-ihrer-naehe/

Nummer gegen Kummer – Elterntelefon: 0800 111 0550. Hier können Mütter und Väter anrufen, die sich Rat für den Alltag, in Erziehungsfragen und in Krisen holen möchten. www.nummergegenkummer.de

Nummer gegen Kummer – Kinder- und Jugendtelefon: 116 111. Hier finden Kinder und Jugendliche mit ihren Sorgen und Nöten ein offenes Ohr. Beraterinnen und Berater vermitteln auch weitere Kontakte. www.nummergegenkummer.de

Die **Bundeskonferenz für Erziehungsberatung** bietet eine **Online-Beratung** für interessierte Eltern, die etwa Rat bei Streitigkeiten in der Familie, Trennung oder Erziehungsfragen suchen: www.bke.de

Hilfe-Telefon Sexueller Missbrauch: 0800-22 55 530. Bei diesem Angebot des Unabhängigen Beauftragten für Fragen des sexuellen Kindesmissbrauchs (UBSKM) werden Jugendliche und Erwachsene am Telefon oder auch online vertraulich beraten: www.hilfe-telefon-missbrauch.de

Hilfe-Telefon berta: 0800-30 50 750. Hier gibt es Beratung zu organisierter sexualisierter und ritueller Gewalt. www.hilfe-telefon-berta.de

Mehr als 30 **Kinderschutz-Zentren** bieten Beratung für von **Gewalt und schweren Krisen** betroffene Kinder und Familien. Wo die nächste Anlaufstelle ist, erfahren Hilfesuchende hier: https://www.kinderschutz-zentren.org/zentren-vor-ort

Danke!

Dieses Buch ist innerhalb weniger Monate und mit großer Unterstützung vieler Menschen entstanden, von denen etliche ganz ähnliche Gedanken und Fragen umtreiben wie mich. Ihnen allen danke ich sehr, ganz besonders den Kindern, Jugendlichen und Eltern, die mir so offen und eindrucksvoll von ihren Gefühlen und Erfahrungen während der Pandemie berichtet haben. Einige hat dies viel Mut gekostet, und sie verdienen großen Respekt. Besonderer Dank geht auch an die Lehrerinnen und Lehrer der Grundschule Herten-Mitte, an das Team von »Schule und Beruf e.V.« in Berlin-Wedding, an die Katholische Schule Liebfrauen in Berlin, an das »Arche«-Team und Rainer Thomasius, Leiter des Deutschen Zentrums für Suchtfragen des Kinder- und Jugendalters in Hamburg. Sie alle haben weit ihre Türen für mich und die Entstehung dieses Buch geöffnet.

Viele weitere Lehrkräfte, Erzieherinnen sowie Expertinnen und Experten haben umfangreich aus ihrem Alltag und Metier berichtet, vor allem Achim Bäumer, Anne Berngruber, Oliver Dierssen, Claudia Friedrich, Christian Fleischhaker, Inez Freund-Braier, Martin Holtmann, Wolfgang Hentschel, Stephan Huber, Klaus Hurrelmann, Björn Lengwenus, Friedrich Lösel, Kai Maaz, Silke Müller, Silvia Schneider, Jan Skopek, Nicole Strüber, Rolf Strietholt. Ich danke den SPIEGEL-Kolleginnen und Kollegen, vor allem dem Bildungsteam, für die

Unterstützung, der Kollegin Angelika Mette für ihre große Buch-Expertise und ihr stets geduldiges Ohr, der Lektorin Christiane Naumann für ihre klugen, wichtigen Anregungen, meiner Freundin Sabine Gores und Armin Himmelrath fürs kritisch-konstruktive Gegenlesen – und meinem Mann und meinen Kindern, 6, 14, 22 und 25 Jahre, die mich immer wieder mit so viel guter Laune, Optimismus und Kaffee versorgen.

Anmerkungen

Vorwort

1   Becker, Markus, Beyer, Susanne, Fokken, Silke u.a.: Generation Co-
    rona in Deutschland: Was die Pandemie mit unseren Kindern
    macht – und was ihnen hilft, in: DER SPIEGEL 49/2020
2   Post-Covid-Syndrom: Studie zeigt Langzeitfolgen bei Kindern und
    Jugendlichen, 27.10.2021: https://www.spiegel.de/wissenschaft/
    medizin/corona-bisher-groesste-studie-belegt-post-covid-syndrom-
    bei-kindern-und-jugendlichen-a-c0bef858-6064-4291-b69b-
    c5013131a33e
3   »Eine echte Notfallsituation«: Drosten warnt vor 100 000 weiteren
    Coronatoten in Deutschland, 10.11.2021: https://www.spiegel.de/
    wissenschaft/corona-virologe-christian-drosten-warnt-vor-100-000-
    weiteren-corona-toten-in-deutschland-a-974fa407-fa2a-4610-bffa-
    0622a0af6897

1 Was von dem Leben im Kokon bleibt

4   Aus: Hohler, Franz: Der Strand. In: Schubiger, Jürg und Franz Hoh-
    ler: *Aller Anfang*. © 2006 Beltz & Gelberg in der Verlagsgruppe
    Beltz, Weinheim Basel, S. 72
5   Vgl. Faith Popcorn's Brain Reserve, faithpopcorn.com/trendbank/
    cocooning
6   Kinderarzt zu Schulschließungen: Kinder sind auf vielfältige Weise
    gefährdet, Interview von Katherine Rydlink, 10.1.2021: https://www.
    spiegel.de/gesundheit/corona-kinderarzt-haelt-schaeden-fuer-
    kinder-durch-schulschliessungen-fuer-unzumutbar-a-9b7caf06-

183b-407b-af0e-1a1c36c40f44

Zudem hatte die Deutsche Gesellschaft für Kinder- und Jugendmedizin (DGKJ) wiederholt vor den Folgen für Kinder und Jugendliche gewarnt. Vgl. Stellungnahmen unter www.dgkj.de

7   Ariès, Philippe: *Geschichte der Kindheit.* München 2020, 20. Auflage, 1. Auflage 1978, S. 93

8   Vgl. Tenorth, H.-E. (Hg.): *Klassiker der Pädagogik. Von Erasmus bis Helene Lange.* München 2010, S. 79

9   Rousseau, Jean-Jacques: *Émile oder über die Erziehung.* Köln, 2010, S. 8

10 Vgl. Böhm, Winfried: Maria Montessori. In: *Klassiker der Pädagogik. Von John Dewey bis Paulo Freire.* Hg. von H.-E. Tenorth. München 2010, S. 82 f.

11 Vgl. Fatke, Reinhard: Jean Piaget. In: *Klassiker der Pädagogik. Von John Dewey bis Paulo Freire.* Hg. von H.-E. Tenorth. München 2010, S. 186

12 Pressemitteilung von der Organisation Save The Children vom 16.4.2020, die eine repräsentative Forsa-Umfrage unter Kindern und Jugendlichen zwischen 8 und 17 Jahren sowie deren Eltern in Auftrag gegeben hatte; https://www.savethechildren.de/fileadmin/user_upload/Downloads_Dokumente/Pressemitteilungen/2020/20200416_PM_Forsa_Umfrage_Coronakrise.pdf

13 Vgl. Kinderärzte sprechen sich gegen strengere Kontaktregeln für Kinder aus; am 19.11.2020 auf spiegel.de

14 Informationen von Child Public Health zur COPSY-Studie: In der bundesweiten COPSY-Studie wurde von Mai bis Juni 2020 eine umfangreiche Online-Befragung zur psychischen Gesundheit von Kindern und Jugendlichen und ihren Familien in Deutschland durchgeführt. Die repräsentative Stichprobe der bundesweiten COPSY-Studie umfasst mehr als 1000 11- bis 17-jährige Kinder und Jugendliche sowie 1500 Eltern von 7- bis 17-Jährigen. Von Dezember 2020 bis Januar 2021 fand die erste Folgebefragung der COPSY-Studie statt, seit September 2021 läuft die zweite Folgebefragung. Ergebnisse finden sich u.a. bei: Ravens-Sieberer, Ulrike, Kaman, Anne, Otto, Christiane u.a.: Psychische Gesundheit und Lebensqualität von Kindern und Jugendlichen während der Corona-Pandemie. In:

Dohmen, Dieter und Klaus Hurrelmann: *Generation Corona? Wie Jugendliche durch die Pandemie benachteiligt werden.* Weinheim und Basel, 2021, S. 248–260

15 Name ist geändert.

16 Die Aussagen von Nicole Strüber beziehen sich auf ein Telefonat sowie auf Strüber, Nicole: *Coronakids.* Weinheim und Basel 2021

17 Vgl. Strüber, Nicole: *Coronakids.* Weinheim und Basel 2021, S. 117

18 Die erste Befragungsrunde fand von September bis Oktober 2020 statt, also deutlich nach dem ersten Lockdown, die zweite von November 2020 bis Mitte Februar 2021, über den zweiten Lockdown. Die dritte Befragung erfolgte von Februar bis Ende Mai 2021, als nach und nach wieder so etwas wie Normalität in den kindlichen Alltag kehrte.

19 Namen geändert

20 Beyer, Susanne, Fokken, Silke, Großbongardt, Annette u. a. und Katja Thimm: Generation Corona. Was wir jetzt für unsere Kinder tun müssen. In: DER SPIEGEL 19/2021

21 Die SPIEGEL-Kollegin Verena Töpper gehörte mit ihrer Familie ebenfalls zu den „Pioneers of Summer" und hat in einer Kolumne auf spiegel.de darüber berichtet. https://www.spiegel.de/karriere/ homeoffice-auf-dem-land-soergeht-es-grossstaedtern-beim-summer- of-pioneers-in-homberg-efze-a-ef522e8b-17a4-456b-850c- edc378725a50

22 Alipour, Jean-Victor, Falck, Oliver, Peichl, Andreas und Stefan Sauer: Homeoffice-Potenzial weiter nicht ausgeschöpft. Studie des ifo- Instituts, veröffentlicht am 03.03.2021: https://www.ifo.de/DocDL/ sd-2021-digital-06-alipour-etal-homeoffice.pdf

23 Mehrheit der Unternehmen skeptisch gegenüber Homeoffice, 11.10.2021: https://www.manager-magazin.de/unternehmen/ umfrage-mehrheit-der-unternehmen-skeptisch-gegenueber- homeoffice-a-55b2cea4-dc7d-4cda-8533-5a70cc57f189

24 Die Zahlen beziehen sich auf eine Pressemitteilung des Statistischen Bundesamtes: Drei von vier Frauen waren 2019 erwerbstätig, 5.3.2021; https://www.destatis.de/DE/Presse/Pressemitteilun- gen/2021/03/PD21_N017_13.html

25 Jessen, Jonas, Spieß, Katharina C. und Katharina Wrohlich: Sorge-

arbeit während der Corona-Pandemie: Mütter übernehmen größeren Anteil – vor allem bei schon zuvor ungleicher Aufteilung. DIW-Wochenbericht 9/2021: https://www.diw.de/de/diw_01.c.812230.de/publikationen/wochenberichte/2021_09_1/sorgearbeit_waehrend_der_corona-pandemie__muetter_uebernehme___n_anteil_____vor_allem_bei_schon_zuvor_ungleicher_aufteilung.html

26 Kohlrausch, Bettina: Gleichberechtigung während der Pandemie. In: *Wirtschaftsdienst, Zeitschrift für Wirtschaftspolitik*, Heft 10, Oktober 2021

27 Informationen zum Kinderkrankengeld auf der Website des BMBF, zuletzt aufgerufen am 27.10.2021: https://www.bmfsfj.de/bmfsfj/aktuelles/alle-meldungen/kinderkrankengeld-wird-ausgeweitet-164738

28 Kohlrausch, Bettina: Gleichberechtigung während der Pandemie. In: *Wirtschaftsdienst, Zeitschrift für Wirtschaftspolitik*, Heft 10, Oktober 2021; https://www.wirtschaftsdienst.eu/inhalt/jahr/2021/heft/10/beitrag/gleichberechtigung-waehrend-der-pandemie.html

29 Danzer, Natalie, Huebener, Mathias u.a.: Kita- und Schulschließungen haben bei westdeutschen Vätern Einstellung zur Erwerbstätigkeit von Müttern verändert, DIW-Studie, DIW-Wochenbericht Nr. 34/2021: https://www.diw.de/documents/publikationen/73/diw_01.c.823622.de/21-34-1.pdf

30 Vgl. Shell-Jugendstudie 2019: »Eine Generation meldet sich zu Wort«, S. 25

31 Die große Kluft: Frauen verdienen im Leben nur halb so viel wie Männer, Studie der Bertelsmann Stiftung, 17.3.2020 auf bertelsmann-stiftung.de

32 Die Namen von Mutter und Kindern sind geändert.

33 Karlsruher Institut für Technologie: Motorik-Modul-Studie. Zur Situation der körperlich-sportlichen Aktivität von Kindern und Jugendlichen während der COVID-19 Pandemie in Deutschland, überarbeitete Version 10/2021: https://publikationen.bibliothek.kit.edu/1000133697

34 Pressemitteilung der Deutschen Gesellschaft für Kinder- und Jugendmedizin sowie der Deutschen Adipositas Gesellschaft,

21.6.2021: https://adipositas-gesellschaft.de/adipositas-bei-kindern-eine-stille-pandemie/

35 Name geändert

36 Drei von vier Müttern in Deutschland waren 2019 erwerbstätig, Pressemitteilung des Statistischen Bundesamtes vom 5.3.2021; https://www.destatis.de/DE/Presse/Pressemitteilungen/2021/03/PD21_N017_13.html

37 Lenze, Anne: Alleinerziehende weiter unter Druck. Bedarfe, rechtliche Regelungen und Reformansätze, Studie der Bertelsmann Stiftung, veröffentlicht im Juli 2021: https://www.bertelsmann-stiftung.de/de/publikationen/publikation/did/alleinerziehende-weiter-unter-druck

38 Die Bertelsmann-Studie »Alleinerziehende weiter unter Druck« bezieht sich hier auf S. 29 auf Daten des Familienberichts des Bundesministeriums für Familie, Jugend und Soziales 2021.

39 Vgl. die folgenden Absätze mit Diekmann, Florian und Silke Fokken: Leere Mägen statt Laptops, 21.5.2021: https://www.spiegel.de/wirtschaft/soziales/arme-schueler-im-fernunterricht-leere-maegen-statt-laptops-a-a6b11305-0fd1-44db-96fe-454d2a3d3d8a

40 Bedürftige Schüler bekommen Leihgeräte statt 150-Euro-Zuschuss; 15.5.2021 auf spiegel.de

41 Dettmer, Markus: Jobcenter sollen Schüler-Laptops für bedürftige Kinder zahlen, 3.2.2021 auf spiegel.de

42 Aust, Andreas: *Kein Kind zurücklassen. Warum es wirksame Maßnahmen gegen Kinderarmut braucht.* Hg. vom Paritätischen Wohlfahrtsverband, Berlin, Juli 2021

43 Informationen zum Kinderbonus auf der Website der Bundesagentur für Arbeit: https://www.arbeitsagentur.de/familie-und-kinder/kinderbonus

44 Vgl. Informationen des BMBF, 1.9.2021: https://www.bmfsfj.de/bmfsfj/themen/corona-pandemie/kinderfreizeitbonus

45 Vgl. die Schulmails Nr. 14, 17, 20 und 22 sowie vom 3.5.2021 des Kultusministeriums in Nordrhein-Westfalen: https://www.schulministerium.nrw/06052020-umgang-mit-dem-corona-virus-schulen-20-mail

46 Vgl. einige der Textpassagen mit Fokken, Silke und Swantje Unter-

berg: »Esra will doch nur zur Schule gehen«, 14.9.2020: https://www.spiegel.de/panorama/bildung/kinder-mit-behinderung-in-der-corona-krise-doppelt-gehandicapt-a-85d63be6-0110-46ac-ba9f-991052789219

47 Vgl. Schulmail des nordrhein-westfälischen Kultusministeriums vom 23.11.2020: https://www.schulministerium.nrw/23112020-informationen-zum-angepassten-schulbetrieb-corona-zeiten

48 Vgl. etwa die Schulmail des nordrhein-westfälischen Kultusministeriums vom 13.12.2020: https://www.schulministerium.nrw/13122020-informationen-zu-den-heutigen-beschluessen-der-regierungschefinnen-und-regierungschefs-und

49 Fokken, Silke: Homeschooling mit Handicap: »Ich sehe, dass sie am Ende ihrer Kräfte ist«, 1.5.2020: https://www.spiegel.de/panorama/bildung/homeschooling-mit-handicap-ich-sehe-dass-sie-am-ende-ihrer-kraefte-ist-a-212e64cf-9510-4b79-86c6-43aec8c7b90e

50 #Keine(W)Ortefüralle, Essay von Marco Hörmeyer, am 7.09.2021.

51 Koalitionsverhandlungen: Menschenrechtsinstitut mahnt ambitionierte behindertenpolitische Agenda an, Pressemitteilung vom 7.10.2021: https://www.institut-fuer-menschenrechte.de/aktuelles/detail/menschenrechtsinstitut-mahnt-ambitionierte-behindertenpolitische-agenda-an

52 Vgl.: Fokken, Silke und Swantje Unterberg: »Esra will doch nur zur Schule gehen«, 14.9.2020: https://www.spiegel.de/panorama/bildung/kinder-mit-behinderung-in-der-corona-krise-doppelt-gehandicapt-a-85d63be6-0110-46ac-ba9f-991052789219

53 Verfolgungsjagd mit Auto: Polizei prüft umstrittenen Einsatz in Hamburger Park, 26.2.2021: https://www.spiegel.de/panorama/justiz/hamburg-verfolgungsjagd-im-jenischpark-polizei-prueft-rabiaten-einsatz-a-65c27b5c-e584-470a-8f45-bf85e9e51b5a

54 Name geändert

55 Der Trend- und Jugendforscher Simon Schnetzer wird mit dem Begriff zitiert in: »Die Jugend könnte auch profitieren«. In: *Der Tagesspiegel*, 12.3.2021: https://www.tagesspiegel.de/wissen/generation-corona-die-jugend-koennte-auch-profitieren/27001166.html

56 Die Einsamkeit der Jugend. Interview mit Diana Kinnert. In: *taz*

Futurzwei, 14.9.2021: https://taz.de/Interview-mit-Diana-Kinnert/ !5784394/

57 Brussig, Thomas: *Wasserfarben*. Berlin 2016, S. 8

58 Angst vor der Zukunft – Jugendalltag 2020: Erste Ergebnisse der bundesweiten Studie »JuCo 2«, erstellt von einem Forschungsteam der Universitäten Hildesheim und Frankfurt am Main, veröffentlicht am 10.12.2020: https://www.uni-hildesheim.de/neuigkeiten/angst-vor-der-zukunft-jugendalltag-2020-erste-ergebnisse-der-bundesweiten-studie-juco-2/

59 Iken, Katja: Danke, und jetzt raus mit euch!, 13.5.2021: https://www.spiegel.de/familie/teenies-im-lockdown-ihr-seid-die-wucht-a-19b1ee25-bce9-4f3a-a120-bc2482b90b40

60 Die Einsamkeit der Jugend, Diana Kinnert im Interview mit *taz Futurzwei*: https://taz.de/Interview-mit-Diana-Kinnert/!5784394/

61 dpa-Meldung: Seelischer Lockdown: Wenn die Pandemie zum Dauerzustand wird, 6.10,2021 auf zeit.de: https://www.zeit.de/news/2021-10/06/seelischer-lockdown-wenn-die-pandemie-zum-dauerzustand-wird

62 Langmeyer, Alexandra, Guglhör-Rudan, Angelika, Naab, Thorsten u.a.: *Kind sein in Zeiten von Corona. Ergebnisbericht zur Situation von Kindern während des Lockdowns im Frühjahr 2020*, S. 17

63 Name geändert

64 Pressemitteilung des Statistischen Bundesamtes zur Kindeswohlgefährdung 2020 am 17. September 2021: https://www.destatis.de/DE/Themen/Gesellschaft-Umwelt-Soziales/Kinderschutz/_inhalt.html

65 Zahlen für 2021 werden sehr wahrscheinlich erst nach Redaktionsschluss für dieses Buch, Anfang 2022, vorliegen.

66 Vorstellung der Zahlen kindlicher Gewaltopfer – Auswertung der Polizeilichen Kriminalstatistik (PKS) 2020, BKA-Pressemitteilung vom 26.5.2021: https://www.bka.de/DE/Presse/Listenseite_Pressemitteilungen/2021/Presse2021/210526_pmkindgewaltopfer.html

67 Die Ratschläge stammen in Absprache mit dem UBSKM von folgendem Portal: https://www.deine-playlist-2022.de/
Sie sind hier in Auszügen dokumentiert.

2 Wie die Pandemie die Psyche belastet

68 Dahl, Roald: *Sophiechen und der Riese*. Reinbek bei Hamburg 1990, S. 8 f.

69 Alle Namen von Kindern und Eltern sind in Kapitel 2 geändert.

70 Lohmann, Eva (Autorin) und Dorothea Tust (Illustratorin): *Corona und der Elefantenabstand: Covid-19-Wissen für Kinder*. Hamburg 2020

71 Informationsdienst Wissenschaft zur Meta-Studie von Klaus Zierer, 20.7.2021: https://idw-online.de/de/news773095

72 Offener Brief von Kinder- und Jugendpsychotherapeuten, 9.3.2021: https://offener-brief-kiju.de/

73 Siehe Anmerkung 14

74 Vergleiche eine Auswertung des Bundesinstituts für Bevölkerungsforschung (BIB). Neben dem Geschlecht ist statistisch betrachtet ein Migrationshintergrund ein Risikofaktor. Hier stieg der Anteil von Jugendlichen mit depressiven Symptomen von 11 auf 33 Prozent. Bujard, Martin; von den Driesch, Ellen; Ruckdeschel, Kerstin; Laß, Inga; Thönnissen, Carolin; Schumann, Almut; Schneider, Norbert F.: Belastungen von Kindern, Jugendlichen und Eltern in der Corona-Pandemie. BiB.Bevölkerungs.Studien 2/2021. Wiesbaden: Bundesinstitut für Bevölkerungsforschung, S. 26 f. https://www.bib.bund.de/Publikation/2021/Belastungen-von-Kindern-Jugendlichen-und-Eltern-in-der-Corona-Pandemie.html?nn=9751912

75 Vorstellung der COPSY-Studie am 20.2.2021, Mitschnitt der Pressekonferenz mit Ulrike Ravens-Sieberer und ihrem Team: https://www.youtube.com/watch?v=KtFZbhzQ-M8. Die Zitate beziehen sich auf die PK und Interviews mit Frau Ravens-Sieberer.

76 Ergebnisse der neuen COPSY-Befragung lagen bei Redaktionsschluss Anfang November 2021 noch nicht vor. Sie werden für Anfang 2021 erwartet.

77 Vgl. Kinder und Jugendliche in der Coronavirus-Pandemie: psychosoziale und edukative Herausforderungen. Ad-hoc-Stellungnahme am 21. Juni 2021 der Leopoldina. Nationale Akademie der Wissen-

schaften, S. 15: https://www.leopoldina.org/uploads/tx_leopublication/
2021_Corona_Kinder_und_Jugendliche.pdf

78 Pressemitteilung des Statistischen Bundesamtes vom 30.3.2021:
https://www.destatis.de/DE/Presse/Pressemitteilungen/2021/03/
PD21_N022_23.html

79 Vgl. Pressemitteilung der Deutschen Psychotherapeutenvereinigung
vom 19.2.2021: Kinder und Jugendliche: 60 Prozent mehr Anfragen
für Psychotherapie

80 Lunde, Maja: *Als die Welt stehen blieb.* München 2020, S. 24

81 Der Hersteller Epic Games meldete die Zahl der registrierten Nutzer
am 6. Mai 2020 bei Twitter: https://twitter.com/fortnitegame/status/
1258079550321446912

82 Anfang Oktober 2021 hatte Dierssen bereits im SPIEGEL vor den
psychischen Folgen der Corona-Krise für Kinder und Jugendliche
gewarnt. »Suizidale Krisen, wie aus dem Nichts«, Interview von
Kerstin Kullmann, 4.10.2021 auf spiegel.de

83 Das Meinungsforschungsinstitut iconkids & youth hat im Auftrag
der Bertelsmann Stiftung eine repräsentative Untersuchung bei Jugendlichen zwischen 14 und 20 Jahren durchgeführt, ergänzt um
Face-to-Face-Interviews mit 150 Hauptschülern. Die Interviews
wurden vom 11. Februar bis 3. März 2021 durchgeführt.

84 Die Befragung führten die Universitäten Hildesheim und Frankfurt/
Main unter 7000 jungen Menschen im Alter von 15 bis 30 Jahren im
November 2020 durch. Die Umfrage umfasst auch junge Erwach-
sene, die schon in der Ausbildung sind oder studieren.

85 Vgl. Pressemitteilung der Landesjugendämter vom 20.4.2021; http://
webcache.googleusercontent.com/search?q=cache:XUtRyRTR538J:
www.bagljae.de/assets/downloads/umfrage-unter-jugendaemtern---
garanten-gegen-menschlichen-lockdown-_002_.
pdf+&cd=3&hl=de&ct=clnk&gl=de

86 Die folgenden Ausführungen und Zitate von Emmy Werner beziehen sich auf den Aufsatz »Entwicklung zwischen Risiko und Resilienz«, veröffentlicht in: *Was Kinder stärkt: Entwicklung zwischen
Risiko und Resilienz.* Hg. von Günther Opp u. a. München 2020,
4. neu bearbeitete Edition

87 Vgl. Fröhlich-Gildhoff, Klaus und Maike Rönnau-Böse: *Resilienz*. 5. Auflage, München 2019

88 Das Tagebuch der Anne Frank. S. Fischer Verlag 1955, S. 169

89 Vgl. Fröhlich-Gildhoff, Klaus und Maike Rönnau-Böse: Resilienz. 5. Auflage, München 2019

90 Zitiert nach ebd.

3 Welche Folgen die Pandemie fürs Lernen hat

91 Lindgren, Astrid: *Pippi Langstrumpf*. Hamburg 1999, erstmalig erschienen 1949, S. 73 ff.

92 Das Urteil ist in englischer Sprache auf der Website des Europäischen Gerichtshofes für Menschenrechte nachzulesen, eine deutschsprachige Kurzversion findet sich u. a. in der Datenbank beck-online.

93 Vgl. die Pressemitteilung 124 der Bundeskanzlerin vom 15. April 2020 sowie die KMK-Beschlüsse vom 28. April 2020 (Rahmenkonzept für die Wiederaufnahme von Unterricht in Schulen) sowie vom 6. Mai 2020: https://www.kmk.org/fileadmin/Dateien/pdf/PresseUndAktuelles/2020/2020-04-28-Rahmenkonzept-Oeffnung-von-Schulen.pdf

94 »Führt Deutschland die Schulpflicht ein?«, 29.5.2020: https://taz.de/Nichts-scheint-mehr-unmoeglich-Fuehrt-Deutschland-die-Schulpflicht-ein/!5685319/

95 Frank, Arno: Als Vater im Homeschooling. Ich will ein Zeugnis!, 14.3.2021: https://www.spiegel.de/panorama/homeschooling-wie-ich-als-vater-leide-und-was-ich-alles-leiste-a-20a32fbf-51cc-4b87-9848-d032962d8419

96 Deggerich, Markus: Was die Pandemie mit Kindern (und ihren Eltern) macht, 21.1.2021: https://www.spiegel.de/familie/coronavirus-was-die-pandemie-mit-den-kindern-und-ihren-eltern-macht-kolumne-a-b7f8f2b1-0ee4-4d91-855d-dbb6180d4556

97 »Das Vorenthalten von Schule ist ein Verbrechen am Kind«, Interview mit dem Erziehungswissenschaftler Heinz-Elmar Tenorth von Katja Iken, 21.2.2021: https://www.spiegel.de/geschichte/

schulschliessungen-wegen-corona-ein-verbrechen-am-kind-a-
474d39ea-35e6-495f-9501-86cfe94fc607

98 Die Namen der »Schildkröten«-Kinder und auch aller anderen Kinder in diesem Kapitel sind geändert.

99 Vgl. Fokken, Silke und Armin Himmelrath: Grundschule im sozialen Brennpunkt. »Frau Schäfer, schickst du morgen wieder die Polizei?« In: DER SPIEGEL 21/2021

100 Die Kinderärztin und ihr Team untersuchten damals nicht alle Kinder, sondern mangels Kapazitäten vorrangig diejenigen, bei denen
Förderbedarf zu vermuten war. Die Ergebnisse waren damit nicht
repräsentativ, wurden später aber gewichtet, so dass die Mediziner
sie für aussagekräftig halten. Vgl. Fokken, Silke: Die Generation Corona wird eingeschult – aber ist sie dafür bereit? In: DER SPIEGEL
25/2021

101 Presseinformationen zu »Ländermonitoring Frühkindliche Bildungssysteme« vom 24. August 2021: https://www.laendermonitor.de/de/
startseite Vgl. auch: Pressemitteilung des Statistischen Bundesamtes
vom 30. September 2021: Betreuungsquote der unter 3-jährigen Kinder auf 35,0 % gestiegen: https://www.destatis.de/DE/Presse/Presse-
mitteilungen/2020/09/PD20_380_225.
html#:~:text=M%C3%A4rz%202020%20gegen%C3%BCber%20
dem%20Vorjahr,2019%3A%2034%2C0%20%25).

102 Pressemitteilung des Statistischen Bundesamtes zur Kinderbetreuung
in Deutschland vom 31. August 2021: Jedes dritte Kind unter 6 Jahren wurde 2020 ganztags betreut: https://www.destatis.de/DE/
Presse/Pressemitteilungen/Zahl-der-Woche/2021/PD21_35_p002.
html#:~:text=Zahl%20der%20Woche%20Nr.&text=Wie%20das%
20Statistische%20Bundesamt%20(Destatis,in%20%C3%B6ffentlich
%20gef%C3%B6rderter%20Kindertagespflege%20betreut.

103 Vgl. Angaben des BMBF: Kindertagesbetreuung: Kompakt Ausbau-
stand und Bedarf 2020. Hg. vom Bundesministerium für Familie,
Senioren, Frauen und Jugend: https://www.bmfsfj.de/bmfsfj/service/
publikationen/kindertagesbetreuung-kompakt-186072

104 Vgl. Ländermonitor frühkindliche Bildung, Bertelsmann Stiftung

105 Pressemitteilung zum Ländermonitor frühkindliche Bildung, 24. August 2021: https://www.laendermonitor.de/fileadmin/files/laender-monitor/presse/2021/2021-08-24_Pressemitteilung_Bund.pdf

106 Studien sehen dramatische Personalnot in Kitas, News for Teachers, 25.8.2021: https://www.news4teachers.de/2021/08/luecke-ist-in-die-sem-jahrzehnt-nicht-mehr-zu-schliessen-studien-sehen-dramatische-personalnot-in-kitas/

107 Informationen der Gewerkschaft Erziehung und Wissenschaft zu Gehaltserhöhungen für Erzieherinnen und Erzieher: https://www.gew.de/troed2019/fragen-und-antworten; https://www.gew.de/dasgewinnenwir/fragen-und-antworten

108 Vgl. Erlass des Schulministeriums in Nordrhein-Westfalen vom 26.08.2020: https://www.schulministerium.nrw.de/BP/LEOTexte/Erlasse/Erlass_Lehramt-Gy_Ge-an-Grundschulen.pdf

109 »In China und Japan unterrichten Lehrkräfte weniger, arbeiten aber mehr«, Interview mit OECD-Bildungsdirektor Andreas Schleicher von Silke Fokken, 27.4.2020: https://www.spiegel.de/panorama/bildung/oecd-bildungsdirektor-andreas-schleicher-wichtig-dass-wir-die-rolle-der-lehrkraefte-neu-denken-a-1ddf4b60-3b16-49bb-aacf-5fb45d444a91

110 Vgl. Informationen zu NEPS, Nationales Bildungspanel des Leibniz Instituts für Bildungsverläufe: https://www.neps-data.de/Projekt%C3%BCbersicht

111 Fokken, Silke: PISA-Sonderauswertung: Was sich an Deutschlands Schulen ändern sollte, 29.9.2020: https://www.spiegel.de/panorama/bildung/pisa-auswertung-was-sich-an-deutschlands-schulen-aendern-sollte-a-14743563-74bc-4046-b38f-3ed8978540c5

112 VBE-Pressemitteilung vom 24. August 2021: DKLK-STUDIE 2021: Dramatische Personalunterdeckung trotz Gute-Kita-Gesetz: https://www.vbe.de/presse/pressedienste/pressedienste-2021/dklk-studie-2021-dramatische-personalunterdeckung-trotz-gute-kita-gesetz#:~:text=Gesundheit%20%26%20Zufriedenheit%20Bildungsfinanzierung-,DKLK%2DStudie%202021%3A%20Drama-tische%20Personalunterdeckung%20trotz%20Gute%2DKita%-2D,ihrer%20Aufsichtspflicht%20nicht%20nachkommen%20k%-C3%B6nnen.

113 Informationen des Bundesministeriums für Familie, Soziales, Frauen und Jugend vom 22. November 2019: https://www.bmfsfj.de/bmfsfj/ aktuelles/alle-meldungen/die-umsetzung-des-gute-kita-gesetzes-beginnt-141652

114 Vgl. Jessen, Jonas, Spieß, Katharina, Waights, Sevrin und Andrew Judy: Gründe für unterschiedliche Kita-Nutzung von Kindern unter drei Jahren sind vielfältig, DIW-Wochenbericht 14/2020

115 Vgl. Gelebte Vielfalt: Familien mit Migrationshintergrund in Deutschland. Hg. vom BMFSFJ, S. 55: https://www.bmfsfj.de/ resource/blob/116880/a75bd78c678436499c1afa0e718c1719/gelebte-vielfalt-familien-mit-migrationshintergrund-in-deutschland-data.pdf; https://www.bmfsfj.de/resource/blob/112554/a73b1eb50d3b49105e 13eb2213501581/gleiche-chancen-durch-fruehe-bildung-data.pdf

116 Kraft, Daniel: Kampf um die Kitaplätze, 17.02.2012: https://taz. de/!5100501/?goMobile2=1579305600052

117 Vgl. die einzelnen Länderregelungen, z. B. in Berlin vom 14. März 2020: http://sozdia.de/fileadmin/projekte/verein/Daten_2020/ Informationen_Senatsverwaltung.pdf

118 Vgl. die folgenden Passagen mit Fokken, Silke: Keine Kita, kein Sport, keine Sprachförderung: Die Generation Corona wird einge-schult – aber ist sie dafür bereit?, 22.6.2021: https://www.spiegel.de/ panorama/bildung/einschulung-die-generation-corona-wird-eingeschult-aber-ist-sie-dafuer-bereit-a-4c963224-0002-0001-0000-000177967159

119 Heckt, Meike und Britta Pohlmann: Das Verfahren zur Vorstellung Viereinhalbjähriger, Ergebnisse Schuljahr 2019/20. Hamburg: Okto-ber 2020: https://www.hamburg.de/contentblob/14751450/ e687da1a197a41c1dd9054cc4f6cd620/data/pdf-bericht-viereinhalb jaehrigenvorstellung-schuljahr-2019-2020.pdf

120 Dies.

121 Vgl. Angaben des Bundesfamilienministeriums zu »Bundespro-gramm Sprach-Kitas: Weil Sprache der Schlüssel zur Welt ist«: https://sprach-kitas.fruehe-chancen.de/programm/ueber-das-programm/ und Informationen zum Corona-Aufholprogramm; https://www.bmfsfj.de/bmfsfj/aktuelles/alle-meldungen/kinder-und-jugendliche-nach-der-corona-pandemie-staerken-178888

122 Die Namen aller Kinder in diesem Kapitel sind geändert.

123 Pressemitteilung vom 3. Dezember 2019 der Technischen Universität München zur PISA-Studie: »Gute Ergebnisse im Lesen«: https://www.tum.de/die-tum/aktuelles/pressemitteilungen/details/35806

124 Vgl. Hußmann, Anke, Wendt, Heike und Wilfried Bos: IGLU 2016, Lesekompetenzen von Grundschulkindern in Deutschland im internationalen Vergleich. Münster 2017, S. 14ff.; https://www.kmk.org/fileadmin/Dateien/pdf/PresseUndAktuelles/2017/IGLU_2016_Berichtsband.pdf

125 Schwippert, Kurt, Kasper, Daniel, Köller, Olaf u. a.: TIMSS 2019. Mathematische und naturwissenschaftliche Kompetenzen von Grundschulkindern in Deutschland im internationalen Vergleich. Vorgestellt am 8. Dezember 2020: https://www.timss2019.uni-hamburg.de/_files/pressemappe.pdf

126 Fokken, Silke: PISA-Auswertung: Was sich an Deutschlands Schulen ändern sollte, 29.9.2020: https://www.spiegel.de/panorama/bildung/pisa-auswertung-was-sich-an-deutschlands-schulen-aendern-sollte-a-14743563-74bc-4046-b38f-3ed8978540c5

127 Fokken, Silke: So sortiert Deutschland seine Kinder aus, 13.5.2017: https://www.spiegel.de/lebenundlernen/schule/bayern-auslese-fuers-gymnasium-belastet-grundschueler-und-eltern-a-1145393.html

128 Frank, Arno: Als Vater im Homeschooling. Ich will ein Zeugnis! 14.3.2021: https://www.spiegel.de/panorama/homeschooling-wie-ich-als-vater-leide-und-was-ich-alles-leiste-a-20a32fbf-51cc-4b87-9848-d032962d8419

129 Soziale Lage Marzahn-Hellersdorf 2020 (Kurzbericht), veröffentlicht vom Bezirksamt Marzahn-Hellersdorf, Marion Augustin, Gesundheits- und Sozialberichterstattung

130 Leo-Studie 2018: Leben mit geringer Literalität, veröffentlicht von der Fakultät für Erziehungswissenschaft an der Universität Hamburg, 7.5.2019: https://leo.blogs.uni-hamburg.de/

131 Lernen in Zeiten von Corona. Ergebnisse einer Befragung des Instituts für Demoskopie Allensbach im Auftrag der Telekom-Stiftung von Schülern und Eltern von Kindern der Klassenstufen 5 bis 10 im Frühjahr 2021, veröffentlicht im Mai 2021: https://www.telekom-

stiftung.de/sites/default/files/files/media/publications/Lernen-in-Zeiten-von-Corona-Bericht.pdf

132 Wößmann, Ludger, Freundl, Vera, Grewenig, Elisabeth u. a.: Bildung erneut im Lockdown: Wie verbrachten Schulkinder die Schulschließungen Anfang 2021? ifo Schnelldienst, 2021, 74, Nr. 05, S. 36-52 Die Ergebnisse beruhen auf Daten aus einer Online-Befragung von mehr als 2000 Eltern von Schulkindern, die im Februar und März 2021 durchgeführt wurde. Die Eltern wurden jeweils zu ihrem jüngsten Schulkind befragt. Die ifo-Forscher hatten schon im Frühjahr 2020 eine Elternbefragung durchgeführt. In der zweiten Studie verglichen sie die Ergebnisse: https://www.ifo.de/publikationen/2021/aufsatz-zeitschrift/bildung-erneut-im-lockdown-wie-verbrachten-schulkinder-die

133 Vgl. KMK-Beschluss zur Verschiebung des IQB-Bildungstrends vom 30.4.2020, zur Verschiebung von PISA-Erhebungen vom 7.4.2020 sowie zur Verschiebung und freiwilligen Teilnahme der VERA-Vergleichsarbeiten vom 26.3. und 1.4.2020: https://www.kmk.org/dokumentation-statistik/beschluesse-und-veroeffentlichungen/bildung-schule/qualitaetssicherung-in-schulen.html#c1564

134 KMK: IQB-Bildungstrend im Primarbereich verschoben – Teilnahmeverpflichtung an VERA 3 und VERA 8 aufgehoben, 2.4.2020; https://www.kmk.org/presse/pressearchiv/mitteilung/detail/News/kmk-iqb-bildungstrend-im-primarbereich-verschoben-teilnahme verpflichtung-an-vera-3-und-vera-8-auf.html; konkretere Beschlüsse der KMK zu IQB und PISA: https://www.kmk.org/fileadmin/veroeffentlichungen_beschluesse/2020/2020_04_07-PISA-2021.pdf; https://www.kmk.org/fileadmin/veroeffentlichungen_beschluesse/2020/2020_04_30-IQB-Bildungstrends-2020-2021_Verschiebung.pdf

135 Pressemitteilung des BMBF zum Corona-Aufholprogramm vom 5. Mai 2021: https://www.bmbf.de/bmbf/shareddocs/kurzmeldungen/de/kinder-und-jugendliche-nach-der-corona-pandemie-staerken.html

136 Himmelrath, Armin und Silke Fokken: Bildungsgerechtigkeit in der Pandemie Wie eine ehemalige Kneipe zum Hoffnungsort dieser Kinder wurde, 3.5.2021: https://www.spiegel.de/panorama/bildung/gelsenkirchen-wie-eine-ehemalige-kneipe-zum-hoffnungsort-dieser-kinder-wurde-a-5deb1ab4-be83-4196-aeaf-453796f2e828

137 Helbig, Marcel: Corona Schuljahre – und wie weiter? Eine Auseinandersetzung mit den aktuellen Debatten zur Schließung der Lernlücken infolge der Corona-Schuljahre 2019/20 und 2020/21. Discussion Paper, veröffentlicht im März 2021 am Wissenschaftszentrum Berlin für Sozialforschung: https://bibliothek.wzb.eu/pdf/2021/p21-002.pdf

138 Deutsches Schulbarometer. Lehrer-Umfrage offenbart enorme Probleme infolge der Pandemie. 27.10.2021 auf dem Deutschen Schulportal, https://deutsches-schulportal.de/unterricht/umfrage-deutsches-schulbarometer/
Im Auftrag der Robert Bosch Stiftung in Kooperation mit der ZEIT führte das Meinungsforschungsinstitut Forsa vom 23. bis 30. September 2021 eine Umfrage unter 1001 Lehrerinnen und Lehrern an allgemeinbildenden Schulen durch. Als »Schulen in sozial benachteiligter Lage« werden diejenigen Schulen klassifiziert, für die befragte Lehrkräfte angegeben haben, dass dort mehr als 50 Prozent der Eltern staatliche Transferleistungen erhalten. Das erste Schulbarometer Spezial erschien im April 2020. Die zweite Befragung fand im Dezember 2020 unmittelbar vor dem zweiten Lockdown statt.

139 Vgl. Beyer, Susanne, Fokken, Silke, Großbongardt, Annette u. a.: Generation Corona. Was wir jetzt für unsere Kinder tun müssen. In: DER SPIEGEL 19/2021

140 Informationen des Bildungsministeriums in Sachsen-Anhalt zum »Erheben und Beheben von Lernrückständen nach Corona«: https://mb.sachsen-anhalt.de/themen/schule-und-unterricht/erheben-und-beheben-von-lernrueckstaenden-nach-corona/#c280503

141 Himmelrath, Armin und Silke Fokken: 200 000 Lehrkräfte dringend gesucht, 4.6.2021: https://www.spiegel.de/panorama/bildung/aktionsprogramm-aufholen-nach-corona-200-000-lehrkraefte-dringend-gesucht-a-4bf6e4c9-0002-0001-0000-000177779153 Dirk Zorn arbeitet inzwischen bei der Robert Bosch Stiftung.

142 Georg Picht im SPIEGEL 31/1964, https://www.spiegel.de/politik/georg-picht-a-cb31dda2-0002-0001-0000-000046273719

143 Gümüşay, Kübra: *Sprache und Sein.* Berlin 2021, S. 37 f.

144 Gamper, Jana, Hövelbrinks, Britta und Julia Schlauch (Hg.): *Lockdown, Homeschooling und Social Distancing – der Zweitsprach-*

*erwerb unter akut veränderten Bedingungen der COVID-19-Pande-
mie.* Tübingen 2021

145 Füller, Christian: Grundschul-Rebellin erhält Courage-Preis, am
4.6.2009 auf spiegel.de; https://www.spiegel.de/lebenundlernen/
schule/strafversetzt-wegen-guter-noten-grundschul-rebellin-erhaelt-
courage-preis-a-628411.html

146 Vgl. Czerny, Sabine: Deutschklasse: »Individualisierter Unterricht
braucht eine Zweitkraft«, 19.11.2021: https://deutsches-schulportal.
de/kolumnen/individualisierter-unterricht-braucht-eine-zweitkraft/

147 Pressemitteilung des ASD vom 7. September 2021 zu: Corona-Er-
kenntnisse der Schulleitungen – Schwächen des Bildungssystems

148 Vgl. die folgenden Passagen mit Fokken, Silke: Neustart nach
Lockdown in Hamburg. Wie geht Grundschule im Corona-Modus?,
3.5.2020: https://www.spiegel.de/panorama/bildung/hamburger-
grundschule-ueber-unterricht-in-corona-zeiten-es-geht-nicht-
nur-um-mathe-oder-deutsch-a-2fc06561-5139-4464-998b-
652a7cbf76ca

149 Informationen des BMFSFJ vom 14.9.2021: Betreuungslücken für
Grundschulkinder schließen; https://www.bmfsfj.de/bmfsfj/themen/
familie/kinderbetreuung/ganztagsbetreuung/betreuungsluecken-
fuer-grundschulkinder-schliessen-133604

150 Vgl. Geis-Thöne, Wido: Endlich wird die letzte Betreuungslücke geschlossen, veröffentlicht am 7.9.2021 beim Institut der Deutschen
Wirtschaft: https://www.iwkoeln.de/presse/iw-nachrichten/wido-
geis-thoene-endlich-wird-die-letzte-betreuungsluecke-geschlossen.
html

151 Informationen des Bundesfamilienministeriums zum Ganztagsan-
spruch ab 2026 vom 10.9.2021: https://www.bmfsfj.de/bmfsfj/
aktuelles/alle-meldungen/rechtsanspruch-auf-ganztagsbetreuung-
fuer-ab-2026-beschlossen-178826

152 Die Angaben beziehen sich auf die Studie »Lernen in Zeiten von
Corona«. Ergebnisse einer Befragung von Schülern und Eltern von
Kindern der Klassenstufen 5 bis 10 im Frühjahr 2021. Institut für
Demoskopie Allensbach, Mai 2021; https://www.telekom-stiftung.
de/sites/default/files/files/media/publications/Lernen-in-Zeiten-
von-Corona-Bericht.pdf

153 »Der Präsenzunterricht wird verherrlicht«, Interview von Julia Koch, 18.11.2020: https://www.spiegel.de/panorama/bildung/schule-forscher-ueber-digitales-lernen-der-praesenzunterricht-wird-verherrlicht-a-00000000-0002-0001-0000-000174003082

154 Pennac, Daniel: *Schulkummer*. Köln 2010, S. 117

155 Dieser Lehrer will die Schule abschaffen, von Paul Munzinger, 28.5.2019: https://www.sueddeutsche.de/bildung/lehrer-schule-abschaffen-1.4462228-2

156 Jonas Schröder alias Herr Schröder, Mitschnitt eines Bühnenauftritts bei YouTube: https://www.youtube.com/watch?v=YWjy_zCGCf4.

157 Vgl. Schaller, Klaus: Johann Amos Comenius. In: *Klassiker der Pädagogik. Von Erasmus bis Helene Lange*. Hg. von H.-E. Tenorth. München 2010, S. 48

158 Vgl. die folgenden Ausführungen mit Oelkers, Jürgen: Krise der Moderne und Reformer der Erziehung. In: *Klassiker der Pädagogik. Von Erasmus bis Helene Lange*. Hg. von H.-E. Tenorth. München 2010, S. 7f.

159 Ders., S. 10

160 Humboldt, Wilhelm von: Theorie der Bildung des Menschen. In: *Was ist Bildung? Eine Textanthologie*. Hg. von Heiner Hastedt. Stuttgart 2012, 2012, S. 94

161 Veith, Herman und Benjamin Edelstein: *Schulgeschichte bis 1945: Von Preußen bis zum Dritten Reich*, veröffentlicht von der Bundeszentrale für politische Bildung am 1.1.2017: https://www.bpb.de/gesellschaft/bildung/zukunft-bildung/229629/schulgeschichte-bis-1945

162 Ebd.

163 Ebd.

164 Vgl. ebd.

165 El-Mafaalani, Aladin: *Mythos Bildung. Die ungerechte Gesellschaft, ihr Bildungssystem und seine Zukunft*. Köln 2020, S. 196f.

166 Fokken, Silke: Corona-Comedy auf YouTube: Wie zwei Lehrer das Schulchaos erträglicher machen, 1.3.2021: https://www.spiegel.de/panorama/bildung/corona-comedy-auf-youtube-wie-zwei-lehrer-das-schulchaos-ertraeglicher-machen-a-777a1484-6459-408a-8769-9a87997b5294

167 Maaz, Kai und Michael Becker-Mrotzek (Hg.), *Schule weiterdenken. Was wir aus der Pandemie lernen.* Berlin 2021

168 Himmelrath, Armin und Julia Egbers, *Das Schuljahr nach Corona. Was sich nun ändern muss.* Bern 2020.

169 Vgl. Hattie, John und Klaus Zierer: *Kenne deinen Einfluss. »Visible Learning« für die Unterrichtspraxis,* 3. erweiterte Auflage. Baltmannsweiler 2019

170 »In China und Japan unterrichten Lehrkräfte weniger, arbeiten aber mehr«, Interview mit Andreas Schleicher von Silke Fokken, 27.04.2020 auf spiegel.de: https://www.spiegel.de/panorama/bildung/oecd-bildungsdirektor-andreas-schleicher-wichtig-dass-wir-die-rolle-der-lehrkraefte-neu-denken-a-1ddf4b60-3b16-49bb-aacf-5fb45d444a91

171 Zusammenfassung von Zwischenergebnissen des SELF-Projekts: http://www.smaragdina.de/vz/SELF_broschuere_141030_web.pdf

172 Fokken, Silke: »Ich kenne meine Schüler jetzt im Schlafanzug«, 6.4.2020: https://www.spiegel.de/panorama/bildung/lehrer-in-corona-krise-ich-kenne-meine-schueler-jetzt-im-schlafanzug-a-6ee7a1e2-440c-48a7-93c7-e8e26d7c487b

173 Vgl. die folgenden Passagen mit Unterberg, Swantje, Drei von zehn Schülern können nur »Links anklicken und ihr Handy streicheln«, 5.11.2019: https://www.spiegel.de/lebenundlernen/schule/computernutzung-ein-drittel-der-schueler-ist-abgehaengt-a-1294424.html

174 Unterricht zu Beginn und nach einem Jahr der Corona-Pandemie – Lernen mit digitalen Medien im Vergleich. Von Ramona Lorenz, Thomas Brüggemann, Justine Stang und Nele McElvany, Institut für Schulentwicklungsforschung (IFS) TU Dortmund. An der ersten Online-Befragung nahmen 3638 Lehrkräfte teil, an der zweiten Online-Befragung beteiligten sich 1774 Lehrkräfte. Beide Male war der überwiegende Teil weiblich (mehr als 80 Prozent). Die Befragung ist unter anderem deshalb nicht repräsentativ. Sie kann jedoch Hinweise auf veränderte Einstellungen zum digitalen Lernen liefern.

175 Katja Eder ist mit der Autorin befreundet und hat sich in endlosen Telefonaten mit ihr über Schulerfahrungen ausgetauscht.

176 Lernen in Zeiten von Corona. Ergebnisse einer Befragung von Schülern und Eltern von Kindern der Klassenstufen 5 bis 10 im Frühjahr 2021. Durchgeführt vom Institut für Demoskopie Allensbach, veröffentlicht im Mai 2021

4 Wo die Politik umsteuern muss

177 Deutschland hat die UN-Kinderrechtskonvention am 26. Januar 1990 unterzeichnet; am 5. April 1992 trat sie in Kraft. Nachzulesen auf: https://www.kinderrechte.de/kinderrechte/un-kinderrechtskonvention-im-wortlaut/#c3263

178 Vgl. Spiewak, Martin und Manuel Hartung: Der nächste Bildungsabsturz, 6.10.2021: https://www.zeit.de/2021/41/bildung-deutschland-pisa-studie-bildungspolitik-ludger-woessmann-forschung

179 Verfassungsbeschwerden gegen das Klimaschutzgesetz teilweise erfolgreich; Pressemitteilung Nr. 31/2021 vom 29. April 2021, Beschluss vom 24. März 2021, 1 BvR 2656/18, 1 BvR 96/20, 1 BvR 78/20, 1 BvR 288/20, 1 BvR 96/20, 1 BvR 78/20: https://www.bundesverfassungsgericht.de/SharedDocs/Pressemitteilungen/DE/2021/bvg21-031.html

180 Shell-Jugendstudie 2019: »Eine Generation meldet sich zu Wort«, veröffentlicht am 15. Oktober 2019. Die Studie stützt sich auf eine repräsentativ zusammengesetzte Stichprobe von 2572 Jugendlichen im Alter von 12 bis 25 Jahren, die zu ihrer Lebenssituation und zu ihren Einstellungen und Orientierungen persönlich befragt wurden. Die Erhebung fand auf Grundlage eines standardisierten Fragebogens im Zeitraum von Anfang Januar bis Ende März 2019 statt.

181 Umfrage offenbart: Vertrauen junger Menschen in die Politik ist tief erschüttert, 21.6.2021, Generationen Stiftung: https://blog.generationenstiftung.com/2021/06/24/umfrage-offenbart-vertrauen-junger-menschen-in-die-politik-ist-tief-erschuettert/

182 Pressemitteilung der Ständigen Impfkommission am 17. August 2021: https://www.hamburg.de/coronavirus/pressemeldungen/15087782/2021-05-26-praesenzunterricht-fuer-alle/

183 Menkens, Sabine: »Auf dem Rücken der Kinder«; Interview mit Holger Hoffmann in der *Welt*, 15.9.2021: https://www.welt.de/politik/deutschland/plus233801604/2G-in-Berlin-Auf-dem-Ruecken-der-Kinder-Freizeitinteressen-der-Erwachsenen-befoerdert.html?icid=search.product.onsitesearch

184 Pressemitteilung der Berliner Senatskanzlei vom 15. September 2021: https://www.berlin.de/rbmskzl/aktuelles/pressemitteilungen/2021/pressemitteilung.1126713.php

185 Der Brief ist im Internet nachzulesen auf der Website des Europarates, zuletzt aufgerufen am 23.10.2021: https://rm.coe.int/letter-to-ms-christine-lambrecht-federal-minister-for-family-affairs-o/1680a33500

186 Vgl. Beyer, Susanne, Fokken, Silke, Großbongardt, Annette u. a.: Generation Corona. Was wir jetzt für unsere Kinder tun müssen, 7.5.2021. In: DER SPIEGEL 19/2021

187 Becker, Markus, Beyer, Susanne, Fokken, Silke u. a. Generation Corona in Deutschland: Was die Pandemie mit unseren Kindern macht – und was ihnen hilft, 28.2.2021: https://www.spiegel.de/panorama/gesellschaft/generation-corona-was-die-pandemie-mit-unseren-kindern-macht-a-00000000-0002-0001-0000-000174211425

188 Pressekonferenz mit Angela Merkel zu den Corona-Beschlüssen am 13.12.2020 auf spiegel.de: https://www.spiegel.de/politik/deutschland/angela-merkel-zu-neuen-corona-massnahmen-ihr-statement-im-video-a-61741b87-3cef-4016-8107-bfd8b11dad56

189 Feldenkirchen, Markus: Stoppt die Produktion! In: DER SPIEGEL 3/2021

190 MPK-Beschluss vom 24.3.2021: https://www.bundesregierung.de/resource/blob/974430/1879672/6059d343a54df7da465f93a4af2e2af6/2021-03-22-mpk-data.pdf?download=1

191 Vgl. Fokken, Silke: Dann halt jeder, wie er will, 11.2.2021: https://www.spiegel.de/panorama/bildung/bund-laender-beschluesse-zu-schuloeffnungen-jeder-wie-er-will-a-b8859339-b83a-4a77-ab36-31c93cf3888a

192 Laut KMK-Beschluss sollten die Jahrgänge 1 bis 6 vorrangig wieder in die Schulen geholt werden, und für Abschlussklassen galten zwecks Prüfungsvorbereitung Ausnahmen. Siehe: KMK-Beschluss

vom 4.1.2021; https://www.kmk.org/fileadmin/veroeffentlichungen_
beschluesse/2021/2021_01_04-Corona-Beschluss-KMK-Schule.pdf

193 Vgl. Fokken, Silke: Wer wo wieder ins Klassenzimmer darf – und
wovon das abhängt, 9.4.2021: https://www.spiegel.
de/panorama/
bildung/corona-und-schulen-wer-wo-wieder-ins-klassenzimmer-
darf-und-wovon-das-abhaengt-a-9c501ad7-4f74-4424-bf5e-
25078e8f4c22

194 Vgl. Informationen zur Homeoffice-Pflicht auf juris.de, Rechtspor-
tal: https://www.juris.de/jportal/nav/juris_2015/aktuelles/magazin/
corona-homeoffice.jsp

195 Alipour, Jean-Victor, Falck, Oliver, Follmer, Robert, Gilberg, Reiner
und Beatrice Nolte: Homeoffice im Verlauf der Corona-Pandemie,
Studie des ifo-Instituts, Juli 2021: https://www.bmwi.de/Redaktion/
DE/Downloads/I/infas-corona-datenplattform-homeoffice.pdf?__
blob=publicationFile&v=4

196 Technical Report des ECDC am 8.7.2021: https://www.ecdc.europa.
eu/sites/default/files/documents/COVID-19-in-children-and-the-
role-of-school-settings-in-transmission-second-update.pdf

197 Vgl. Meidinger, Heinz-Peter: *Die 10 Todsünden der Schulpolitik*.
München 2021, S. 82 ff.

198 Himmelrath, Armin und Miriam Olbrisch: Bis Weihnachten müssen
die Schüler zittern – und dann? In: DER SPIEGEL 33/2021

199 Pressemitteilung des Bundesverfassungsgerichtes in Karlsruhe vom
30.11.2021: https://www.bundesverfassungsgericht.de/SharedDocs/
Pressemitteilungen/DE/2021/bvg21-100.html

200 Leonhard, Melanie und Joachim Stamp: Kinder dürfen nicht zu Kollateralschäden der Pandemie werden, 26.4.2020: https://www.spiegel.
de/panorama/gesellschaft/coronavirus-kinder-duerfen-nicht-zu-
kollateralschaeden-der-pandemie-werden-a-589f9603-3222-4f85-
9fae-c9b283c22280

201 Vgl. Fokken, Silke: Sachsens schwieriger Sonderweg, 19.5.2020:
https://www.spiegel.de/panorama/bildung/sachsen-die-kritik-am-
sonderweg-bei-kitas-und-schulen-a-30a6b517-3734-46a0-a050-
d7d22754665c

202 Bremer Schulsenatorin über Bildungspolitik in der Pandemie: »Ich
habe noch so viel Wut im Bauch«, Interview von Miriam Olbrisch,

2.7.2021: https://www.spiegel.de/politik/deutschland/bremen-schulsenatorin-ueber-bildungspolitik-ich-habe-noch-so-viel-wut-im-bauch-a-dec40816-0002-0001-0000-000178206292

203 Freundl, Vera, Stiegler, Clara und Larissa Zierow: Europas Schulen in der Corona-Pandemie – ein Ländervergleich. ifo-Schnelldienst 12/2021, veröffentlicht am 30.11.2021; https://www.ifo.de/node/66636

204 Zitiert nach: Joeres, Annika: Frankreich: Die Ferien sind schlimmer als die Schule. In: Doch die Schulen bleiben offen, 23.2.2021: https://www.zeit.de/zustimmung?url=https%3A%2F%2Fwww.zeit.de%2Fgesellschaft%2Fschule%2F2021-02%2Fschule-corona-schweden-schweiz-daenemark-praesenzunterricht-grundschule%2Fseite-4

205 Gathmann, Florian und Valerie Höhne: Der Corona-Schock, am 18.11.2021 auf spiegel.de: https://www.spiegel.de/politik/deutschland/corona-massnahmen-der-kuenftigen-ampel-regierung-der-corona-schock-a-0b4313bf-e6af-42f2-ac24-592c8276b2a1

206 Gude, Hubert, Theevs, Christian u. a.: Merkels letztes Gefecht, am 18.11.2021 auf spiegel.de: https://www.spiegel.de/politik/deutschland/ministerpraesidentenkonferenz-merkels-letztes-gefecht-a-ae62d175-26cd-4742-9f77-e6dbf3be0023

207 Vgl. Corona-Beratungen: Scholz will, dass auch Apotheker, Zahnärzte und Tierärzte impfen, 30.11.2021: https://www.spiegel.de/politik/deutschland/corona-beratungen-olaf-scholz-fuer-allgemeine-impfpflicht-a-8aaefbff-506c-4dc5-86eb-1467ab971b95

208 Drosten erwartet im Herbst neue Kontaktbeschränkungen, 4.9.2021 auf spiegel.de: https://www.spiegel.de/wissenschaft/medizin/corona-pandemie-christian-drosten-erwartet-neue-kontaktbeschraenkungen-a-5985619c-43e0-4d1b-b89e-3b542d6860bc

209 Vgl. impfdashbord.de

210 Vgl. Informationen auf der Website des sächsischen Schulministeriums, SMK-Blog, vom 19.11.2021: https://www.bildung.sachsen.de/blog/index.php/2021/11/19/trotz-einschraenkungen-im-oeffentlichen-leben-schulen-und-kitas-bleiben-geoeffnet/

211 Himmelrath, Armin: Brandenburg hebt Präsenzpflicht für Schüler auf, 23.11.2021 auf spiegel.de

212 Virologin Isabella Eckerle rechnet mit Coronapolitik ab: »Die vierte Welle kam wirklich mit Ansage«, Interview von Veronika Hackenbroich. In: DER SPIEGEL 46/2021

213 Hein, Jakob: »Mehr Missachtung geht nicht«, 5.6.2021: https://taz.de/Die-These/!5772868/

214 Aust, Andreas: »Kein Kind zurücklassen. Warum es wirksame Maßnahmen gegen Kinderarmut braucht«, hg. vom Paritätischen Wohlfahrtsverband, Berlin, Juli 2021

215 Klemm, Klaus: Entwicklung von Lehrkräftebedarf und -angebot in Deutschland bis 2030, im Auftrag des VBE, 25.01.2022.

216 Fokken, Silke: Lehrermangel an Schulen: Mit Ansage gegen die Wand, 7.8.2017: https://www.spiegel.de/lebenundlernen/schule/lehrermangel-in-deutschland-weniger-unterricht-groessere-klassen-a-1160853.html

217 Mitteilung der GEW-Berlin auf der Website des Landesverbandes, zuletzt aufgerufen am 2.11.2021: https://www.gew-berlin.de/koalitionsverhandlungen-2021/lehrkraeftemangel/

218 KfW-Kommunalpanel 2021: https://www.kfw.de/PDF/Download-Center/Konzernthemen/Research/PDF-Dokumente-KfW-Kommunalpanel/KfW-Kommunalpanel-2021.pdf

219 Freundl, Vera, Stiegler, Clara und Larissa Zierow: Europas Schulen in der Corona-Pandemie – ein Ländervergleich. ifo-Schnelldienst 12/2021, veröffentlicht am 30.11.2021: file:///C:/Users/fokkens/Downloads/sd-2021-12-freundl-stiegler-zierow-schulen-europa-corona.pdf

220 Bildung auf einen Blick. OECD-Indikatoren, veröffentlicht am 16.9.2021: https://www.oecd.org/publications/bildung-auf-einen-blick-19991509.htm

221 »Die Verteilung der Gelder ist dramatisch ungerecht«, Interview mit Ernst Dieter Rossmann von Silke Fokken, 2.10.2020: https://www.spiegel.de/panorama/bildung/laptops-fuer-beduerftige-schueler-die-verteilung-der-gelder-ist-dramatisch-ungerecht-a-bbd5b963-5eec-4d3f-bb7d-7dbd2d37b771

222 Pressemitteilung der KMK zum Digitalpakt, 2.9.2021: https://www.kmk.org/aktuelles/artikelansicht/tempo-beim-digitalpakt-schule-nimmt-weiter-zu.html

223 »Das kann kein Zukunftsmodell sein«: Bildungsministerin Karliczek
rüttelt am Bildungsföderalismus. Ein Interview von Armin Himmelrath und Veit Medick, 8.1.2021: https://www.spiegel.
de/politik/
deutschland/anja-karliczek-cdu-ruettelt-am-bildungsfoederalismus-
das-kann-doch-kein-zukunftsmodell-sein-a-00000000-0002-0001-
0000-000174784612

224 Schule in der Pandemie: »Wir werden einen einheitlichen Rahmen
für das Abitur finden«. Ein Interview von Silke Fokken und Armin
Himmelrath, 13.1.2021: https://www.spiegel.de/panorama/bildung/
schule-in-der-pandemie-unser-ziel-ist-es-nicht-die-pruefungen-ab-
zusagen-a-35968911-3688-4ddb-913e-c3bebe9f8658

225 Mit Bildung und Gesundheit gegen den Arbeitskräftemangel der Zukunft; WIFO-Studie im Auftrag der Bertelsmann Stiftung, veröffentlicht am 23.4.2021: https://wifo.ac.at/news/news_detail?j-cc-id=
1618515789557&j-cc-node=news

226 Bildungspolitik. Auf dem Teppich. 24.10.1982, 13.00 Uhr. In:
DER SPIEGEL 43/1982

227 Butterwegge, Carolin und Christoph: *Kinder der Ungleichheit.
Wie sich die Gesellschaft ihrer Zukunft beraubt.* Frankfurt am Main/
New York 2021, S. 110

228 El-Mafaalani, Aladin: *Mythos Bildung. Die ungerechte Gesellschaft,
ihr Bildungssystem und seine Zukunft.* Köln 2020, S.107 ff.

229 »Die Mittelschicht in Deutschland bröckelt.« Pressemitteilung von
OECD und Bertelsmann Stiftung vom 1.12.2021. Valentina Consiglio
ist Arbeitsmarktexpertin der Bertelsmann Stiftung.

230 El-Mafalaani, Aladin: *Mythos Bildung. Die ungerechte Gesellschaft,
ihr Bildungssystem und seine Zukunft.* Kiepenheuer und Witsch,
Köln 2020

231 Vgl. Angaben der Bundesregierung, zuletzt aufgerufen am 2.11.2021:
https://www.bundesregierung.de/breg-de/suche/regelsaetze-steigen-
1960152

232 McKee, David: *Nicht jetzt, Jakob.* Frankfurt am Main 1995

Literatur

Allmendinger, Jutta: *Es geht nur gemeinsam. Wie wir endlich Geschlechtergerechtigkeit erreichen.* Berlin 2021

Butterwegge, Carolin und Christoph: *Kinder der Ungleichheit. Wie sich die Gesellschaft ihrer Zukunft beraubt.* Frankfurt am Main / New York 2021

Dohmen, Dieter und Klaus Hurrelmann (Hg.): *Generation Corona. Wie Jugendliche durch die Pandemie benachteiligt werden.* Weinheim und Basel 2021

Egbers, Julia und Armin Himmelrath (Hg.): *Das Schuljahr nach Corona. Was sich nun ändern muss.* Bern 2020

El-Mafaalani, Aladin: *Mythos Bildung. Die ungerechte Gesellschaft, ihr Bildungssystem und seine Zukunft.* Köln 2020

Fröhlich-Gildhoff, Klaus und Maike Rönnau-Böse: *Resilienz*, 5. Auflage. München 2019

Gümüşay, Kübra: *Sprache und Sein.* Berlin 2021

Hauschke, Oliver: *Schafft die Schule ab. Warum unser Schulsystem unsere Kinder nicht bildet und radikal verändert werden muss.* München 2019

Maaz, Kai und Michael Becker-Mrotzek (Hg.): *Schule weiter denken. Was wir aus der Pandemie lernen.* Berlin 2021

Pennac, Daniel: *Schulkummer.* Köln 2007

Siggelkow, Bernd: *Kindheit am Rande der Verzweiflung. Die fatalen Folgen von Lockdown und Isolation.* München 2021

Strüber, Nicole: *Coronakids. Was wir jetzt tun müssen, um unsere Kinder vor den seelischen Folgen der Pandemie zu schützen.* Weinheim und Basel 2021

Vester, Frederic: *Denken, Lernen, Vergessen. Was geht in unserem Kopf vor, wie lernt das Gehirn, und wann lässt es uns im Stich?* München 2020

Werner, Emmy E. und Ruth S. Smith: *Overcoming the Odds. High Risk Children from Birth to Adulthood.* New York 1992

Nachweise

Grafiken:

S. 136 und 139: © DAK-Gesundheit/DZSKJ

S. 262: © Robert Bosch Stiftung (2021): Das Deutsche Schulbarometer Spezial: Zweite Folgebefragung. Ergebnisse einer Befragung von Lehrerinnen und Lehrern an allgemeinbildenden Schulen im Auftrag der Robert Bosch Stiftung in Kooperation mit der ZEIT. Durchgeführt von forsa Politik- und Sozialforschung GmbH. Stuttgart: Robert Bosch Stiftung. https://deutsches-schulportal.de/unterricht/umfrage-deutsches-schulbarometer/

S. 318: © Juniorwahl 2021

S. 319: © Der Bundeswahlleiter, eigene Darstellung

S. 343: Quelle: OECD (2021); Berechnungen von Freundl, Stiegler & Zierow (2021); © ifo Institut

S. 352: © Amtliche Sozialberichterstattung, Daten für 2010 und 2019; https://www.statistikportal.de/de/sbe/ergebnisse/einkommen-armutsgefaehrdung-und-soziale-lebensbedingungen/armutsgefaehrdung-und-4

»Rund 200 Seiten keine leichte Kost und gerade deshalb wichtig, sie zu lesen.« *NDR Kultur Journal*

ISBN
978-3-421-04874-5
 Dieses Buch
ist auch als E-Book
erhältlich

Alle drei Tage wird in Deutschland eine Frau von ihrem Partner oder Ex-Partner getötet. Es sind Morde, die an Frauen verübt werden, weil sie Frauen sind. Als Familientragödien verharmlost, bleiben viele Frauenmorde verborgen und verdecken die patriarchalen Macht- und Gewaltmuster, die sich tief durch unsere Gesellschaft ziehen. Laura Backes und Margherita Bettoni haben mit Überlebenden gesprochen, Experten befragt, die Motive männlicher Gewalttäter untersucht und ihre Taten rekonstruiert. Eindrücklich zeigen sie, dass Femizide uns alle angehen – und warum wir jetzt handeln müssen.

DVA

Für jedes Ziel das passende Coaching

Wie können wir unsere Gefühle besser verstehen? Wie können wir alte Muster erkennen und erlernte Verhaltensweisen verändern? Und wie können wir unsere Wahrnehmung schulen und andere Menschen besser einschätzen? Wie Sie Ihr Leben in kleinen Schritten verändern können, zeigt Ihnen dieses Buch! Es bietet Ihnen drei Selbsttests und leicht umzusetzende Coachings, nützliche Techniken zur Entfaltung Ihrer Persönlichkeit und viele praktische Übungen und Tricks, die Sie auf Ihrem Weg in ein zufriedeneres Leben begleiten.

PENGUIN VERLAG

Für jedes Ziel das passende Coaching

Wie setzt man sich realistische Ziele und erreicht sie
auch? Wie steigt man auf eine gesunde, genussvolle
Ernährung um? Und wie schafft man es, endlich regel-
mäßig Sport zu treiben? Wie Sie Ihr Leben in kleinen
Schritten verändern können, zeigt Ihnen dieses Buch!
Es bietet Ihnen drei Selbsttests und leicht umzusetzende
Coachings, nützliche Techniken zur Steigerung der
eigenen Motivation und viele praktische Übungen und
Tricks, die Ihnen den Weg in ein bewussteres Leben
erleichtern.

PENGUIN VERLAG